국민참여재판에서의 증거법과 사실인정

국민참여재판에서의 증거법과 사실인정

이흔재 지음

전북대학교
출판문화원

머리말

배심제하에서 배심원은 유·무죄에 대한 평결을 하고, 양형에는 참여하지 않는 것이 일반적이며, 위 평결은 법원을 구속하는 것이 원칙이다. 이러한 점에서 우리나라의 국민참여재판에서의 배심원은 평결의 구속력이 없고 권고적 효력에 그치고 있고, 양형에 관한 의견제시를 할 수 있다는 점에서 배심제와 구분된다. 또한 국민참여재판의 배심원은 직업법관과 함께 재판부를 구성하지 않고 그 평결이나 의견에 기속력이 인정되지 않는다는 점에서 직업법관과 재판부를 구성하여 직업법관과 동등한 권한을 행사하는 참심제의 참심원과도 구별된다. 이러한 점에서 배심원의 평결이나 의견에 기속력이 인정되지 않는 국민참여재판의 효과에 대하여 부정적인 시각이 있을 수밖에 없다. 이는 아직 우리 사회의 여건이 법률상 아마추어인 배심원들의 판단에 승복하기 어려운 것 아니냐는 의구심이 남아있기 때문이기도 하다. 그러나 사법의 민주적 정당성과 신뢰를 높이기 위하여 국민참여재판이 시행된 목적과 제1심의 평결에 대하여 상소를 허용하고 있는 점에 비추어 국민참여재판에서 배심원의 평결의 기속력을 인정하는 방향으로 나아가야 할 것이다.

국민참여재판이 시행된 지 어언 10년이 되어가고 있다. 시민 배심원단이 사실판단을 하는 국민참여재판의 시행은 우리 법정의 풍경을 많이 변화시키고 있다. 무엇보다 철저한 구두주의가 실현되고 있다는 점에서 그러하다. 검사와 변호인은 배심원들을 설득하기 위하여 프리젠테이션이나 기타 시청각 도구를 사용하여 서면이 아닌 구두에 의한 공격과 방어를 치열하게 벌여야 한다. 또한 법률의 아마추어인 배심원들이 쉽게 이해할 수 있는 용어를 사용하거나, 배심원들의 심증을 어떻게 얻을 것인가에 대한 전략도 구사하여야 한다. 이러한 국민참여재판의 특성은 증거능력이 있는 증거에 증거조사와 사실인정을 필요로 하는 형사소송에 어떤 방법으로든 영향을 끼치게 된다.

저자가 국민참여재판에 관한 책을 쓰고자 한 이유는 우리 형사소송법에 규정된 증거법이 국민참여재판에서 어떻게 작동하는지에 대한 궁금점에서 비롯되었다. 이른바 증거동의와 조서위주의 증거방법은 역사적으로 직업법관이 사실확정을 하는 형사절차에 적합한 증거법이다. 그런데 일반 시민이 사실확정을 하는 국민참여재판에서 위와 같은 성격을 가지고 있는 증거법이 제대로 작동하고 있는지에 대한 의문이 있었던 것이다. 저자는 이런 문제의식을 가지고 주로 역사적, 비교법적 방법론에 의하여 책을 집필하였는데, 독일과 프랑스로 대표되는 유럽의 직권주의 형사소송에서의 증거법과 영국과 미국의 영미법계의 당사자주의 형사소송에서의 증거법에 중점을 두고 검토하였다. 또한 우리 형사소송절차에서 증거법의 역사에 대한 고찰을 하면서 위 두 갈래의 증거법과 비교분석을 하였다. 또한 시민이 참가하는 형사재판의 형태인 배심제와 참심제의 역사와 장·단점, 현행 국민참여재판의 절차를 상세히 설명하면서 이에 대한 비교법적 분석과 평가를 하였다. 마지막으로 현행 국민참여재판의 과제와 바람직한 형태에 대한 법적 문제점과 이에 대한 평가를 수행하였다.

이 책이 나오기까지는 무엇보다 국민참여재판에 대한 저서와 논문 등 연구결과물을 발표한 1차 저자들의 공이 크다. 이 분들의 선행연구가 있었기에 겨우 이 글을 마칠 수 있었다고 고백하지 않을 수 없다. 그리고 이 책이 발간되도록 지원을 보내준 전북대학교 출판부에 감사드린다. 또한 필자를 학계로 이끌어 주시고 깊은 관심을 보여주신 신양균 교수님, 김하중 변호사님께 깊은 감사를 드리며, 학문적 호기심을 일깨워 준 황태윤 교수님께 감사를 전하고 싶다.

2017년 12월 겨울 전주에서

이 흔 재

차 례

차 례

제4장 국민참여재판과 배심원의 사실인정

차 례

제5장 바람직한 국민참여재판제도의 모델

제1장 국민참여재판 개관

제1절 국민참여재판의 의의와 시행과정

I. 국민참여재판의 의의

1. 개념

국민참여재판이란 국민의 형사재판참여에 관한 법률에서 정한 바에 따라 선정절차를 거쳐 선정된 일반국민이 형사재판절차에 참여하여 사실의 인정, 법령의 적용 및 형의 양정에 관하여 재판부에 의견을 제시하는 재판을 의미한다. 국민참여재판은 형사재판에 관해서만 시행되고, 민사재판・가사재판・행정재판 등에서는 시행되지 않고 있다.

직업법관이 아닌 일반국민이란 직업에 따른 구분으로 직업상 형사재판에 참여할 것으로 예정되어 있는 법관, 검사 및 변호사를 제외하며, 대통령이나 국회의원 및 지방의회의원, 국가기관의 정무직 공무원과 동원된 향토예비군 등을 제외한 일반국민을 말한다. 국민참여재판은 국민이 직접 형사재판에 참여함으로써 사법의 민주적 정당성과 신뢰를 높이기 위한 것이므로 일반 국민의 평균적인 정서와 상식을 구비할 것을 요구한다. 따라서 국민참여재판이 시행되기 전부터 사법절차에 관여해 온 직업군과 정치적 성향이 명백하여 공정성에 의심이 있거나 정치적 중립의무가 있어 특정사건에서 자신의 의견을 제시할 수 없는 직업군을 배제한 것이다.

형사재판에 참여한다는 것은 심판의 주체로서 참여하는 것을 의미한다. 형사재판과정에 참여하는 사람들은 비록 법관이 맡고 있는 재판장과 같은 소송지휘권이 인정되지 않지만 그 사건의 실체에 대하여 사실심리자의 위치에서 재판에 참여하게 된다. 우리나라에서 국민이 사법절차에 관여하는 것은 선거권의 행사를 통하여 선출된 대통령이나 국회의원에 의한 판사・검사의 임명, 변호사시험을 통과한 변호사 자격의 취득 등을 통하여 배출된 법률가에 의하여 간접적인 방법으로만 허용되었고 직접 사건의 당사자인 피고인의 지위, 피해자의 지위에서 인정되어 왔으나, 사법절차에 국민이 제3자로 직접 관여할 수 있는 수단은 존재하지 않았다. 사법절차는 법률에 대한 전문적 지식이 필요하고, 분쟁의 최종해결이라는 중대한 결과를 초래한다는 점에서 법률의 아마추어인 국민이 직접 관여하는 것은 적절하지 않은 것으로 여겨져 왔기 때문이다. 그러나 여러 선진외국에서는 그 내용에서 차이가 있더라도 어떤 형태로든 국민이 사법절차에 관여할 수 있는 방법을 마련하여 왔고, 현대 민주국가에 이르러 국민이 사법절차에 관여할 수 있도록 하는 것은 실질적 국민주권주의를 실현하는 중요한 민주주의 요소로 여겨지고 있다.[1)]

2. 국민참여재판의 연혁

국민참여재판제도는 형사사법구조의 기본틀을 획기적으로 바꾼 형사소송법 제17차 개정(법률 제8496호, 2007.6.1.개정, 2008.1.1.시행)에 즈음하여 사법개혁의 일환으로 사법의 민주적 정당성과 신뢰를 높이기 위하여 도입된 것이다. 국민의 형사재판참여에 관한 법률은 국민참여재판제도가 적용되는 사건의 범위, 참여하는 배심원의 자격 및 선정절차, 공판준비 및 공판절차, 평의・평결・토의 및 판결선고와 배심원보호 등에 관한 사항을 규정하고 있다.

국민참여재판 도입 당시 그 대상사건은 형사 합의부 관할사건 중 상대적으로 중한 사건만 그 대상으로 규정되어 있었다. 위 법률이 2012.1.17. 제1차 개정(법률 제11155호, 2012.7.1. 시행)되었고, 2016. 1.19. 제2차로 개정되었는데[2)] 이는 성년후견

1) 배심제는 사법과정의 민주성을 확보한다는 견해로 권영성, "헌법학원론", 법문사, 2009. 850면.

에 대한 민법개정내용이 반영되어 배심원후보자 결격사유가 수정된 것으로 법률의 주된 내용은 변하지 않았다.

제1차 개정의 내용을 살펴보면, 첫째, 국민참여재판의 대상사건을 법원조직법 제32조 제1항(제2호 및 제5호는 제외한다)에 따른 합의부 관할사건으로 확대하고[3], 둘째, 성폭력범죄의 처벌 등에 관한 특례법 제2조에 규정된 범죄로 인한 피해자가 국민참여재판을 원하지 아니하는 경우 배제결정을 할 수 있도록 하고[4], 셋째, 성폭력범죄의 처벌 등에 관한 특례법 제2조에 규정된 범죄로 인한 피해자 보호를 위하여 국민참여재판을 계속 진행하는 것이 부적절하다고 인정하는 경우 통상절차 회부결정을 할 수 있도록 하는 것이다.

II. 국민참여재판의 시행현황

국민참여재판이 시행된 첫해인 2008년에 참여재판 대상사건 수는 4,451건이었고, 그 중 5.2%인 233건이 국민참여재판으로 신청되었다. 2009년에는 참여재판 대상사건 수는 7,047건이었고 그 중 4.8%인 336건이 국민참여재판으로 신청되었고, 2010년에는 참여재판의 대상사건 수가 7,933건이었고, 그 중 5.5%인 438건이 국민참여재판으로 신청되었다.[5] 한편, 2008년 1월 1일부터 2014년 12월 31일까지 전체

2) 그 외 다른 법률의 개정에 따라 용어를 변경하기 위하여 4회 개정되었으나, 이는 조문내용의 개정은 아니다.

3) 개정이유는 법원의 재판업무 부담 등을 고려하여 법률의 성안과정에서 연간 100~ 200건 정도의 형사사건을 국민참여재판으로 진행하는 것이 적절하다고 판단하였으나, 제도시행 뒤인 2008년에는 65건, 2009년에는 94건만이 국민참여재판으로 진행(참여대상사건 총 11,498건 중 약 1.4%)됨으로써 당초 예정한 참여재판 시행 사건 수에 크게 미치지 못하고 있어, 법원의 재판에 건전한 국민의 상식을 반영하고, 사법신뢰 향상을 위해 참여재판 대상 사건을 확대할 필요가 있었다. 참여재판 대상사건을 1심 합의부 사건으로 확대할 경우 대상사건은 연간 약 2만 건으로 현재와 같은 시행율인 1.4%를 유지하는 경우 연간 약 280건의 참여재판이 실시될 것으로 예상된다는 것이다.

4) 성폭력범죄의 피해자들은 참여재판을 원치 않는 경우가 많음에도 불구하고 피해자의 이러한 의사를 반영할 수 있는 명문의 규정이 없어 2차적 피해가 우려되므로, 성폭력범죄 피해자가 참여재판을 원치 않는 경우 또는 성폭력범죄 피해자 보호의 필요가 큰 경우에는 참여재판 배제결정 또는 통상절차 회부결정을 할 수 있도록 함으로써 성폭력범죄 피해자의 안전 및 보호에 만전을 기하고자 하는 것이 개정이유이다.

대상사건 83,747건 중 4.3%인 3,624건이 국민참여재판으로 접수되었고 접수된 사건 중 40.4%인 1,464건이 국민참여재판으로 진행되었다.[6] 접수된 사건 중 피고인이 국민참여재판의사를 철회한 경우는 39.4%인 1,428건이었고, 법원이 국민참여재판 배제결정을 한 것은 17.2%인 623건이었다. 이를 [표 1]로 정리하면 다음과 같다.

[표 1] 국민참여재판 신청사건 및 시행사건(2008.1.1~2014.12.31)

연 도	신청 사건	배제 결정	피고인의 신청철회	시행 사건
2008	233	61	90	64
2009	336	75	138	95
2010	438	75	177	162
2011	489	63	178	253
2012	756	124	278	274
2013	764	118	334	345
2014	608	107	233	271

위 표를 살펴보면, 대상사건의 증가에 비하여 신청건수의 비율이 크게 늘지는 않지만 2013년까지는 신청건수 자체는 꾸준히 증가하고 있는 추세로 볼 수 있다.[7] 법원의 홍보로 국민의 인식이 넓어진 측면과 함께 국민참여재판이 피고인에게 유리한 측면이 부각된 것으로 보인다.

범죄유형별로 국민참여재판이 진행된 건수를 살펴보면, 2012년 이전에는 기타 유형을 제외하면 강도살인・강도상해 등의 범죄가 참여재판의 대상사건으로 가장 많이 포함되어 있고, 대상사건 대비 참여재판 진행비율이 가장 높은 범죄는 살인・살인

5) 탁희성, 최수형, "형사정책과 사법제도에 관한 연구(V) : 국민참여재판제도의 평가와 정책화 방안", 한국형사정책연구원, 2011, 117면

6) 법원행정처, "국민참여재판성과분석(2008~2014)", 법원행정처 사법지원실, 2015, 2~3면.

7) 신청대상사건을 합의부 관할사건으로 확대하면서, 개정당시 연간 시행 예상사건수인 약 280건의 사건이 대략 들어맞고 있다. 그렇다면, 대상사건 대비 참여재판 시행사건비율은 약 1.3~1.5% 정도라고 할 수 있을 것이다.

미수 등이고, 그 다음이 상해치사·폭행치사 등인 것으로 나타났다. 이를 [표 2]로 나타내면 다음과 같다.

[표 2] 범죄유형별 국민참여재판 진행건수(2008.1.1~2012.12.31)[8)]

범죄 유형	국민참여재판진행건수	
	건수	비율(%)
살인·살인미수등	454	20.3
상해치사·폭행치사등	107	4.8
강간상해·강간치상등	240	10.8
강도살인·강도상해등	499	22.4
성폭력범죄의처벌등에관한특례법위반 등	212	9.5
기타	720	32.3
합계	848	38

이러한 통계에 대하여 "살인죄와 치사의 경우 그 동기 및 정황과 관련한 범적·사실적 판단이 명확하지 않은 경우가 많고, 우발적 결과로 사망의 결과가 초래되는 경우도 적지 않아 피고인의 입장에서는 일반국민이 배심원으로 참여하는 참여재판을 통해 자신의 양형에 대해 배려를 호소하려고 하는 경우가 있기 때문"이라고 분석하는 견해도 있다.[9)]

위 표에서 강간상해·강간치상 등 사건을 성폭력범죄의 처벌 등에 관한 특례법위반사건과 구분되어 있으나, 위 사건들의 성질상 상해보다는 성폭력범죄에 중심이 있으므로 이를 성폭력범죄로 평가하는 것이 타당하다고 할 수 있고, 그렇다면 성폭력범죄의 신청비율은 두 번째로 높은 비율을 차지한다. 이는 성폭력범죄가 전혀 모르는 사람사이 보다는 친분이 있는 사이에서 더 많이 발생하며, 또한 주취상태에서 성관계를 하였을 경우 피해자의 의사에 반하여 성관계를 한 것인지 아니면 합의하에 성관계

---

8) 법원행정처, "국민참여재판성과분석(2008~2012)", 법원행정처 사법지원실, 2013, 5면.

9) 탁희성·최수형, "형사정책과 사법제도에 관한 연구(V)", 118면

를 한 것인지에 대하여 피고인과 피해자의 입장이 상반되어 피고인이 법관보다는 일반국민의 관점에서 판단 받는 것이 유리하다고 생각하는 경향이 있기 때문인 것으로 보인다.[10]

범죄유형별 국민참여재판 신청사건수에 대한 2008.1.1.부터 2014.12.31.까지의 통계를 살펴보면 성범죄 등이 24.1%, 살인 등 17.4%, 강도 등 16.9%, 상해 등 3.4%의 순서로 기타사건을 제외하면 성범죄가 가장 큰 비중을 차지하고 있다.[11]

국민참여재판이 피고인에게 유리한 측면이 있는지 파악하기 위해 일반형사사건과 무죄율을 비교하면 2008.1.1.부터 2009.12.31.까지 국민참여재판 대상사건 중 일반형사사건으로 진행된 사건의 무죄율은 3.0%이였는데 비해, 같은 기간 국민참여재판의 무죄율은 8.8%에 이르렀다. 그 후 2014.12.31까지의 통계를 살펴보면 국민참여재판의 무죄율은 7.8%로 같은 기간의 전국 법원의 형사합의사건의 1심 무죄율 4.0%에 비하여 높은 수준이다.[12] 이에 대한 자세한 내용을 [표 3]으로 나타내면 다음과 같다.

[표 3] 죄명별 국민참여재판 판결내용(2008.1.1~2014.12.31)[13]

죄명	피고인수	사형	무기형	유기형	실형률	집행유예	재산형	무죄	기타
살인 등	387	1	4	311	81.7%	63	1	5	2
강도 등	268	0	5	164	63.1%	65	6	22	6
상해 등	74	0	0	53	71.6%	15	0	5	1
성범죄 등	244	0	2	137	57.0%	37	14	48	6
기타	491	0	1	339	69.2%	66	45	34	6
합계	1,464 (100%)	1 (0.1%)	12 (0.8%)	1,004 (68.6%)	1.017 (69.5%)	246 (16.8%)	66 (4.5%)	114 (7.8%)	21 (1.4%)

10) 김형국・정선희・조수진, 국민참여재판론, 법문사, 2016. 55면.
11) 법원행정처, "국민참여재판성과분석(2008~2014)", 4면.
12) 법원행정처, "국민참여재판성과분석(2008~2014)", 18면.
13) 법원행정처, "국민참여재판성과분석(2008~2014)", 17면.

위 판결내용을 보면, 국민참여재판에서 살인 등 죄에 대하여 1건의 사형선고를 한 것이 눈에 띄고, 성범죄 등과 강도 등의 죄가 무죄율도 높고, 실형율도 타 범죄군에 비하여 낮은 것을 알 수 있다.

한편, 항소율을 살펴보면 국민참여재판 전체의 항소율은 81.8%로 지방법원 형사합의사건의 항소율 62.4%보다 월등히 높다. 그 중 피고인이 항소한 비율은 62.4%로 지방법원 형사합의사건의 피고인 항소율 52.0%보다 높고, 검사가 항소한 비율은 46.3%로 지방법원 형사합의사건의 검사 항소율 27.5%에 비하여 월등히 높다.

[표 4] 국민참여재판의 항소율(2008.1.1~2014.12.31)[14]

판결	항소			미항소
	검사	피고인	전체	
1,464	678(46.3%)	913(62.4%)	1,198(81.8%)	266(18.2%)

피고인이 항소하는 이유는 위 [표 3]에서 보듯이 실형율이 높아 양형의 감경을 위한 이유가 많을 것으로 보이나, 검사의 항소율이 높은 것은 높은 무죄율과 연관이 있는 것으로 보이고 양형에서도 검사의 구형에 미치지 못하는 배심원의 평결과 법원의 판결이 많았음을 시사한다.

14) 법원행정처, "국민참여재판성과분석(2008~2014)", 19면.

제2절 국민참여재판의 형태와 외국의 입법례

Ⅰ. 배심제와 참심제

1. 배심제

(1) 의의

배심제란 일반국민 중에서 선정된 배심원들이 재판에 참여하여 직업법관으로부터 독립하여 사실문제에 대한 판단을 하고 원칙적으로 법관이 그 판단에 기속되어 재판하는 제도를 말한다. 그러나, 위와 같은 정의개념을 조금 벗어나면, 일반인이 배심원으로 참여하여 사실심리에 따라 피고인의 죄책을 판단하는 형태의 재판제도는 이미 희랍법과 게르만법에서도 존재하였고, 로마법에서도 배심재판제도가 행해졌었다.[15] 영국[16]의 배심제도는 오늘날 여러 국가에서 시행되고 있는 배심제도(jury system)의 기원이다. 배심의 기원에 관하여는 여러 설이 있으나 프랑크 제국의 민중재판(Volksgericht)이 1067년 바이킹의 후손인 노르만족에 의한 영국정복에 따라 영국에서 배심재판으로 정착되었고, 그 후 1791년경 배심재판제도가 영국에서 다시 프랑스에 도입된 것으로 추정하고 있다. 노르만족은 일정수의 지역주민을 모아놓고 분쟁해결을 위하여 사안의 진상을 규명하였는데, 특히 토지의 소유를 둘러싸고 분쟁이 생긴 경우 지역주민에 의한 판단이 배심의 기원이 되었다는 것이 통설이다.[17] 특히 1215년의 마그나카르타 제39조에 "자유인은 동료의 합법적 결정 또는 법률에 의하지 않고는 구속, 체포되거나 법익을 박탈당하지 않는다"는 규정이 삽입되면서 직업

---

15) 조규창, 로마형법, 고려대학교 출판부, 1998. 296면.

16) 영국(United Kingdom of Great Britain and Northen Ireland)은 잉글랜드, 웨일스, 스코틀랜드, 북아일랜드의 정치적 연합에 의해 구성된 국가이다. 그 중 잉글랜드와 웨일스, 스코틀랜드, 북아일랜드의 배심제도가 서로 다르다. 우리가 일반적으로 지칭하는 영국의 배심제도는 잉글랜드와 웨일스의 것을 말한다.

17) 대검찰청, 각국의 국민형사재판 참여제도. - 영국, 대검찰청, 4면 참조.

법관이 아닌 피고인과 같은 계급 내지 계층의 배심에 의한 재판을 받을 권리가 규범화되기에 이르렀다.

근대적 의미의 배심제는 영국에서 18세기경 확립되었고, 이후 미국에서 헌법적 권리로 보장되면서 널리 채용되었으며 오늘날 형사 배심제도는 미국, 영국, 캐나다, 호주, 오스트리아, 러시아, 스페인, 홍콩, 스리랑카 등 50여 국가에서 실시되고 있으나, 일반 국민이 재판에 직접 참여한다는 면에서 공통점이 있지만 각국의 역사・문화・사법제도에 따라 다양한 모습을 보이고 있다.

(2) 장단점

배심제의 장점으로는 일반국민이 직업법관과 독립하여 재판에 참석하므로 사법의 민주적 정당성이 강화되고, 사법에 대한 불신을 해소하여 사법에 대한 신뢰가 고양되며, 일반국민의 상식에 부합하는 판단을 할 수 있다는 점, 재판절차를 통해 국민에 대한 법률교육 효과를 도모할 수 있다는 점, 구두변론주의・증거재판주의・직접주의・ 집중심리의 철저한 실시가 불가피하므로 공판중심주의의 실현이 가능하게 되는 점 등을 들 수 있다. 반면 배심제의 단점으로는 전문적 지식이나 판단경험이 없는 배심원들이 사실문제에 대하여 적정한 판단을 할 수 있는 능력이 의심스럽다는 점, 직업법관 외에 대규모 배심원들이 재판에 관여하고 배심원들이 자신과는 무관한 재판절차의 참여에 소극적인 태도를 보임으로써 투여하는 시간과 비용에 비추어 효율성이 떨어진다는 점, 배심원들의 무지나 편견이 오판을 불러 올 가능성이 크다는 점 등을 들 수 있다.

2. 참심제

(1) 의의

참심제란 일반국민 중에서 선정된 참심원들이 직업법관과 함께 재판부의 일원으로 참여하여 직업법관과 동등한 권한을 가지고 사실문제와 법률문제에 관한 판단을 하며, 원칙적으로 다수결에 의하여 판단을 하고, 참심원의 의견이 법관을 기속하지 않는 제도를 말한다. 배심제와 참심제는 일반국민이 재판절차에 참여한다는 점에서 공통점이 있으나 배심제가 배심원들이 직업법관으로부터 독립하여 사실문제에 관한 판단을 하는 것과는 달리 참심제는 참심원들이 직업법관과 함께 사실문제와 법률문제에 대하여 판단을 하는 것에서 큰 차이가 있다. 참심제는 현재 독일, 프랑스, 이탈리아, 노르웨이, 스웨덴, 일본 등에서 시행되고 있다.

(2) 장단점

배심제의 장점과 유사하나, 배심제에 비하여 비용이 적게 들게 된다는 점에서 효율적이고, 전문지식이 필요한 소송에서 전문가를 참심원으로 활용할 수 있으며, 일반인으로 하여금 판결의 결론이 도출되는 과정을 직접 체험하게 함으로써 국민의 재판에 대한 신뢰를 높이는 기능과 판결에 일반인의 건전한 상식을 반영하는 장점을 가지고 있다. 이에 반하여 단점으로는 배심제에 비하여 참심원으로 참여하는 국민의 수가 상대적으로 적은 관계로 일반시민의 사법참여가 명목적인 것으로 그칠 우려가 있으며, 참심원으로 참여하는 자의 심리적 부담이 상대적으로 가중되게 되고, 직업법관과 일반시민인 참심원이 대등한 위치에서 합의한다는 것은 사실상 기대하기 곤란하고, 참심원이 직업법관의 영향을 받을 수밖에 없으므로 참심원의 역할이 형식적인 것에 그칠 가능성이 크다는 점을 들 수 있다.

3. 우리나라 국민참여재판의 형태

우리나라의 국민참여재판은 원칙적으로 배심제적 성격을 강하게 띠고 있지만, 국민참여재판을 받을 권리가 헌법 제27조 제1항에서 규정한 재판을 받을 권리와의 상충되는 문제[18]를 둘러싸고 다툼의 여지가 남아있어, 법관으로부터 재판을 받을 권리

18) 헌법재판소 2009. 11. 26. 선고 2008헌바 12(국민의 형사재판 참여에 관한 법률 제5조 제1항 등 위헌소원) 전원재판부 결정에 따르면, 「'국민참여재판을 받을 권리'가 헌법상 재판청구권으로서 보장되는지에 관하여는 연방헌법과 수정헌법 규정을 통하여 배심재판을 받을 권리를 헌법상 권리로

를 침해하지 않으면서도 국민의 형사재판 참여를 가능하도록 하기 위해 배심제적 요소와 참심제적 요소가 복합적으로 혼합되어 있다. 따라서 우리나라의 국민참여재판은 배심제의 요소와 참심제의 요소가 혼합되어 있으나 배심제의 성격을 강하게 띠고 있는 형태라고 볼 수 있다. 국민참여재판의 배심제적 요소로는 직업법관과 별도로 배심원단을 구성한다는 점, 원칙적으로 배심원들의 만장일치 평결을 요구한다는 점, 배심원들은 양형에 관한 의견만을 개진한다는 점을 들 수 있고, 참심제적 요소로는 배심원들의 평결은 법원을 기속하지 못하고 권고적 효력만을 가진다는 점, 만장일치 평결에 이르지 못한 경우 법관의 의견을 반드시 들은 후 평결을 하여야 하는 점, 양형에 대하여 법관과 함께 토의를 한다는 점 등을 들 수 있다.

II. 외국의 국민참여형 재판제도

1. 영국의 배심재판제도

(1) 배심재판의 역사

영국의 배심제도는 오늘날 여러 국가에서 시행되고 있는 배심제도(jury system)의 기원이다. 초창기 영국의 배심원에게는 토지대장을 위한 정보를 수집하는 등 지역사건에 관한 정보제공자의 역할이 주어졌으나, 점차적으로 민・형사사건의 심판관으로 그 기능이 변모하게 되었다. 초창기 법률분쟁을 해결하기 위한 배심원단은 사건에 대

보장하고 있는 미국의 경우와 달리 우리 헌법에서는 그와 같은 명문규정이 없고, 단지 헌법 제27조 제1항에서 "모든 국민은 헌법과 법률이 정한 법관에 의하여 법률에 의한 재판을 받을 권리를 가진다."고 규정하고 있다. 위 규정은 "모든 국민은 헌법과 법률이 정한 자격과 절차에 의하여 임명되고(헌법 제101조 제3항, 제104조, 법원조직법 제41조 내지 제43조), 물적독립(헌법 제103조)과 인적독립(헌법 제106조, 법원조직법 제46조)이 보장된 법관에 의하여 합헌적인 법률이 정한 내용과 절차에 따라 재판을 받을 권리를 보장하는 것이고, 여기서 재판이라고 함은 구체적 사건에 관하여 사실의 확정과 그에 대한 법률의 해석적용을 보장한다는 것으로서 결국 법관이 사실을 확정하고 법률을 해석・적용하는 재판을 받을 권리를 보장한다는 것"을 의미한다(헌재 2002. 2. 28. 2001헌가18). 따라서 우리 헌법상 헌법과 법률이 정한 법관에 의한 재판을 받을 권리라 함은 직업법관에 의한 재판을 주된 내용으로 하는 것이므로 '국민참여재판을 받을 권리'가 헌법 제27조 제1항에서 규정한 재판을 받을 권리의 보호범위에 속한다고 볼 수 없다.」라고 결정하고 있다.

한 지식이 있거나, 사건과 관련이 있는 사람들로 구성되었다. 배심원이 사건에 대한 사전지식이 없고 사건당사자와 관련이 없어야 한다는 원칙은 이 후에 확립되었다.

형사재판에서의 배심제도는 1215년 교황 이노센트 3세가 신성재판에 대한 카톨릭교회의 지지를 철회함에 따라 확고해졌다. 1215년의 마그나카르타 제39조에 "자유인은 동료의 합법적 결정 또는 법률에 의하지 않고는 구속, 체포되거나 법익을 박탈당하지 않는다"는 규정이 삽입되면서 직업법관이 아닌 피고인과 같은 계급 내지 계층의 배심에 의한 재판을 받을 권리가 규범화되었다. 이후에 형사사건에서의 배심은 일반화되었고, 1275년의 제1차 웨스트민스터 법령(Statute of Westminster)에서는 중죄혐의를 받는 피고인이 배심재판을 거부하는 경우 일정한 제재를 과하도록 함으로써 형사배심재판에 강제성을 더하였다.[19] 초기의 배심제도는 배심원이 당해 사건의 해결을 위해 직접 증거를 수집, 조사하였고 법관은 배심원의 평결을 자의적으로 파기할 수 있었으나, 17세기 말부터 오늘날의 배심재판의 면모를 갖추어 가기 시작하였다.[20]

1670년의 부셀(Bushell) 사건은 배심원의 지위와 권한을 확립하는 획기적 전환점이 되었다. 집회선동 혐의로 기소된 퀘이커 교도 윌리엄 펜(William Penn)과 윌리엄 미드(William Mead)에 대해 12명의 배심원들이 무죄평결을 내리자, 법원은 배심원들을 2박 3일 동안 음식 등을 주지 않고 감금하면서 무죄평결을 철회하고 유죄평결을 내릴 것을 강요하였다. 그러나 배심원들은 이를 철회하지 않았고, 법원은 그들을 벌금을 납부할 때까지 징역형에 처했다. 그럼에도 부셀을 포함한 4명의 배심원은 벌금 납부를 거부하면서 인신보호영장(writ of habeas corpus)에 의해 구금에 이의를 제기하였다. 이에 대하여 영국 항소법원 형사수석재판장(The Lord Chief Justice)은 사실판단에 대한 유일한 주재자로서의 배심원의 지위를 인정하는 결정을 내리고, 4명의 배

19) Maximus A. Lesser, The Historical Development of the Jury System. William S. Hein & Co., Inc., 1992, p.146. [김대성, "영국에서의 형사배심재판의 축소화", 형사정책연구 제18권 제4호(2007년 겨울), 114면에서 재인용]

20) 김대성, 앞의 논문 115면.

심원을 석방하였다.[21] 이후 배심원은 양심에 따라 평결을 내릴 권리를 가지게 되었고, 사실에 관하여 재판장과 견해를 달리하더라도 처벌받지 않게 되었다.

배심원이 양심에 따른 평결을 내린 대표적인 사례 중 하나는 공무상 비밀법(Official Secretes Act 1911) 위반죄로 기소된 클라이브 폰팅(Clive Ponting)에 대하여 1985년에 내려진 무죄평결이다.[22] 그 내용은 국방성 고위관료였던 폰팅은 공무원이 직무상 취득한 정보를 상관의 허가 없이 누설하여 공무상 비밀법 제2조 위반으로 기소되었다. 형사재판에서 폰팅은 '포클랜드 전쟁 중 침몰한 아르헨티나의 전함에 관하여 정부각료가 의회에서 허위진술을 하였다는 내용의 기밀문서를 하원의원에게 건네주었다'는 위 공무상 비밀법위반의 공소사실에 대하여 시인하였다. 그러나 폰팅은 공무상 비밀법의 준수보다 그 정보를 공공에 알려야 한다는 더 큰 의무가 있다고 주장하였고, 배심원은 폰팅의 주장을 받아들여 무죄를 평결하였다. 이는 배심원이 법령에 반하는 평결을 내릴 권한, 즉 "배심원의 실정법 초월적 판단"(jury nullification)에 관한 것으로 배심제도에 특이한 민주적 기능의 핵심이다. 15세기 이후 영국의 전통적인 형사소추방법인 사인소추가 공공소추로 대체되기 시작하면서 치안판사들이 증거조사 및 수집을 하여 법정에 제출하게 되면서 배심원은 기존의 능동적인 증거수집 등에서 멀어져 수동적인 사실판단자로 기능하게 되었다.[23] 18세기와 19세기 초까지 형사사건의 피고인에게 자신이 심판받을 재판의 방식과 법원에 대한 선택권은 없었고, 모든 중한 사건과 대부분의 경한 사건들에서 피고인의 유·무죄는 배심원단에 의하여 심리되었다.

그러나 19세기 중반, 입법을 통해 일부 사건에 대하여 치안판사와 피고인에게 재판방식의 선택권을 부여하면서 형사배심재판은 감소하게 되었다. 즉 1855년의 형사사법법(Criminal Justice Act)에서 10실링 이하의 단순절도죄에 대하여 재판방식의 선택권을

---

21) 닐 비드마르 엮음, 김상준·김형두·이동근·이효진 옮김, 세계의 배심제도, 나남신서, 2007. 104-105면.

22) J. C. Smith and D. J. Birch, Case and Comment - R. v. Ponting(1985) CRIM. L., REV. 318.

23) Clay S. Conrad, Jury Nullification : The Evolution of a Doctrine, Carolina Academic Press, 1988, pp.20-21. (김대성, 앞의 논문 115면에서 재인용).

피고인에게 인정하면서 치안판사에 의한 재판이 증가하게 됨에 따라 배심재판은 약 35% 이상 감소하게 되었고, 1879년의 약식재판 관할법(Summary Jurisdiction Act)에서 위 피해가액을 40실링 이하로 상향조정하자 배심재판비율은 더욱 감소하게 되었다.[24)25)] 한편, 영국의 치안판사법원(magistrates' court)은 3명의 일반인 치안판사(lay magistrate)로 구성된 재판부가 대부분의 사건 심리를 담당하고, 법률 전문가인 유급치안판사(stipendiary magistrates)가 일부 사건의 심리를 담당한다. 대부분의 치안판사는 일반인 치안판사로 법률전문가도 아니고, 급여도 받지 않는다. 이와 같이 법률 전문가가 아닌 일반인 판사에 의한 재판은 영국 형사사법제도의 큰 특징이며, 영국의 전체 형사사건 중 1% 내지 2%만이 배심재판절차에 의하여 진행되고 있다.[26)]

1977년 영국에서 형법(Criminal Law Act)이 처음 제정되면서, 범죄의 종류는 경죄(Summary offence), 중죄(offence indictable only), 선택가능중죄(offence triable either way)로 분류되었다. 경죄는 정식기소 없이 치안판사가 약식재판절차에 의해 처리되고, 중죄는 정식기소에 따라 왕립법원(Crown Court)에서 배심재판으로 처리되며, 선택가능중죄는 치안판사와 피고인의 선택에 따라 약식재판절차와 배심재판절차 중 하나의 절차에 의해 처리된다.[27)]

영국은 지속적으로 치안판사법원의 관할범위를 확대하고, 더 나아가 2003년 형사사법법(Criminal Justice Act)의해 왕립법원에서 배심에 의하여 재판할 사건 중에서도 ① 중대하거나 복잡한 사기사건[28)], ② 배심원 매수의 위험이 있는 사건과 ③

---

24) John Hostettler, The Criminal Jury Old and New: Jury Power from Early Times to the Present Day, Waterside Press, 2004, pp.119-120. (김대성, 앞의 논문, 116면에서 재인용)

25) 참고로 영국의 기소배심제도(grand jury institution)는 재정을 낭비하는 제도라는 비판이 고조되어 1933년의 사법행정법에 의해 폐지되었다(John Hostettler, 앞의 책 116-117면, 김대성, 위 논문 111-112면에서 재인용).

26) 비드마르, 앞의 책 115면.

27) Catherine Elliott/Frances Quinn, England Legal System, 7th ed., Pearson Education Limited, 2006, pp.369-370.

28) 복잡하고 거래에 관한 전문적인 지식을 필요로 하는 중대한 사기죄의 경우 배심원들이 사건을 제대로 이해하기 어렵다는 점, 이러한 예측 하에 검찰이 기소를 보류하거나 단순한 소인으로 좁혀서 기소하는 사례가 발생하고 있다는 점, 재판소요 시간이 지나치게 길다는 점 등의 이유로 검사의 신청에 의해 법원판사가 요건의 충족여부를 판단한다(Robin Auld, Review of the Criminal Court of

2004년의 가정폭력, 범죄 및 피해자에 관한 법률(Domestic Violence, Crime and Victims Act)에 따라 표본소인(sample count)이 존재하는 사건에 대하여는 배심재판을 제한할 수 있도록 규정하였다.

이와 같은 입법을 통한 형사 배심재판사건의 축소는 배심재판제도의 운용에 소요되는 고비용에 대한 부담의 경감을 주요 목적으로 하고 있는 것으로 보인다.[29)]

영국 배심재판의 특징 중 하나는 법관이 마지막에 적용하여야 할 법과 증거에 대하여 배심원에게 상세한 설시를 한다는 점이다. 첫째, 법관은 배심원에게 무죄의 설시를 할 수 있다. 즉 법관이 죄가 되지 않는다고 판단한 경우나 유죄입증이 불충분하다고 판단되는 경우에는 법관은 배심원에게 무죄평결을 명할 수 있다.

(2) 법적・정치적 배경

영국의 배심제도는 성문헌법에 의하여 배심재판을 받을 권리가 보장되는 미국배심제도에 비하여 법적기반이 취약하다. 영국은 헌법이 아닌 의회에서 제정하는 법률로 배심재판을 받을 권리의 본질과 범위를 정하고 있기 때문이다. 따라서 배심재판을 받을 권리의 본질과 범위는 의회의 입법절차를 통하여 변경될 수 있다. 그러나 배심제도의 변경은 법률적으로는 상대적으로 용이하지만, 정치적으로는 상당한 제약을 받기 때문에, 영국정부는 배심제도의 변경을 조심스럽게 다루고 있다. 따라서 배심제도의 변경은 급진적이기보다는 점진적으로 이루어지고 있다.

영국 배심제도의 개혁은 대법원(The Lord Chancellor's Department)과 내무부(The Home Office)에서 주도하고 있다. 영국정부의 특별연구위원회와 왕립위원회는 지난 35년간 배심제도에 관하여 연구하고, 배심제도의 개혁을 권고하여 왔고, 일부 권고는 입법화되어 시행되고 있으며, 일부 권고는 아직까지 논의 중에 있다.

England and Wales, London, HMSO, 2001, p.204, 김대성, 위 논문 123면에서 재인용)

29) 1999년 영국 내무부의 발표에 따르면 배심재판의 비용이 치안판사의 재판에 의한 비용보다 10배가 넘는 것으로 추산된다고 한다(닐 비드마르 편, 김상준 외 3인 역, 세계의 배심제도, 나남, 2007, 118면).

현재 배심제도를 규율하는 주요법률은 1974년의 배심원법(The Juries Act 1974)과 1994년의 형사법 및 공공질서 유지법(The Criminal Justice and Public Order Act 1994) 그리고 1981년의 법정모욕에 관한 법률(The Contempt of Court Act 1981)이 있다. 그 중 법정모욕에 관한 법률 제8조는 '배심원의 평의과정 중에 이루어진 진술, 표명된 의견, 진행된 논쟁 또는 표결에 관한 사항의 전부 또는 일부를 획득하거나 공표하는 행위 및 이러한 행위를 하도록 권유하는 행위'를 처벌하고 있다. 그러나 학문적 연구를 위한 경우에는 이러한 금지를 완화하여야 한다는 요구가 커지고, 영국의 배심제도연구에 있어 가장 큰 걸림돌로 여기지고 있다. 실제 1986년의 로스킬 위원회(Roskill Committee)[30]는 사기재판의 장래 개혁을 위한 실증조사를 하면서 실제 배심원으로 있었던 자들에 대한 조사를 할 수 없었다는 점에 대하여 보고서에 표명하였다.[31] 미국에서 배심제도는 광범위한 연구를 허용하고 있음에도 배심제도는 여전히 건재하고 있다는 점에서 영국의 변호사협회(The Bar, The Law Society)와 고위법관들, 그리고 중대사기사건국(Serious Fraud Office)도 법정모욕에 관한 법률 제8조를 폐지하자는 견해를 지지하고 있다.[32]

한편, 법정모욕에 관한 법률은 재판 전의 언론보도를 자제시키고 있는데 이는 언론보도가 배심원의 평결에 영향을 미치는 것을 막기 위한 것이다. 즉 법원이 언론매체에 대하여 재판시작 전 또는 재판진행 과정 중에 편견을 초래할 수 있는 내용의 보도를 금지하는 명령을 발하거나, 이러한 보도를 한 것이 문제로 되어 언론매체에 대한 형벌이 가해지는 경우가 있다. 더 나아가 법원은 편파적 보도 때문에 그 재판이 진행되는 관할구역 내에서 공정한 재판이 불가능하다고 판단되는 경우 재판절차를 중지킬 수도 있다.[33] 미국에서는 언론의 자유로 인한 재판 전 또는 재판 중의 언론보

30) 배심제도개혁의 일환으로 로스킬 경이 의장으로 있었던 사기사건재판위원회(The Fraud Trials Committee, 1986)를 말한다.

31) 비드마르, 앞의 책 108-110면.

32) 비드마르, 위의 책 111면.

33) D. Corker and M. Levi, Pre-trial publicity and its Treatment in the English Courts(1996) CRIM. L. REV. 301. 비드마르, 위의 책 142면.

도가 활발하게 이루어지고, 우리나라에서도 형사사건에 대한 언론보도가 자유롭게 이루어지고 있는 것에 비추어 재판 전의 언론보도에 대한 영국의 접근방식은 엄격한 점이 있다.

(3) 사기사건의 배심

배심원이 복잡한 사건을 처리할 능력이 있는가에 대하여 영국에서는 계속 의문이 제기되어 왔다. 이에 대한 과제를 1986년 로스킬 경이 의장으로 있었던 사기사건재판위원회에서 맡아 케임브리지 대학 심리학자들에게 의뢰를 한 적이 있다. 심리학자들은 연구결과, 용어를 해설하여 주거나 요약서면을 제공하거나 시각자료를 이용하면 복잡한 자류에 대한 배심원의 이해를 현저히 개선할 수 있음을 보여주었다.[34] 그럼에도, 로스킬 위원회는 복잡한 사기사건은 더 이상 배심원이 심리해서는 안되고, 1명의 판사의 2명의 일반인 전문가로 구성된 '사기사건 특별재판부(Fraud Trials Tribunal)'에서 심리해야 한다고 권고하였다. 그 외에도 로스킬 위원회는 배심원이 사건을 쉽게 이해할 수 있도록 사기죄의 구성요건에 관한 설명을 직설적으로 명료하게 해주는 방안의 도입, 일정 수준 이상의 교육을 받은 6인 내지 7인의 배심원으로 구성된 사기사건 특별배심제도의 도입 등을 권고하였다.

그러던 중, 1996년 맥스웰(Maxwell)사건[35] 이후 중대 사기사건에서 배심원의 역할에 대한 논쟁이 심화되었다. 수사에 많은 비용이 소요되었고, 재판도 지루하게 진행되었으며, 세간의 이목이 집중된 사건에서 배심원단이 맥스웰 형제에게 무죄평결을 내렸기 때문이다. 이에 대하여 중대사기사건에 대한 배심재판을 폐지하여야 한다는 주장이 제기되기까지 하였으나 아직 이 논쟁은 여전히 현재진행형이며 현재까지 어떠한 구체적 조치는 이루어지지 않고 있다. 배심원의 사실인정 및 법적판단능력에

---

34) Roskill Committee, 부록 (Medical Research Council Applied Psychology Unit, Cambridge University, Improving the Presentation of Information to Juries in Fraud Trial).

35) 케빈 맥스웰(Kevin Maxwell)과 이안 맥스웰(Ian Maxwell) 형제가 연금기금을 부정사용한 혐의 등으로 기소된 사건이다.

대한 의심은 배심제도가 탄생한 이후 계속 이어져 온 난제이므로, 쉽사리 결정을 내리기는 어려울 것으로 보인다.

2. 미국의 배심제판제도

(1) 역사적 배경

영국에서의 배심제도는 영국 이주민에 의하여 식민지 미국에서도 그대로 적용되어 시행되었다. 식민지 시대의 존 피터 젱어(John Peter Zenger) 사건은 '공권력에 의한 억압에 대한 보루로서의 배심재판을 받을 권리의 중요성을 미국인에게 인식시켰다'는 평가를 받고 있다.36)

뉴욕 위클리(New York Weekly Journal)지의 발행인이었던 젱어는 영국 식민지 시절인 1734년 위 잡지에 당시 영국총독인 코스비(Cosby)를 비난하는 글을 실었고, 그로 인하여 문서에 의한 선동비방죄(seditious libel)로 기소되었다. 법원은 최초 배심원단을 코스비가 지명한 자 또는 코스비와 친분이 있는 자들로 구성하였으나, 젱어의 변호인이 기피권을 행사하여 선발된 배심원 중 일부는 반영(反英)감정을 가진 배심원들이 포함되어 있었다. 젱어의 변호사 앤드류 해밀턴(Andrew Hamilton)은 배심원들에게 다음과 같이 간곡한 호소를 하였다.

여러분은 불쌍한 발행인이나 뉴욕을 위하여 재판하는 것이 아닙니다. 절대 그렇지 않습니다. 이 재판은 미국 땅에서 영국정부의 지배 아래 살아가는 모든 자유인을 위한 것입니다. 그렇습니다. 여러분은 자유를 위하여 재판하는 것입니다.

배심원들은 젱어에게 무죄평결을 내렸고, 그는 석방되었으며 재판결과는 영국 식민지와 영국에 전해졌다.37) 그러자 영국은 미국 식민지 주민의 조세법위반혐의에 대

36) John Guinter, The Jury in America 30(1988). 비드마르, 앞의 책 166면에서 재인용.

37) Leonard W. Levy, Emergence of a Free Press, (1985) 42-44. 비드마르, 앞의 책 166-167에서 재인용

하여 배심제도의 적용이 없는 해사법원(admiralty courts)에 기소하였고, 반역죄에 대한 재판은 영국에서 진행되었으며, 그로 인하여 식민지 주민의 조사나 참여는 완전히 배제되었다.

영국의 이러한 조치는 결국 미국 독립전쟁을 촉발시켰다. 토마스 제퍼슨(Thomas Jefferson)은 미국의 독립선언문에서 "많은 사건에서 배심재판을 받을 권리를 빼앗은 영국의 행위"를 영국으로부터 독립하여야 하는 이유 중 하나로 명시하였으며, 당시 미국 12개 주의 헌법에 모두 포함된 유일한 권리는 배심재판을 받을 권리였다.[38] 이와 같이 배심제는 식민모국의 압제로부터 독립국 미국의 민주주의를 쟁취하는 주요한 제도로 미국인의 민주적 정서에 각인되었던 것이다.

영국의 식민통치로부터 해방된 당시에는 제대로 법률교육을 받은 전문가가 드물었고, 판사들 역시 정규 법률교육을 받지 못하였다. 당시 미국인들은 법률적 소양이 부족한 직업법관에 비하여 배심제도를 더 신뢰하였다. 이는 배심원들은 납세자나 재산을 소유한 그 지역의 유지들로 구성되었고 그들의 식견과 양식을 신뢰하였기 때문이다.[39] 오늘날에도 미국의 판사들은 선거로 선출되거나 주민소환에 응해야 하는데, 이러한 이유로 판사들은 외부 영향에 취약할 수밖에 없다. 이러한 요소들은 12명의 시민의 집단지성에 기초한 판단을 상대적으로 더 선호하게 하고 있다. 식민 본국으로부터의 유산이었던 배심제도가 미국 독립 후에도 굳건히 자리잡게 된 이유는 위와 같은 국가권력에 대한 미국인들의 뿌리 깊은 경계심에서 비롯된다고 볼 수 있다. 민주적으로 수립된 정부라도 언제든 국민을 억압할 수 있을 것이라는 우려가 남아 있었기 때문이다.[40] 사법권력을 보더라도 그 내부에는 부패하고 출세에 눈 먼 관료들이 있으므로 보통 사람들이 필요했다. 그래서 '상식선의 판정(common sense judgment)'이 중요하였고, 이는 배심원 평결의 '정확성(accuracy)'과는 애초부터 무관한 가치였

38) 안경환, "미국 독립선언서 주석", 국제・지역연구, 제10권 제2호(2001), 118면.

39) 비드마르, 앞의 책, 34면.

40) Gary Wills, A Necessary Evil: A History of American Distrust of Government (Simon & Schuster, 1999), 이재협, "미국 배심제에 대한 법인류학적 고찰", 서울대학교 법학, 제50권 3호(2009. 9), 353면에서 재인용.

다.[41] 그러나, 남북전쟁 이후 산업화와 도시화가 급격히 진행되고, 흑인노예해방, 이민자들의 유입으로 국민들은 예측가능한 판결과 법의 정확성을 요구하게 됨에 따라 재판의 중심이 배심원에서 판사로 이동하게 되었고, 배심원 평결의 정확성 문제가 중요시 되었다.

미국의 배심제는 애초 영국왕의 전제(專制)로부터 시민의 권리를 지키는 역할을 하였고, 이에 모든 국정수행 주요 결정에 국민이 참여할 권리가 주어져야 한다는 민주주의의 정치이념이 어우러져 미국 특유의 사법제도로 발전해 오다가 1789년 미국 연방헌법에서 배심재판을 받을 권리를 국민의 기본권으로 규정하게 이르렀다.

미국 연방헌법 제3조 제2항은 "탄핵사건을 제외한 모든 범죄의 재판은 배심에 의한다"라고 규정하고 있고, 수정 헌법 제5조에는 "사형에 처할 범죄 또는 파렴치범에 관하여 대배심(grand jury)에 의한 고발, 기소가 없으면 처벌되지 아니한다", 수정 헌법 제6조에는 "모든 형사 피고인은 당해 범죄가 행하여진 주와 지역의 공정한 배심에 의하여 재판을 받을 권리를 향유한다"라고 규정하여, 배심에 의하여 재판을 받을 권리를 헌법상의 기본권으로 보장하고 있다.

배심재판을 받을 수 있는 권리의 본질적 요소는 미국 연방헌법에서 배심재판을 규정할 당시에 영국에서 인식되어 온 것과 식민지 시대 미국의 각 주에서 초기 헌법에서 이해하였던 것이 동일하다. 즉 첫째는 배심은 12명으로 구성되어야한다. 둘째 법률에 대하여 설시하고 사실에 대하여 조언할 권한을 가진 법관의 면전에서 이루어져야한다. 셋째, 평결은 만장일치여야 한다. 는 것이었다. 그러나 이러한 본질적 요소는 그 후의 연방대법원과 각 주의 대법원 판결의 해석에 의하여 많은 변형을 가져왔다. 특히 배심원의 수가 12명이어야 하고, 평결은 만장일치여야 한다는 점은 현재 배심의 본질적 요소라고 할 수 없게 되었다.

미국 연방헌법 수정 제6조는 "모든 형사재판"이라는 표현을 사용하여 마치 배심재판을 받을 권리가 포기할 수 없는 절대적인 권리라는 의미로 해석되었으나, 연방대

---

41) 이재협, 앞의 논문, 353-354면.

법원은 1930년 Patton v. U.S.[42] 사건에서 배심재판을 받을 수 있는 권리는 법원과 검사의 동의하에 피고인의 이성적인 결정으로 포기할 수 있다고 판시하였다. 이후 동일한 취지의 대법원 판례가 계속되어 현재는 거의 모든 주에서 포기할 수 있는 권리라는 개념이 확산되어 주 헌법과 법률에 명시적으로 포기의 절차를 규정하고 있는 주가 많다.[43] 포기의 방법은 법정에서 법관과 검사의 동의하에 이루어져야한다고 규정하고 있으며, 서면포기가 원칙이나 구두로도 포기할 수 있다고 규정하고 있는 주도 있다. 그 결과 보통법에 의하면 드물었던 중죄에 대한 직업법관재판(bench trial)이 이제는 흔한 일이 되었다. 그러나 사형, 종신형에 처할 범죄사건에 대하여는 대부분의 주가 포기를 인정하지 않고 있다.

(2) 미국배심제도의 변화와 특징

연방대법원은 경죄(petty offence, 단기 자유형이나 벌금형에 처할 범죄를 의미한다)의 경우 배심재판을 받을 권리를 보장하지 않는다. 즉 법정형이 6개월 이하인 죄나, 법정형이 6개월 이하인 죄의 경합범으로 기소된 경우 배심재판을 받을 권리를 인정하지 않는다.[44] 법정형으로 벌금형만 있는 경우 배심재판을 받기 위해서는 벌금의 액수가 상당히 고액이어야 한다.[45]

또한 연방대법원은 주 법원 실무의 변화와 혁신을 수정헌법 제6조와 조화시키기 위하여 보통법상 배심제도의 일부 변화를 수용하고 있다. 예를 들면, 피고인이 판사에게 유죄판결을 받은 경우에만 배심재판을 받을 수 있도록 한 매사추세츠 주의 2단계 재판제도를 인정하고,[46] 배심원이 아닌 판사에 의한 사형선고도 가능하다고 판시

42) 281 U.S. 276(1930).

43) 버지니아주, 미주리주, 몬타나주, 아이다호주, 오클라호마주 캘리포니아주에서는 헌법에서 배심재판의 포기를 명시적으로 인정하고, 인디아나주, 조지아주, 코네디컷주 등에서는 법률로 규정하고 있다.

44) Lewis v. U. S. 518 U.S. 332(1966). 법정형이 6개월 이하의 징역형에 해당하는 두 개의 공소사실이 병합하여 기소된 경우에도 배심재판을 받을 권리는 인정되지 않는다고 판시하였다.

45) Muniz v. Hoffman, 422 U.S. 454(1975)에서 모욕죄로 1만 달러의 벌금형에 처해진 노동조합에게 배심재판을 받을 권리가 없다고 판시하였으나, International Union, UMW v. Bagwell, 512 U.S. 821(1994)에서는 6,400만 달러 이상의 벌금형이 처해진 경우 배심재판이 필요하다고 판시하였다.

하였다.47) 또한, 수정헌법 제6조에 의하면, 주 중죄사건(state felony case)의 경우 배심원단은 최소 6명으로 구성될 수 있고, 만장일치의 평결을 요구하지 않는다.48)

여러 주에서 배심원은 재판 도중 메모할 수 있고 평의에서 이를 참고할 수 있도록 하고, 일부 주에서는 배심원이 재판장에게 질문사항을 제출하여 증인에게 질문하는 것을 허용하려는 시도를 하고 있다.49) 한편 배심원용 모범설명양식집(patterrn jury instruction)은 이전에 개개의 사건별로 이루어진 재판장의 배심원에 대한 설명을 대부분 대체하였고, 오늘날 대부분의 법정에서는 배심원에게 배심원실에 가지고 들어갈 수 있는 인쇄된 배심원용 모범설명양식집을 배부한다.50)

전통적으로 보통법(common law)은 배심제도에서 판사가 증거에 대한 자신의 의견을 배심원에게 알리도록 하고 있다.51) 그런데 미국 대부분의 주에서는 판사가 증거에 대한 자신의 의견을 표명하는 것을 금지하고 있다. 이러한 금지는 사실에 대한 유일한 판단자는 배심원이라는 원칙과 미국인의 사법부에 대한 전통적 불신이 결합된 결과로 보인다. 대부분의 주 의회와 주 법원은 증거에 대한 판사의 의견은 부적절하거나 쓸데없는 참견에 불과하고, 잘못하면 일방 당사자를 변호하는 것이 된다고 판단하고 있다. 그 이유에 대하여 판사들이 선출직으로 바뀌면서 사실관계 파악에 관한 판사들의 전문성에 대한 믿음이 감소했다는 견해도 있다.52) 그러나 이에 대하여 숙

---

46) Ludwig v. Massachusetts, 427 U.S. 618(1976). 이후 1978년에 매사추세츠 주는 판사 앞에서 최초의 재판을 받는 것을 강제적인 아닌 선택적인 것으로 법률을 개정하였다.

47) Spaziano v. Florida, 468 U.S. 447(1984). 배심원이 양형에서 종신형을 권고하였음에도 판사가 사형을 선고한 결정을 지지한 판결이다.

48) 그러나, 대부분의 주에서는 사형에 해당하지 않는 중죄사건에서도 배심원단은 12명으로 구성되어 만장일치의 평결을 요구하고 있다.

49) Larry Heuer & Steven Penrod, Some Suggestions for the Critical Appraisal of a More Active Jury, 85 NW. U. L., 226, 229 (1990). 판사들에 대한 설문조사에 의하면 노트지참을 허용하는 비율은 전체 재판의 3분의 1 정도이지만, 질문을 허용하는 것은 전체 재판의 1%에 그쳤다고 한다.

50) 닐 비드마르, 앞의 책 176면.

51) People v. Kelly, 179 N.E. 898, 905 (1931). (DeYoung, J., 반대의견 : 판사가 증거에 관하여 언급할 권리와 사실관계에 관한 자신의 의견을 표현할 권리를 박탈당한 현재 배심제도는 … 우리가 물려받은 배심제도가 아니다).

52) 닐 비드마르, 앞의 책 178면.

련된 안내자로부터 문외한인 배심원을 고립시킴으로써 오판의 가능성을 심화시킨다는 비판도 계속되고 있다.[53)]

미국형사절차에서 중죄사건 중 3% 내지 10%만이 정식재판으로 진행된다. 나머지 사건들은 재판의 위험과 비용을 피할 수 있는 양형협상(plea bargaining)에서 해결되기 때문이다. 또한 정식재판으로 진행되는 중죄사건 중 3분의 1 이상의 사건은 배심원이 없는 판사에 의해 진행된다. 따라서 낮은 비율의 피고인만이 배심원에 의한 재판을 받고 있다. 그럼에도 불구하고 미국 사법제도는 형사배심제도를 유지하는데 있어서 상당한 자원과 비용을 들이고 있다. 각 법원의 배심제도 운용비용은 배심원 후보자 명단과 배심원용 모범설명양식집을 준비하고 갱신하는 비용, 배심원의 보수, 배심원 담당관의 월급, 송달비용 등 배심원 소환절차 진행비용, 배심제도 교육프로그램 비용, 배심원의 식비, 일부 사건에서 평의 동안 배심원을 격리하는 비용 등을 포함하고 있다.[54)]

미국의 형사배심재판은 중죄사건의 경우 이틀에서 나흘이면 종결된다. 모든 형사사건이 오 제이 심슨(O.J. Simson) 사건과 같이 몇 주 또는 몇 개월 동안 진행되지는 않는다. 복잡한 사건은 다른 일반적 중죄사건보다 재판에 많은 시간이 걸리지만, 배심원 선발절차가 전체 재판시간의 약 20% 내지 35%를 차지하고 있다.[55)]

주지하듯이, 오늘날 미국의 판사는 국민에 의하여 선출되거나 선출된 공직자에 의하여 임명됨에도 불구하고 미국의 배심제도는 배심원과 판사 사이의 정치적 갈등에 뿌리를 두고 있다. 배심원과 판사는 출신배경이 다를 뿐 아니라, 범죄, 경찰 및

---

53) John H. Langbein, *Mixed Court and Jury Court: Could the Continental Alternative Fill the American Need?* 1981 AM. B. Found. Res. J. 195, 202.

54) 닐 비드마르, 앞의 책 201면. 뉴욕 주는 1996년 중죄사건 배심원을 의무적으로 격리하는 것을 폐지하기 전까지 배심원을 격리할 주거를 마련하고, 배심원을 감독하는 비용으로 매년 4백만 달러 이상을 지출하였다고 한다.

55) 연방법원의 형사배심재판은 평균 약 4.5일이 소요된다. 또한 캘리포니아 주의 오클랜드와 마린군에서 검사는 적어도 1명의 전문가 증인과 3명의 경찰관 등 공무원 증인을 신청하는 반면, 다른 도시지역의 검사는 2명의 공무원 증인만을 신청하고, 전문가 증인은 거의 신청하지 않는다. 또한 도시에서 전형적인 중죄사건에 대한 배심재판은 평균 11시간 정도 걸리는데, 그 중 검사가 사용한 시간이 피고인이 사용한 시간보다 2배 정도 많다고 한다(닐 비드마르, 앞의 책 202-203면 참조).

증인에 대하여 항상 같은 입장을 취하는 것은 아니므로 의견이 일치하지 않을 수 있다. 더구나 오늘날 배심제도가 덜 활용되고 있고, 비용도 증가함에 따라 형사배심제도를 현재 형태로 유지하는데 의문이 제기되기도 한다. 그러나 배심원의 평결은 여전히 대중의 지지를 받고 있고, 배심재판은 대부분의 미국인들에게 소중한 권리로 남아있다. 그 가운데 어떤 사람들은 배심원이 평의절차에서 좀더 심사숙고할 수 있도록 하여 배심재판을 개선하려고 하고, 다른 사람들은 배심재판의 속도와 유연성을 높이려고 하며, 또 배심원의 참여를 증진시켜 배심제도를 헌법의 해석한도에서 개혁시키려고 하고 있다.

3. 독일의 참심제

(1) 프랑스식 배심제의 도입

1789년 프랑스 혁명의 결과 프랑스는 영국을 모델로 하여 배심제를 도입하였고, 그 영향으로 1798년 이후 프랑스의 점령지인 독일의 라인지방에 위치한 프로이센과 바이에른, 헤센에 현대적 형사소송의 제 원칙인 구두주의, 공개주의, 검사제도, 자유심증주의와 함께 프랑스식 형사배심이 도립되었다. 당시 프랑스식 배심제도는 피고인의 죄책을 판단함에 있어 사실확정은 배심원단이, 법률문제는 법관이 전담하였고, 사실문제에 대하여 배심원단은 법관이 제시하는 구체적이고 간단한 여러 질문에 답하는 방식을 채택하고 있었다.[56] 1815년 이들 지역이 프랑스의 지배에서 벗어나 프로이센에 편입되자 이들 지역의 주민들은 규문주의하에서의 형사재판과 배심제를 경험한 후 배심제의 존속을 원했고 프로이센 정부는 배심제를 원하는 지방은 정치범을 제외하고 그대로 배심제를 유지하도록 허용하였다.

이 배심제도에 대하여 독일의 법학자인 포이에르 바흐(Paul Anselm Ritter von

---

56) 김대성, "독일의 국민참여 형사재판제도", 일감법학 14권, 건국대학교 법학연구소, 2008. 105면. 통상적으로 배심원단에게는 "당해 사건에서 문제가 되는 사실이 입증되었는가", "피고인이 그 행위자인가". "그 행위가 고의인가"등의 질문이 주어졌다고 한다. 이는 현재 스페인의 배심제에서 사실인정에 관하여 채택하고 있는 방식이다.

Feurbach)는 1813년 "배심법원에 관한 고찰(Betrachtungen uber das Geschworenen gericht)"을 발표하였는데, 그는 피고인의 죄책에 관한 문제는 사실인정에 그치는 것이 아니라 법률문제를 수반하게 마련이고, 법률지식이 결여되고 사실인정의 훈련이 부족한 배심원들보다 직업법관이 보다 공정하고 정확한 판결을 내릴 수 있다고 지적하였다.[57] 그러나 미터마이어(Carl Joseph Anton Mittermaier)는 배심제도하에서도 법관이 배심원단에게 증거법칙에 대하여 설명하고 배심원단이 그 설시에 따라 평결을 내린다면 배심원단이 증거법칙에 따르는 한 배심제도를 수용할 수 있다고 주장하였고, 러이어(Friedrich Gottfried Leue)는 배심원들은 실정법에 얽매여있는 법관에 비해 실정법의 정당성을 평가한다는 의미에서 재판과 판결의 정당성 강화를 위해 배심제를 지지하였다. 또한, 헤겔(Friedrich Wilhelm Hegel)은 피고인과 동등한 위치에 있는 일반인 배심원에 의한 판결은 피고인의 신뢰를 증진한다는 이유에서 배심제를 지지하였다.[58]

그러나 시간이 흐르면서 서민층에서는 절대주의 시대 이래 이어져온 군주사법과 직업법관들의 자의적 판결에 대한 비판에서 직업법관들의 형사재판독점을 불식시킬 수 있는 계기로 여기게 되었고, 법학자들도 증거방법에 대한 직업법관들의 자의를 억제하는 증거법 영역에서의 배심제도의 유용성에 주목하게 되었다. 이러한 동향에 따라 1848년 프랑크푸르트 국민의회는 헌법을 제정하면서 형사재판에 배심제의 도입을 명문화하였고, 1849년 배심법은 프로이센 지배지역 전역에 형사배심재판을 설치하였다. 배심은 나폴레옹 법전과 같이 심리배심만 도입되었고 12명의 배심원이 다수결로 평결하였다. 1877년 독일 통일 이후 제정된 제국법원조직법 및 형사소송법도 배심제를 유지하였다.

---

57) Friederike Charlotte Grube, Richter ohne Robe : Laienrichter in Strafsachen im deutschen und anglo-amerikanischen Rechtskreis, Peter Lang, 2005, 51-52면. 김대성, 앞의 논문, 106면에서 재인용.

58) 김대성, 앞의 논문, 107면. 그러나 사비니(Friedrich Carl von Savigny), 비너(Friedrich August Biener), 뵈히터(Karl Georg von Wächter) 등의 학자들은 위 제도의 도입에 소극적이었고, 반대의 목소리도 많았다.

그러나 독일이 제1차 세계대전에서 패배하면서 독일은 막대한 전쟁배상금을 지불하여야 했고 극심한 인플레이션으로 인하여 정상적인 재정운영이 불가능하게 되었다. 따라서 비용이 많이 드는 배심재판을 유지하기 어려웠다. 또한 1919년 성립된 바이마르 공화국은 정치적으로 불안정하였고 정부는 강력한 사법적 통제를 필요로 하게 되었다. 또한 독일 사법부는 매우 보수화되고, 독일법은 고도로 추상화되면서 시민의 일상과 괴리되어 일반 시민은 법의 내용을 점점 알 수 없게 되어갔다. 결국 1924년 배심제는 폐지되고 참심제가 채택되기에 이르렀다.[59)]

제2차 세계대전이 종결되면서 참심제는 부활되었다. 다만 1974년부터 재판에 참여하는 참심원의 수가 6명에서 2명으로 축소되었는데 이는 적군파와 같은 테러리즘에 대해 강력한 사법적 통제를 가하려는 정부의 방침 때문이었다고 한다.[60)]

(2) 참심제로의 전환

독일에서의 현대적 의미의 참심제에 대한 논의는 1798년 프랑스식 배심제가 독일 라인강 지역의 주에서 도입되고, 1815년 위 지역이 프로이센에 편입된 후인 1819년 라인강 지역의 사법제도에 대한 조사를 위임받은 프로이센의 참사관 그뢰벨(Gravell)이 직업법관과 소수의 일반인으로 재판부를 구성하는 참심제도를 프로이센에 도입할 것을 제안하면서 시작되었다. 이어서 1833년 법학자 베젤러(George Beseler)가 사실문제와 법률문제의 엄격한 분리는 실제에 있어서 불가능하다는 인식에 기초하여, 이러한 이분적 원리를 특징적인 요소로 하는 배심제도는 특히 독일의 형사실체법의 사정에 비추어 볼 때 부적합하다고 하면서, 그보다는 참심제도의 도입이 더 바람직하다고 주장하였다.[61)]

하노버에서는 1850년 참심제가 도입되어 시행되었다. 당시 하노버의 참심제도는

---

59) 김형국외 2인, 앞의 책. 34면.

60) 안경환・한인섭, "배심제와 시민의 사법참여", 집문당, 2005, 333-336면.

61) Peter Landau, "chwurgerichte und Schöffengerichte in Deutschland im 19. Jahrhundert bis 1870" Antonio Padoa Schioppa (ed.), 290-292면. 김대성, 앞의 논문 109면에서 재인용.

재판부의 구성을 1인의 직업법관과 2인의 참심원으로 하였고, 경미한 사건이 그 대상사건이었다. 그 후 하노버의 참심제는 재판과 판결에 대한 신뢰를 고취시켰고 그 영향으로 1857년 올덴부르크, 1863년 헤센・카셀과 브레멘, 1864년에 바덴에서도 참심제가 도입되었다. 이어서 1868년에는 작센에서는 배심제와 참심제가 동시에 도입되게 되었다. 당시 작센의 고등검찰청 검사장이었던 슈바르츠(Friedrich Oscar Schwarze)는 영국과 달리 형법이 발달되어 있는 독일에서는 배심원들이 직업법관의 형법에 대한 설명이나 설시를 이해하는 것이 불가능하므로 직업법관과 배심원들을 구분하는 이분적 형태의 배심제는 독일에 적합하지 않다고 보았다. 당시 작센의 참심제는 중절도죄와 중상해죄, 성범죄와 같은 중죄사건들을 대상으로 하고, 3인의 직업법관과 4인의 참심원으로 재판합의체가 구성되며, 참심원들은 피고인의 형사책임 문제에 대한 판정에만 관여하고 양형에는 관여하지 않는 형태였다.[62]

1871년 프로이센의 주도하에 독일이 통일되고 탄생한 독일제국은 위 슈바르츠의 영향에 따라 형사소송법 초안에 배심제를 배제하고 참심제만을 채택하였다. 그러나 바이에른과 연방참의원의 반대에 부딪혀 위 안은 관철되지 못하였다. 결국 1877년에 제정된 독일제국의 법원조직법과 형사소송법은 살인죄, 상해치사죄, 방화죄 등과 같은 중죄들은 배심재판의 대상사건으로, 3월 이하의 자유형 또는 600마르크 이하의 벌금형에 해당하는 범죄나 명예훼손죄, 가액 25마르크 이하의 절도죄・횡령죄・재물손괴죄 등과 같은 경미한 범죄들은 참심재판의 대상사건으로 각각 규정하면서, 배심제도와 참심제도를 둘 다 채택하였다.[63] 당시 참심원은 제1심 형사재판에만 참여하였는데 1인의 직업법관과 2인의 참심원이 재판합의체를 구성하게 되는 참심재판에서는 참심원과 직업법관의 직무 및 권한이 동일하여 피고인의 유・무죄 여부와 양형에 대하여 이들이 함께 토의하여 판정하였다.

제1차 세계대전 이후 독일은 경제적, 재정적으로 위기에 처하게 되었다. 그 결과 1921년 법원의 업무부담을 경감하고, 사법비용을 절감하기 위하여 약식명령절차와

62) Peter Landau, 앞의 글, 295-297면. 김대성, 앞의 논문 110-111면에서 재인용.
63) 김대성, 앞의 논문 111-112면.

참심재판의 대상사건이 확대되었다. 1922년 직후 극심한 인플레이션으로 인하여 사법비용절감의 요청이 극대화되자 1923년 12월 전권위임법에 의하여 제국법무장관 에밍거(Emminger)가 1924년 1월에 '법원조직과 형사재판에 관한 명령'을 발포하면서 사법개혁에 들어갔다. 먼저 에밍거는 배심법원을 폐지하고, 3인의 직업법관과 6인의 참심원으로 구성되는 대참심재판부를 창설하였다. 다만 국민에게 익숙하다는 이유로 대참심재판부를 배심법원이라는 명칭으로 사용하였다. 이로써 독일에서 배심제도는 폐지되고 참심제가 그 지위를 대신하게 된 것이다.[64] 그리고 종래의 참심재판부의 관할사건은 구법원 단독판사의 관할사건으로, 형사부의 관할사건은 참심재판부의 관할사건으로 변경되었다. 이에 따라 구법원 단독판사의 판결에 대한 항소심은 1인의 직업법관의 2인의 참심원으로 구성되는 소형사부(Klein Strafkammer)에서, 참심재판부의 판결에 대한 항소심은 3인의 직업법관과 2인의 참심원으로 구성되는 대형사부(Grosse Strafkammer)에서 담당하게 되었다. 또한 이 시기의 참심제는 피고인의 유·무죄 여부에 대한 판정은 물론이고, 양형에 있어서 피고인에게 불리한 결정을 내리는 데에도 재판합의체의 구성원 3분의 2 이상의 다수의견일치가 요구되었다.

1933년 권력을 장악한 아돌프 히틀러의 나치스 정권하에서 내란죄나 반역죄와 같은 정치범사건을 관할로 하고 그 판결에 대해서는 항소가 허용되지 않는 민족재판소(Volksgerichtshof)를 창설하였는데, 비록 이 재판소에서 직업법관이 아닌 일반인들이 민족재판관으로서 재판에 직접 참가하였지만, 이들 민족재판관들은 히틀러와 나치스를 신봉하는 자들 중에서 선정되어, 이 재판소는 히틀러와 나치스의 권력유지를 위한 정치적 도구에 불과하였다. 나치스 치하에서 모든 범죄는 정치적 범죄로 간주될

---

64) 김대성, 앞의 논문, 112-113면. 그 직전에도 독일정부는 형사법원조직의 근본적인 개혁을 시도한 적이 있는데, 그 과정에서 당시 제국법무장관 라드부르흐(Radbruch)가 1922년 6월에 참의원(Reichsrat)에, 그리고 당시 제국법무장관 하인츠(Heinze)가 1923년 5월에 제국의회(Reichstag)에 각각 개혁안을 제출하였다. 이 두 개혁안은 공통적으로 형사부(Strafkammer)의 제1심 관할을 폐지시킬 것, 형사부의 관할을 항소심 사건으로 국한시키고 참심재판에 의할 것, 확대참심재판부를 신설할 것을 제안하였지만, Radbruch의 개혁안에서는 배심법원을 원형 그대로 유지시키고자 한 반면, Heinze의 개혁안에서는 배심법원이라는 그 명칭을 유지시키는 대신에 그것을 직업법관 3인과 참심원 6인으로 재판합의체가 구성되는 대참심재판부로 변경시킬 것을 제안하였다고 한다. 따라서 Heinze의 개혁안에서의 이 제안이 나중에 Emminger 사법개혁에서 실현된 것이다.

수 있었으므로 사실상 참심제는 기능하지 않았고, 제2차 세계대전이 발발한 날인 1939년 9월 1일에는 급기야 「법원조직과 사법의 분야에 대한 조치에 관한 명령」(Verordnung über Maβnahmen auf dem Gebiet der Gerichtsverfassung und der Rechtspflege)을 포고하여 참심제도를 실질적으로 폐지시키기에 이르렀다.[65]

제2차 세계대전 이후, 동독에서는 나치스 시대와 그 체제가 유사한 참심제가 부활하였고, 서독은 1950년 9월 12일의 '법원조직법 등의 통일화의 복원에 관한 법률'에 의하여 참심제도가 1933년 이전의 상태로 복원되었다. 그 후 서독에서는 1974년 12월 9일의 '형사절차법의 개정에 관한 제1차 법률'에 의하여 다시 한번 참심제도에 눈에 띄는 변화가 일어났다. 이 법률에 따라 살인에 관한 모든 범죄를 관할로 하는 지방법원 대형사부가 실제로는 참심제도로 운영되어 온 배심법원의 명칭을 이어받았고, 모든 심급에서의 참심재판에서 참심원의 정원이 2인으로 획일화되었다. 특히 대참심재판부에 의해 재판이 수행되는 배심법원의 경우에 재판합의체의 구성원 중에서 참심원의 수가 종래 6인에서 2인으로 대폭 감원된 것이 특징이다. 이어서 독일이 통일된 후인 1993년 1월에는 법원의 전체사건 증대에 응하여 형사사법시스템의 합리화를 도모하기 위해 제정된 '사법부담 경감에 관한 법률'에 의하여 각종 참심재판부를 포함한 형사법원의 사물관할과 대참심재판부의 구성이 현행제도로 변경되었다.[66]

오늘날 독일에는 구법원, 지방법원, 고등법원, 연방법원이 있는데, 직업법관과 참심원[67]으로 구성되는 재판체인 참심제는 구법원과 지방법원에서, 그리고 제1심 형사사건과 항소심 형사사건에서 열리고 있다. 먼저 제1심 형사사건에서의 참심재판은 구법원의 참심재판부, 지방법원의 대형사부와 대참심재판부에서 열린다. 직업법관 1인 또는 2인과 참심원 2인으로 구성되는 구법원 참심재판부의 사물관할은 구법원의

---

65) 김대성, 앞의 논문, 116-117면.

66) 김대성, 위 논문, 119면.

67) 독일에서는 직업법관이 아닌 일반인들 중에서 선정되는 시민들이 여러 영역의 법률사건들의 재판에 참가하고 있다. 이들 시민들의 재판참가는 형사사건, 상사사건, 행정사건, 재정사건, 노동사건, 사회사건에 걸쳐 폭넓게 이루어지고 있는데, 이렇게 재판에 참가하는 시민들을 총칭하여 명예직법관(Ehrenamtliche Richter)이라고 하며, 명예직법관 중에서 형사사건의 재판에 참가하는 시민을 '참심원(Schöffen)'이라고 한다(독일법관법 45a 조).

사물관할 중에서 단독판사의 관할사건[68], 즉 법정최저형이 1년 미만의 자유형이거나 법정형이 벌금형인 사건으로서 사인소추로 기소된 경우와 선고형이 2년의 자유형을 초과하지 않을 것으로 기대되는 경우를 제외한 나머지 사건들이다. 그리고 직업법관 3인 또는 2인과 참심원 2인으로 구성되는 지방법원 대형사부의 사물관할은 구법원 또는 지방법원 대참심재판부, 고등법원의 관할에 속하지 않는 사건으로서 법정최저형이 1년 이상의 자유형인 사건, 선고형이 4년의 자유형을 초과할 것으로 기대되는 사건, 보안처분이 수반될 것으로 기대되는 사건, 검찰이 당해 사건의 특별한 중대성 때문에 지방법원에 기소한 사건이다. 마지막으로 직업법관 3인과 참심원 2인으로 구성되는 지방법원 대참심재판부의 사물관할은 모살(Mord), 고살(Totschlag), 강간치사, 상해치사, 유기치사, 강도치사, 방화치사 등의 가장 중한 범죄사건들이다.[69]

재판절차에 관하여 살펴보면, 참심원은 공판이 개시되는 때로부터 판결이 선고되는 때까지 그 직무를 수행하며, 그 기간 동안 원칙적으로 직업법관과 동등한 지위와 권한을 갖는다. 먼저, 증거조사단계에서 참심원은 재판부의 일원으로서 검사나 변호인의 증거신청을 인용하거나 기각하는 결정에도 관여하며, 그 결정은 당해 재판부 구성원의 다수결에 의한다.[70] 또한 참심원은 재판장의 허가를 얻어 피고인이나 증인, 감정인에게 질문을 할 수 있다.[71] 평의 및 판결의 선고시에 죄책문제와 행위의 법률효과에 관하여 피고인에게 불리한 결정을 내리기 위해서는 재판부 구성원의 3분의 2 이상의 다수결을 요하기 때문에,[72] 이와 같은 표결요건을 충족하는 경우에만 피고인에 대한 유죄판결 및 형이 결정될 수 있다.

---

68) 전체 제1심 형사사건 중에서 구법원의 단독판사에 의해 처리되는 사건은 약 80%에 달한다고 한다(대검찰청, 「각국의 국민 형사재판참여 제도: 독일」, 2005, 11면).

69) 김대성, 위 논문, 126면.

70) 독일법원조직법 제30조 제1항, 제77조 제1항, 제196조 제1항. 다만, 직업법관과 참심원의 투표결과가 동률인 경우에는 재판장의 의사에 따른다(독일법원조직법 제196조 제4항).

71) 독일 형사소송법 제238조 제1항, 제240조.

72) 독일 형사소송법 제263조 제1항

4. 프랑스의 참심제

(1) 배심제의 도입과 참심제로의 전환

영국의 오랜 배심재판의 전통과 달리 유럽대륙에서는 비공개수사와 밀실재판이 이루어졌고, 마녀재판으로 상징되는 참혹한 종교재판이 성행하였다. 계몽주의 시대에 이르러 계몽주의자들은 형벌의 잔혹성과 형사절차의 자의성을 비판하였고, 베카리아는 인도주의와 공리주의의 토대 위에 근대적 형벌제도를 설계하였다.[73] 한편 볼테르, 몽테스키외 등 프랑스의 계몽철학자들은 영국의 배심재판을 높이 평가하였는데, 이는 1789년 프랑스 대혁명 이후 영국의 배심제를 모델로 하여 프랑스에 배심제가 수용되는데 큰 영향을 주었다. 즉, 1791년 9월 3일 프랑스 헌법은 중죄에 대하여 배심원단에 의한 재판을 규정하였는데, 중죄에 대하여는 기소한 이후의 사실의 인정과 판결은 배심원에 의한다는 것, 피고인은 20명까지 배심원을 무이유부 기피할 수 있다는 것, 배심원의 인원은 최소 12명을 충족시켜야 한다는 것, 법률의 적용 즉 형벌은 법관에 의해 결정된다는 것을 규정하였다.[74]

그 후, 1808년 나폴레옹의 치죄법(Code d'instruction criminelle)을 입안하는 과정에서 기소배심을 폐지하고[75] 심리배심만을 유지하기로 하였는데, 치죄법은 유·무죄를 판단하는 12명의 배심원과 형벌을 정하는 직업법관들로 구성된 중죄법원을 설치하였다. 또한, 배심원에 의한 중죄재판에 대하여는 항소가 불가능하였으며 대법원에 상고만이 허용되었다. 당시 프랑스가 채택한 배심재판제도는 3명의 법관으로 구성된 재판부에 배심원의 수는 12명이었다. 유죄평결을 위해서는 배심원 12명 중 10명이 찬성해야 했고, 법관들이 현저한 오류가 있는 평결이라고 지적하며 재심리를 요

---

73) 안경환·한인섭, 앞의 책, 324면.

74) Henri Ancevin, La pratique de la Cour d'assises Traité-formulaire, Lexis Nexis, 5éd (2012), 1면. 김택수, "프랑스 참심재판의 개혁과 시사점", 법학논총 31권 2호, 한양대학교 법학연구소, 2014. 75면에서 재인용.

75) 기소배심이 폐지되면서 대신 국왕의 대관이 검사로서 기소하는 역할을 맡았고, 이것을 오늘날 검사제도의 기원으로 보고 있다.

구할 경우 3명의 예비배심원을 포함하여 15명의 배심원 중 12명이 찬성해야 유죄평결을 할 수 있었다.76) 이러한 프랑스식 배심제도는 영국식 구술심리절차를 직권탐지주의 및 서면심리에 의존하는 프랑스의 전통적인 소송절차에 결합시킨 것이었다.77)

그런데 나폴레옹 형법전(Code pénal)은 경죄와 달리 중죄에 대하여는 현재와 같이 범죄별로 형벌의 상한만을 정하는 방식이 아니라 하한형을 정해 놓고 가중사유에 따라 형을 가중하는 형식을 취하였으며, 그 중 엄중한 범죄들에 대하여는 사형 또는 무기징역으로 형벌을 고정시켜 형의 감경이 불가능하도록 하였다. 따라서 법관은 법이 정한 기준에 따라 기계적으로 형벌을 선고하는 역할을 담당하게 되었다.78) 그 결과 배심원들은 범죄에 비해 형벌이 지나치게 가혹하다는 것을 인지하면서도 법관에게 양형의 재량권이 거의 없다는 사실을 잘 알고 있었기 때문에 사건에 대하여 무죄를 선고하는 일이 빈발하였다. 이른바, "배심원의 실정법 초월적 판단"(jury nullification)이 급속히 증가한 것이다.

이와 같이 중죄에 대한 배심원들의 무리한 무죄판결로 인하여 형사사법이 흔들릴 우려가 있자 프랑스의 배심제는 직업법관과 배심원을 분리하여 사실인정은 배심원이, 법률판단은 직업법관이 행한다는 원칙에서 벗어나, 사실인정과 법률판단을 직업법관과 배심원이 함께 하는 참심제로의 변화를 겪게 되었다.79) 이를 위하여 프랑스의 입법자들은 첫 단계로 1832년 형법전 개정을 통해 모든 범죄에 감경사유를 적용할 수 있도록 하였고, 이를 배심원단이 판단할 수 있도록 하였는데 감경사유는 구체적 감경인자가 아니라 전체적 정황을 근거로 할 수 있도록 함으로써 배심원들의 재량적 감경을 허용하였다. 이를 계기로 프랑스 형벌의 개별화가 이루어졌다는 평가를 받고 있고, 또한 배심원단이 무죄평결을 하는 문제를 개선하기 위하여 재판장이 배심원단의 요구에 의하여 평의에 참석하여 피고인에게 선고될 형벌에 대하여 설명하는 관

76) 안경환 · 한인섭, 앞의 책, 325면.

77) 닐 비르마르, 앞의 책, 658면.

78) Jean-Marie Carbasse, Histoire du droit pénal et de la justice criminelle, PUF, 2006, 417, 443면, 김택수, 위 논문 75면에서 재인용.

79) 김택수, 위 논문, 76면.

행이 생겼다. 그러나 이러한 조치에도 불구하고 피고인에 대한 유・무죄와 양형에 관한 판단을 엄격하게 분리시킴으로써 발생하는 배심원단과 법원과의 갈등을 해소하지 못하였다.[80]

그 후 100년이 지난 1932년 5월 5일의 법률에서 배심원단이 유・무죄에 대하여는 종전과 같이 독자적으로 판단하면서, 양형에 대하여도 판사들과 함께 평결하는 제도를 도입하였다. 그런데 양형에 대하여 배심원단이 지나치게 관대하거나, 엄격하게 하게 판단하여 형벌의 균형을 유지하지 못하는 사례가 빈발하게 되었다. 이러한 프랑스의 배심제는 제2차 세계대전이 발발한 1940년대 프랑스가 독일의 침공을 받아 패배하면서 독일점령지역에서는 완전히 폐지되었고, 독일의 영향력 아래 설치된 괴뢰정부였던 비시(Vichy)정부는 법관의 역할을 확대시켜 1941년 11월 25일의 법률에서 배심원의 수를 12명에서 6명으로 축소하고 법관이 배심원과 함께 피고인의 유・무죄 및 양형에 대하여 함께 판단할 수 있도록 하는 현재의 참심제를 도입하였다.[81] 공식적으로 '배심'이라는 명칭이 유지되었지만 실질적으로 참심제가 되었고, 3명의 법관과 추첨으로 선발된 6명의 배심원이 다수결로 결정하는 구조였다. 이러한 비시정부의 법률은 1945년 4월 20일의 명령에 의해 유효한 것으로 인정되고. 다만 재판에 참여하는 배심원의 수가 1명이 늘어 7명이 되었고, 1958년에는 배심원의 수가 7명에서 9명으로 늘어났다.[82] 비시 정부의 이러한 조치는 중죄법원이 탄생한 이후 가장 심오한 개혁을 단행한 것으로 평가되고 있으나, 반면에 참심원단의 권한이 더 이상 절대적이지 않다는 것에 대한 강한 비난이 일었으며, 특히 중죄법원의 결정에 판사들의 영향이 미칠 수 있다는 비판을 받게 되었다.[83]

프랑스 형법에서 범죄는 중죄(crime)와 경죄(delit), 위경죄(contravention)로 구분하는데 무기징역 또는 10년 이상의 자유형이 규정된 범죄가 중죄에 해당한다. 중죄

---

80) Bernard Bouloc, Procédure pénale, Dalloz, 2010, 479면. 김택수, 위 논문, 76면에서 재인용

81) Jean-Marie Carbasse, 앞의 책, 451-452면, 참심제의 도입을 골자로 한 중죄법원의 개혁요구는 이미 19세기 말부터 제기되었으며, 20세기에 들어 증폭되었다고 한다.

82) 안경환・한인섭, 앞의 책 350면.

83) Bernard Bouloc, 앞의 책, 480면. 김택수, 앞의 논문, 77면에서 재인용.

는 중죄법원에서 재판하고, 경죄는 경죄법원, 위경죄는 경찰법원에서 재판한다. 참심재판의 대상이 되는 것은 중죄사건이며, 자백사건과 부인사건을 모두 포함하며, 피고인의 의사와 상관없이 일률적으로 참심재판으로 진행한다. 다만, 예외적으로 국가공안에 관한 범죄를 다루는 특별중죄원에서는 참심제가 적용되지 않는다.[84)]

(2) 1심 중죄법원의 판결에 대한 항소심 도입

2000년 6월 15일의 형사소송법 개정 이전에는 1심인 중죄법원의 판결에 대하여 법률판단을 구하는 상고(pourvoi en cassation)를 제기할 수 있을 뿐 항소(appel)가 불가능하였다. 중죄법원이 중죄사건의 사실문제에 대한 1심이자 종심으로서 판결하는 것은 국민을 대표하는 참심원단의 결정이 곧 최고의 권위를 가지기 때문에 다른 어떤 상급기관도 판결을 번복할 수 없다는 '참심원단의 우월성'원칙을 반영하는 것이었다. 그러나 시민의 참여가 배제된 테러리즘, 마약유통에 대한 중죄재판에 대하여도 항소를 허용하지 않는 이유를 설명하지 못한다는 문제점이 제기되었고, 벌금형에 처해지는 경죄에도 항소가 허용되는 것에 반해 무기징역에 처해지는 중죄는 항소를 할 수 없다는 모순점이 나타났다.[85)] 결국, 2000년 6월 15일 무죄추정의 보호와 피해자의 권리강화에 관한 법률(Loirenforçant la protection de la présomption d'innocence et les droits des victimes)은 형사소송법전에 대한 대개혁을 실시하면서 고등법원 중죄소추부의 폐지와 함께 중죄법원의 2심제를 도입[86)]하여, 12명의 참심원으로 구성된 항소중죄법원을 창설하였다.

비교법적으로, 미국 형사절차에서는 중죄에 대한 배심재판에서 배심원의 사실인정에 대한 평결에 대하여 피고인에게 무죄가 선고된 경우 이중위험금지의 원칙에 의하여 검사의 항소가 허용되지 않는다. 또한, 피고인에게 유죄가 선고된 경우 배심원의 평결에 대한 판결문이 작성되지 않아 법관의 재판진행의 위법을 다투는 법리다

---

84) 김형국외 2인, 앞의 책, 32면.

85) 김택수, 앞의 논문, 78-79면.

86) 피고인뿐만 아니라 검사의 항소도 허용한다.

툼[87] 외에는 사실상 항소가 어려워 배심재판의 경우 사실상 1심에서 종료된다. 그럼에도 미국에서는 프랑스의 중죄법원에서와 같은 문제가 발생하지 않는다. 그렇다면, 프랑스에서 이런 모순이 드러난 이유는 무엇일까?

첫째, 중죄에 대하여 피고인의 의사와 상관없이 일률적으로 중죄법원에 의한 참심재판을 하도록 의무지운 것에 있다고 본다. 피고인이 스스로 참심재판에 의하여 재판을 받겠다고 하여 중죄법원에서 재판이 개시된 경우 피고인은 항소할 수 없다는 것을 알면서도 자발적으로 위험을 무릅쓰고 신청을 하였으므로 상당부분 항소를 배제하는 정당성을 유지할 수 있다. 그러나 피고인이 중죄법원에 의한 참심재판을 거부하였음에도 이를 무시하고 재판을 개시하여 중한 형벌을 선고하였다면 이는 경죄에 항소가 허용되는 것에 비추어 볼 때 9명의 참심원이 직업법관과 함께 재판에 참여하여 판결하였다고 하여 항소를 배제하여야 한다는 충분한 논거가 되기에는 어려움이 있다.

둘째, 국가공안에 대한 범죄, 즉 테러리즘, 마약유통 등에 대한 중죄재판에 대하여 참심원의 참여가 배제되고 직업법관에 의한 재판이 이루어짐에도 중죄법원에 의한 재판이므로 피고인이 유죄에 대하여 항소할 수 없다고 하는 것은 수긍하기 어려운 것이다.

셋째, 피고인의 중죄에 대한 사실인정에 9명의 참심원뿐만 아니라 직업법관이 관여하므로 참심원들이 직업법관의 판단에 영향을 깊이 받을 수 밖에 없어, 국민주권의 원리부터 나오는 참심원단의 무결성 추정에 의하여 오랫동안 중죄분야에서의 2심의 부존재를 정당화한 것이 더 이상 유지되기 힘들다는 것이다. 이러한 세 가지 점에서, 프랑스의 중죄법원에 의한 단심재판의 정당성은 미국의 배심재판과는 다른 차원에서 비판이 이루어지게 되었다고 할 수 있다.

87) 프랑스 중죄법원의 재판에 대하여 항소는 배제되고 있었으나, 대법원에 대한 상고와 같은 법률적용의 통제는 가능하다.

(3) 2011년 참심재판의 개혁

2011년 8월 10일에 제정된 '시민의 사법기능 참여 및 소년재판에 관한 법률'(La loi sur la participation des citoyens au fonctionnement de la justice pénale et le jugement des mineurs)은 중죄법원 및 경죄법원에 관한 여러 가지 개혁조치를 단행하도록 하였다. 그 주요한 내용의 변화는 참심원단의 구성을 간소화하고, 참심재판을 일부 경죄에까지 시범적으로 실시하고, 중죄법원이 선고한 판결에 대한 이유를 명시하도록 한 것이다. 우선 참심원의 구성이 변하였는데 1심은 9명에서 6명으로, 항소심은 12명에서 9명으로 축소되었다.[88)]

다음은, 평결방식의 변화이다. 프랑스는 참심원들과 판사가 함께 평의를 하고 가중다수결에 따라 평결하는 구조로서, 참심원과 판사를 어떻게 구성하느냐에 따라 참심원들의 판단이 판결에 미치는 비중도 달라진다. 2011년의 개혁 이전 프랑스는 판사가 모두 유죄를 인정하더라도 참심원들의 과반수를 얻어야 유죄선고가 가능하도록 하였다. 그러나, 2011년의 개혁은 판사의 수는 그대로 둔 채 참심원들의 수를 축소하여 평결에 필요한 표수를 변화시켰다. 이에 따라 피고인에게 불리한 결정과 최고형을 선고하기 위해서는 1심에서는 판사 전원과 참심원 6명 중 3명의 표가 필요하며, 항소심에서는 판사 전원과 참심원 9명 중 5명의 표가 필요하게 되었다. 따라서, 1심에서 참심원의 수가 홀수가 아닌 짝수로 변경됨에 따라 유죄판결을 위한 참심원의 과반수 원칙은 1심에서는 적용되지 못하고 항소심에만 그대로 유지되게 되었다. 이것은 '참심원단의 우월성 원칙'에 대한 후퇴를 의미하는 것이다.[89)]

마지막으로, 제1심 참심재판에서의 판결이유의 명기(明記)이다. 프랑스 참심재판의 독특성은 평의·평결 방식이 단순히 유무죄의 인정에 국한되는 것이 아니라 예심판사의 공판회부결정문을 토대로 재판장이 미리 작성한 질문지에 따라 구성요건에 해당하는 구체적 사실들에 대한 인정여부를 개별적으로 질문하는 방식을 취하고 있어 평결 이후에 재판장이 공표하는 질문의 내용 및 평결의 결과를 통하여 유죄를 인

---

88) 김택수, 앞의 논문, 82-83면.

89) 김택수, 위 논문, 83-84면.

정한 이유를 사실상 도출할 수 있다는 점도 판결이유의 부재를 정당화하였었다. 또한 그 기저에서는 역사적으로 1791년 배심제가 도입되면서 중죄의 범죄자에 대한 심판은 국민이 담당하며, 국민을 대표하는 배심원단은 가장 우월하며, 결점이 없다는 이념이 정립되었다. 이것이 중죄판결에 대한 항소심의 부재와 판결이유의 부재를 설명하는 것이었다. 그러나 1심 중죄법원의 판결에 대하여 항소심이 도입되면서 판결이유의 부재에 대한 정당성이 흔들릴 수밖에 없게 되었다. 참심원단의 판단이 절대적이라는 원칙은 이상론에 불과하다는 비판이 가해지고, 현실적으로도 항소여부를 결정해야 할 검사 및 피고인과 항소심을 맡게 될 법원도 1심 법원의 판단에 대한 이유를 충분히 알 수 없다는 문제점을 해결해야 했다. 2011년 개혁에 의하여 신설된 형사소송법전 제365-1조는 재판장 또는 재판장이 지명하는 배석판사가 판결이유서(feuille de motivation)를 작성하는 것으로 하였다.[90] 이에 따라 범죄사실을 인정하게 된 각각의 사실에 대한 주요증거(물증, 증언, 피고인 진술 등)들을 기재하여야 하며, 이 증거들은 유무죄에 대한 투표에 앞서 평의과정에서 제시된 것들로서 유죄를 인정할 수 있는 증거자료에 대한 평의 및 평결을 하여야 한다. 판결이유서는 사안이 복잡한 경우에 선고일로부터 3일 이내에 중죄법원 서기과에 제출하여야 한다.[91]

이상과 같이 프랑스 참심제의 연혁과 개혁과정에 비추어 볼 때 대륙법계의 전통이 남아있는 우리 형사사법시스템에서 유・무죄의 판단절차와 양형절차를 분리하여 유・무죄의 판단은 시민으로 구성된 배심원단에 의하고 양형은 직업법관이 행하는 영미식의 완전한 배심제를 도입하는 것은 현실성이 떨어지며, 프랑스의 사례를 통하여 알 수 있듯이 참심제가 배심제의 문제점을 개선하는 방향에서 만들어졌으며 배심제와 통상재판의 중간 형태라는 점에서 국민참여재판도 참심제의 형태로 발전시키는 것이 타당하다는 주장도 제기되고 있다.[92]

---

90) 법적지식을 요하는 판결이유의 명기로 인해 직업법관의 영향력이 더욱 강화되게 되었다.

91) 김택수, 위 논문, 84-87면.

92) 김택수, 위 논문, 90면; 하태영, "국민의 사법참여-참심제의 쟁점을 중심으로-", 경남법학 제19집(2004.2), 227-242면 참조.

5. 일본의 재판원제도

(1) 배심제의 실패

일본은 1867년 메이지 유신을 통하여 근대화로 접어들었고, '다이쇼 민주주의'라고 알려진 전국적인 민주화 운동기간인 1923년 4월 28일 배심재판을 규정한 배심법을 제정하였으며, 위 법은 1928년부터 발효되어 1943년 정지될 때까지 15년간 시행되었다. 일본은 실정에 맞는 배심제도를 마련하기 위하여 프랑스, 독일, 영국과 미국의 재판제도를 조사한 후 대륙법적 형사절차를 보충하는 독특한 배심제도를 마련하였다. 배심대상사건은 법정형이 사형이거나 무기징역인 범죄 또는 법정형이 장기 3년 이상이거나 단기 1년 이상인 범죄로, 피고인은 배심재판을 포기할 수 있었다.[93] 또한 일본황실에 대한 범죄 등 국사범이나 정부전복을 목적으로 하는 내란죄 및 소요죄, 치안유지법위반죄, 간첩죄 그리고 공직선거관련법 위반죄에 배심제를 적용하지 않았다.[94]

일본의 배심원은 피고인에 대하여 유·무죄에 대한 평결을 내리지 않고, 범죄사실의 인정에 대한 판사의 질문에 답변하는 형식을 취하였고, 배심원의 답변에는 기속력이 없었다. 따라서 법원은 배심원의 답변에 근거가 부당하다고 판단하는 경우 이를 무시할 수 있었고 다른 배심원을 소환하여 재판을 다시 진행할 수 있었다.[95] 일본에 배심제도가 시행된 기간 동안 총 611명(484건)의 피고인이 배심재판을 선택하였는데 그 중 94명에 대하여 무죄선고가 이루어졌는데 1929년을 정점으로 하여 지속적으로 배심재판이 감소하여 1942년에는 2건만이 배심재판에 회부되었다. 이와 같이 배심제도가 실패한 원인으로는 첫째, 일본의 정치풍토가 군국주의와 파시즘으로 치닫고 있었기 때문이다. 위와 같이 군국주의가 득세하는 정치적, 문화적 환경은 배심재판을 가장 필요로 하는 공산주의나 사회주의자들에게는 사상범이라는 이유로 배심재판이

---

93) 닐 비드마르, 앞의 책, 550면.

94) 안경환·한인섭, 앞의 책, 120면.

95) 닐 비드마르, 앞의 책 551면.

허용되지 않았고, 일반인들은 배심재판이 불리할 것이라고 두려워하여 배심재판을 기피하였다. 둘째, 앞에서 살펴본 바와 같이 배심원의 답변에 기속력이 없어 배심제도의 본질을 침해하였다는 것이다. 이른바, 가장(假裝) 배심제도였기 때문에 굳이 배심재판을 받을 실익이 없다고 피고인들이 인식하고 있었다. 셋째는 피고인들로 하여금 배심재판을 받을 경우 더 많은 비용을 지불하게 하였고, 사실인정에 대한 항소권이 없어 1심에서 재판이 종료되었기 때문이다.[96] 이와 같이 일본의 배심제도는 배심제의 본질에 반하는 제도였고, 동료보다 상급자에 의한 재판을 선호하는 일본의 수직적, 위계질서적 문화와 판사가 경험이 많고, 공정한 재판을 하기 위하여 높은 도덕적 수준을 유지하려 노력하였기 때문에 시민의 신뢰를 받는 등의 이유로 배심제는 실패하였다.

(2) 재판원제도의 도입

일본은 2004년 '재판원이 참가하는 형사재판에 관한 법률'을 제정·공포하고, 2009년 5월 29일부터 재판원에 의한 재판을 시작하였다. 일본의 재판원 제도는 배심제와 참심제의 혼용이지만 기본적으로 참심제에 가깝다.

일본은 제2차 세계대전 이후 약 60년간 미국의 당사자주의적 요소를 대폭 도입한 신 형사소송법에 의하여 형사사법제도를 운용하여 왔다. 일본의 형사재판은 위 기간 동안 직업법관에 의한 치밀한 사실인정에 근거한 정확한 재판으로 법관에게는 물론 일반국민도 이를 높게 평가해왔다고 할 수 있다. 국민이 사법에 대한 불만을 거론한 적은 거의 없었다.[97] 일본의 사법제도에 대한 개혁은 움직임은 정치적 변동이나 국민의 사법제도에 대한 불만에 의하여 시작된 것이 아니라 법률 전문가인 학자, 변호사 등에 의하여 주도되었다고 할 수 있다. 즉, 재판관에 의한 치밀한 사실인정은 법정에서 증인심문에 의하는 것보다도 수사기관이 작성한 사백조서 등의 신문조서에 의

96) 닐 비드마르, 앞의 책 552-554면. 다만, 법률판단에 대하여는 최고재판소에 상고할 수 있었다.
97) 타구치 모리카즈, "일본 재판원제도의 개요", 한일법학 28권, 2009. 71면; 이마이 테루유키, "일본의 재판원제도의 실정", 법조 62권 4호, 2013, 206면.

존해 왔었기 때문이다. 수사기관이 작성한 조서는 사실관계를 면밀하게 조사한 결과를 기재한 것인 만큼 법정에서 증인을 심문하는 것보다 더 진실규명에 유익한 것으로 받아 들여져왔다. 그 결과, 공판절차는 형식적인 것이 되어 수사기관의 심증이 그대로 법관에게 받아들여져 수사기관의 신문조서 인도의 장이 된다. 이러한 현상을 '조서재판(調書裁判)'이라고 부른다. 법관은 다량의 조서를 증거로 채택하여 법관실에서 이를 정독하기 때문에 일부에서 '개인방 취조주의(自室取調べ主義)'라는 비판을 사게 되었다. 이러한 치밀한 사실인정을 중시하여 유죄율 99%인 재판은 정밀사법(精密司法)이라 불리우며 일본 형사재판의 특징으로 여겨져 왔다.[98]

근대법의 원칙은 법률은 통치자의 명령이 아니라 국민에게서 그 근거를 가지는 것이고 형사법도 예외는 아니다. 무엇을 범죄로 해야 할 것인가, 형벌은 어떠해야 하는 것인가 하는 것도 국민의 규범인 것이다. 조서는 법률전문가가 작성하고 이를 법률전문가가 읽기 때문에 서면에 법률전문가가 아니면 이해할 수 없는 어려운 전문용어가 사용되고 판례도 다수 인용된다. 그것은 일반시민이 이해하기 어렵게 되고 이와 같이 서면에 근거한 형사재판은 일반국민을 법으로부터 소외시키게 되어 근대법의 원칙에서 벗어난다는 비판을 면할 수 없다.[99] 국민의 사법참가를 독려하는 것이 필요하다는 문제의식에서 일본의 재판원제도가 시행되었다고 할 수 있다. 이러한 인식은 형사소

98) 타구치 모리카즈, 위 논문, 71면.

99) 이러한 주장에 대하여는 형법과 형사소송법은 국민의 선거에 의해 선출된 국회의원이 입법을 한 것이므로 일반 국민에 근거한 국민의 규범이라는 반론이 가능하다. 그러나 대의제는 직접민주주의가 현실적으로 불가능하여 고안된 제도로 일정 부분은 국민의 의사를 대변한다고 할 수 있지만, 고도로 분업화, 전문화된 현대사회에서 법의 해석과 적용은 법률전문가에게 맡겨져 있어 법률 전문가만에 의한 재판에서 일반국민은 위 법의 해석과 적용에 대하여 경험도 없고 알지도 못하므로 실질적 의미에서는 국민주권의 원칙에 어느 정도 위반된다는 주장이 가능하다고 생각한다. 예를 들어, 절대왕정시대에 법은 국왕의 권한에 근거하여 만들어지고 일반 백성에게 적용된다. 이때, 일반 백성들이 위 법에 대하여 알지 못하더라도 국왕의 의사에 부합하므로 아무런 문제가 없다. 그런데, 민주주의 국가에서는 일반 국민을 대표한 국회의원이 법을 제정한다. 그러나 위 법문을 그대로 사실관계에 적용할 수는 없고 위 법문을 법률 전문가들이 법률이론을 기초로 판례 등을 통하여 해석하여야 비로소 위 법문의 구체적 의미가 밝혀진다. 이 경우 일반국민이 위 법을 제정하였다고 형식논리로는 얘기할 수 있지만 실질적으로 위 법에 대하여 일반국민이 전혀 알지 못한다면 위 법은 일반국민의 의사와 관계없이 제정되었다고 할 수도 있을 것이다. 이것은 형사재판이 국민에게 소원(疏遠)하다는 것으로 표현할 수 있고, 법의 자기소외현상이라 할 수 있다.

송법의 목적인 실체적 진실의 발견과 적법절차의 보장이라고 하는 두 개의 목적이외에 '국민이 이해하고 납득할 수 있는 재판'이라고 하는 제3의 원리를 요구한다. 즉, 형사재판에는 정치이념인 민주주의적 정통성(legitimacy)이 요구되는 것이다.[100]

재판원재판의 대상이 되는 사건은 사형 또는 무기징역 혹은 금고에 해당되는 사건과 법정형이 단기 1년 이상인 죄 가운데 고의의 범죄행위로 인해 피해자를 사망시킨 사건이다. 피고인의 의사와 상관없이 의무적으로 위 대상사건에 해당하면 재판원재판에 의한다. 형사재판의 합의체는 정식으로는 3명의 재판관과 6명의 재판원으로 구성된다. 다만 사실에 관한 다툼이 없고 적당하다고 인정될 때에는 재판관 1명과 재판원 3명으로 이루어진다.

재판원은 재판관과 함께 공판에 출정하여 증인을 심문하고 피고인에게 질문을 할 수 있다. 재판원은 법관과 동등하게 사실의 인정뿐만 아니라 법령의 적용 및 양형에도 관여한다는 점에서 배심제도와 크게 다르며 참심제도와 유사한 제도이다. 평결은 재판관과 재판원 쌍방의 의견을 포함한 과반수라고 하는 이른바 특별과반수로 결정한다. 따라서, 9명의 과반수는 5명이지만, 재판원 6명 전원이 유죄의견을 표명하더라도 재판관 전원이 무죄의견을 표명하면 유죄로 할 수 없다.

---

100) 同旨, 타구치 모리카즈, 위 논문, 73면. 마쯔오 고오야(松尾浩也), "裁判員制度の理論的基礎" 刑事法ジャーナル 13号(2008), 2면 이하 참조.

제2장 국민참여재판의 절차

제1절 대상사건과 피고인의 의사확인

Ⅰ. 대상사건

1. 합의부 관할사건

법원조직법 제32조 제1항에 따른 합의부 관할사건이란 ① 합의부에서 심판할 것으로 합의부가 결정한 사건(재정합의사건), ② 사형, 무기 또는 단기 1년 이상의 징역 또는 금고에 해당하는 사건[1] 및 이와 동시에 심판할 공범사건, ③ 다른 법률에 따라 지방법원 합의부의 권한에 속하는 사건을 말한다. 다른 법률에 따라 지방법원 합의부의 권한에 속하는 사건으로는 공직선거법사건, 국민투표법위반사건, 치료감호법사건, 전자장치 부착명령청구사건 등이 있다.

전자장치 부착명령청구의 대상이 되는 특정범죄사건은 성폭력범죄, 미성년자 대

1) 다만, 다음 각 목의 사건은 제외한다.
가. 「형법」 제258조의2, 제331조, 제332조(제331조의 상습범으로 한정한다)와 그 각 미수죄, 제350조의2와 그 미수죄, 제363조에 해당하는 사건
나. 「폭력행위 등 처벌에 관한 법률」 제2조제3항제2호·제3호, 제6조(제2조제3항제2호·제3호의 미수죄로 한정한다) 및 제9조에 해당하는 사건
다. 「병역법」 위반사건
라. 「특정범죄 가중처벌 등에 관한 법률」 제5조의3제1항, 제5조의4제5항제1호·제3호 및 제5조의11에 해당하는 사건
마. 「보건범죄 단속에 관한 특별조치법」 제5조에 해당하는 사건
바. 「부정수표 단속법」 제5조에 해당하는 사건
사. 「도로교통법」 제148조의2제1항·제2항 제1호에 해당하는 사건

상 유괴범죄, 살인범죄, 강도범죄 등 대부분 합의부 관할사건이지만, 형법상 강제추행, 준강제추행사건과 같이 단독 재판부 관할사건이 기소된 후 부착명령청구가 되면 합의부 관할이 되는 경우 국민참여재판 대상사건이 된다.

2. 관련사건

형사소송법 제11조에 따른 관련사건이란 ① 1인이 범한 수죄, ② 수인이 공동으로 범한 죄, ③ 수인이 동시에 동일장소에 범한 죄, ④ 범인은닉죄, 증거인멸죄, 위증죄, 허위감정통역죄 또는 장물에 과한 죄와 그 본범의 죄를 말한다.

법원은 공범관계에 있는 피고인들 중 일부가 국민참여재판을 원하지 아니하여 국민참여재판의 진행에 어려움이 있다고 인정되는 경우 국민참여재판을 하지 아니하기로 하는 배제결정을 할 수 있다(국민참여재판법 제9조 제1항 제2호).

3. 공소장의 변경

법원은 공소사실의 일부 철회 또는 변경으로 인하여 대상사건에 해당하지 아니하게 된 경우에도 이 법에 따른 재판을 계속 진행한다. 다만, 법원은 심리의 상황이나 그 밖의 사정을 고려하여 국민참여재판으로 진행하는 것이 적당하지 아니하다고 인정하는 때에는 결정으로 당해 사건을 지방법원 본원 합의부가 국민참여재판에 의하지 아니하고 심판하게 할 수 있다(국민참여재판법 제6조 제1항).

법원은 공소장변경 또는 재정합의결정으로 대상사건이 된 사건에 대하여 피고인 또는 변호인에게 국민참여재판에 관한 안내서를 지체 없이 송달하여야 한다. 다만, 재정합의결정으로 대상사건이 된 사건에 대하여 피고인의 의사를 미리 확인한 경우에는 그러하지 아니하다(국민참여재판규칙 제5조 제1항).

II. 피고인 의사의 확인 및 신청시기

1. 피고인 의사의 확인

국민참여재판은 피고인이 원하는 경우에만 할 수 있다. 따라서 법원에 의한 피고인의 의사확인은 매우 중요하다. 법원은 대상사건의 피고인에 대하여 국민참여재판을 원하는지 여부에 관한 의사를 서면 등의 방법으로 반드시 확인하여야 한다(국민참여재판법 제8조 제1항).

만약, 법원이 이와 같은 피고인의 의사확인을 하지 않고 통상의 재판절차에 의하여 심리를 진행하였을 경우 이를 어떻게 처리하여야 할 것인지 문제이다. 이와 관련하여 대법원은 "국민참여재판 실시 여부는 일차적으로 피고인의 의사에 따라 결정되므로 국민참여재판 대상사건의 공소제기가 있으면 법원은 피고인에 대하여 국민참여재판을 원하는지에 관한 의사를 서면 등의 방법으로 반드시 확인하여야 하고, … 만일 이러한 규정에도 불구하고 법원에서 피고인이 국민참여재판을 원하는지에 관한 의사 확인절차를 거치지 아니한 채 통상의 공판절차로 재판을 진행하였다면, 이는 피고인의 국민참여재판을 받을 권리에 대한 중대한 침해로서 그 절차는 위법하고 이러한 위법한 공판절차에서 이루어진 소송행위도 무효라고 보아야 한다. 제1심 법원이 국민참여재판 대상이 되는 사건임을 간과하여 이에 관한 피고인의 의사를 확인하지 아니한 채 통상의 공판절차로 재판을 진행하였더라도, 피고인이 항소심에서 국민참여재판을 원하지 아니한다고 하면서 위와 같은 제1심의 절차적 위법을 문제삼지 아니할 의사를 명백히 표시하는 경우에는 하자가 치유되어 제1심 공판절차는 전체로서 적법하게 된다고 보아야 하고, 다만 국민참여재판제도의 취지와 피고인의 국민참여재판을 받을 권리를 실질적으로 보장하고자 하는 관련 규정의 내용에 비추어 위 권리를 침해한 제1심 공판절차의 하자가 치유된다고 보기 위해서는 같은 법 제8조 제1항, 국민의 형사재판 참여에 관한 규칙 제3조 제1항에 준하여 피고인에게 국민참여재판절차 등에 관한 충분한 안내와 그 희망 여부에 관하여 숙고할 수 있는 상당한 시간이 사전에 부여되어야 한다". 라고 판시하고 있다.[2]

2. 신청시기

한편, 피고인은 공소장 부본을 송달받은 날부터 7일 이내에 국민참여재판을 원하는지 여부에 관한 의사가 기재된 서면을 제출하여야 한다. 이 경우 피고인이 서면을 우편으로 발송한 때, 교도소 또는 구치소에 있는 피고인이 서면을 교도소장・구치소장 또는 그 직무를 대리하는 자에게 제출한 때에 법원에 제출한 것으로 본다(제8조 제2항). 피고인이 위 서면을 제출하지 아니한 때에는 국민참여재판을 원하지 않는 것으로 본다(동조 제3항). 피고인은 법원의 배제결정 또는 통상회부결정이 있거나 공판준비기일이 종결되거나 제1회 공판기일이 열린 이후에는 국민참여재판에 의하여 재판을 받겠다는 종전의 의사를 바꿀 수 없다(동조 제4항).

국민참여재판의 신청시기와 관련하여 피고인이 공소장부본을 송달받은 날로부터 7일 이내에 국민참여재판을 원한다는 의사가 기재된 서면을 제출하지 아니하여 국민참여재판을 원하지 않는 것으로 간주되었는데, 이후 제1회 공판기일이 열리기 전에 국민참여재판을 원한다는 의사를 표시한 경우 국민참여재판을 받을 수 있는지 문제가 된다. 이와 관련하여 대법원은 "국민의 형사재판 참여에 관한 법률 제8조는 피고인이 공소장 부본을 송달받은 날부터 7일 이내에 국민참여재판을 원하는지 여부에 관한 의사가 기재된 서면(이하 '의사확인서')을 제출하도록 하고, 피고인이 그 기간 내에 의사확인서를 제출하지 아니한 때에는 국민참여재판을 원하지 아니하는 것으로 보며, 공판준비기일이 종결되거나 제1회 공판기일이 열린 이후 등에는 종전의 의사를 바꿀 수 없도록 규정하고 있다. 위 규정의 취지를 위 기한이 지나면 피고인이 국민

2) 대법원 2012.4.26. 선고 2012도1225 판결(제1심법원이 국민참여재판 대상사건의 피고인에게 국민참여재판을 원하는지 확인하지 아니한 채 통상의 공판절차에 따라 재판을 진행하였는데, 원심법원이 제1회 공판기일에 피고인과 변호인이 이에 대하여 이의가 없다고 진술하자 같은 날 변론을 종결한 후 제2회 공판기일에 피고인의 항소를 기각하는 판결을 선고한 사안에서, 원심이 피고인에게 국민의 형사재판 참여에 관한 법률 제8조 제1항, 국민의 형사재판 참여에 관한 규칙 제3조 제1항에 준하여 사전에 국민참여 재판절차 등에 관한 충분한 안내와 그 희망 여부에 관하여 숙고할 수 있는 상당한 시간을 부여함이 없이 단지 피고인과 변호인이 제1심에서 통상의 공판절차에 따라 재판을 받은 것에 대하여 이의가 없다고 진술한 사실만으로 제1심의 공판절차상 하자가 모두 치유되어 그에 따른 판결이 적법하게 된다고 볼 수 없다고 판결한 사안이다).

참여재판 신청을 할 수 없도록 하려는 것으로는 보기 어려운 점 등에 비추어 볼 때, 공소장 부본을 송달받은 날부터 7일 이내에 의사확인서를 제출하지 아니한 피고인도 제1회 공판기일이 열리기 전까지는 국민참여재판 신청을 할 수 있고, 법원은 그 의사를 확인하여 국민참여재판으로 진행할 수 있다고 봄이 상당하다."라고 판시하고 있다.[3] 피고인이 국민참여재판을 잘 이해하지 못하여 서면을 제출하지 아니하였을 가능성이 있고, 대상사건 대비 국민참여재판의 실시율이 낮은 점에 비추어 타당한 판결이라고 생각한다.

제2절 배제결정과 통상절차회부결정

Ⅰ. 배제결정

1. 배심원과 관련된 사유

국민참여재판법 제9조 제1항 제1호에 규정된 사유가 있는 경우에 법원은 피고인이 국민참여재판을 원하는 의사를 표시하더라도 배제결정을 할 수 있다. 이 규정이 적용될 사건으로는 조직폭력배 사건이 대표적이라 할 것이다. 그러나 일부 배심원과 관련된 사유가 있는 경우 그 배심원이 그와 같은 사정을 설명하고 배심원으로 참여하지 않는 방법이 있어 사실상 위와 같은 사유로 배제결정하는 경우는 거의 없을 것으로 보인다.

2. 공범간의 의견이 다른 경우

국민참여재판법 제9조 제1항 제2호에 규정된 사유가 있는 경우에 법원은 피고인의 국민참여재판을 배제하는 결정을 할 수 있다. 공범관계에 있는 피고인들 중 일부

---

3) 대법원 2009. 10. 23. 자 2009모1032 결정.

가 국민참여재판을 원하지 아니하는 경우에 진행의 어려움이 있을 수 있다는 것을 고려한 규정이다.

그러나, 공범의 일부가 국민참여재판을 원하지 않는 경우에 해당한다 하더라도 국민참여재판을 희망하지 아니한 피고인에게 다른 공범이 국민참여재판을 신청한 사실을 고지하면 종전의 불희망 의사를 번복하는 경우가 있고, 설령 종전의사를 번복하지 않는다 하더라도 변론을 분리하여 국민참여재판을 신청한 일부 공범에 대하여만 국민참여재판을 실시할 수도 있으므로 공범이 지나치게 많고 공소사실이 서로 얽히고 설켜 변론을 분리하여 심리하는 것이 적당하지 아니한 경우가 아니라면 적극적으로 희망의사를 표시한 피고인에 대한 변론을 분리하여 국민참여재판으로 진행하는 것이 바람직하다.[4]

3. 성폭력사건의 경우

법원은 성폭력범죄로 인한 피해자가 국민참여재판을 원하지 아니하는 경우 국민참여재판 배제결정을 할 수 있다. 이 규정은 성폭력범죄 피해자의 2차 피해를 막기 위해 피해자의 의사를 고려하여야 한다는 견해를 받아들여 2012. 1. 17. 제9조 제1항이 개정되면서 성폭력범죄 피해자 측의 의사를 반영하는 내용으로 추가되었다. 그런데, 이 규정은 어떠한 경우 배제결정을 할 것인지 명확하지 않아 재판부의 재량에 따라 결과가 달라질 수 있어 피고인의 국민참여재판을 받을 권리를 과도하게 침해할 우려가 있다.

실무상 성폭력범죄 사건에서는 피해자가 거주하는 지역의 배심원들이 피해자가 누구인지 인식할 수 있다는 부담, 범죄로 인한 후유증 등 범죄피해의 심각성, 증인출석에 대한 부담감 등으로 인하여 피해자가 국민참여재판으로 진행하는 것을 원하지 않는 경우가 많다. 피해자가 국민참여재판을 원하지 않는 경우, 실무상 재판부의 성향에 따라 다음과 같이 세 가지 견해로 나눌 수 있다. 즉, ① 소극설로 피해자의

4) 김재환, 국민참여재판 - 이론과 실제 -, 45면.

의사를 존중하여 원칙적으로 배제결정을 하여야 한다는 견해는 피해자가 국민참여재판에 참여하는 자체로 2차 피해가 발생할 우려가 크다고 본다. 이 견해는 증거기록에서 피해자의 인적사항을 지우거나 증인신문에서 차단막을 설치하는 정도로는 피해자의 2차 피해를 사실상 막기 어렵다고 본다. ② 적극설로 사법의 민주적 정당성을 확보하자는 국민참여재판의 도입취지를 중시하여 피고인이 국민참여재판을 신청한 경우에는 원칙적으로 국민참여재판을 진행하는 것이 타당하다는 견해이다. 이 견해는 형사소송법 및 성폭력범죄의 처벌 등에 관한 특례법, 아동·청소년의 성보호에 관한 법률 등에 따른 비디오 등 중계장치에 의한 중계시설을 통하여 신문하거나 차폐시설의 설치, 신뢰관계 있는 자의 동석, 심리의 비공개, 증인지원시설의 운영 등 피해자 보호절차를 통하여 피해자를 보호하는 것으로 충분하다는 취지이다. ③ 절충설로 피고인의 국민참여재판을 받을 권리와 피해자 보호 등을 모두 고려하여 사건의 중대성, 피고인이 국민참여재판을 원하는 사유가 적절한지, 피해자가 출석하지 아니한 상태에서 재판하는 것이 가능한지 여부 등을 고려하여 신중하게 결정하자는 견해이다. 이 견해는 국민참여재판으로 할 것인지 결정하는데 오랜 시간이 걸려 여러 번의 공판준비기일을 갖는 것이 특징이다.5)

판례는 "국민참여재판을 도입한 취지나 국민참여재판을 받을 피고인의 권리 등에 비추어 볼 때, 피고인이 국민참여재판을 원하는 사건에서 국민의 형사재판 참여에 관한 법률 제9조 제1항 제3호를 근거로 국민참여재판 배제결정을 하기 위해서는 성폭력범죄 피해자나 법정대리인이 국민참여재판을 원하지 아니하는 구체적인 이유가 무엇인지, 피고인과 피해자의 관계, 피해자의 나이나 정신상태, 국민참여재판을 할 경우 형사소송법과 성폭력범죄의 처벌 등에 관한 특례법 및 아동·청소년의 성보호에 관한 법률 등에서 피해자 보호를 위해 마련한 제도를 활용하더라도 피해자에 대한 추가적인 피해를 방지하기에 부족한지 등 여러 사정을 고려하여 신중하게 판단하여야 한다. 따라서 이러한 사정을 고려함이 없이 성폭력범죄 피해자나 법정대리인이 국

5) 김형국외 2인, 국민참여재판론, 125-126면.

민참여재판을 원하지 아니한다는 이유만으로 국민참여재판 배제결정을 하는 것은 바람직하다고 할 수 없다."[6]라고 판시하고 있어 절충설에 가까운 태도를 취하고 있다.

성폭력범죄의 피해자가 국민참여재판을 원하지 아니하는 경우 차폐시설을 설치하거나 화상증언시스템을 활용하거나 비디오공개 증인신문[7]을 활용하는 등 적절한 증인보호대책을 사용할 수 있기 때문에 성폭력범죄라는 이유만으로 배제결정을 하는 것은 타당하지 않다고 본다. 한편, 현행 국민참여재판법 제9조 제1항 제3호의 규정만으로는 그 기준이 모호하여 재판부의 자의적인 기준에 따라 국민참여재판 배제 여부가 결정될 수 있는 문제가 있으므로, 이와 관련된 기준을 정하여 피고인의 국민참여재판을 받을 권리가 재판부의 성향에 따라 바뀌는 일이 없도록 하는 것이 타당하다.

입법론으로는 국민참여재판 준비기일에서 성폭력 피해자에 대한 증인신문을 할 수 있도록 하는 입법이 필요하다. 즉, 국민참여재판 기일 전 공판준비절차에서 미리 증인신문을 하고 공판기일에 배심원들에게 증인신문조서를 낭독하거나 제시하는 방식으로 진행하는 것이 타당하다. 국민참여재판 준비기일에서 성폭력 피해자에 대한 증인신문이 가능하게 된다면 피고인의 국민참여재판을 받을 권리와 피해자의 보호로 모두 고려할 수 있어 성폭력사건에서의 국민참여재판 배제결정이 많이 줄어들 것이다.[8]

4. 기타의 사유

실무상 배제결정의 대부분은 국민참여재판법 제9조 제1항 제4호를 적용하여 이루어지고 있다. 2008년 1월 1일부터 2012년 12월 31일까지 전국법원에서 배제결정이 이루어진 사건 398건 중 국민참여재판법 제9조 제1항 제1호를 적용한 것은 1건

---

6) 대법원 2016.3.16. 자 2015모2898 결정.

7) 피해자가 19세 미만의 아동이거나 심신장애로 인하여 사물을 변별하거나 의사를 결정할 능력이 미약한 장애인의 경우에는 성폭력범죄의 처벌 등에 관한 특례법 제30조 및 아동·청소년의 성보호에 관한 법률 제26조에 의하여 수사기관에서의 조사과정은 비디오녹화기 등 영상물 녹화장치로 촬영·보존하여야 하고, 법에서 정한 절차에 따라 촬영한 영상물에 수록된 피해자의 진술은 공판준비기일 또는 공판기일에 조사과정에 동석하였던 신뢰관계에 있는 자의 진술에 의하여 그 성립의 진정함이 인정되면 증거로 할 수 있기 때문에 사실상 피해자가 법정에 출석하지 않아도 증거능력이 인정된다.

8) 김형국 외 2인, 앞의 책, 128-129면.

(0.25%), 제2호를 적용한 것은 43건(10.80%), 제3호를 적용한 것은 27건(6.78%), 제4호를 적용한 것은 327건(82.16%)에 달한다.[9] 그러나, 위 4호는 그 사유가 지나치게 추상적으로 규정되어 있어 법원의 자의에 따라 국민참여재판 시행여부가 결정될 수 있으므로 보다 명확하게 규정하는 것이 바람직할 것이다.

실무상으로는 사건이 지나치게 복잡하고 어려운 경우, 증인이 너무 많아 장기간의 심리가 예상되는 경우, 사건심리에 복잡한 전문지식과 그에 대한 이해가 필요한 경우, 필요한 증인의 소재를 알 수 없거나 외국에 체류하는 등 법정출석을 담보하기 곤란한 경우, 피고인의 법정태도가 불량하여 소란이 예상되는 경우, 관련사건 등의 심리가 선행되어야 하는 경우 등에 배제결정이 이루어지고 있다.[10]

한편, 별다른 쟁점이 없는데 지방법원 지원 합의부 사건의 피고인이 양형에서 유리한 결과를 얻기 위하여 재판부를 변경할 목적으로 국민참여재판을 신청하여 지방법원 본원 합의부로 이송하게 하는 경우 배제결정을 하여야 하는지 문제가 될 수 있다. 즉 양형에 유리한 결과를 얻기 위해 특정재판부를 회피하거나 선택하기 위해 국민참여재판을 신청하는 경우가 있고,[11] 양형기준상 특별양형인자 등에 관한 별다른 논란이 있을 수 없는 사건에 대해서도 국민참여재판을 신청하는 것이 있는데 이는 적당하지 않다고 볼 수도 있다. 그러나 피고인이 재판부를 변경할 의도가 있다는 것은 객관적으로 판단하기 어려워 재판부의 자의적인 판단으로 피고인의 신청권을 제한하는 문제가 있으므로 배제결정에 신중을 기해야 할 것이다.[12]

---

9) 김재환, 앞의 책, 44면. 다만, 제3호의 경우에는 2012. 1. 17. 국민참여재판법을 개정하면서 추가되었으므로 2012년 이후에는 배제결정이 많이 발생하였을 것으로 추정된다.

10) 2008. 1. 1.부터 2013. 6. 30.경까지 전국법원에서 국민참여재판 신청사건에 대하여 배제결정을 한 건수는 458건으로 접수사건 대비 배제비율은 평균적으로 17.43%(458/2,627×100)에 달한다. 김재환, 앞의 책, 44면 참조.

11) 각 지방법원마다 국민참여재판 전담재판부가 지정되어 있으므로 국민참여재판을 신청한 후 국민참여재판 전담재판부에 사건이 배당되면 이후 신청의사를 철회하는 방법을 주로 사용한다.

12) 김형국외 2인, 앞의 책, 133면; 김재환, 앞의 책, 44-45면.

5. 배제결정에 대한 불복방법

(1) 불복절차

검사, 피고인 또는 변호인은 배제결정에 대하여 즉시항고를 할 수 있다(국민참여재판법 제9조 제3항). 즉시항고의 제기기간은 3일로 이 기간은 불변기간이다.

(2) 국민참여재판 개시결정에 대한 검사의 즉시항고

법원이 배제결정 사유가 있음에도 국민참여재판으로 진행하는 결정을 하는 경우, 검사가 이에 대하여 즉시항고를 할 수 있는지에 대하여 다툼이 있다. 판례는 "국민의 형사재판 참여에 관한 법률에 의하면 제1심 법원이 국민참여재판 대상사건을 피고인의 의사에 따라 국민참여재판으로 진행함에 있어 별도의 국민참여재판 개시결정을 할 필요는 없고, 그에 관한 이의가 있어 제1심 법원이 국민참여재판으로 진행하기로 하는 결정에 이른 경우 이는 판결 전의 소송절차에 관한 결정에 해당하며, 그에 대하여 특별히 즉시항고를 허용하는 규정이 없으므로 위 결정에 대하여는 항고할 수 없다. 따라서 국민참여재판으로 진행하기로 하는 제1심 법원의 결정에 대한 항고는 항고의 제기가 법률상의 방식을 위반한 때에 해당하여 위 결정을 한 법원이 항고를 기각하여야 하고, 위 결정을 한 법원이 항고기각의 결정을 하지 아니한 때에는 항고법원은 결정으로 항고를 기각하여야 한다."라고 판시하여 법원은 원칙적으로 국민참여재판 개시결정을 할 필요가 없고, 검사의 이의가 있어 법원이 국민참여재판으로 하는 결정을 하게 된 경우 검사가 이 결정에 대하여 즉시항고를 할 수 없다고 하였다.

국민참여재판법 제9조 제3항의 규정을 보면 동조 제1항의 결정인 배제결정에 대하여는 즉시항고를 할 수 있다고 규정하고 있으나, 국민참여재판으로 하는 결정에 대하여는 별도의 불복절차를 두고 있지 않으므로 형사소송법 제403조 제1항[13]에 따라 항고를 할 수 없다고 하는 것이 타당하다.

---

13) 법원의 관할 또는 판결전의 소송절차의 결정에 대하여는 특히 즉시항고를 할 수 있는 경우 외에는 항고를 하지 못한다.

II. 통상절차회부결정

1. 의의

배제결정은 국민참여재판의 신청이 있는 사건에 대하여 처음부터 국민참여재판을 시행하지 않기로 하는 결정이지만 통상절차회부결정은 사후적으로 국민참여재판으로 진행하는 것이 적절하지 아니한 사유가 발생한 경우 통상의 공판절차로 진행하게 하는 결정이다.

2. 사유

피고인의 질병 등으로 공판절차가 장기간 정지되거나 피고인에 대한 구속기간의 만료, 성폭력범죄 피해자의 보호, 그 밖에 심리의 제반 사정에 비추어 국민참여재판을 계속 진행하는 것이 부적절하다고 인정하는 경우에 통상절차회부결정을 할 수 있다(국민참여법 제11조 제1항).

피고인의 질병 등으로 공판절차가 장기간 정지되는 경우 배심원의 불편이 커지고 공판절차 정지 전의 공판진행에 대하여 기억하기 어렵다. 또한 피고인에 대한 구속기간의 만료를 앞두고 있는 경우에는 신속하게 심리할 필요가 있어 시간이 소요되는 국민참여재판의 진행이 어려울 수 있다. 성폭력범죄 피해자의 보호는 이미 배제여부를 결정할 때 피해자의 의사를 묻는 절차를 거치고 있어 단순히 피해자가 국민참여재판을 원하지 아니한다는 이유만으로 통상절차회부결정을 할 수는 없다. 이 결정은 피해자에 대한 사정변경으로 인하여 통상절차회부결정을 하지 않으면 피해자를 보호할 수 없을 정도로 급박하고 중대한 사유가 있을 때에만 가능하다고 해석하는 것이 타당하다.

3. 시기

국민참여재판법 제11조의 문언해석상 공판절차에서 통상절차회부결정을 할 수 있다. 다만, 국민참여재판으로 진행하기로 한 이후 국민참여재판이 시작되기 전에 통상절차회부결정의 사유가 발견되면 통상절차회부결정을 할 수 있는지 문제된다. 국민참여재판이 시작되기 전이라도 통상절차회부결정을 하지 않을 이유가 없으므로 결국, 통상절차회부결정은 국민참여재판으로 진행하기로 한 이후 공판절차가 종결되기 전까지 가능하다고 해석하는 것이 타당하다.

4. 절차

법원은 직권으로 결정하거나 검사, 피고인, 변호인이나 성폭력범죄 피해자 또는 법정대리인의 신청에 따라 결정할 수 있다(국민참여재판법 제11조 제1항). 검사・피고인・변호인이나 성폭력범죄 피해자 또는 법정대리인이 통상절차회부 신청을 하는 때에는 그 사유를 적은 신청서를 제출하여야 하고(동법참여규칙 제8조 제1항), 법원은 그 신청취지를 신청을 하지 아니한 검사, 피고인 또는 변호인에게 통지하여야 한다(동법참여규칙 제8조 제2항). 통상절차회부 신청은 공판준비기일 또는 공판기일에 구술로도 그 사유를 주장하여 통상절차회부신청을 할 수 있고, 이 경우 법원사무관 등은 통상회부신청의 취지와 그 사유의 요지를 공판준비기일 또는 공판기일 조서에 기재하여야 하고, 출석하지 아니한 검사, 피고인 또는 변호인에게 조서의 등본을 송달하여야 한다(동법참여규칙 제8조 제5호). 법원은 통상절차회부결정을 하기 전에 검사, 피고인 또는 변호인의 의견을 들어야 하는데(동법 제11조 제2항), 통상절차회부 신청을 하지 아니한 검사, 피고인 또는 변호인은 통상절차회부 신청 통지를 받을 날로부터 3일 이내에 의견서를 법원에 제출하여야 한다(동법 참여규칙 제8조 제4항).

통상절차회부결정에 대하여는 불복할 수 없다(동법 제11조 제3항). 통상절차회부결정이 있는 경우에는 당해 재판에 참여한 배심원과 예비배심원은 해임된 것으로 보고(동법 제11조 제4항, 제6조 제3항), 결정 전에 행한 소송행위는 그 결정 이후에도 그 효력에 영향이 없다(동법 제11조 제4항, 제6조 제4항).

제3절 공판의 준비

Ⅰ. 국선변호인의 선정

국민참여재판은 필요적 변호사건에 해당하여 국민참여재판에 관하여 변호인이 없는 때에는 법원은 직권으로 변호인을 선정하여야 한다(국민참여재판법 제7조). 실무상 국민참여재판으로 진행하는 사건에서는 국선변호인의 부담을 경감한다는 측면에서 쟁점이 비교적 간단한 사건을 제외하고 2명의 국선변호인을 선정하는 경우가 많다. 국민참여재판으로 진행하는 사건은 절차가 복잡하고, 장시간이 소요되기 때문에 일반국선변호인의 경우에는 다른 일반국선변호인의 사건보다 보수를 증액하여 지급하고, 국선전담변호사의 경우에는 사건 가중치를 부여하여 일반사건을 기준으로 약 3~5건 정도를 처리한 것으로 인정해주는 경우가 많다.

Ⅱ. 공판준비절차

1. 필요적 절차

국민참여재판으로 진행하는 사건은 공판준비절차가 필요적인 절차로 되어 있다. 따라서 재판장은 피고인이 국민참여재판을 원하는 의사를 표시한 경우에 사건을 공판준비절차에 부쳐야 한다(국민참여재판법 제36조 제1항 본문). 다만, 공판준비절차에 부치기 전에 배제결정이 있는 경우에는 때에는 그러하지 아니하다(국민참여재판법 제36조 제1항 단서).

통상의 공판절차는 공판기일에 새로운 주장을 하거나 새로운 증거를 제출하는 것이 어려운 것이 아니지만, 국민참여재판에서는 국민참여재판기일이 열린 이후 새로운 주장을 하거나 증거를 제출하는 것이 사실상 어렵다. 따라서, 검사나 변호인은 공판준비기일에 주장과 증거를 충분히 정리하여야 한다.

법원은 배심원 선정기일 이전에 공판준비절차를 마쳐야 한다(국민참여재판법 참여규칙 제27조 본문). 다만 공판기일 사이에 공판준비기일을 진행하는 때(형사소송법 제266조의 15)에는 그러하지 아니하다(동법 참여규칙 27조 단서)[14].

2. 공판준비기일

(1) 필요적 공판준비기일

법원은 주장과 증거를 정리하고 심리계획을 수립하기 위하여 공판준비기일을 지정하여야 한다(국민재판참여법 제37조 제1항). 공판준비기일을 지정하는 경우에는 반드시 검사, 피고인 또는 변호인의 의견을 들어야 하고(형사소송법 제266조의 7 제1항), 검사, 피고인 또는 변호인은 법원에 대하여 공판준비기일의 지정을 신청할 수 있는데, 이 경우 그 신청에 관한 법원의 결정에 대하여는 불복할 수 없다(형사소송법 제226조의 7 제2항). 공판준비기일에는 검사 및 변호인이 출석하여야 하고, 법원은 검사, 피고인 및 변호인에게 공판준비기일을 통지하여야 한다(형사소송법 제266조의 8 제1항, 제3항). 피고인의 출석은 공판준비기일 개정의 요건이 아니지만 법원은 필요하다고 인정하는 때에는 피고인을 소환할 수 있으며, 피고인은 법원의 소환이 없는 때에도 공판준비기일에 출석할 수 있다(형사소송법 제266조의 8 제5항). 공판준비기일은 공개하는 것이 원칙이나 법원은 공개함으로써 절차의 진행이 방해될 우려가 있는 때에는 공판준비기일을 공개하지 아니할 수 있다. 공판준비기일에는 배심원이 참여하지 아니한다(국민참여재판법 제37조 제3항, 제4항).

(2) 주요 정리사항

1) 공소장변경

법원은 공판준비절차에서 공소사실 또는 적용법조를 명확하게 하거나, 공소사실

14) 국민참여재판 절차의 흐름상 기일간 공판준비절차에 회부하거나 기일간 공판준비기일을 열 필요성이 있는 경우는 많지 않다. 다만, 조서의 진정성립을 증명하기 위하여 영상녹화물을 조사하는 경우에는 그 필요성이 있을 것이다(국민참여재판의 이해, 법원행정처, 2007. 35면).

의 추가・철회 또는 변경을 하게 하여(형사소송법 제266조의 9 제1항 제1,2호), 공판기일에서의 심리가 원활하게 이루어지도록 하여야 한다. 공판준비기일 종결에 따른 실권효는 증거신청에 한하여 인정되므로(형사소송법 제266조의 13 제1항), 공판준비절차가 종료하였다고 하여 검사의 공소장변경허가신청이 허용되지 않는다고는 할 수 없다. 그러나 국민참여재판기일에 예정되지 않은 공소장변경을 하는 경우 변호인이 변경된 공소장 내용과 관련된 준비를 하지 못하여 재판진행에 지체가 생길 수 있으므로 가급적 공판준비기일에서 모두 정리하는 것이 바람직하다. 공판준비기일에 미처 발견하지 못한 공소장변경사유가 발견된 경우 검사는 국민참여재판 기일 전날까지 재판부와 변호인에게 이러한 사실을 알리고, 변호인이 재판진행에 문제가 없다고 동의하면 국민참여재판기일에 공소장을 변경할 수 있을 것이다.

2) 쟁점정리

법원은 공판준비기일에 검사로 하여금 계산이 어렵거나 그 밖에 복잡한 내용에 관하여 설명하도록 하고(형소법 제266조의9 제1항 4호), 기일 외에서 제출된 서면과 검사, 변호인의 진술을 바탕으로 하여 공소사실과 관련하여 주장할 내용을 명확히 하여 사건의 쟁점을 정리하여야 한다(형소법 제266조의9 제1항 제3호). 즉, 피고인의 범행인정 여부, 범의부인 여부, 알리바이 주장, 무죄법리 주장, 위법성・책임조각사유의 주장, 양형요소 존부 주장 및 그 내용 등을 명확하게 정리하여야 한다. 쟁점정리를 통하여 공판기일에서의 배심원의 수, 예상되는 재판진행상황, 재판진행시간 등을 예측하여 심리계획을 세울 수 있기 때문이다.

3) 증거신청 및 증거결정

법원은 공판준비기일에 검사와 변호인으로 하여금 증거신청을 하도록 하고, 신청된 증거와 관련하여 입증취지 및 내용 등을 명확하게 하도록 하며, 상대방에게 증거신청에 관한 의견을 확인하고, 가능한 범위내에서 증거채부의 결정을 하여야 하고, 또한 공판기일에서 행한 증거조사의 순서 및 방법, 증인신문의 순서를 정하는 행위를 하여 공판기일에서의 심리를 준비하여야 한다(형소법 제266조의 제1항 제4, 6, 7, 8, 9호).

이와 관련하여 실무에서 법관은 변호인에게 불필요한 증거 부동의를 지양하도록 하고, 증인신문의 효율화를 위해 검사와 변호인에게 증인신문사항[15]의 제출을 명하는 것으로 보인다. 사실조회나 감정촉탁은 공판기일 이전에 회보결과가 도착할 수 있도록 하고 있으며,[16] 현장검증은 배심원들의 동행이 필요하므로 필요성과 접근성, 편의성 등을 종합적으로 고려하여 채부여부를 결정하고 있다.

4) 서류 등의 열람 또는 등사와 관련된 결정

변호인이 수사기록인 서류 등의 열람 또는 등사를 하지 못하게 되면 공판준비기일에 검사가 제출한 증거목록에 대하여 증거인부를 하는 것이 사실상 어렵고, 변론계획도 세우기 불가능하다. 따라서, 수사기록 등 증거자료가 법원에 제출되기 전에 변호인이 위 증거자료를 등사할 수 있어야 한다.

일반적으로 공판준비기일 이전에 피고인 또는 변호인은 검사에게 공소제기된 사건에 관한 서류 또는 물건의 목록과 공소사실의 인정 또는 양형에 영향을 미칠 수 있는 서류 등의 열람·등사 또는 서면의 교부를 신청하여 통상 등사에 의하여 서류 등의 사본을 확보하여 공판준비절차에 임한다. 그러나, 예외적으로 검사는 피고인 또는 변호인의 위 신청에 대하여 국가안보, 증인보호의 필요성, 증거인멸의 염려, 관련 사건의 수사에 장애를 가져올 것으로 예상되는 구체적 사유가 있는 경우에는 열람·등사 등을 거부하거나 그 범위를 제한할 수 있는데 이러한 경우 법원은 공판준비기일에 서류 등의 열람 또는 등사와 관련된 피고인 또는 변호인 신청의 당부를 결정하는 행위를 할 수 있다.[17]

---

15) 미리 불필요한 신문사항은 삭제하고, 주 신문이 유도신문으로 흐르지 않도록 하며, 중요한 사항에 대하여는 단문장답식의 답변을 유도하는 것으로 정리하기 위함이다.

16) 피고인이 심신미약, 심신상실의 주장을 하여 감정촉탁을 한 경우 공주치료감호소에 감정촉탁을 하게 되는데 이 경우 감정회보결과를 받아보기 위해서는 약 한 달 이상의 시간이 필요하다.

17) 형소법 제266조의9 제1항, 제10호.

이때, 법원은 검사에게 의견을 제시할 수 있는 기회를 부여하여야 하고, 열람·등사 등을 허용하는 경우에 생길 폐해의 유형·정도, 피고인의 방어 또는 재판의 신속한 진행을 위한 필요성 및 해당 서류의 중요성 등을 고려하여 검사에게 열람·등사 등을 허용할 것을 명할 수 있는데, 이 경우 열람 또는 등사의 시기·방법을 정하거나 조건·의무를 부과할 수 있다(형소법 제266조의4 제1항, 제2항).

검사는 법원이 서류 등의 열람·등사를 명한 경우 그 결정을 지체없이 이행하여야 하며, 만일 검사가 위 명령을 이행하지 않는 경우 검사는 해당 증인 및 서류 등에 대한 증거신청을 할 수 없다(형소법 제266조의4 제5항).

5) 배심원선정 관련사항의 결정

법원은 특별한 사정이 없는 한 공판준비기일에서 배심원 선정절차에 관하여 배심원의 수를 달리하는 결정, 예비배심원을 두는지 여부 및 예비배심원의 수, 피고인이 2인 이상인 경우 피고인별로 행사 가능한 무이유부 기피신청 인원, 배심원 선정기일의 지정, 배심원 선정기일의 절차운영방식, 배심원 선정질문시간의 제한설정, 배심원 후보자에 대한 기피방식, 무이유부기피 방식에 관한 사항을 결정한다(국민참여재판법 제13조의 제2항, 제14조, 제28조, 제30조, 동법규칙 제21조).

법정형이 사형·무기징역 또는 무기금고에 해당하는 대상사건에 대한 국민참여재판에는 9인의 배심원이 참여하고, 그 외의 대상사건에 대한 국민참여재판에는 7인의 배심원이 참여한다. 다만 법원은 피고인 또는 변호인이 공판준비절차에서 공소사실의 주요내용을 인정한 때에는 5인의 배심원이 참여하게 할 수 있다.

법원은 5인 이내에서 예비배심원의 수를 정하는데(국민참여재판법 제14조), 구체적인 수는 공판준비기일에 정한다. 일반적으로 배심원의 결원이 생기는 일은 흔하지 않기 때문에 예비배심원은 1인으로 정해지는 경우가 많다. 무이유부 기피신청의 수는 배심원이 9인인 경우 5인, 배심원이 7인인 경우 4인, 배심원이 5인인 경우 3인으로 정해진다.

6) 공판기일의 지정과 심리계획의 수립

최초의 공판기일은 배심원 소환에 소요되는 기간, 사실조회나 감정촉탁회보에 소요되는 기간 등을 고려하여 정하는데, 일반적으로 공판준비기일 종료일로부터 4~5주 후에 공판기일을 지정하고 있다. 그밖에 법원은 공판절차의 진행과 관련하여 증인보호절차가 필요한 증인인지 여부, 성폭력사건의 경우 증인을 보호하기 위하여 어떤 조치를 취할 것인지 및 재판을 비공개를 하는 것이 필요한지 여부 등을 미리 결정한다. 일반적으로 표준적인 공판일정은 ① 09:30~09:40 : 배심원후보자 안내, ② 09:40~10:30 : 배심원 선정절차, ③ 10:30~12:00 : 모두절차, 증인신문절차, ④ 13:00~15:00 : 증인신문절차, 서증조사절차, ⑤ 15:00~16:00 : 피고인신문절차, 재판장설명절차, ⑥ 16:00~ 17:00 : 평의, 평결 및 양형토의, ⑦ 17:30~18:00 : 판결선고로 짜여져 있다.[18] 그러나, 실제사건에서는 위 일정을 그대로 지키기 어려운 경우가 상당히 많다.

7) 정리결과의 확인

법원은 공판준비기일을 종료하는 때에는 검사, 피고인 또는 변호인에게 쟁점 및 증거에 관한 정리결과를 고지하고, 이에 대한 이의의 유무를 확인하여야 하며, 쟁점 및 증거에 관한 정리결과를 공판준비기일조서에 기재하여야 한다(형소법 제266조의 10 제1, 2항).

(3) 공판준비기일 종료 후의 증거신청

공판준비기일에서 신청하지 못한 증거는 실권효에 의하여 공판기일에서 법원이 직권으로 증거조사를 하는 경우 외에는 증거신청을 할 수 없고, 다만 그 신청으로 인하여 소송을 현저히 지연시키지 아니하는 때, 중대한 과실없이 공판준비기일에 제출하지 못하는 등 부득이한 사유를 소명한 때의 어느 하나에 해당하는 경우에 한하여

---

18) 김재환, 앞의 책, 55-56면.

공판기일에 신청할 수 있다(형소법 제266조의13 제1항).

그러나 실무의 운용은, 국민참여재판은 한 번의 공판기일로 종료되는 경우가 많고, 실체적 진실발견과 오판방지를 위해 중요한 증거가 공판기일에 현출될 수 경우에는 공판준비기일 종료 후에 검사 또는 변호인이 기일외로 증거신청을 하더라도 실권효를 엄격하게 적용하지 않고 필요한 경우에는 증거로 채택하고 있다.

제5절 배심원선정절차

Ⅰ. 의의

1. 국민참여재판과 배심원

국민참여재판에서 국민은 배심원으로 형사재판에 참여하여 사실의 인정, 법령의 적용 및 양형에 관한 의견을 제시하는 권한을 가지고 있다. 원래 배심재판은 배심원의 평결에 구속력을 부여하고 있지만, 우리나라의 국민참여재판은 권고적 효력만은 인정하고 있다. 그러나 재판부가 배심원들의 평결결과와 다른 판단을 하는 경우 그 이유를 판결서에 기재하도록 하고 있고(국민참여재판법 제49조 제2항), 판례는 "사법의 민주적 정당성과 신뢰를 높이기 위해 도입된 국민참여재판의 형식으로 진행된 형사공판절차에서, 엄격한 선정절차를 거쳐 양식 있는 시민으로 구성된 배심원이 사실의 인정에 관하여 재판부에 제시하는 집단적 의견은 실질적 직접심리주의 및 공판중심주의 하에서 증거의 취사와 사실의 인정에 관한 전권을 가지는 사실심 법관의 판단을 돕기 위한 권고적 효력을 가지는 것인바, 배심원이 증인신문 등 사실심리의 전 과정에 함께 참여한 후 증인이 한 진술의 신빙성 등 증거의 취사와 사실의 인정에 관하여 만장일치의 의견으로 내린 무죄의 평결이 재판부의 심증에 부합하여 그대로 채택된 경우라면, 이러한 절차를 거쳐 이루어진 증거의 취사 및 사실의 인정에 관한 제1심의 판단은 실질적 직접심리주의 및 공판중심주의의 취지와 정신에 비추어 항소심에서의 새로운 증거조사를 통해 그에 명백히 반대되는 충분하고도 납득할 만한 현저한 사정이 나타나지 않는 한 한층 더 존중될 필요가 있다."[19]고 판시하여 배심원이 제1심에서 만장일치로 무죄평결을 한 경우 항소심은 그에 반하는 특별한 사정이 없는 한 그에 따라야 한다고 하고 있다. 나아가 "국민참여재판으로 진행된 제1심에서 배심원이 만장일치의 의견으로 평결을 한 경우 제1심법원은 배심원의 평결결과를 존중하여야 하고, 특히 증인이 한 진술의 신빙성 등이 주된 쟁점이 되는 사건에 관하여 배심원이 만장일치로 무죄의 평결을 하였다면, 그와 같은 평결이 제1심법원이 적법하게 채택하여 조사한 증거들에 비추어 명백하게 잘못되었다고 볼만한 특별한 사정이 있다거나, 평결결과를 그대로 받아들이는 것이 현저하게 부당하다고 인정되는 등의 예외적인 경우에 해당하지 않는 이상, 이를 존중하여 수용하는 것이 바람직하다. 나아가 위와 같은 특별한 사정이나 예외적인 경우를 인정할 때에는 신빙성 있는 객관적 증거를 바탕으로 치밀한 논증을 거쳐 합리적이고 신중하게 판단하여야 한다."[20]라고 판시하여 제1심 법원도 배심원의 만장일치 평결에 대하여 일정 부분 구속되어야 한다고 판시하고 있다.

위와 같은 법률의 규정 및 판례에서 인정하고 있는 사실상의 효과 때문에 배심원들의 평결결과는 국민참여재판의 판결에 상당한 영향을 주고 있다. 그러므로, 형사재판에서 위와 같은 권한과 영향력을 가지는 배심원을 선정하는 절차는 피고인에게 대

---

19) 대법원 2010.3.25. 선고 2009도14065 판결. 국민참여재판으로 진행된 제1심에서 배심원이 만장일치로 한 평결결과를 받아들여 강도상해의 공소사실을 무죄로 판단하였으나, 항소심에서는 피해자에 대하여만 증인신문을 추가로 실시한 다음 제1심의 판단을 뒤집어 이를 유죄로 인정한 사안에서, 항소심 판단에 공판중심주의와 실질적 직접심리주의 원칙의 위반 및 증거재판주의에 관한 법리오해의 위법이 있다고 한 사례이다.

20) 서울고등법원 2014.5.23. 선고 2013노2133 판결. 피고인이 술에 취한 상태로 甲이 운전하는 택시에 탑승한 후 甲을 폭행하여 상해에 이르게 하고 그 과정에서 추돌사고를 일으켜 차량들을 손괴하였다는 내용의 특정범죄 가중처벌 등에 관한 법률 위반(운전자 폭행등) 및 재물손괴의 공소사실에 관하여 국민참여재판으로 진행된 제1심에서 배심원 전원이 만장일치의 의견으로 무죄평결을 하였는데, 제1심법원이 이를 수용하지 않고 유죄를 선고한 사안에서, 제1심이 유죄의 증거로 들고 있는 사정들은 배심원들이 甲진술의 신빙성 등을 판단할 때 이미 고려했던 여러 사정들 중 일부에 불과한 점 등에 비추어, 배심원의 평결 결과가 명백하게 잘못되었다고 볼만한 특별한 사정이 있다거나, 평결 결과를 그대로 받아들이는 것이 현저하게 부당한 예외적인 경우에 해당하지 않는다는 이유로 제1심판결을 파기하고 무죄를 선고한 사례이다.

단히 중요할 수밖에 없다.

2. 바람직한 배심원선정절차

배심원선정절차는 사법의 민주적 정당성과 신뢰를 높이기 위한 방법으로서 피고인의 인권보장기능을 중시하는 견해와 민주주의 구현수단기능을 중시하는 견해로 나눌 수 있다.[21] 위 두 가지 기능은 어느 한쪽도 포기할 수 없는 것이므로 가능한 한 두 가지 목적을 모두 달성할 수 있도록 배심원선정절차의 이상을 규정해야 한다. 첫째, 피고인의 인권보장을 위해서 배심원선정절차에서는 배심원단이 공정한 재판을 할 수 있도록 구성되어야 한다. 즉, 편견이나 정치적 성향으로 인한 차별을 받지 않고 논리와 경험의 법칙에 따른 합리적인 재판을 받도록 하여야 하며 이러한 재판을 하려면 공정하고 중립적인 배심원단이 구성되어야 한다. 이러한 목적을 달성하기 위해서는, ① 배심원후보자가 법이 정한 자격요건을 갖추었는지 파악하고, ② 재판에서 제시되는 증거와 각종 정보들을 불편부당하게 평가할 수 있는지를 파악하며, ③ 증거 이외의 정보나 압력에 영향을 받지 않고 증거에만 기초해서 평결을 도출할 수 있는지 파악하여야 한다.[22]

둘째, 민주주의 구현수단으로서의 기능을 발휘하기 위해서는 배심원단이 국민의 대표성을 갖도록 구성되어야 한다. 국민의 상식과 정서를 형사재판과정에 반영하기 위한 것이므로 만일 배심원단이 이를 대표하지 못한다면 민주주의 구현수단으로서의 기능은 발휘될 수 없고, 사법의 민주적 정당성도 구현하지 못할 것이다. 이와 같은 목적을 달성하기 위해서는, ① 배심원 선정에 특별한 자격요건이 없어야 하고, ② 사회 전 분야에서 배심원이 선정될 수 있어야 한다.

이와 관련하여 소수집단의 구성원이 참여하여야 국민의 대표성이 인정되는지에 대한 논쟁이 있다. 미국은 배심원의 자격요건으로 반드시 소수집단의 구성원을 참여

21) 김형국 외 2인, 앞의 책, 168면.

22) 박광배・이수정, "국민참여재판 배심원 선정절차의 운용 및 개선방안", 법정심리학회, 2009. 8면.

시키는 것이 필수적이라고는 하고 있지 않지만 실제 재판의 현실은 자주 소수집단의 구성원이 참여할 것을 요구하고 있다. 우리나라는 미국과 같은 인종차별로 인한 문제는 발생하지 않지만 외국인 출신자들에 대한 차별이나 지역정서에 따른 차별이 존재할 수 있으므로 소수집단의 관점도 일정 부분 반영할 수 있어야 할 것이다.

II. 배심원

1. 배심원의 권한과 의무

(1) 배심원의 권한

국민참여재판에서 배심원은 사실의 인정, 법령의 적용 및 형의 양정에 관한 의견을 제시할 권한이 있다(국민참여재판법 제12조). 다만 배심원의 유・무죄에 관한 평결과 양형에 관한 의견은 법원을 기속하지 아니하므로 권고적 효력에 그친다.

배심제하에서의 배심원은 유・무죄에 대한 평결을 하고, 양형에는 참여하지 않는 것이 일반적이며, 위 평결은 법원을 구속하는 것이 원칙이다. 이러한 점에서 우리나라의 국민참여재판에서의 배심원과 배심제하에서의 배심원은 평결의 구속력 여부, 양형에 관한 의견제시에서 구별된다.[23] 또한 국민참여재판의 배심원은 직업법관과 함께 재판부를 구성하지 않고 그 평결이나 의견에 기속력이 인정되지 않는다는 점에서 직업법관과 재판부를 구성하여 직업법관과 동등한 권한을 행사하는 참심제의 참심원과도 구별된다.

국민참여재판의 배심원과 예비배심원은 공판절차상 ① 피고인, 증인에 대하여 필요한 사항을 신문하여 줄 것을 재판장에게 요청하는 행위, ② 필요하다고 인정되는

---

23) 다만, 미국의 경우 미주리(Missouri), 텍사스(Taxas), 버지니아(Virginia), 아칸소(Arkansas), 오클라호마, 멘터기주에서는 유죄평결을 한 배심원이 형의 양정을 하기도 하고, 사형제도를 존치하고 있는 대부분의 주에서는 배심원이 사형선고여부를 결정한다. 다만 사형선고가 가능하지 않은 사건의 경우 배심원은 유・무죄의 평결만 하고 양형은 판사가 정하는 것이 원칙이다(김재환, 앞의 책, 57면; 김형국 외 2인, 앞의 책 178면).

경우 재판장의 허가를 받아 각자 필기를 하여 이를 평의에 사용하는 행위를 할 수 있다(국민참여재판법 제41조 제1항).

(2) 배심원의 의무

1) 의무의 내용

배심원은 법령을 준수하고 독립하여 성실히 직무를 수행하여야 한다. 또한 배심원은 직무상 알게 된 비밀을 누설하거나 재판의 공정을 해하는 행위를 하여서는 아니된다(국민참여재판법 제12조 제2, 3항).

배심원과 예비배심원은 ① 심리 도중에 법정을 떠나거나 평의·평결 또는 토의가 완결되기 전에 재판장의 허락 없이 평의·평결 또는 토의장소를 떠나는 행위, ② 평의가 시작되기 전에 당해 사건에 관한 자신의 견해를 밝히거나 의논하는 행위, ③ 재판절차 외에서 당해 사건에 관한 정보를 수집하거나 조사하는 행위, ④ 평의·평결 또는 토의에 관한 비밀을 누설하는 행위를 하여서는 아니된다(동법 제41조 제2항).

2) 의무위반에 대한 제재

배심원 또는 예비배심원이 직무상 알게 된 비밀을 누설한 때에는 6개월 이하의 징역 또는 300만 원 이하의 벌금에 처하고(동법 제58조 제1항), 배심원 또는 예비배심원이었던 자가 직무상 알게 된 비밀을 누설한 때에도 이와 같다(동법 제58조 제2항 본문). 배심원·예비배심원 또는 배심원후보자가 직무와 관련하여 재물 또는 재산상 이익을 수수·요구·약속한 때에는 3년 이하의 징역 또는 1천만원 이하의 벌금에 처하고(동법 제59조 제1항), 배심원·예비배심원 또는 배심원후보자에게 제1항의 재물 또는 재산상 이익을 약속·공여 또는 공여의 의사를 표시한 자도 이와 같다(동법 제59조 제2항).

출석통지를 받은 배심원·예비배심원·배심원후보자가 정당한 사유 없이 지정된 일시에 출석하지 아니하거나, 배심원 또는 예비배심원이 정당한 사유 없이 선서를 거부하거나, 배심원후보자가 배심원 또는 예비배심원 선정을 위한 질문서에 거짓 기재를 하여 법원에 제출하거나 선정절차에서의 질문에 대하여 거짓 진술을 한 때에는 법원은 결정으로 200만 원 이하의 과태료를 부과한다(동법 제60조 제1항). 과태료 부과결정에 대하여는 즉시 항고할 수 있다(동법 제60조 제2항).

이와 관련하여, 앞서 영국은 법정모욕에 관한 법률 제8조에서 '배심원의 평의과정 중에 이루어진 진술, 표명된 의견, 진행된 논쟁 또는 표결에 관한 사항의 전부 또는 일부를 획득하거나 공표하는 행위 및 이러한 행위를 하도록 권유하는 행위'를 처벌할 뿐만 아니라 학문적 연구를 위한 연구협조행위에 대하여도 이를 금지하고 있다. 그렇다면, 우리나라의 경우 배심원이었던 자가 배심재판이 종료된 후 언론인터뷰에서 위와 같은 행위를 하거나, 연구협조행위의 일환으로 같은 행위를 하였을 때 이러한 행위가 '직무상 알게 된 비밀을 누설한 때'에 해당하느냐에 의문이 있을 수 있다. 이에 대하여 국민참여재판법은 "연구에 필요한 협조를 한 경우는 그러하지 아니하다"(동법 제58조 제2항 단서)라고 규정하여 언론 인터뷰의 경우에는 이를 처벌하면서 연구협조행위는 처벌에서 제외하고 있다. 미국의 경우에도 배심원이었던 자에 대하여 연구기관에서 광범위한 연구를 허용하고 있다. 타당한 입법으로 보인다.

2. 배심원의 수

법정형이 사형·무기징역 또는 무기금고에 해당하는 대상사건에 대한 국민참여재판에는 9인의 배심원이 참여하고, 그 외의 대상사건에 대한 국민참여재판에는 7인의 배심원이 참여한다. 다만, 다만, 법원은 피고인 또는 변호인이 공판준비절차에서 공소사실의 주요내용을 인정한 때에는 5인의 배심원이 참여하게 할 수 있다(국민참여재판법 제13조 제1항). 법원은 사건의 내용에 비추어 특별한 사정이 있다고 인정되고 검사·피고인 또는 변호인의 동의가 있는 경우에 한하여 결정으로 배심원의 수를 7인과 9인 중에서 제1항과 달리 정할 수 있다(동법 제13조 제2항).

배심제를 채택하고 있는 영국, 미국 등의 경우 원칙적으로 배심원의 수를 12명으로 정하고 있다.[24)][25)] 참심제를 채택하고 있는 독일의 경우 법관 3명과 참심원 2명,

프랑스의 경우 법관 3명과 배심원 9명, 일본의 경우 법관 3명과 재판원 6명이 합의체를 구성하는 것이 원칙이다. 배심원의 수가 많으면 합리적인 토론과 안정적인 평결이 가능해지고, 배심원단의 평결이 가지는 사실상의 효력도 강화되는 효과를 볼 수 있다. 반면 배심원의 수가 적으면 국민 대표성이 약화되고 평결의 의미가 퇴색되게 된다. 반면 배심원들의 수를 줄이면 평의에 걸리는 시간이나 배심원들에게 지급할 비용을 절약할 수 있다. 따라서 배심원의 수를 효율적인 재판을 수행하면서도 충분한 토론과 국민 대표성이 보장될 수 있도록 정할 필요가 있다. 국민참여재판에 5인의 배심원을 참여하게 할 수 있도록 규정한 것은 당초 국민참여재판을 참심제처럼 운영하는 방안도 고려한 것으로 보이지만, 비록 자백사건이라고 하더라도 사회에 큰 충격을 준 사건 등에 대하여 5인의 배심원만 참여하게 하는 것은 바람직하지 못하다. 2013년에 발표된 '국민참여재판 최종형태안'에서는 국민참여재판에서 배심원이 5명인 경우를 폐지하였다.[26)]

법원은 배심원의 결원 등에 대비하여 5인 이내의 예비배심원을 둘 수 있다(동법 제14조 제1항). 예비배심원은 예상하기 어려운 돌발 상황에 대비하여 선성하는데, 평의, 평결 및 양형에 관한 토의에 참여할 수 없다는 점을 제외하면 배심원과 동일한 권리와 의무를 부담하므로 배심원에 대한 사항은 그 성질에 반하지 않는 한 예비배심원에 대하여 준용한다(동법 제14조 제2항).

공판절차의 당일 종결이 예상되는 경우라 하더라도 1인 이상의 예비배심원을 선정해 두는 것이 필요하다. 원칙적으로 연일개정이 필요한 사건에서는 배심원의 불출석 등 돌발 상황에 대비하여 예비배심원을 여유있게 선정해 두는 것이 필요하다.

---

24) 미국 연방형사소송규칙 23(b) (1) 참조.

25) 미국의 경우 연방과 대부분의 주에서 배심원의 수는 12명으로 되어 있고, 배심원은 만장일치로 평결을 하여야 한다. 그러나 6명의 배심재판도 헌법적으로 허용될 수 있다. 또한 12명의 만장일치에 의하지 아니하는 평결을 허용하는 주법도 9:3과 같이 배심원들의 가중다수결을 요구하는 것이라면 허용될 수 있다. 다만, 5인의 배심재판은 허용될 수 없다.

26) 김형국 외 2인, 앞의 책, 180-182면.

3. 배심원의 자격

(1) 배심원자격 법정주의

배심원은 만 20세 이상의 대한민국 국민 중에서 국민참여재판법이 정하는 바에 따라 선정된다(국민참여재판법 제16조). 국민참여재판의 최종 형태안은 민법상 성년자의 연령이 만 19세로 낮추어짐에 따라 배심원후보자의 연령을 만 19세로 낮추고 있다.

(2) 배제사유

1) 결격사유

배심원의 결격사유로는 ① 피성년후견인 또는 피한정후견인, ② 파산선고를 받고 복권되지 아니한 사람, ③ 금고 이상의 실형을 선고받고 그 집행이 종료(종료된 것으로 보는 경우를 포함한다)되거나 집행이 면제된 후 5년을 경과하지 아니한 사람, ④ 금고 이상의 형의 집행유예를 선고받고 그 기간이 완료된 날부터 2년을 경과하지 아니한 사람 ⑤ 금고 이상의 형의 선고유예를 받고 그 선고유예기간 중에 있는 사람 ⑥ 법원의 판결에 의하여 자격이 상실 또는 정지된 사람은 배심원으로 선정될 수 없다(국민참여재판법 제17조). 배심원의 직무를 수행하는 것은 국가의 공무를 담당하는 것으로 볼 수 있으므로 배심원도 공무원에 준하여 국가공무원법상 공무원의 결격사유(국가공무원법 제33조 제1항 각호)와 유사한 결격사유를 규정한 것이다.

2) 직업 등에 따른 제외사유

다른 배심원들에게 과도한 영향을 미칠 수 있는 특정 직업을 가진 사람이나 권력분립의 원칙상 다른 의무의 이행과의 충돌로 배심원의 직무를 수행하기 곤란한 사람은 공정한 재판에 영향을 미칠 수 있으므로 제외된다.

이에 따라 대통령, 국회의원, 지방자치단체의 장 및 지방의회 의원, 입법부・사법부・행정부・헌법재판소・중앙선거관리위원회・감사원의 정무직 공무원, 법관・검사, 변호사, 법무사, 법원·검찰 공무원, 경찰·교정·보호관찰 공무원, 군인·군무원, 소방공무원 또는 향토예비군설치법에 따라 동원되거나 교육훈련의무 이행 중인 향토예비군은 배심원으로 선정될 수 없다(국민참여재판법 제18조).

3) 제척사유

사건관계인 또는 사건관계인과 밀접한 관련이 있는 사람은 불공정한 판단을 할 우려가 있다. 따라서, 피해자, 피고인 또는 피해자의 친족이나 이러한 관계에 있었던 사람, 피고인 또는 피해자의 법정대리인, 사건에 관한 증인·감정인·피해자의 대리인, 사건에 관한 피고인의 대리인·변호인·보조인, 사건에 관한 검사 또는 사법경찰관의 직무를 행한 사람, 사건에 관하여 전심 재판 또는 그 기초가 되는 조사·심리에 관여한 사람은 당해 사건의 배심원으로 선정될 수 없다(국민참여재판법 제19조).

4) 면제사유

법원은 결격사유나 제척사유가 없는 사람이라고 하더라도 일정한 사유에 해당하는 경우에는 직권이나 신청에 따라 배심원의 직무수행을 면제할 수 있다.

면제사유는 만 70세 이상인 사람, 과거 5년 이내에 배심원후보자로서 선정기일에 출석한 사람, 금고 이상의 형에 해당하는 죄로 기소되어 사건이 종결되지 아니한 사람, 법령에 따라 체포 또는 구금되어 있는 사람, 배심원 직무의 수행이 자신이나 제3자에게 위해를 초래하거나 직업상 회복할 수 없는 손해를 입게 될 우려가 있는 사람, 중병·상해 또는 장애로 인하여 법원에 출석하기 곤란한 사람, 그 밖의 부득이한 사유로 배심원 직무를 수행하기 어려운 사람이다(국민참여재판법 제20조). 여기서 '그 밖의 부득이한 사유'는 이를 유형화하기 어려운 측면이 있지만 실제로 법원에 출석한 배심원후보자들이 가장 많이 요청하는 면제사유이다. 부득이한 사유는 법원이 재량으로 판단하는 것이고, 그러한 사유가 있는 경우 설령 국민참여재판에 배심원으로 참여한다 하더라도 재판에 집중하지 못할 가능성이 크므로 배심원의 편의를 고려하여 판단할 수 있다. 실무상은 보통 배심원의 직무수행으로 계약파기 등 직업상 상당한 정도의 곤란이 초래되는 경우, 직업상 본인이 직접 중요한 업무를 급하게 처리해야 하는 경우, 상당기간 전에 장기여행・해외여행・해외출장 등이 예약되어 있는 경우, 학교시험, 입사시험 등이 예정되어 있는 경우, 통증 등으로 인하여 장시간 앉아있기 곤란한 질병 등이 있는 경우, 노약자・유아・어린이 등을 돌봐줄 다른 사람이 없는 경우, 보거나 듣거나 말하는 기능에 문제가 있는 경우, 한글을 해독하지 못하거나 한국어능력이 부족한 경우, 꼭 참석해야 하는 관혼상제가 있는 경우 등을 그 밖의 부득이한 사유에 해당하는 것으로 인정하여 면제결정을 하는 경우가 많다.[27]

한편, 미국에서 면제기준으로 삼고 있는 것은 '극도의 곤란(extreme hardship)'인데 구체적으로 배심원에게 직무수행을 요구하는 것이 가혹하게 여겨질 사정이 있는 경우를 의미한다. 가령 미국 애리조나 주 법원의 면제사유를 살펴보면, 건상상 이유, 공공적 이유, 물리적 곤란, 재정적 곤란을 들고 있다.[28] 우리나라의 경우 단순히 배심원의 직무수행으로 수입이 일부 감소한다거나 업무가 바쁘다는 이유, 특별히 이상은 없지만 건강검진을 받는다는 사정만으로는 쉽게 면제사유가 인정되지 않는다.

Ⅲ. 배심원의 선정

1. 배심원 선정준비

(1) 배심원후보예정자명부의 작성

지방법원장은 배심원후보예정자명부를 작성하기 위하여 행정자치부장관에게 매년 그 관할구역 내에 거주하는 만 20세 이상 국민의 주민등록정보에서 일정한 수의

27) 김제환, 앞의 책 63면.

28) 구체적으로 살펴보면, 건강상의 이유는 배심원의 신체적 또는 정신적 건강상태 때문에 배심원의 직무를 수행할 수 없는 경우로 의사의 진단서가 필요하고, 공공적 이유는 배심원이 배심원 직무를 수행하게 되면 공공의 이익이 침해되는 경우를 소명하였을 때 인정되고, 물리적 곤란은 배심원후보자의 보호하에 있는 자를 위한 대체적인 보호가 불가능한 경우나 배심원이 되는 것이 신체적・심리적 고통을 유발하는 경우 및 영어를 제대로 구사하지 못한 경우에 인정되고, 재정적 곤란은 배심원이 될 경우 생활비를 조달하기 어려운 경우 및 자신이 고용한 사람에게 임금을 지급할 수 없게 되는 경우에 인정된다(김형국 외 2인, 앞의 책 189면). 우리나라의 면제사유와 거의 비슷하다고 할 수 있다.

배심원후보예정자의 성명・생년월일・주소 및 성별에 관한 주민등록정보를 추출하여 전자파일의 형태로 송부하여 줄 것을 요청할 수 있다(국민참여재판법 제22조 제1항). 이러한 요청을 받은 행정자치부장관은 30일 이내에 주민등록자료를 지방법원장에게 송부하여야 한다(동법 제22조 제2항). 지방법원장은 매년 주민등록자료를 활용하여 배심원후보예정자명부를 작성하는데(동법 제22조 제3항), 당해 지방법원의 관할구역 내에 거주하는 만 20세 이상 국민의 0.3% 부터 0.5% 범위내에서 배심원후보예정자명부에 등재될 인원을 정한다(동법규칙 제14조).

위와 같은 방식의 배심원후보예정자명부는 관할지역의 주민 중에서 일정한 표본집단을 무작위로 추출한 후보예정자의 명단을 의미한다.[29] 미국 등 주민등록제도가 없는 국가에서는 배심원후예정자명부를 작성할 때 선거인명부나 운전면허증소지자명부를 주로 활용한다. 배심원후보예정자명부는 공정한 배심원단이 선출되기 위한 전제조건이 되고, 특히 국민 대표성을 확보하는 기초가 된다. 따라서 배심원후보예정자명부에 포함되는 국민의 수는 국민 대표성이 인정될 수 있도록 일정한 숫자 이상의 국민이 포함되어야 한다. 미국연방내법원은 구체적인 기준으로 배심원후보예정자명부에 포함되는 국민의 숫자는 최소 모집단의 0.5%가 되어야 한다고 판시하였다.[30]

(2) 법원의 관할

배심재판에서는 대부분 법원의 관할 구역내에 거주하는 국민들이 배심원으로 형사재판에 참여하게 되는데 그 결과 그 지역에 거주하는 국민들의 정서와 성향에 따라 형사재판의 결과가 달라질 수 있다. 반면 직업법관이 재판을 하는 경우에도 그 지역의 정서와 성향이 영향을 미칠 수 있지만 직업법관의 전문성에 의하여 그 영향력은 대부분 차단될 수 있다. 과거 미국에서 흑인이 남부에 있는 주의 법원에서 재판을 받

29) 미국의 배심제도에서는 이러한 명단을 'Master Jury Wheel'이라 한다. 미국에서는 이 명단에서 제척사유에 해당하는 배심원후보자를 제외한 배심원후보예정자명단을 만들어 배심원선정절차에 활용한다(김형국 외 2인, 앞의 책 190면).

30) 김형국 외 2인, 앞의 책 191면.

는 경우와 북부에 있는 주의 법원에서 재판을 받는 경우를 상정하면 그 차이를 알 수 있다.

법원의 관할구역이란 토지관할을 의미하는데, 토지관할은 범죄지, 피고인의 주소, 거소 또는 현재지로 규정되어 있고, 토지관할을 달리하는 수개의 사건이 관련된 때에는 1개의 사건에 관하여 관할권이 있는 법원은 다른 사건까지 관할할 수 있다.[31)]

이에 따라 범죄가 발생한 장소 및 범죄행위의 결과가 발생한 장소, 피고인의 주소 및 거소, 피고인의 현재지 등 하나라도 지방법원의 관할구역 내에 있으면 토지관할이 인정된다.

그런데 다양한 토지관할권을 인정하면 검사에게 어느 지역에 기소할 것인지 선택할 수 있는 선택권을 허용하게 된다. 배심원이 될 수 있는 국민은 재판이 열리는 법원의 관할구역 내에 거주하는 국민들로 한정되기 때문에 이는 각 지역에 거주하는 주민들의 성향을 선택하여 기소할 수 있는 결과를 가져오게 된다. 특히 범죄지에서 체포된 피고인을 범죄지와 무관한 다른 법원의 관할구역 내에 있는 구치소에 수용한 후 그 구치소를 현재지로 하여 기소하는 경우에 문제가 될 수 있다. 예를 들어, 2009년 발생한 용산 참사사건을 살펴보자. 이 사건은 용산 4구역 재개발의 보상대책에 반발해 온 세입자와 전국철거민연합회원 등 30명이 보상비를 요구하면서 2009년 1월 19일 새벽 용산구 한강로 2가에 위치한 남일당 건물을 점거하고 경찰 및 용역직원과 대치하던 중 화재가 발생하였고 6명이 사망하고 24명이 부상당한 참사이다. 이 사건으로 철거민들은 체포되어 서울구치소에 수용되었고 서울중앙지방법원에 기소되었다. 변호인단은 국민참여재판을 신청하였으나 법원은 공판준비기일에서 증인 숫자가 너무 많다는 이유로 국민참여재판 신청을 기각하였고,[32)] 일반형사재판으로 진행되

31) 형사소송법 제4조.

32) 「서울중앙지법 형사합의27부(재판장 한양석)는 26일 열린 공판준비기일에서 김씨 등이 낸 국민참여재판 신청을 기각하고 통상적 재판절차를 통해 사건을 심리하기로 했다. 재판부는 "증인 숫자가 너무 많아 재판에만 20일 이상 소요될 것으로 예상된다"며 "생업에 종사할 배심원단에 너무 큰 부담을 줄 수 있는 사안이라 국민참여재판이 어렵다고 판단했다"고 밝혔다. 검찰은 경찰, 소방관, 용역업체 직원 등 60여 명을 증인으로 신청했다. 법원에서는 검찰이 신청한 증인을 모두 신문하고 동영상 등에 대한 증거조사까지 하려면 한 달 가량이 걸릴 것으로 전망하고 있다. 이에 대해 철거민 변호

어 2009.10.28. 전원 유죄판결이 선고되었다. 이 사건은 용산구에서 발생한 사건이고 피고인들은 대부분 용산주민들이므로 서울서부지방법원의 관할로 하는 것이 일반적이나, 서초구와 강남구가 관할구역내에 있는 서울중앙지방법원에서 재판이 진행되었다. 서초구와 강남구는 부동산가격이 우리나라에서 가장 높고 정치적으로 보수성향을 띠는 지역이므로 그 지역의 주민들이 용산에서 발생한 사건의 배심원으로 참여한다면 공정한 배심원단의 구성에 문제가 있을 수 있었다.

과거 우리나라는 단일민족으로 동질성이 높아 지역에 따른 차이가 없다는 생각이 널리 퍼져있었으나 최근 우리 사회의 모습은 선거결과에서 나타나듯이 지역에 따른 정치적 성향과 경제적 이해관계가 다르고[33], 외국인 노동자 등 다양한 인종과 계층이 유입되고 있다. 이런 경향을 고려하면 당해 사건과 가장 밀접한 관련이 있는 범죄가 발생한 지역의 주민들이 배심원으로 참여할 수 있도록 국민참여재판의 관할규정을 개정할 필요가 있다.[34]

(3) 배심원후보자의 결징과 출석동지

법원은 배심원후보예정자명부 중에서 필요한 수의 배심원후보자를 무작위 추출방식[35]으로 정하여 배심원과 예비배심원의 선정기일을 통지하여야 한다(국민참여재

인단은 "변호인단은 이 사건을 국민과 함께 판단할 수 있는 국민참여재판으로 진행하기 위해 증인수를 최대한 줄이려고 했지만, 검찰이 중복적으로 증인을 신청해 의도적으로 국민참여재판을 방해했다"고 주장했다. 변호인단은 국민참여재판 배제결정에 불복해 항고하겠다고 밝혔다. 권영국 변호사는 "재판부가 태도를 바꿔 검찰의 중복된 증인신청을 모두 받아들였다"며 "법원의 적극적인 판단이 없다면, 앞으로도 국민참여재판 시행에 대한 판단을 검찰에 맡기는 결과를 가져올 수 있다"고 지적했다」한겨레, 2009년 3월 26일자 인터넷신문.

33) 대구에 거주하는 모 청년이 일간베스트 게시판에 5·18 민주화운동 당시 봉사활동 나간 어머니를 찾으러 나갔다가 집단발포로 희생당한 아들의 관 앞에서 오열하는 사진에 '택배왔다. 착불이요'라는 내용의 설명까지 붙여 게시해 희생지와 희생지 기족의 명예를 훼손하였다는 이유로 광주지방법원에 사자명예훼손으로 기소되자, 재판부에 대구지방법원 서부지원으로 이송을 요청하여 대구지방법원 서부지원에서 재판을 받은 사건도 그 예로 볼 수 있다.

34) 김형국 외 2인, 앞의 책, 195-196면.

35) 법원에서는 국민참여재판 전담 관리자가 컴퓨터프로그램인 '배심원관리 전산프로그램'에 의하여 추출한다.

판법 제23조 제1항). 배심원후보자의 수는 재판장이 결정하는데 배심원 및 예비배심원의 수, 피고인의 수, 무이유부기피인원 수, 예상 재판소요시간, 예상 출석률 등의 사정을 고려하여 정한다. 가령 당해사건에서 선정할 배심원이 9명이고 예비배심원이 1명이라면 검사와 피고인에게 인정되는 무이유부기피인원이 각 5명이므로 적어도 20명의 배심원후보자가 필요하다. 하지만 출석통지를 받은 배심원후보자들이 모두 출석하는 것은 아니고 배심원후보자들의 평균 출석률이 30%정도에 불과한 사정을 고려하면 적어도 60명 이상의 배심원후보자를 선정할 필요가 있다.36) 법원은 선정기일 통지서와 함께 질문표를 송달할 수 있다(동법규칙 제16조 제2항). 실무상으로는 배심원후보자에게 선정기일 통지서, 불출석사유신고서, 질문표, 배심원 안내서, 반송용 봉투를 함께 송달한다. 선정기일통지서는 늦어도 선정기일이 열리기 2주일 전까지 배심원후보자에게 송달되어야 한다(동법예규 제18조 후문).

배심원선정기일은 국민참여재판을 하는 사건의 준비절차에서 정한다. 재판장은 검사와 변호인의 의견을 들어 배심원선정기일을 정하는데 특별히 배심원선정에 많은 시간이 걸리는 경우가 아니면 대부분 국민참여재판이 열리는 날 오전에 정한다.37) 다음은 배심원선정기일 소요시간에 대한 통계자료이다.

---

36) 배심원후보자들이 배심원선정기일에 출석하는 비율을 보면, 미국의 경우 워싱턴 DC, 뉴욕, 로스엔젤레스 등 대도시의 배심원출석률은 20% 미만이라고 한다. 우리나라에서는 2012년 12월 31일까지의 통계를 기준으로 평균 출석률이 30.2%이고, 평균 배심원후보자결정수는 7명의 배심원이 필요한 경우 100.4명이었고, 9명의 배심원이 필요한 사건의 경우 134.7명이었다(법원행정처, 국민참여재판 성과분석, 2013. 12면). 김형국 외 2인, 앞의 책, 197면.

37) 우리나라의 배심원선정절차는 살인사건의 경우 평균 1시간 17분, 상해사건의 경우 평균 1시간 16분, 성범죄사건의 경우 평균 1시간 21분이 소요되었다(국민참여재판성과분석, 법원행정처, 2015). 따라서 대부분의 국민참여재판에서 배심원선정기일은 국민참여재판과 같은 날 오전 10시에 시작하여 12시 이전에 마치는 것이 일반적이다.

[표 5] 배심원선정기일 소요시간(2008.1.1~2014.12.31)

기준		최대소요시간	최저소요시간	평균소요시간
자백여부	자백(509건)	2시간 35분	25분	1시간 12분
	부인(955건)	3시간 30분	30분	1시간 20분
배심원수	5명(94건)	2시간	30분	1시간 08분
	7명(896건)	3시간 30분	30분	1시간 15분
	9명(474건)	3시간 30분	25분	1시간 23분
범죄유형	살인 등(387건)	3시간 30분	30분	1시간 17분
	강도 등(268건)	3시간	35분	1시간 20분
	상해 등(74건)	2시간	40분	1시간 16분
	성범죄 등(244건)	3시간	37분	1시간 21분
	기타(491건)	3시간	25분	1시간 15분

위 통계자료에 의하면, 배심원선정기일에 소요되는 시간은 자백사건과 부인사건에 따라 약간의 차이는 있으나 큰 편차를 보이지 않고, 범죄유형별로도 별다른 특징을 보이지 않는다.

한편, 질문표는 법원에 배심원후보자의 배심원 적격에 대한 정보를 제공하고, 선정기일에서 행하여질 질문에 대한 기본정보를 제공하기 위하여 사용된다. 질문표에는 배우자, 고용관계 또는 직업, 연령, 학력, 가족 중에 법률관련 직업종사자가 있는지 여부, 이전의 소송이나 재판경험, 가족이나 친척 중에 범죄로 인한 피해자가 있었는지 여부, 법률에 규정된 배심원 결격사유에 관한 질문이 기재된다. 특히 결격사유에 대한 질문은 배심원선정기일에 필수적인 질문이므로 배심원선정기일의 신속한 진행에 도움이 된다.

법원은 위 통지 이후 배심원의 직무종사 예정기간을 마칠 때까지 배제사유(국민참여재판법 제17조~제20조)에 해당하는 사유가 있다고 인정되는 배심원후보자에 대하여는 즉시 그 출석통지를 취소하고 신속하게 당해 배심원후보자에게 그 내용을 통지하여야 한다(동법 제23조 제3항). 법원은 선정기일의 2일 전까지 검사와 변호인에게 배심원후보자의 성명・성별・출생연도가 기재된 명부를 송부하여야 한다(동법 제26조 제1항). 법원은 선정절차에 질문표를 사용하는 때에는 선정기일을 진행하기 전에 배심원후보자가 제출한 질문표 사본을 검사와 변호인에게 교부하여야 한다(동법 제26조 제2항). 한편, 결정된 배심원후보자에 대한 취소를 위해 지방법원장 또는 재판장은 국가, 지방자치단체, 공공단체, 그 밖의 법인・단체에 배심원후보자・배심원・예비배심원의 선정 또는 해임에 관한 판단을 위하여 필요한 사항의 보고 또는 그 보관서류의 송부를 요구할 수 있다(동법 제21조). 선정기일 통지를 받은 배심원후보자는 선정기일에 출석하여야 한다(동법 제23조 제2항). 배심원선정기일의 통지를 받은 배심원후보자가 정당한 사유없이 출석하지 아니할 경우 200만 원 이하의 과태료가 부과될 수 있다.

다음은 배심원후보자의 소환인원수와 출석인원수를 단순 비교한 통계자료이다.

[표 6] 배심원 수별 소환인원 및 출석률(2008.1.1~2014.12.31)[38)]

배심원수	평균배심원후보자 소환인원	최대소환인원	최저소환인원	평균출석인원 (출석률)
5명(94건)	85.1	150	50	23.7(27.8%)
7명(896건)	107.7	300	55	29.7(27.6%)
9명(474건)	139.8	500	80	39.5(28.2%)
합계(1,464건)	116.7			32.5(27.8%)

위 통계자료에 의하면 배심원후보자의 평균출석률은 27.8% 로 나타난다. 그러나 배심원후보자에 대한 소환장이 송달불능인 경우와 출석이 취소되는 경우를 포함하여 계산한 실질출석률은 50%가량이라고 한다.[39)]

38) 법원행정처, "국민참여재판 성과분석(2008~2014)", 법원행정처 사법지원실, 2015. 12면.

39) 사법정책실, "사법참여연구반 제1차 회의 자료집", 2009, 30면. 2011년까지 이루어진 국민참여재판의 통계를 기초로 계산할 경우 실질출석률은 51.7%라고 한다.

2. 선정기일

(1) 참여자

법원은 검사·피고인 또는 변호인에게 선정기일을 통지하여야 한다. 검사와 변호인은 선정기일에 출석하여야 하며, 피고인은 법원의 허가를 받아 출석할 수 있다. 법원은 변호인이 선정기일에 출석하지 아니한 경우 국선변호인을 선정하여야 한다(국민참여재판법 제27조 제1, 2, 3항). 피고인이 법원의 허가를 얻어 선정기일에 출석할 수 있도록 한 이유는 대면으로 인한 배심원후보자의 심리적 부담을 줄이고, 배심원에 대한 매수, 협박, 보복 등의 위험을 예방하기 위한 것이다.

(2) 선정기일 진행준비

법원은 선정기일을 진행하기 앞서 배심원후보자의 출석여부를 확인하고 배심원후보자명부에 따른 번호표를 교부하여 배심원후보자의 상의에 부착하도록 한다(국민참여재판예규 제22조 제1항). 배심원후보자가 선정기일 이전에 질문표를 작성, 제출하지 아니한 때에는 선정기일을 진행하기 앞서 질문표를 배수하여 작성, 제출하도록 하고, 지체없이 그 사본을 검사와 변호인에게 교부한다(동법예규 제22조 제2항). 법원은 배심원후보자가 선정기일 이전에 질문표를 작성, 제출한 경우에도 해당 사건의 내용 등을 고려하여 필요한 경우에는 별도의 질문표를 제공하여 답변, 제출하도록 할 수 있다. 법원은 별도의 질문표를 이용하는 경우에는 사전에 검사, 피고인 또는 변호인의 의견을 들을 수 있다(동법예규 제22조 제3항). 통상 법정이 아닌 대기실에서 배심원후보자들에게 번호표를 부착하도록 한 후 법정으로 이동하여 방청석에 착석한다.

(3) 진행방식

법원은 합의부원으로 하여금 선정기일의 절차를 진행하게 할 수 있다. 이 경우 수명법관은 선정기일에 관하여 법원 또는 재판장과 동일한 권한이 있다(국민참여재판법 제24조 제1항). 다만, 참여재판의 중요성에 비추어 수명법관에 의한 선정기일 진행은 바람직하지 않다고 본다. 재판장은 배심원의 권리와 의무, 선정절차의 개요, 선정기일에서의 질문에 대한 배심원후보자의 답변의무에 대하여 설명한다(동법예규 제2조). 배심원후보자의 개인정보나 사생활의 노출을 최소화하기 위하여 선정기일은 공개하지 아니한다(동법 제24조 제2항). 선정기일에서는 배심원후보자의 명예가 손상되지 아니하고 사생활이 침해되지 아니하도록 배려하여야 한다(동법 제24조 제3항). 법원은 선정기일에 배심원후보자에게 번호를 부여하고, 배심원후보자는 선정기일에서 번호로만 호칭되어야 한다(동법규칙 제19조 제1, 2항).

대부분의 배심원선정절차는 국민참여재판의 공판기일 오전에 종료된다. 그러나 배심원선정절차는 필요한 수의 배심원과 예비배심원이 모두 선정되어야 종료되는 것이므로, 법원은 필요한 경우에 선정기일의 속행을 위하여 새로운 기일을 정할 수 있다. 이 경우 선정기일에 출석한 배심원후보자에 대하여 새로운 기일을 통지한 때에는 출석통지서의 송달이 있었던 경우와 동일한 효력이 있다(동법 제24조 제4항).

선정기일은 보통 ① 재판부 소개 → ② 검사 및 변호인 소개 → ③ 비공개원칙 안내 및 퇴정명령 → ④ 배심원의 권한과 의무설명 → ⑤ 예상일정 안내 → ⑥ 선정절차에 대한 개괄적 안내 → ⑦ 배제사유에 대한 확인 · 질문 → ⑧ 재판장의 질문(동법예규 제24조 제2호 방식 혼용) → ⑨ 배심원 추첨 → ⑩ 재판장, 검사, 변호인의 질문(동법예규 제24조 제1호 방식) → ⑪ 이유부 · 무이유부 기피신청(기피신청이 있는 경우 그 수에 해당하는 만큼 ⑨, ⑩, ⑪ 반복) → ⑫ 예비배심원 추첨 → ⑬ 종결선언의 순으로 이루어진다.

(4) 배심원 선정방법

재판장은 선정절차를 진행함에 있어 당해 사건의 내용, 출석한 배심원 후보자의 수, 검사와 변호인의 의견을 고려하여 ① 배심원과 예비배심원의 수에 해당하는 배심원후보자를 먼저 뽑은 후 질문과 기피절차를 진행하는 방법(선추첨후질문 기피방식, 국민참여재판예규 제24조 제1호)과 ② 모든 배심원후보자를 대상으로 질문을 한 후 배심원과 예비배심원희 수에 해당하는 배심원후보자를 뽑아 그들을 대상으로 기피절차를 진행하는 방법(선질문후추첨 기피방식, 동법예규 제24조 제2호) 중 하나의 방법을 선택할 수 있다. 또한 첫 번째와 두 번째 방식을 혼용하여 사용할 수도 있다.

(5) 조서의 증명력

선정기일의 절차에 관하여는 참여한 법원사무관이 조서를 작성하여야 한다(국민참여재판규칙 제23조 제1항). 선정기일 조서에는 ① 선정기일을 진행한 일시와 법원 ② 법관, 검사, 법원사무관등의 관직, 성명, 피고인, 대리인, 대표자, 변호인, 보조인과 통역인의 성명, 피고인의 출석여부(형소법 제51조 제2항 제2호~제4호). ③ 배심원후보자에 대하여 법원이 부여한 번호, ④ 배심원후보자의 출석 여부, ⑤ 배심원후보자에 대한 질문과 그에 대한 진술 요지, ⑥ 배심원후보자의 질문에 대한 진술거부와 그 이유, ⑦ 불선정 결정, ⑧ 구술면제 신청과 그에 대한 결정, ⑨ 기피신청과 그에 대한 결정, ⑩ 이의신청과 그 이유 및 그에 대한 결정, ⑪ 무이유부기피신청, ⑫ 배심원과 예비배심원을 선정한 취지를 기재하여야 한다(동법규칙 제23조 제2항). 선정기일의 절차로서 선정기일조서에 기재된 것은 그 조서만으로써 증명한다.

3. 배심원후보자에 대한 질문

(1) 개요

법원은 배심원후보자가 배제사유에 해당하는지 여부 또는 불공평한 판단을 할 우려가 있는지 여부 등을 판단하기 위하여 배심원후보자에게 질문을 할 수 있다(voir dire[40]). 배심원후보자에 대한 질문의 목적은 첫째, 이유부기피신청을 하기 위한 필요한 정보를 이끌어내고, 둘째, 무이유부기피신청의 현명한 활용을 용이하게 하기 위한 것이나, 셋째, 검사나 변호인이 잠재적인 배심원들에게 해당 사건에 관해 유리한 점을 주입하고 그들과 친밀한 관계를 형성하기 위한 부적절한 목적으로 활용되기도

40) voir dire는 '진실을 말한다'는 의미를 가지고 있다.

하므로 주의를 요한다.[41]

배심원후보자는 질문에 대하여 정당한 사유 없이 진술을 거부하거나 거짓 진술을 하여서는 아니된다(국민참여재판법 제28조 제2항). 법원은 배심원후보자가 배제사유에 해당하는지의 여부를 판단하기 위하여 질문표를 사용할 수 있고(동법 제25조 제1항), 배심원후보자는 정당한 사유가 없는 한 질문표에 기재된 질문에 답하여 이를 법원에 제출하여야 한다(동법 제25조 제2항). 배심원후보자가 배심원 또는 예비배심원 선정을 위한 질문서에 거짓 기재를 하여 법원에 제출하거나 선정절차에서의 질문에 대하여 거짓 진술을 한 때에는 법원은 결정으로 200만 원 이하의 과태료를 부과한다(동법 제60조 제1항).

【질문표의 검토방법에 대한 구체적 사례】[42]

☞ 강간치상사건

피고인은 22세의 미혼남자로 주점종업원으로 일하고 있는데 손님으로 온 여성과 함께 술을 마시다가 술에 취한 여성과 같이 피고인의 집으로 가 피고인의 집에서 위 여성을 강간하려다가 미수에 그치고, 그 과정에서 피해자에게 찰과상을 입혀 강간치상죄를 범하였다고 기소된 사건이다.

☞ 피고인의 변명

피고인의 위 여성과 술을 마시면서 성관계에 대하여 묵시적으로 합의한 후 피고인의 집으로 갔고, 성관계를 시작하려 하였는데 위 여성이 거절하여 그대로 행동을 중단한 후 화장실로 갔는데 피고인이 화장실에 있을 때 여성이 집을 뛰쳐나가 신고한 것이라고 주장한다.

---

41) Wayne R. LaFave/Jerold H. Israel/Nancy J. King/Orin S. Kerr, Criminal Procedure(5th ed), West, 2009, 1084면. 김재환, 앞의 책, 73면에서 재인용.

42) 김형국 외 2인, 국민참여재판론, 202-204면. 이 질문표의 검토방법은 김형국 변호사가 2009년 국민참여재판에서 강간치상사건의 질문표를 검토한 사례이다.

☞ 배심원 질문표의 검토방법

① 성별에 대하여 살펴보면 일반적으로 성폭력사건에서 남성이 피고인에게 우호적이고 여성은 적대적이라고 생각하지만 오히려 남성이 피고인에게 더 적대적인 경우도 있다. 또한 나이가 많은 여성의 경우에는 젊은 남녀가 술을 마신 후 여성이 남성의 집까지 따라갔다면 정숙하지 못한 여성으로 생각하고 오히려 피고인에게 유리한 경우도 있다. 남녀의 성별에 따른 성향은 중립적인 요소로 볼 수 있다.

② 나이에 대하여 살펴보면, 젊은 사람의 경우 개방적인 성문화에 친숙하므로 술에 취한 사람들이 일시적인 기분으로 성관계에 동의할 수 있다고 생각하는 경향이 있어 피고인에게 유리한 성향으로 판단하고 있다. 반면 나이가 많은 사람의 경우 성관계는 남녀가 즉흥적으로 결정할 수 없고 상당한 교제기간이 경과한 후에 동의할 것이라고 생각하는 경향이 있어 피고인에게 불리한 성향으로 판단된다.

③ 학력에 대하여 살펴보면, 고학력인 사람의 경우 스스로의 판단을 중시하는 반면 저학력인 사람의 경우 권위에 복종하는 경향이 있다. 특히 우리 사회에서는 검사가 가지고 있는 권한이나 권위가 매우 크므로 저학력인 사람은 검사의 말을 무비판적으로 수용하는 경향을 보일 수도 있다. 따라서 스스로 판단을 중시하는 고학력인 사람이 피고인에게 유리한 성향으로, 저학력인 사람은 피고인에게 불리한 성향으로 판단할 가능성이 높다.

④ 결혼유무에 대하여 살펴보면, 성폭력사건에 있어서 미혼자가 기혼자보다 피고인에게 유리한 성향을 보일 것으로 보이지만 그 영향은 크지 않아 중립적인 요소로 볼 수 있다.

⑤ 자녀유무에 대하여는, 자녀의 연령을 구체적으로 살펴 20세가량의 딸을 둔 사람의 경우 위에서 예시한 사건에서 술에 취한 여성을 함부로 유혹하였다고 생각하고 피고인에게 불리한 판단을 내릴 수 있어 불리한 경향으로 볼 수 있다. 반면 20세가량의 아들을 둔 사람의 경우 젊은 사람들끼리 술을 마시다가 성관계에 동의하는 것에 대하여 관대할 것으로 보여 피고인에게 유리한 성향으로 볼 수 있다.

⑥ 직업에 대하여 살펴보면, 일반적인 회사원, 대학생, 주부 등은 중립적인 요소이나,

알콜중독 치료사, 비행청소년상담사, 고등학교 교사, 주점 운영자, 대리운전기사 등은 개별적인 검토가 필요하다. 알콜중독 치료사의 경우 술에 취한 사람의 심리나 행동에 대하여 잘 이해하고 있어 처음 만난 사이라도 술김에 성관계를 할 수 있다고 생각할 수 있지만, 치료사인 이상 술에 취한 사람을 보호해야 한다는 생각에 사로잡혀 술에 취한 여성에게 연민을 느낄 수 있다. 비행청소년 상담사의 경우 청소년이 저지른 많은 형사사건을 접하여 본 경험이 있어 심리적인 충격이 없이 객관적으로 사건을 바라볼 수 있으나 대부분 실제로 비행을 저지른 청소년을 상담하는 경험을 하게 되므로 대개 범죄성립을 전제로 하고 있는 경우가 많아 무죄를 주장하는 사건에서는 피고인에게 불리하다. 주점운영자나 대리운전기사도 취객을 많이 상대하는 직종이므로 술에 취한 사람들에 대하여 어떤 생각을 가지고 있는지 추가질문을 통하여 확인해 볼 필요가 있다.

⑦ 형사재판에 관여하였는지 여부에 대하여 살펴보면, 대부분 배심원후보자가 직접 형사재판에 관여한 것이 아니라 배심원후보자의 친척이나 친구가 형사재판을 받은 경험을 전해들은 경우가 많다. 배심원후보자와 가까운 사람이 형사재판에서 피해자로 관여하였는지 피고인으로서 관여하였는지 여부는 그 배심원후보자의 형사재판에 대한 인상에 큰 영향을 미칠 수 있으므로 추가질문을 통하여 그 사람의 성향을 파악하여야 한다. 범죄를 저지르지 않았는데 재판을 받은 경험이 있는 사람이라면 피고인에게 매우 유리할 것이다.

(2) 질문방식

검사·피고인 또는 변호인은 법원으로 하여금 필요한 질문을 하도록 요청할 수 있고, 법원은 검사 또는 변호인으로 하여금 직접 질문하게 할 수 있다(국민참여재판법 제28조 제1항).

배심원후보자들에 대한 질문방식은 3가지 형태가 있는데 첫째, 검사 및 변호인이 질문사항을 재판장에게 제출하고 재판장이 질문을 할 것인지 여부 및 질문의 내용을 결정한 후 재판장이 직접 배심원후보자들에게 질문을 하고 검사 및 변호인이 질문하는 것을 허용하지 않는 방식(judge-conducted voir dire), 둘째, 검사나 변호인이 직접 배심원후보자들에게 질문하고, 재판장은 직접 질문하지 않고 검사나 변호인의 질문에 남용이나 위법의 요소가 있는지 감시하는 역할에 머무는 방식(attorney-conducted voir dire), 셋째, 재판장이 먼저 기본적일 질문을 하고, 이어서 검사나 변호인에게 직접 질문할 수 있는 기회를 제공하는 방식(judge/attorney-condected voir dire)이다.

국민참여재판법 제28조 제1항은 법원이 배심원후보자에게 먼저 질문을 하고, 검사 또는 변호인은 법원으로 하여금 필요한 질문을 하도록 요청할 수 있고, 법원은 검사 또는 변호인으로 하여금 직접 질문하게 할 수 있다고 규정하여 세 번째 방식을 채택하고 있다. 배심원후보자에 대한 질문은 배심원을 공정하게 선정하기 위한 것이므로 질문의 내용은 공정한 배심원의 선정에 필요한 범위에 한정되어야 하고, 특히 배심원후보자의 명예나 사생활을 침해하지 않도록 해야 한다. 재판장은 원활한 소송진행을 위하여 필요한 경우에 검사·피고인 또는 변호인의 질문시간을 제한할 수 있다(동법예규 제27조). 실무상 선정절차가 과도하게 비대화함으로써 주객이 전도되는 상황을 방지하기 위하여 재판부가 검사와 변호인의 질문시간을 제한하는 경우가 많으므로 시간을 효율적으로 사용하기 위해 꼭 필요한 질문사항에 대하여 질문하는 것이 좋다.[43)]

---

43) 실제, 서울북부지방법원에서는 선정절차 질문시간과 관련하여 검사와 변호인에게 기본적으로 각 10분을 배정하고, 기피절차를 통해 배제되는 배심원후보자가 있는 경우에는 검사와 변호인에게 추가로 선정된 배심원후보자 1인당 각 1분씩 추가로 배정하여 질문하도록 하는 방식을 사용하였다. 이때 특별히 질문시간의 장단이 문제되는 경우는 별로 없었고, 검사나 변호인이 실제 배정된 질문시간을 초과하여 질문하는 경우에도 검사나 변호인이 위축되는 것을 방지하기 위하여 장황한 경우에만 배정된 시간의 초과사실을 경고할 뿐 특별한 제재는 하지 않았다고 한다(김재환, 국민참여재판, 74면). 한편, 미국에서 검사 또는 변호인이 배심원후보자에게 질문하는 시간을 제한할 때는 일반적으로 배심원후보자 당 10분 내지 15분으로 정한다고 한다(김형국 외 2인, 앞의 책, 215면).

(3) 질문사항[44]

1) 유의사항

질문시에는 특히 배심원후보자의 명예가 손상되지 아니하고 사생활이 침해되지 아니하도록 배려하여야 한다(국민참여재판법 제24조 제3항). 예컨대, 범죄전력이 있거나 질병이 있거나 범죄피해를 당하였거나 하는 사유가 있어 그 내용의 공개를 꺼리는 배심원후보자에게는 관련사항이 노출되지 않도록 적절한 방법을 선택하여 질문하여야 한다.

배심원후보자가 배제사유에 해당하는지 여부를 확인할 경우, 배제사유는 국민참여재판법에서 세부적인 규정을 두고 있고, 재판부에서 질문표나 질문사항으로 이를 확인하므로 특별히 문제가 되지는 않는다. 반면, 불공평한 판단을 할 우려가 있는 사유는 법률로 세부적인 규정을 두고 있지 않아 질문사항에서 문제가 발생할 수 있는데, 사건과 직접적인 관련성이 있는 질문은 부적절하므로 통제하는 것이 바람직하다. 그러나 우회적·간접적 질문이라면 굳이 이를 제한할 필요는 없을 것이다.

예컨대, ① 만취로 인한 심신미약이 쟁점이 되는 사안에서 '만취로 인해 전날 기억이 전혀 나지 않은 경험이 있었는지, 만취로 인한 범행을 중하게 처벌해야 하는지 아니면 경하게 처벌해야 하는지' 등을 질문하는 것은 당해사건에서 질문자 측에 '유리하게 판단할 것인지, 아니면 불리하게 판단할 것인지'를 직접적으로 묻는 질문에 해당하기 때문에 허용하기 곤란하다. 그러나 '술을 자주 마시는지, 술을 좋아하는지, 주량이 어느 정도인지'를 묻는 질문은 허용할 수 있을 것이다. ② 정신지체로 인한 심신미약이 문제가 되는 사건에서 '위험성이나 사회방위 측면에서 정상인보다 더 강하게 처벌해야 하는지, 아니면 약자 배려의 측면에서 경하게 처벌해야 하는지'를 묻는 질문은 허용하기 곤란하지만, '형사미성년자를 처벌하지 않는 이유가 무엇인지, 배심원후보자의 주변에 정신 지체자가 있는지, 그가 어떻게 행동하는지'를 묻은 질문

---

44) 이하는 김재환, 국민참여재판, 75-86면을 참조한 것임.

은 허용할 수 있을 것이다.

그 외 실제사안에서 제한이 이루어진 질문으로는, ① 만취 피해자에 대한 준강간 사건에서 '피해자가 술에 취했을 경우 피해자가 근본적인 남녀 간의 물리적인 힘 차이보다 더 약해진 상태였기 때문에 양형이라든지 유무죄 판단에 있어서 더 보호되어야 한다고 생각하는지, 아니면 피해자가 술에 취해 있었기 때문에 술에 취한 사람의 진술이므로 유죄를 인정할 때 피해자의 진술을 조금 더 신중하게 받아들여야 한다고 생각하는지'를 묻는 질문, ② 범의를 부인하는 음주상태하에서의 살인사건에서'만취해서 자동차를 운전하다 신호를 위반하여 횡단보도에서 길을 건너던 유치원생을 충격해서 사망하게 한 경우에 유죄로 판단해야 하는지, 무죄로 판단해야 하는지'를 묻는 질문 등을 들 수 있다.

2) 질문사항의 예시

(가) 배제사유 관련

질문표에 기재된 사항에 대한 질문 외에 여기에 해당하는 추가적인 질문으로는 다음과 같은 것들이 있다.

① 공판절차와 평의가 길어져 재판종료시간이 늦어지거나 연일개정이 이루어질 수도 있는데 참석이 곤란한 사정이 있는지, 그 사정이 무엇인지

② 한글로 재판을 진행하는 것에 대해 특별히 어려움을 느끼거나 말하거나 보거나 듣거나 이해하는 능력에 이상이 있는지 여부

③ 수면부족, 건강문제 등으로 인하여 장시간의 공판과정에 집중하지 못할 특별한 사정이 있는지 여부[45]

45) 배심원후보자가 전날 잠을 자지 못하였다거나, 치통이 있다거나, 감기 등에 걸렸다거나, 허리가 아프다거나, 피곤하다거나 하는 등의 사유를 들어 즉석에 구두로 면제신청을 하는 경우가 있는데, 이러한 경우에 구체적으로 그 사유와 현재 상태 및 치료를 받고 있는지 여부를 확인하기 위한 질문이다.

(나) 불공평한 판단사유 관련

가) 일반적인 사항

① 배심원후보자들 중 서로 안면이 있는 사람이 있는지

② 재판장의 설명이나 지시에 따라야 된다는 점에 대하여 이견이나 의문을 가지고 있는 사람이 있는지

③ 법학을 전공하거나 독학하거나 법조관련 업무를 하거나 가족이나 친·인척 중에 변호사, 법무사 등 법조관련 전문가가 있는 사람이 있는지, 그 사람들과 법률문제나 범죄문제에 대하여 토론이나 대화를 해 본 적이 있는지, 그 내용은 무엇인지

④ 검사와 변호사 중 어느 쪽을 더 신뢰하는지, 그 이유는 무엇인지

⑤ 피고인에 대한 동정심이나 범죄에 대한 증오심으로 인하여 공정한 평결을 할 수 없다고 생각하는지

⑥ 본인의 직업이나 종교 또는 경험 등으로 인하여 특정 피고인, 증인을 더 신뢰하거나 불신할 가능성이 있는지[46]

⑦ 성격, 소신, 종교 등의 이유를 불문하고 다른 사람의 유죄를 인정하고 처벌받게 하는 판단은 도저히 할 수 없다고 생각하는 사람이 있는지

⑧ 본인이나 친인척 중 수사기관에서 조사받거나 재판받은 적이 있는 사람이 있는지, 수사기관이나 법원의 업무처리가 공정하다고 생각하는지

⑨ 본인이나 친인척 중 당해 사건과 같거나 유사한 사건의 피고인이나 피해자가 되었던 적이 있는 사람이 있는지

⑩ 피고인이 수사기관의 조사를 받은 다음 불구속 기소되거나, 구속 기소된 경우에 유죄라고 생각하는지, 무죄라고 생각하는지

⑪ TV 뉴스에서 피고인이 수의를 입고 법정에 나온 장면을 보았을 때 '저 사람이 무슨 잘못을 했나보다'라는 생각이 드는지, 아니면 '저 사람은 무슨 일이지'라는 생

46) 성폭력사건 피고인이 택시기사인 경우와 특정범죄가중처벌등에 관한 법률위반(운전자폭행등) 사건 피해자가 버스기사인 경우에 해당 직업이 유·무죄와 양형판단에 영향을 미칠 수 있으므로 배심원후보자 본인, 가족, 친지 등이 직업적인 운전사인지를 질문한 경우가 있다고 한다.

각이 드는지

⑫ 술을 마시고 어떤 잘못을 저질렀을 때, '술 마셔서 그럴 수도 있지'라는 생각이 드는지, '술 마셔서 오히려 나쁘다'라는 생각이 드는지 여부

⑬ 검사가 기소한 사건 중 몇 퍼센트 정도가 무죄판결이 난다고 생각하는지, 그 이유는 무엇인지[47]

⑭ 배심원들이 법률적 판단이 필요한 사항에 관하여 전문가의 의견을 그대로 받아들여 판단하여야 한다고 생각하는지, 아니면 다른 판단을 할 수 있다고 생각하는 지 등

나) 무죄추정의 원칙 관련

실제 선정절차에서 이루어진 것으로 무죄추정의 원칙과 관련된 질문사항으로는 다음과 같은 것들이 있다.

① 무죄추정의 원칙에 대하여 반대하는지

② 구속된 피고인이 위험성 등으로 인하여 수갑을 차고 죄수복을 입은 채 재판을 받을 때 유·무죄 판단에 영향이 있는지 없는지

③ 피고인이 귀화인인 사건에서 탈북자나 조선족이 범죄를 저질렀을 때와 우리나라 사람들이 범죄를 저질렀을 때 서로 차별을 두어 유·무죄를 판단하고 처벌해야 하는지

④ 억울한 피해자가 생기지 않도록 하기 위해서는 경우에 따라 죄를 짓고도 처벌받지 않는 사람이 생기게 할 수 있다고 생각하는지

⑤ 피고인의 진술과 피해자의 진술이 둘 다 거짓말 같을 때 또는 둘 다 그럴 듯해서 어느 정도 믿을 만한 때 무죄로 판단해야 하는지, 유죄로 판단해야 하는지

⑥ 재판이 종료되었을 때 검사가 유죄를 증명하지도 못했고, 피고인이 무죄를 증명하지도 못하였다면 유죄로 판단해야 하는지, 무죄로 판단해야 하는지

⑦ 틀림없이 죄를 지은 것 같은데 이를 증명할 명백한 증거가 없을 때 어떻게 판단해

47) 이 부분에 대한 배심원들의 답변내용은 50%를 훨씬 넘는 수치를 제시하는 답변도 있지만, 전체적으로 20~50% 사이를 얘기하는 비율이 상당히 높아 검찰에 대한 불신을 반영하고 있다고 한다.

야 하는지

⑧ 유죄에 대한 증명책임이 검사에게 있는지, 피고인이나 변호인에게 있는지 등

다) 신빙성 관련

① 단순 폭행사건에서 신빙성 판단과 강간사건에서의 신빙성 판단이 다를 수 있는지[48)]

② 유죄판결을 하기 위해서는 반드시 범행 목격자나 증거물이 있어야 하는지

③ 피해자의 증언이 거짓말 같은 경우 다른 증거가 없을 때 유죄로 판단해야 하는지, 무죄로 판단해야 하는지

④ 피고인은 진술거부권을 행사하고, 증인의 말은 거짓말 같을 때 어떻게 판단해야 하는지

⑤ 피해자의 진술이 믿을 만하지만 다른 물증이나 목격자가 없는 경우에는 절대 유죄를 인정할 수 없다고 생각하는지

⑥ 증인의 증언이 무조건 처음부터 끝까지 일관되어야 믿을 수 있다고 생각하는지, 아니면 세부적인 내용에서 차이가 있더라도 믿을 수 있는 경우가 있다고 생각하는지, 세부적인 내용에서 차이가 있는 경우 어떤 요소가 있어야 믿을 수 있다고 생각하는지

⑦ 목격자 여러 명이 동일한 상황을 목격하였을 경우 목격한 시간(상황을 처음부터 목격했는지, 중간부터 목격했는지, 마지막에 목격했는지 여부), 거리(가까운 곳에서 목격했는지, 중간 지점에서 목격했는지, 먼 곳에서 목격했는지 여부), 시야(잘 보이는 곳에서 목격했는지, 잘 안보이는 곳에서 언뜻 목격했는지, 어중간한 곳에서 목격했는지) 등에 따라 세세한 부분에 있어 진술에 차이가 있을 수 있다고 생각하는지

⑧ 피해자의 진술만 있는 경우에 진실성 여부를 어떻게 판단해야 하는지

---

48) 배심원들은 선정절차에서는 단순폭행에서 피해자의 진술만 있는 경우라면 그 진술을 유죄의 증거로 삼을 수 없다고 하면서도 강간사건에서는 피해자의 진술만 있는 경우라도 그 진술을 유죄의 증거로 삼을 수 있다고 대답하는 경우가 많이 있지만, 실제 평의·평결에서 반드시 그와 같이 한다고 단정하기는 어렵다.

⑨ 피고인과 피해자 중 누가 거짓말을 더 잘할 것 같은지, 누가 더 거짓말을 할 이유가 많아 보이는지

⑩ '피고인이 총을 쏴서 맞았다'는 피해자의 진술과 달리 피해자의 몸에 총알자국이 없을 때 피해자의 진술을 믿을 수 있는지

⑪ 사람의 진술의 신빙성은 무엇으로 판단하여야 하는지

라) 증명의 정도 관련

유죄판결을 하기 위해서는 검사는 합리적 의심이 없을 정도의 증명을 하여야 하는데, 실제 선정절차에서 질문이 이루어진 것들 중 증명의 정도와 관련된 질문사항으로는 다음과 같은 것들이 있다.

① 합리적 의심이 아니라 모든 의심이 배제되어야 유죄판결을 할 수 있다고 생각하는지, 그 이유는 무엇인지,[49] 존재가능성이 거의 없는 막연한 이유를 대는 경우에도 유죄판결을 할 수 없다고 생각하는지

② 합리적 의심은 무엇을 기준으로 생각하여야 하는지, 예컨대 배심원후보자 본인이 합리적인 사람이므로 본인이 의심스럽다고 생각하면 그것이 합리적 의심인지, 막연한 추측을 넘어 합리적인 이유나 근거를 제시할 수 있는 의심이 있으면 그것이 합리적 의심인지, 아니면 유죄를 확신할 수 있는 증거가 있으면 의문사항이 있더라도 그것은 합리적 의심에 해당하지 않는 것으로 볼 것인지

③ 증거로 몇 퍼센트의 확신을 얻어야 유죄판결을 할 수 있는지[50]

④ 어느 정도까지 증명해야 유죄판결을 할 수 있는지[51]

---

49) 실제로 "가능성이 1~2%에 불과한 경우라도 모든 의문이 해소되어야 유죄판결을 할 수 있다"고 대답하는 경우도 있다.

50) 배심원후보자들에게 증명의 정도에 관하여 질문하면 50:50으로 확신의 정도가 낮은 경우에 유죄로 판단해야 한다는 답변이 있는 반면, 100%인 경우에만 유죄로 판단할 수 있다는 답변도 있다.

51) 예를 들어, "아파트 201호에서 오후 5~6시 사이에 아주 고가의 다이아몬드가 없어졌습니다. 아파트 1층 현관 출입문에 그 시간대에 드나드는 사람을 CCTV로 보았는데 어떤 남자가 한 명 있었고, 그래서 그 사람이 용의자가 되었는데, 그 사람의 절도전과가 상당히 많았습니다. 그 용의자가 기소되었는데 재판 당시 검사가 제출한 증거는 다이아몬드를 분실하였다는 것과 용의자인 피고인이 출입한 내용이 찍혀있는 CCTV 밖에 없습니다. 유죄로 판단해야 할까요, 아니면 무죄로 판단해야 할까요?"

마) 양형 관련

① 형벌의 목적이 무엇이라고 생각하는지

② 법정형에 차이가 없는 성폭력범죄와 다른 강력범죄는 처벌이나 유·무죄의 판단에 차등을 두어야 한다고 생각하는지

③ 술을 마시고 범죄를 저지른 경우 술을 마시지 않고 범죄를 저지른 경우보다 더 강하게 처벌해야 한다고 생각하는지, 동일하게 처벌해야 한다고 생각하는지, 더 가볍게 처벌해야 한다고 생각하는지

④ 성범죄나 강력범죄의 양형에 대해서 지나치게 무겁다고 생각하는지, 너무 가벼워 개선이 필요하다고 생각하는지

⑤ 형을 정할 때 어떤 요소를 중요하게 고려해야 하는지 등

(4) 배심원후보자의 의무

배심원후보자는 배심원선정기일에서 받은 질문에 대하여 정당한 사유 없이 진술을 거부하거나 거짓 진술을 하여서는 아니된다(국민참여재판법 제28조 제2항). 배심원후보자가 배심원선정기일에서의 질문에 대하여 거짓 진술을 한 때에는 법원은 결정으로 200만 원 이하의 과태료를 부과한다(동법 제60조 제1항 제3호). 배심원 또는 예비배심원이 배심원선정절차에서의 질문에 대하여 정당한 사유 없이 진술을 거부하거나 거짓의 진술을 한 것이 밝혀지고 계속하여 그 직무를 행하는 것이 적당하지 아니한 때 법원은 직권 또는 검사·피고인·변호인의 신청에 따라 배심원 또는 예비배심원을 해임하는 결정을 할 수 있다(동법 제32조 제1항 제5호).

라는 질문에 배심원후보자들은 "피고인이 반드시 다이아몬드를 훔쳤다고 할 수 없다"고 하면서도 정작 "잘 판단이 안 선다"고 대답하거나 "절도전과가 있다는 것이 큰 비중을 차지하고 있으므로 유죄로 본다"고 대답하거나, "알리바이가 잃어버린 시점과 맞아 떨어진다면 문제가 없겠지만 안 맞으면 어쩔 수 없이 유죄로 판단해야 한다"고 대답하는 경우가 많았다고 한다.

4. 배심원후보자에 대한 기피신청

(1) 이유부기피신청

1) 의의

배심원후보자가 배제사유에 해당하거나 불공평한 판단을 할 염려가 있는 등 배심원으로서 부적격한 사유가 있는 경우에는 그러한 사유를 들어 기피신청을 할 수 있는데, 이를 이유부기피신청(challenge for cause)이라고 한다. 검사와 변호인이 이유부기피신청을 하는 배심원후보자의 수에는 아무런 제한이 없다. 법원은 배심원후보자가 배제사유(제17조부터 제20조)에 해당하거나 불공평한 판단을 할 우려가 있다고 인정되는 때에는 직권 또는 검사·피고인·변호인의 기피신청에 따라 당해 배심원후보자에 대하여 불선정결정을 하여야 한다. 검사·피고인 또는 변호인의 기피신청을 기각하는 경우에는 이유를 고지하여야 한다(국민참여재판법 제28조 제3항). 이와 달리 법률에 규정된 특별한 이유에 기초하지 않은 기피신청을 '무이유부기피신청(peremptory challenge)'이라고 한다.

2) 기피절차

이유부기피신청은 공평하고 불편부당한 배심원단을 구성하기 위한 것으로 배심원후보자 중에서 부적격사유가 있는 자에 대하여 행사하는 것이므로 이유부기피신청을 하는 검사·피고인·변호인은 당해 배심원후보자가 어떤 부적격사유가 있는지 밝히고 이를 법원에 소명하여야 한다. 배심원후보자가 기피신청사유를 듣게 되면 불쾌하게 생각할 수 있고, 기피신청을 받아들이지 않는 경우에는 해당 사유를 알게 된 배심원후보자가 기피 신청한 변호인이나 검사에 대하여 적대적인 태도를 보일 수도 있으므로 신청사유가 배심원후보자에게 알려지지 않도록 주의할 필요가 있다.[52] 배심

52) 실무상 서면으로 이유부기피신청을 하면서 해당 배심원후보자에 대한 기피사유를 기재하여 제출하도록 하고 있어 이를 해당 배심원후보자에게 고지하지 않는 이상 배심원후보자가 이유부기피신청사유를 알 수 있는 방법은 없다.

원후보자에 대한 이유부기피신청은 배심원후보자가 질문표에 기재하여 제출한 답변 내용, 선정기일에서의 질문에 대한 답변내용, 답변태도 등 제반사정을 고려하여 ① 당해 배심원후보자에 대한 기피사유가 존재하는 지, ② 그러한 사유로 인하여 배심원으로의 임무를 수행하는데 지장이 있거나 불공정한 판단을 할 우려가 있는지 여부를 판단한다. 배심원후보자가 질문에 대한 답변을 잘못한 경우라도 일시적인 착각이나 오해로 인한 경우가 있을 수 있으므로 그 이유를 확인해 본 후 불선정여부를 결정하는 것이 타당하다. 다만, 인성이 지나치게 강하거나 국민참여재판에 대한 인식, 태도 등에 심각한 문제가 있거나 아집이 세거나 편견이 지나친 배심원후보자는 다른 사람의 얘기를 잘 듣지 않고 일방적인 주장만을 강요함으로써 합리적인 결론의 도출을 방해할 가능성이 많으므로 적절한 질문과 답변을 통해 배심원으로 선정되지 않도록 주의할 필요가 있다.53)

피고인에게 유리한 배심원단을 구성하기 위하여 노력하는 변호인이나 그 반대의 입장에 있는 검사의 입장에서 신청횟수에 제한이 없는 이유부기피신청은 매우 유용한 수단이다. 통상 국민참여재판의 배심원선정절차에서는 출석한 배심원후보자들 중 추첨을 통하여 선출된 배심원후보자에 한하여 질문을 하고 기피신청을 하게 되므로(jury box system), 어떤 배심원후보자가 추첨될지 알 수 없다. 따라서 변호인이나 검사는 피고인에 불리하거나 유리한 성향을 가진 배심원후보자가 연속하여 추첨될 경우를 대비하여 이유를 제시하지 않고 기피신청을 할 수 있는 무이유부기피신청의 기회를 최대한 확보해 두는 것이 필요한데, 이때 유용한 제도가 이유부기피신청이다.54)

---

53) 실제로 국민참여재판 선정절차에서 인성이 강한 사람이 배제되지 않고 배심원으로 선정되자 평의과정에서 배심원들끼리 서로 고성을 지르며 다투는 경우가 있었으므로 상당한 주의를 요한다. 또한 인성이 강한 배심원은 국민참여재판에 참여하는 것 자체를 상당히 못마땅해 하면서 오판에 상당한 기여를 하고도 재판부의 판결이 배심원 평결과 다르다며 불만을 품고 언론사에 제보하는 등의 행위를 한 경우도 있었다고 한다(김재환, 앞의 책, 88면).

54) 그러나 우리 법원은 이유부기피신청에 대하여 엄격한 판단기준을 따르고 있다. 이유부기피신청은 국민참여재판 1,646건 중 232건에서 있었고, 1건당 평균 0.3건이 신청되었다.

3) 불복절차

기피신청을 기각하는 결정에 대하여는 즉시 이의신청을 할 수 있고(국민참여재판법 제29조 제1항), 이의신청에 대한 결정은 기피신청 기각결정을 한 법원이 한다(동법 제29조 제2항). 배심원선정절차의 공전을 방지하여 신속한 재판을 하기 위한 규정이다. 이유부기피신청이 기각된 경우에도 무이유부기피신청이 가능하므로, 이의신청에 대한 결정에 대하여는 불복할 수 없다(동법 제29조 제3항).

(2) 무이유부기피신청

1) 의의

검사와 변호인은 각자 ① 배심원이 9인인 경우는 5인, ② 배심원이 7인인 경우는 4인, ③ 배심원이 5인인 경우는 3인의 범위 내에서 배심원후보자에 대하여 이유를 제시하지 않고 당해 배심원후보자를 배심원으로 선정할 수 없도록 하는 무이유부기피신청(peremptory challenge)을 할 수 있다(국민참여재판법 제30조 제1항). 법원은 피고인이 2인 이상인 때에는 피고인별로 위 각 무이유부기피 가능인원수의 범위내에서 무이유부기피신청을 할 수 있는 인원을 정할 수 있는데, 이 때에 피고인별로 무이유부기피신청을 할 수 있는 인원은 같아야 한다(동법규칙 제21조 제2항). 이 경우 검사는 법원이 정한 피고인별 무이유부기피신청 인원을 합한 총수의 범위내에서 무이유부기피신청을 할 수 있다(동법규칙 제21조 제3항). 예를 들면, 피고인이 2인이 사건을 국민참여재판으로 진행하면서 배심원을 9명으로 정하였다면, 피고인별로 5명의 범위내에서 무이유부기피신청을 할 수 있으므로 피고인측에서 무이유부기피신청을 할 수 있는 인원은 10명이 된다. 검사는 피고인측에서 무이유부기피신청을 할 수 있는 인원과 동일한 인원을 무이유부기피신청을 할 수 있으므로 10명까지 무이유부기피신청을 할 수 있다.

다음 통계는 국민참여재판에서 검사와 변호인의 무이유부기피신청수를 나타내고 있다.

[표 7] 국민참여재판에서 검사와 변호인의 무이유부기피신청수[55)]

기준		평균 무이유부기피신청수
자백여부	자백(509건)	4.1
	부인(955건)	5.2
배심원수	5명(94건)	3.3
	7명(896건)	4.3
	9명(474건)	6.0
범죄유형	살인 등(387건)	4.9
	강도 등(268건)	5.1
	상해 등(74건)	4.7
	성범죄 등(244건)	5.8
	기타(491건)	4.1

위 통계에 따르면, 자백사건에서 보다 부인사건에서 무이유부기피신청건수가 더 많지만 약 1건 차이에 불과하다. 또한 배심원수에 따른 신청건수를 살펴보면, 배심원수가 9명인 경우 검사와 변호인이 최대한 행사할 수 있는 신청건수는 10건인데 평균 6건을 행사하고 있고, 배심원수 7명의 경우 최대 신청가능건수는 8건인데 평균 4.3건, 배심원수 5명의 경우 최대 신청가능건수는 6건인데 3.3건에 그치고 있다. 따라서 우리나라의 국민참여재판에서는 아직 배심원에 대한 이유부기피신청이나 무이유부기피신청이 활발하게 이루어지지 않고 있다고 평가할 수 있다. 마지막으로, 범죄유형별 신청건수를 살펴보면, 성범죄, 강도, 살인, 상해의 순서로 무이유부기피신청이 이루어지는 것을 알 수 있다.

2) 기피절차

무이유부기피신청을 하는 경우 특별한 이유제시가 필요하지 않다. 그렇지만 검사와 변호인은 무이유부기피신청을 함에 있어 편견에 기초하거나 배심원후보자들을 의

55) 국민참여재판 성과분석(2008~2014), 법원행정처 사법지원실, 2015. 14면.

도적으로 차별해서는 아니된다(국민참여재판법규칙 제21조 제1항). 그러나 현실적으로 합리적인 배심원후보자를 배제하기 위하여 역선택을 하는 경우도 있다. 따라서 비록 무이유부기피신청이 편견없는 공평한 배심원을 확보하려는 제도적 장치이기는 하지만 특별한 사유가 없음에도 배심원후보자를 배제하는 것은 편견이나 의도적 차별에 기초한 것으로 정당화 될 수 없다는 반론도 있다.56)

이러한 무이유부기피신청을 허용할 것인가에 대하여 국민참여재판을 입법하는 과정에서 상당한 논의가 진행되었다. 무이유부기피신청을 허용해야 한다는 견해는,

---

56) 배심제가 발달한 미국이나 영국에서는 무이유부기피신청제도에 대하여 많은 비판이 있다. 미국의 경우 무이유부기피신청제도가 헌법상 권리는 아니지만 배심재판에 뿌리깊게 자리한 제도이며 전통적으로 편견이 없는 배심원단을 구성하는 제도적 장치로서 식민지 시대부터 정치적 목적으로 부당하게 기소된 미국인들을 보호하기 위하여 필요하다고 여겨졌다. 그러나 최근 흑인 배심원후보자를 일괄하여 무이유부기피신청을 하는 부작용이 발생하자 최초의 흑인 미국연방재판관인 Thurgood Marshall 대법관은 '무이유부기피신청은 인종적 이유로 배심원후보자를 배제하도록 허용함으로써 배심절차를 왜곡시킬 수 있는 잠재적 가능성이 있으므로 무이유부기피신청을 금지하는 방향으로 나아가야 한다'라고 주장하였다. 한편, 배심재판의 모국인 영국에서는 사법개혁의 일환으로 1988년 무이유부기피신청제도를 폐지하였는데 그 근거로 무이유부기피신청이 무차별추첨이라는 배심선출의 원칙에 반하고 피고인에게 편견을 가지고 있는 배심원후보자를 배제하는 권리는 이유부기피신청제도에 의하여도 충족될 수 있기 때문이라고 한다(김형국 외 2인, 앞의 책, 222면). 한편, Batson v. Kentucky, 476 U.S. 79(1986) 판결에서는 "헌법상 평등조항(Equal Protection Clause)은 검사가 단지 인종상의 이유로 흑인배심원들이 피고인이 흑인인 사건에 대하여 공정하게 판단하지 못할 것이란 추정을 이유로 배심원후보자들에 대하여 무이유부기피신청을 하는 것을 허용하지 아니한다. 다만, 검사의 무이유부기피신청을 다투는 피고인은 그가 외관상 차이가 있는 특정 인종집단에 속해 있고, 검사가 그러한 인종집단에 속한 배심원후보자를 배제하기 위하여 무이유부기피신청권을 행사하였으며, 그러한 사실과 다른 정황을 토대로 검사가 인종을 이유로 무이유부기피신청을 하였다고 추론할 수 있다는 점을 제시하여야 한다."라고 설시하고 있다. 즉, 검사의 무이유부기피신청이 위헌이라고 주장하는 피고인은 특정 집단의 배심원후보자에 대하여 외관상 차별이 있었음을 입증하여야 하고, 피고인이 외관상 차별을 입증하면 검사는 자신의 무이유부기피신청이 평등조항에 위배되지 않는 중립적인 이유를 제시할 의무를 부담한다는 것이다. 이 원칙은 성별에 기초한 무이유부기피신청과 피고인에 의한 무이유부기피신청의 경우까지 확대 적용되었다. 그러나, Batson motion이 있다 하더라도 검사나 변호인은 평등조항에 위배되지 않는 그럴듯한 중립적인 이유를 제시하는데 익숙하고 미국연방대법원이 위 원칙을 완화하여 적용하고 있으므로 Batson 원칙이 무이유부기피신청권을 남용하는데 대한 특별한 구제수단이 된다고 하기는 어려운 측면도 있다고 한다. 예컨대 미국연방대법원은 인종에 대한 중립적 설명이 반드시 설득력이 있거나 심지어 그럴듯할 필요도 없다는 전제에서 흑인남성이 단정하지 않고 긴 곱슬머리를 가졌다는 이유제시나 콧수염과 염소 모양의 턱수염이 있기 때문이라는 이유제시도 중립적 설명이라고 판시한다(김재환, 앞의 책, 89면; 김형국, 앞의 책, 226면). 현재 우리나라의 국민참여재판에서는 무이유부기피신청을 하는 검사나 변호인에 대하여 이유설명의무 및 상대방의 이의제기절차를 규정하고 있지 않다. 다만 선언적 의미로 국민참여재판규칙 제21조 제1항은 "검사와 변호인은 무이유부기피신청을 함에 있어서 편견에 기초하거나 배심원후보자들을 의도적으로 차별해서는 아니된다"라는 규정을 두고 있다.

① 검사나 변호인의 이유부기피신청에 대하여 법원이 잘못된 기각결정을 한 경우에 무이유부기피신청을 통하여 구제가 가능하고, ② 검사 또는 변호인으로 하여금 공정하지 않을 것으로 의심되지만 충분한 소명을 하기 어려운 배심원후보자가 있는 경우에 당해 배심원후보자를 배심원단에서 배제할 수단이 되며, ③ 검사나 변호인이 자신에게 유리한 배심원후보자를 선택하는 것이 아니라 불리한 배심원후보자를 배제하는 방법이므로 공정한 배심원단의 구성이라는 목적을 달성할 수 있다고 한다. 반면 무이유부기피신청을 금지해야 한다는 견해는, ① 배심원선정절차의 목적은 공정한 재판을 보장하기 위한 것이지 당사자의 직관이나 감정을 만족시키는 것이 아니고, ② 특정 배심원후보자가 불공평한 판단을 할 우려가 있는 경우에는 이유부기피신청을 통하여 배심원단에서 배제할 수 있고, ③ 배심원의무를 수행하기 위하여 법원에 출석한 배심원후보자에게 아무런 이유를 제시하지 않고 배심원이 될 수 없도록 하는 것은 정당화될 수 없다는 것을 근거로 들고 있다.[57)]

이에 대하여 배심원선정절차는 매우 짧은 시간에 부족한 정보를 통하여 배심원단을 구성하는 것으로 배심원후보자에 대한 정보가 매우 부족한 상황에서 이유부기피신청을 통하여 편견을 가진 배심원후보자를 충분히 배제할 수 있다고 볼 수 없고, 충실한 이유부기피신청제도를 위하여 배심원후보자에게 과다한 정보를 요구하는 것은 일반국민의 부담을 가중시키는 것이어서 바람직하지 않으며, 검사와 변호인이 서로 유리한 배심원단을 구성하기 위하여 경쟁하는 과정에서 편견을 가진 배심원후보자들이 배제될 수 있는 기회가 증진될 것이므로 무이유부기피신청제를 도입한 것으로 보인다.[58)]

법원은 검사·피고인 또는 변호인에게 순서를 바꿔가며 무이유부기피신청을 할 수 있는 기회를 주어야 한다(국민참여재판법 제30조 제3항). 다만, 이를 기계적으로 해석하여 검사 → 피고인·변호인 → 검사 → 피고인·변호인의 순서를 반복할 필요는 없고, 검사와 피고인·변호인으로부터 무이유부기피신청서를 일괄하여 제출받아 양

57) 김형국 외 2인, 앞의 책, 221면.
58) 김형국 외 2인, 앞의 책, 221면.

쪽 신청이 겹치는 배심원후보자들 중 첫 번째 겹치는 배심원후보자에 대해서는 검사가, 두 번째 겹치는 배심원후보자에 대해서는 변호인이, 세 번째 겹치는 배심원후보자에 대해서는 검사가 기피신청을 한 것으로 보는 방식으로 처리함으로써 운용의 묘를 살리고, 시간을 단축하는 방법도 가능하다.[59)]

다만, 원칙적으로 무이유부기피신청은 일반적으로 범죄에 대한 입증책임이 있는 검사가 먼저 신청하고, 이후 변호인이 신청한다. 검사와 변호인이 순서를 바꿔가며 무이유부기피신청을 할 때 무이유부기피신청을 할 순서가 돌아온 검사나 변호인은 무이유부신청을 하지 않을 수 있다. 이때 상대방인 검사나 변호인이 이어서 무이유부기피신청을 한다. 검사나 변호인이 자신의 순서에 무이유부기피신청을 하지 않더라도 검사나 변호인에게 허용된 무이유부기피신청권의 수는 줄어들지 않는다. 검사나 변호인은 이전에 자신의 순서에서 무이유부기피신청을 하지 않았다고 하더라도 다음에 돌아오는 순서에서 허용된 수만큼 무이유부기피신청을 할 수 있다.

피고인이 2인 이상인 경우에 무이유부기피신청권을 행사하는 순서를 정할 때에는 가장 무이유부기피신청권을 많이 가진 사람이 먼저 신청권을 행사하도록 한다. 피고인이 2인 이상인 경우에 각 피고인이 갖는 무이유부기피신청권의 수를 합한 수만큼의 기피신청권을 검사가 갖게 되므로 검사가 가장 많은 무이유부기피신청권을 갖는다. 따라서 검사가 먼저 무이유부기피신청권을 행사하고, 피고인 측이 교대로 무이유부기피신청권을 행사한다. 예를 들면, 피고인 甲과 피고인 乙이 공동피고인으로 재판을 받는 경우에 배심원선정절차에서 검사가 먼저 무이유부기피신청을 하고, 다음에는 피고인 甲이 무이유부기피선청을 한 후 다시 검사가 무이유부기피신청을 하고, 다음에는 피고인 乙이 무이유부기피신청을 하는 방식으로 진행한다.[60)]

무이유부기피신청이 있는 때에는 법원은 당해 배심원후보자를 배심원으로 선정

59) 김재환, 앞의 책 89-90면. 이에 대하여 검사와 변호인에게 순서를 바꿔가며 무이유부기피신청을 할 기회를 주도록 한 법률의 규정에 반할 뿐 아니라 검사와 변호인이 같은 배심원후보자에 대하여 기피신청을 하였을 때 어느 쪽이 무이유부기피신청을 행사한 것인지 분명하지 않을 우려가 있다는 비판이 있다(김형국 외 2인, 앞의 책, 224면).

60) 김형국 외 2인, 앞의 책, 225면.

할 수 없다(동법 제30조 제2항). 따라서 무이유부기피신청은 이유부기피신청이 받아들여지지 않는 경우에 검사 또는 변호인이 이를 활용함으로써 이유부기피신청 기각결정에 대한 사실상의 구제수단이 될 수 있다.

5. 기피신청의 시간적 한계

(1) 의의

기피신청의 시간적 한계란 검사나 변호인이 이유부기피신청이나 무이유부기피신청을 배심원선정절차과정에서 언제까지 할 수 있는지에 대한 문제이다. 이유부기피신청은 순서에 관계없이 할 수 있고, 법원이 불공평한 판단을 할 우려가 있다고 인정하는 경우에만 당해 배심원후보자에 대하여 불선정결정을 하므로 이유부기피신청에 대하여 행사시기의 제한을 둘 필요성은 적다. 반면 무이유부기피신청은 법에서 검사·피고인 또는 변호인이 순서를 바꿔가면서 신청할 수 있는 기회를 주도록 하고 있고, 그 법적효과로 법원은 재량없이 당해 배심원후보자를 배심원으로 선정할 수 없도록 하고 있다. 그런데 동일한 배심원후보자에 대하여 동일한 라운드[61]에서 처음에 무이유부기피신청을 하지 않은 검사나 변호인이 다음 차례에서 그 배심원후보자에 대하여 무이유부기피신청을 할 수 있는지 여부가 검토되어야 한다.

(2) 기피신청의 순서와 시간적 한계

위와 같은 문제가 발생하는 상황은 당해 배심원후보자에 대하여 기피신청을 할 것인지 여부가 명확하지 않아 망설이다가 무이유부기피신청을 하지 않았다가 이후 기피신청을 하기로 결정한 경우이거나 상대방이 당해 배심원후보자에 대하여 먼저 무이유부기피신청을 해 줄 경우 제한된 무이유부기피신청권을 더 행사할 수 있으므

---

61) 1라운드란 배심원후보자 추첨 → 추첨된 배심원후보자에 대한 질문 → 기피신청 → 불선정결정으로 이어지는 일련의 절차를 의미한다. 불선정결정을 한 이후 다시 이루어지는 배심원후보자 추첨→ 추첨된 배심원후보자에 대한 질문 → 기피신청 → 불선정결정의 절차는 2라운드, 이후 같은 절차를 반복할 때마다 숫자를 늘려가며 각 절차를 진행한다.

로 무이유부기피 신청시기를 늦추는 것이 유리하기 때문일 것이다.

무이유부기피신청의 시간적 한계에 대하여 찬성하는 견해는 검사나 변호인이 자신의 순서에 무이유부기피신청을 하지 않으면 그때 추첨되어 배심원석에 앉아 있는 배심원후보자를 승인한 것이고 상대방이 무이유부기피신청을 하지 않으면 그때 배심원석에 앉아 있는 배심원후보자들은 배심원이나 예비배심원이 된다고 한다.[62] 즉, 자신의 순서에 무이유부기피신청을 하지 않으면 이후 동일한 배심원후보자에 대하여는 다시 무이유부기피신청을 할 수 없다는 것이다. 반면 배심원단 구성에 중요한 권리인 무이유부기피신청권을 법률의 규정이 없이 제한하는 것은 타당하지 않고, 자신의 순서에 검사나 변호인이 무이유부기피신청을 하지 않는다고 하여 법률에 규정된 무이유부기피 신청권의 행사횟수가 줄어드는 것이 아니므로 이를 허용해야 한다는 견해도 있다.[63]

(3) 라운드 간 기피신청의 시간적 한계

1) 의의

검사나 변호인은 각 라운드마다 추첨된 배심원후보자들에 대하여 기피신청을 하게 되지만 그 라운드에 기피신청을 하지 못하거나 하지 않는 경우가 있다. 이유부기피신청인 경우에는 그 라운드에 미처 충분한 이유를 발견하지 못하다가 다음 라운드에 이르러 이유부기피신청을 할 만한 이유가 발견되는 경우가 있고, 무이유부기피신청일 경우는 행사횟수가 제한되어 있기 때문에 일부 배심원후보자에 대하여 기피신청을 하지 못하는 경우이다.

그런데, 다음 라운드에서 추첨된 배심원후보자들이 이전 라운드에서 기피되지 않은 배심원후보자보다 더 공정한 것으로 보이는 경우, 검사나 변호인이 이전 라운드에서 기피신청을 하지 않은 배심원후보자에 대하여 기피신청을 할 수 있는지가 문제가

---

62) 법원행정처, 국민참여재판의 이해, 75면.

63) 김형국 외 2인, 앞의 책, 228면.

된다. 미국에서는 '후진퇴진(back strikes, striking previously passed jurors)의 허용여부에 대한 문제로 다루어진다.

2) 미국의 운용방법과 우리나라의 사례

가. 미국의 운용방법

미국에서는 이유부기피신청이든 무이유부기피신청이든 배심원들이 선서를 하기 전까지 해야 한다는 것이 일반적인 규칙이다. 법원은 배심원선정절차를 운용할 때 배심원후보자들에 대한 기피는 질문을 마친 즉시 하도록 하고 있다. 일반적으로 모든 이유부기피신청은 무이유부기피신청이 시작되기 전까지 신청되어야 한다. 다만, 기피신청에 대한 규칙은 법원의 자유재량에 속한다. 따라서 일반적인 규칙에도 불구하고 특히 '후진퇴진'의 경우 각 법원 또는 재판장의 결정에 따라 허용여부가 결정되는 것으로 보인다.

나. 우리나라의 논의와 실무사례

우리나라의 국민참여재판법은 '법원은 배심원후보자가 배심원 배제사유에 해당하거나 불공평한 판단을 할 우려가 있다고 인정되는 때에는 직권 또는 검사·피고인·변호인의 기피신청에 따라 당해 배심원후보자에 대하여 불선정결정을 하여야 한다.'고 규정하고(국민참여재판법 제28조 제3항), '불선정결정이 있는 경우에는 그 수만큼 제1항[64]의 절차를 반복한다(동법 제31조 제2항).'라고 규정하고 있다. 그리고, '제1항 및 제2항의 절차를 거쳐 필요한 수의 배심원과 예비배심원 후보자가 확정되면 법원은 무작위의 방법으로 배심원과 예비배심원을 선정한다(동법 제31조 제3항)'라고 하고 있다. 위와 같은 법률의 규정에 의하면 라운드를 반복하면서 필요한 수의 배심원과 예비배심원 후보자가 정해지므로 배심원과 예비배심원 후보자는 각 라운드마다

64) 법원은 출석한 배심원후보자 중에서 당해 재판에서 필요한 배심원과 예비배심원의 수에 해당하는 배심원후보자를 무작위로 뽑고 이들을 대상으로 직권, 기피신청 또는 무이유부기피신청에 따른 불선정결정을 한다.

확정될 수도 있고, 더 이상 기피신청을 할 수 없거나 기피신청이 없어 모든 라운드가 종료되었을 때 확정될 수 있다. 각 라운드마다 배심원과 예비배심원 후보자를 확정하는 경우에는 각 라운드가 종료될 때 마다 법원은 남아있는 배심원후보자들에게 배심원으로 선정되었음을 고지한다. 반면, 모든 라운드가 종료되었을 때 일괄하여 배심원 및 예비배심원 후보자를 확정할 경우에는 각 라운드가 종료되었을 때 배심원으로 선정되었음을 고지하지 않고 모든 라운드가 종료되었을 때 일괄하여 고지한다.[65)]

법원이 각 라운드가 종료될 때마다 배심원석에 남아 있는 배심원후보자를 배심원 및 예비배심원으로 확정할 경우에는 그 라운드가 종료되면 다음 라운드에서 이전에 확정된 배심원후보자에 대하여 기피신청을 할 수 없게 된다. 따라서 라운드간 기피신청에 대한 논의는 모든 라운드가 종료되었을 때 비로소 배심원 및 예비배심원 후보자를 확정하는 방법의 경우에 해당하게 된다.

실무상 법원은 이전 라운드에서 기피되지 않은 배심원후보자에 대한 기피신청에 대하여 3가지 태도를 보이고 있다. 첫째는, 기피신청을 허용하는 입장이 있는데 주된 논지는 공정한 배심원단을 구성하기 위해서는 불공평한 판단을 할 우려가 있는 배심원후보자는 최대한 배제할 필요가 있다는 점을 들고 있다. 둘째는, 기피신청을 허용하지 않는 입장이다. 이미 기피신청권을 행사할 기회를 부여하였는데 소급하여 행사하는 것은 기피신청권을 과잉보호하는 것이고, 기피신청권의 행사순서가 뒤바뀌는 결과가 되어 공평한 기회가 왜곡될 수 있다는 점을 들고 있다. 셋째는, 무이유부기피신청은 허용하지 않지만, 이유부기피신청은 허용된다는 입장이다. 무이유부기피신청과 달리 이유부기피신청은 행사순서에 따른 불공평함이 발생하지 않고 법원이 불공평한 판단을 할 우려가 있다고 인정하는 경우에만 배심원불선정결정을 하므로 비록

---

65) 법률의 규정을 엄격히 해석하면 법원은 매 라운드마다 배심원후보자에 대하여 불선정결정을 할 수 있을 뿐이며, 배심원선정결정을 할 수 있는 근거규정은 없다. 국민참여재판법은 배심원선정결정은 배심원 및 예비배심원이 확정된 이후에 무작위의 방법으로 예비배심원을 정한 후 선정하도록 규정하고 있다. 그럼에도 매 라운드마다 남은 배심원후보자들이 배심원으로 선정되었다는 고지를 하는 재판장이 적지 않다. 따라서 검사나 변호인은 '라운드간 기피신청'을 할 가능성이 있다면 법원에 해당규정을 엄격히 적용하여 매 라운드별로 배심원선정결정을 고지하지 않도록 배심원선정절차에 관한 의견을 밝힐 필요가 있다(김형국, 앞의 책, 231면).

이전 라운드에서 기피신청이 없었다고 하더라도 현재 라운드에서 기피신청을 할 수 있다는 것을 논거로 한다.[66]

6. 선정결정과 불선정결정

(1) 기피신청의 방식과 불선정결정

배심원의 선정결정은 기피신청의 방식에 따라 시기 및 형태가 다른데 기피신청의 두 가지 방식이 사용된다. 일괄기피방식(Struck Jury)은 출석한 배심원후보자 전체에 대하여 기피신청을 한 후 남은 배심원후보자가 배심원이 되는 방식이다. 한편 순차기피방식(Jury Box System)은 출석한 배심원후보자 중에서 필요한 배심원의 수만큼 무작위로 추첨하여 추첨된 배심원후보자를 배심원석에 착석하게 하고 이들에 대하여 기피신청을 한 후 기피된 수만큼의 배심원후보자를 다시 추첨하여 기피를 반복하는 방식으로 더 이상 기피할 수 없을 때 배심원석에 남아있는 배심원후보자가 최종적으로 배심원이 되는 것이다.

배심원선정절차를 진행하는 목적은 불공평한 판단을 할 우려가 있는 사람을 배제하여 공정한 배심원단을 구성하는 것에 있고, 무이유부기피신청의 실효성을 제고하기 위하여는 배심원후보자의 답변내용 뿐만 아니라 배심원후보자의 답변태도나 인상 등도 고려하여야 하는데, 수십 명에 이르는 출석한 배심원 전체를 대상으로 질문을 하고 기피신청을 하도록 할 경우에는 위와 같은 요소를 고려하는 것이 사실상 불가능하므로 우리 국민참여재판에서는 순차기피방식을 채택하고 있다.[67]

(2) 배심원과 예비배심원 선정결정

위와 같은 절차를 거쳐 필요한 수의 배심원과 예비배심원이 확정되면 배심원석의 좌석번호를 배심원과 예비배심원에게 부여한다(국민참여재판법 예규 제28조 제1항). 재

66) 김형국 외 2인, 앞의 책 232-233면.

67) 김형국 외 2인, 앞의 책 234-235면.

판장은 참여사무관으로 하여금 예비배심원에 해당하는 번호를 추첨함에서 무작위 추첨하게 하여 예비배심원을 정하는데(동법 제31조 제3항 전문, 동법예규 제28조 제2항), 예비배심원이 2인 이상인 경우에는 그 순번을 정하여야 한다(동법 제31조 제3항). 이는 예비배심원이 다수인 경우 미리 충원순서를 정해 놓음으로써 나중에 결원이 되더라도 충원순서가 문제되는 일이 없도록 하기 위한 것이다.

법원은 배심원과 예비배심원에게 누가 배심원으로 선정되었는지 여부를 변론종결시까지 알리지 아니할 수 있다(동법 제31조 제4항, 동법규칙 제22조). 예비배심원은 평의에 참여할 수 없으므로 미리 예비배심원이라는 것을 알게 될 경우 예비배심원이 공판기일에 성실하게 출석하지 않거나 증거조사에 집중하지 않는 등 배심원으로서의 직무에 소홀할 가능성이 있어 이를 방지하기 위한 것이다. 통상 예비배심원이 누구인지는 국민참여재판의 심리가 끝나고 배심원들의 평의가 시작되기 직전에 알려준다.

Ⅳ. 배심원의 해임과 사임 및 임무종료

1. 배심원의 해임

(1) 해임사유

법원은 배심원 또는 예비배심원이 ① 제42조제1항[68]의 선서를 하지 아니한 때, ② 배심원의 의무[69]를 위반하여 그 직무를 담당하게 하는 것이 적당하지 아니하다고 인정되는 때, ③ 배심원 또는 예비배심원이 출석의무에 위반하고 계속하여 그 직무를 행하는 것이 적당하지 아니한 때, ④ 배심원 또는 예비배심원에게 배제사유에 해당하

---

68) 배심원과 예비배심원은 법률에 따라 공정하게 그 직무를 수행할 것을 다짐하는 취지의 선서를 하여야 한다.

69) ② 배심원과 예비배심원은 다음 각 호의 행위를 하여서는 아니된다.
1. 심리 도중에 법정을 떠나거나 평의·평결 또는 토의가 완결되기 전에 재판장의 허락 없이 평의·평결 또는 토의 장소를 떠나는 행위
2. 평의가 시작되기 전에 당해 사건에 관한 자신의 견해를 밝히거나 의논하는 행위
3. 재판절차 외에서 당해 사건에 관한 정보를 수집하거나 조사하는 행위
4. 이 법에서 정한 평의·평결 또는 토의에 관한 비밀을 누설하는 행위

는 사실이 있거나 불공평한 판단을 할 우려가 있는 때, ⑤ 질문표에 거짓 기재를 하거나 선정절차에서의 질문에 대하여 정당한 사유 없이 진술을 거부하거나 거짓의 진술을 한 것이 밝혀지고 계속하여 그 직무를 행하는 것이 적당하지 아니한 때, ⑥ 법정에서 재판장이 명한 사항을 따르지 아니하거나 폭언 또는 그 밖의 부당한 언행을 하는 등 공판절차의 진행을 방해한 때의 어느 하나에 해당하는 때에는 직권 또는 검사・피고인・변호인의 신청에 따라 배심원 또는 예비배심원을 해임하는 결정을 할 수 있다(국민참여재판법 제32조 제1항).

(2) 해임절차

법원은 배심원 또는 예비배심원이 해임사유에 해당하는 때에는 직권 또는 검사・피고인・변호인의 신청에 따라 배심원 또는 예비배심원을 해임하는 결정을 할 수 있다(국민참여재판법 제32조 제1항). 검사, 피고인 또는 변호인이 해임신청을 하는 때에는 해임사유를 소명하여 서면으로 하여야 한다(동법규칙 제25조 제1항, 제2항). 해임결정을 함에 있어서는 검사・피고인 또는 변호인의 의견을 묻고 출석한 당해 배심원 또는 예비배심원에게 진술기회를 부여하여야 한다(동법 제32조 제2항). 해임결정에 대하여는 불복할 수 없다(동법 제32조 제3항). 국민참여재판의 부당한 절차지연을 방지하기 위한 규정이다. 공판기일에 출석한 배심원 및 예비배심원을 해임하는 결정을 할 경우에는 당해 배심원 및 예비배심원을 귀가하도록 한다.

2. 배심원의 사임

(1) 사임신청

배심원과 예비배심원은 직무를 계속 수행하기 어려운 사정이 있는 때에는 법원에 사임을 신청할 수 있다(국민참여재판법 제33조 제1항). 사임사유로는 배심원이나 예비배심원이 중병, 상해 또는 회복할 수 없는 손해발생의 우려가 있는 경우를 들 수 있는데, 국민참여재판법 제20조에 규정된 면제사유[70]에 준하여 판단하되 구체적 타당성을 고려하여야 할 것이다.

배심원·예비배심원이 사임신청을 하는 때에는 사임사유를 소명하여 서면으로 하여야 한다. 다만, 공판정에서는 구술로 할 수 있다(동법규칙 제26조 제1항, 제2항). 구술로 사임신청을 하는 경우에는 그 사유를 공판조서에 기재하여야 한다(동법규칙 제26조 제3항). 법원은 배심원 또는 예비배심원이 사임신청을 한 때에는 지체 없이 검사·피고인 또는 변호인에게 그 취지와 서면의 내용을 통지하여야 한다(동법규칙 제26조 제4항). 검사·피고인 또는 변호인은 위 통지를 받은 날로부터 3일 이내에 의견서를 법원에 제출하여야 한다(동법규칙 제26조 제6항).

(2) 사임신청에 따른 해임

사임신청만으로 배심원과 예비배심원이 당연히 해임되는 것은 아니다. 법원은 사임신청에 이유가 있다고 인정하는 때에는 당해 배심원 또는 예비배심원을 해임하는 결정을 할 수 있다(국민참여재판법 제33조 제2항). 해임결정을 함에 있어서는 검사·피고인 또는 변호인의 의견을 들어야 한다(동법 제33조 제3항). 해임결정에 대하여는 불복할 수 없다(동법 제33조 제4항).

3. 배심원의 추가선정

(1) 의의 및 예외

배심원의 해임이나 사임으로 인하여 배심원이 부족하게 된 경우 예비배심원은 미

---

70) 제20조(면제사유) 법원은 직권 또는 신청에 따라 다음 각 호의 어느 하나에 해당하는 사람에 대하여 배심원 직무의 수행을 면제할 수 있다.
1. 만 70세 이상인 사람
2. 과거 5년 이내에 배심원후보자로서 선정기일에 출석한 사람
3. 금고 이상의 형에 해당하는 죄로 기소되어 사건이 종결되지 아니한 사람
4. 법령에 따라 체포 또는 구금되어 있는 사람
5. 배심원 직무의 수행이 자신이나 제3자에게 위해를 초래하거나 직업상 회복할 수 없는 손해를 입게 될 우려가 있는 사람
6. 중병·상해 또는 장애로 인하여 법원에 출석하기 곤란한 사람
7. 그 밖의 부득이한 사유로 배심원 직무를 수행하기 어려운 사람

리 정한 순서에 따라 배심원이 된다. 이 때 배심원이 될 예비배심원이 없는 경우 배심원을 추가로 선정한다(국민참여재판법 제34조 제1항).

배심원을 추가로 선정하기 위하여 배심원선정절차를 다시 진행하는 것은 재판의 지연 및 다른 배심원들의 부담을 가중하므로 법원은 국민참여재판 도중 심리의 진행 정도에 비추어 배심원을 추가 선정하여 재판에 관여하게 하는 것이 부적절하다고 판단되는 경우 남은 배심원만으로 계속하여 국민참여재판을 진행하는 결정을 할 수 있다. 다만, 배심원이 5인 미만이 되는 경우에는 남은 배심원만으로 계속 국민참여재판을 진행할 수 없다(동법 제34조 제2항).

부족한 배심원의 수가 1인이라면 법원은 검사·피고인 또는 변호인의 의견을 들어남은 배심원만으로 국민참여재판을 진행할 수 있고(동법 제34조 제2항 제1호), 2인 이상의 배심원이 부족한 때에는 검사·피고인 또는 변호인의 동의를 받아야 남은 배심원만으로 국민참여재판을 진행할 수 있다(동법 제34조 제2항 제2호).

배심원을 추가로 선정하려면 배심원선정기일을 다시 지정하고 배심원후보자를 소환해야 하므로 재판이 장기간 지연되는 문제점이 있으므로 추가선정은 거의 이루어지지 않을 것이다. 다만 배심원들이 짝수가 되어 다수결에 의한 평결이 불가능하게 되는 경우[71], 또는 다수 국민에게 영향을 미치는 중대한 사건의 경우에는 배심원을 추가로 선정해야 할 것이다.

(2) 배심원추가선정절차와 무이유부기피신청권

배심원을 추가로 선정할 경우에 행해지는 선정절차는 당초에 이루어졌던 배심원 선정절차의 연장선으로 보아야 할 것이므로 배심원추가선정절차에서 별도로 무이유

---

71) 잔여 배심원의 수가 짝수인 경우에는 배심원들이 다수결 평결을 할 때 유,무죄 표결이 동수로 나오는 것을 예상할 수 있다. 이러한 경우 다수결에 의한 평결이 불가능하므로 배심원단의 평결이 존재하지 않는다. 미국의 경우 배심원이 유·무죄 평결에 이르지 못한 경우를 '불일치 배심(hung jury)'라고 부르며 이 경우 재판의 효력은 상실하고 새로운 배심원을 선발하여 다시 재판을 진행하거나 검사가 공소를 취소한다. 우리나라에서는 아직 위와 같은 경우에 대한 규정이 존재하지 않는데 이는 배심원 평결의 효력이 권고적 효력에 그치고 있기 때문으로 보인다(김형국 외 2인, 앞의 책 242면).

부기피신청권이 인정되기는 어렵다. 다만 당초에 이루어졌던 배심원선정절차에서 행사하지 않은 무이유부기피신청권이 남아 있다면 검사·피고인 또는 변호인은 그 범위내에서 무이유부기피신청권을 행사할 수 있다(국민참여재판법규칙 제21조 제4항).

(3) 공판절차의 갱신

공판절차가 개시된 후 새로 재판에 참여하는 배심원 또는 예비배심원이 있는 때에는 공판절차를 갱신하여야 한다(국민참여재판법 제45조 제1항).

공판절차의 갱신은 공판정에서 이전에 진행된 공판절차를 무시하고 다시 그 절차를 진행하는 것을 의미하는데 국민참여재판의 경우 심리진행단계에 따라 모든 절차를 다시 진행할 경우 재판의 지연 및 다른 배심원들의 부담이 가중되는 문제가 생기고, 형식적으로 공판절차를 갱신할 경우 새로 참여한 배심원은 사건의 내용 및 증거를 제대로 파악하기 어려워진다. 따라서, 법원은 공판절차를 갱신할 때 새로 참여한 배심원 또는 예비배심원이 쟁점 및 조사한 증거를 이해할 수 있도록 하되, 그 부담이 과중하지 아니하도록 하여야 한다(국민참여재판법 제45조 제2항).

4. 배심원 및 예비배심원의 임무종료

배심원과 예비배심원의 임무는 ① 제1심의 종국재판을 고지한 때, ② 공소사실의 일부가 철회되거나 변경되어 국민참여재판의 대상사건이 아니게 되었거나 국민참여재판으로 진행하는 것이 적당하지 아니하다고 인정하여 당해 사건에 대하여 통상절차 회부결정(국민참여재판법 제6조 제1항 단서, 제11조)을 고지한 때에 종료한다(동법 제35조).

Ⅴ. 배심원등의 보호를 위한 조치

1. 불이익취급의 금지

누구든지 배심원·예비배심원 또는 배심원후보자인 사실을 이유로 해고하거나 그 밖의 불이익한 처우를 하여서는 아니 된다(국민참여재판법 제50조). 그러나 이러한 불이익취급 금지의무를 위반한 경우에 제재규정은 없다. 실무상 배심원선정기일에 출석한 배심원후보자가 출근하지 않으면 회사에서 해고한다고 하였다는 이유로 면제신청을 하는 경우가 있으므로 이에 대한 명확한 제재규정을 마련하는 것이 필요하다고 할 것이다.

2. 배심원등에 대한 접촉의 규제

누구든지 당해 재판에 영향을 미치거나 배심원 또는 예비배심원이 직무상 취득한 비밀을 알아낼 목적으로 배심원 또는 예비배심원과 접촉하여서는 아니 된다(국민참여재판법 제51조 제1항). 또한, 누구든지 배심원 또는 예비배심원이 직무상 취득한 비밀을 알아낼 목적으로 배심원 또는 예비배심원의 직무에 종사하였던 사람과 접촉하여서는 아니 된다. 다만, 연구에 필요한 경우는 그러하지 아니하다(동법 제51조 제2항). 배심원 또는 예비배심원에게 그 직무에 관하여 청탁을 한 자는 2년 이하의 징역 또는 500만원 이하의 벌금에 처하고(동법 제56조 제1항), 배심원후보자에게 그 직무에 관하여 청탁을 한 자도 이와 같다(동법 제56조 제2항).

3. 배심원등의 개인정보 공개금지

법령으로 정하는 경우를 제외하고는 누구든지 배심원·예비배심원 또는 배심원후보자의 성명·주소와 그 밖의 개인정보를 공개하여서는 아니 된다(국민참여재판법 제52조 제1항). 배심원·예비배심원 또는 배심원후보자의 직무를 수행하였던 사람들의 개인정보에 대하여는 본인이 동의하는 경우에 한하여 공개할 수 있다(동법 제52조 제2항).

4. 배심원등에 대한 신변보호조치

재판장은 배심원 또는 예비배심원이 피고인이나 그 밖의 사람으로부터 위해를 받거나 받을 염려가 있다고 인정하는 때 또는 공정한 심리나 평의에 지장을 초래하거나 초래할 염려가 있다고 인정하는 때에는 배심원 또는 예비배심원의 신변안전을 위하여 보호, 격리, 숙박, 그 밖에 필요한 조치를 취할 수 있다(국민참여재판법 제53조 제1항). 재판장은 배심원 · 예비배심원을 격리하는 경우에 신문 · 방송 시청 금지, 전화 · 인터넷 사용 금지 등의 필요한 조치를 취할 수 있다(동법규칙 제45조 제1항). 검사, 피고인, 변호인, 배심원 또는 예비배심원은 재판장에게 배심원 등에 대한 신변보호조치를 취하도록 요청할 수 있다(동법 제53조 제2항). 이 경우 신변안전조치의 요청은 ① 요청인, ② 필요한 조치의 내용, ③ 요청사유를 기재한 서면으로 하여야 한다(동법규칙 제45조 제2항 본문, 제3항). 다만, 선정기일 또는 공판기일에서는 구술로 할 수 있고, 법원사무관 등은 요청의 취지와 사유의 요지를 조서에 기재하여야 한다(동법규칙 제45조 제2항 단서).

피고사건에 관하여 당해 피고사건의 배심원 · 예비배심원 또는 그러한 직에 있었던 자나 그 친족에 대하여 전화 · 편지 · 면회, 그 밖의 다른 방법으로 겁을 주거나 불안감을 조성하는 등의 위협행위를 한 자는 2년 이하의 징역 또는 500만 원 이하의 벌금에 처한다(동법 제57조 제1항). 피고사건에 관하여 당해 피고사건의 배심원후보자 또는 그 친족에 대하여 같은 방법으로 위협행위를 한 자도 이와 같다(동법 제57조 제2항).

제5절 공판절차

Ⅰ. 공판기일의 지정과 통지

재판장은 특별한 사정이 없는 한 배심원 선정기일이 종료된 후 연속하여 제1회 공판기일이 진행되도록 기일을 지정하여야 한다(국민참여재판법 규칙 제29조). 여기서 특별한 사정이란 사건이 언론에 널리 보도된 경우로 사건에 대한 선입견 때문에 배심원 선정절차에서 이유부기피로 불선정되는 배심원이 많아 배심원 선정절차에 오랜 시간이 걸릴 것으로 예상되거나 그 밖의 경우로 선정을 하루 안에 끝낼 수 없을 것으로 판단되는 경우이다.[72)]

공판기일은 배심원과 예비배심원에게 통지하여야 한다(동법 제38조). 배심원과 예비배심원은 공판정 외에서의 검증, 증인신문 등 증거조사가 이루어지는 경우에도 출석하여야 하므로(동법규칙 제36조 제1항), 이 경우 법원은 배심원과 예비배심원에게 공판정외 증거조사기일의 일시와 장소를 통지하여야 한다(동법규칙 제36조 제2항).

II. 공판정의 구성

공판정은 판사·배심원·예비배심원·검사·변호인이 출석하여 개정한다(국민참여재판법 제39조 제1항). 검사와 피고인 및 변호인은 대등하게 마주 보고 위치한다. 다만, 피고인신문을 하는 때에는 피고인은 증인석에 위치한다(동법 제39조 제2항). 구속 피고인이라 하더라도 수의를 입고 재판을 받을 경우에는 피고인이 유죄라는 선입견을 줄 수 있으므로 가능하면 사복을 착용하고 출석하도록 하는 것이 바람직하나 실제로 사복을 착용하고 재판을 받는 경우는 흔하지 않다. 배심원과 예비배심원은 재판장과 검사·피고인 및 변호인의 사이 왼쪽에 위치한다(동법 제39조 제3항). 증인석은 재판장과 검사·피고인 및 변호인의 사이 오른쪽에 배심원과 예비배심원을 마주 보고 위치한다(동법 제39조 제4항).[73)] 법원은 배심원과 예비배심원에게 번호를 부여하여 그 순서에 따라 착석하도록 하고, 필요하다고 인정되는 경우에는 변론이 종결될 때까지 배심원과 예비배심원을 따로 구분하지 아니할 수 있다(동법규칙 제30조 제1항). 배심원과 예비배심원은 공판기일에 제1항의 번호로만 호칭되어야 한다(동법규칙 제30조 제2항).

---

72) 법원행정처, 국민참여재판의 이해, 2007년, 45면.

73) 국민참여재판의 최종형태(안)은 현행 법정구조상 검사석에서는 배심원의 표정을 제대로 확인할 수 없고, 피고인 및 변호인석에서는 증인의 표정을 제대로 확인할 수 없다는 문제점을 해결하기 위하여 검사와 피고인 및 변호인이 민사법정에서의 원고와 피고처럼 대등하게 법대를 바라보면서 나란히 앉는 것으로 좌석배치를 변경하는 것으로 되어 있다.

Ⅲ. 공판정에서의 속기・녹취

법원은 특별한 사정이 없는 한 공판정에서의 심리를 속기사로 하여금 속기하게 하거나 녹음장치 또는 영상녹화장치를 사용하여 녹음 또는 영상녹화하여야 한다(국민참여재판법 제40조 제1항). 속기록・녹음테이프 또는 비디오테이프는 공판조서와는 별도로 보관되어야 하며, 검사・피고인 또는 변호인은 비용을 부담하고 속기록・녹음테이프 또는 비디오테이프의 사본을 청구할 수 있다(동법 제40조 제2항).

Ⅳ. 모두절차

1. 배심원의 선서

배심원과 예비배심원은 법률에 따라 공정하게 그 직무를 수행할 것을 다짐하는 취지의 선서를 하여야 한다(국민참여재판법 제42조 제1항). 일반 형사재판에서는 피고인에 대한 진술거부권의 고지가 첫 번째 순서이지만, 국민참여재판에서는 재판장은 피고인에게 진술거부권을 고지하기 전에 배심원과 예비배심원으로 하여금 배심원 선서를 하도록 하고, 배심원과 예비배심원에 대하여 배심원과 예비배심원의 권한・의무・재판절차, 그 밖에 직무수행을 원활히 하는 데 필요한 사항을 설명하여야 한다(동법 제42조 제2항).

2. 재판장의 모두설명

(1) 개요

재판장은 배심원과 예비배심원에 대하여 배심원과 예비배심원의 권한・의무・재판절차, 그 밖에 직무수행을 원활히 하는 데 필요한 사항을 설명하여야 한다(국민참여재판법 제42조 제2항). 재판장의 모두설명은 변론종결 후의 설명(동법 제46조 제1항)이나 양형토의 전의 설명(동법 제46조 제4항)과는 구별되는 것으로 재판절차에 익숙하지 않은 배심원에게 직무수행을 원활히 할 수 있도록 재판절차에 관하여 설명하는 것이므로 가능한 한 상세한 설명을 하는 것이 바람직하다. 재판장의 모두설명은 비법률가인 배심원들에게 공판절차와 사건의 주요 쟁점, 재판절차에 대한 법률원칙을 공판시작 전에 설명하는 절차라고 볼 수 있다.

(2) 설명사항

재판장 모두설명 시에는 공판절차(인정신문, 모두절차, 증거조사절차, 피고인신문, 최종의견진술, 재판장설명, 평의·평결, 판결선고), 배심원의 권리와 의무, 재판절차에 관한 원칙(무죄추정의 원칙, 증거재판주의, 자유심증주의, 사실판단과 양형판단의 구별) 등에 대하여 기본적인 내용을 설명하여야 한다. 실무상으로는 PPT 자료를 활용하거나 간단한 안내책자를 배심원들에게 배부하고, 재판장이 이를 구두로 설명하는 경우가 많다.

최초 설명은 배심원을 위해 이루어지는 것이고 피고인의 진술거부권 고지 전에 이루어지는 것이므로 설명의 대상에 검사가 아직 공소장에 의해 낭독하지 않은 공소사실 등은 포함되지 않는다. 판례도 제1심 재판장이 최초 설명 당시 예비적 공소사실에 대해 설명하지 않았다고 하더라도 재판장의 최초 설명의무 위반이 아니라고 보고 법령위반에 해당하지 않는다고 판시하였다.[74]

3. 진술거부권의 고지와 인정신문

재판장은 인정신문을 하기 전에 피고인에게 진술을 하지 아니하거나 개개의 질문에 대하여 진술을 거부할 수 있고, 이익되는 사실을 진술할 수 있음을 알려주어야 한다(형소법 제283조의 2, 형소규칙 제127조). 공판절차를 갱신하는 경우에도 인정신문을 하기 전에 진술거부권을 고지하여야 한다(형소규칙 제144조 제1항 제1호). 재판장은 피

74) 대법원 2014.11.13. 선고 2014도8377 판결 : 국민의 형사재판 참여에 관한 법률은 제42조 제2항에서 "재판장은 배심원과 예비배심원에 대하여 배심원과 예비배심원의 권한, 의무, 재판절차, 그 밖에 직무수행을 원활히 하는 데 필요한 사항을 설명하여야 한다."라고 하여 재판장의 공판기일에서의 최초 설명의무를 규정하고 있는데, 이러한 재판장의 최초 설명은 재판절차에 익숙하지 아니한 배심원과 예비배심원을 배려하는 차원에서 국민의 형사재판 참여에 관한 규칙 제35조 제1항에 따라 피고인에게 진술거부권을 고지하기 전에 이루어지는 것으로, 원칙적으로 설명의 대상에 검사가 아직 공소장에 의하여 낭독하지 아니한 공소사실 등이 포함된다고 볼 수 없다.

고인의 성명, 연령, 등록기준지, 주거와 직업을 물어서 피고인임에 틀림없음을 확인하여야 한다(형소법 제284조). 인정신문 단계에서 피고인이 진술거부권을 행사하는 경우에는 재판장은 적당한 방법으로 피고인의 동일성을 확인하는 조치를 취하여야 하고, 진술거부사실과 재판장의 조치내용을 조서에 기재하여야 한다.

4. 모두진술

(1) 검사의 모두진술

검사의 모두진술이란 검사가 공소장에 의하여 공소사실과 죄명, 적용법조를 낭독하는 것을 말한다. 국민참여재판에서 검사의 모두진술은 매우 큰 의미가 있다. 배심원들에게 사건의 내용을 처음으로 자세히 설명하는 것이기 때문이다. 배심원들은 검사의 모두진술을 들어야 비로소 사건내용을 파악할 수 있다.

모두진술은 프리젠테이션 자료를 활용하여 진행하는 것이 일반적이다. 공소장을 그대로 낭독하면 배심원들의 집중력을 떨어뜨리는 결과를 가져오기 때문이다. 그러므로 실무에서 검사는 파워포인트(PowerPoint, 이하 PPT라고 한다) 프로그램과 같은 프리젠테이션 도구를 활용하고 있다. 사건의 경중에 따라 검사는 파워포인트 등을 사용하여 30분에서 한 시간 가량 배심원 앞에서 PPT 자료를 넘겨가며 공소사실의 요지, 적용법조의 내용, 사건의 쟁점, 입증계획을 설명한다.

(2) 피고인·변호인의 모두진술

피고인은 검사의 모두진술이 끝난 후에 공소사실의 인정 여부를 진술하는데 이를 피고인의 모두진술이라고 한다. 피고인의 모두진술에서 변호인은 공소사실의 인정여부를 진술한 후에 공소에 대한 의견, 이익이 되는 사실 등을 진술할 수 있다(형소법 제286조 제2항). 변호인의 모두진술 역시 PPT 자료를 활용하여 진행하는 것이 일반적이다. 국민참여재판에서 변호인은 사건의 경중에 따라 30분에서 한 시간 가량 진행한다. 그 내용은 검사가 기소한 공소사실에 대한 인부, 사건의 쟁점에 대한 입장, 부인한다면 사실관계 중 무엇을 부인하는지, 적용법조에 대한 의견, 부인하는 부분을 어떤 증거를 통해 입증할 것인지, 증인·서증·물증의 개요, 유죄를 인정하지만 양형을 다투는 취지라면 양형요소 중 어떤 것을 주장하는지, 양형을 위한 참고자료의 개요 등을 진술한다.

Ⅴ. 사실심리절차

1. 개요

사실심리절차는 대부분 통상적인 공판절차와 다르지 않다. 따라서, 사실심리절차는 증거조사로 시작하여 피고인신문과 검사 및 변호인과 피고인의 당사자 최종진술로 마무리된다. 다만, 배심원들이 공판절차에 관여하게 되므로 이와 관련된 부분은 통상적인 공판절차와 차이가 있다. 판사, 검사 및 변호인은 신속하고 이해하기 쉽게 심리를 진행하여 배심원과 예비배심원의 부담을 최소화하도록 노력하여야 한다(국민참여재판법 규칙 제28조). 배심원과 예비배심 원은 공판정 외에서 검증, 증인신문 등 증거조사가 이루어지는 경우에도 출석하여야 하고(동법규칙 제36조 제1항), 이 경우 법원은 배심원과 예비배심원에게 공판정 외 증거조사기일의 일시와 장소를 통지하여야 한다(동법규칙 제36조 제2항).

법률전문가가 아니므로 배심원 또는 예비배심원은 법원의 증거능력에 관한 심리에 관여할 수 없다(동법 제44조). 증거능력에 관한 심리에서는 조서의 실질적 진정성립을 확인하기 위한 영상녹화물 또는 조사자증언이 주로 문제되는데, 배심원들은 직업법관이 아니므로 배심원들이 영상녹화물을 시청하거나 특신상황과 그 밖의 내용에 관한 조사자증언을 모두 들은 후 재판장이 배심원들에게 "증거능력이 인정되지 않아 해당 증언을 유·무죄 판단시에는 고려하면 안된다"는 취지로 설명한다고 하더라도 영상녹화물을 시청한 기억이나 증언내용이 결론에 영향을 미칠 가능성이 많다. 직업법관과 달리 일반인인 배심원은 일단 보고 들은 증거가 있는 경우 유·무죄 판단을 할 때 증거능력이 없는 증거를 배제하는 훈련을 한 적이 없어 이러한 증거의 영향에서 완전히 벗어나기 어렵기 때문이다. 따라서, 국민참여재판에서는 공판준비절차에서 검찰과 변호인측에 증거를 제시하도록 하고 증거능력을 검토한다. 그리고 이러한 준비절차에서 증거능력이 인정된 증거들만을 배심원이 출석하는 공판기일에 제시하도록 한다.

그러나 만약 공판기일에 급박한 사유가 있어 공판준비절차에서 제시하지 않았던 증거가 제시된 경우에는 ① 미국과 같이 법대 협의(sidebar conference)를 진행하는 방법, ② 배심원을 법정에 대기하게 하고 재판부와 검사, 피고인 및 변호인이 법원내부에 있는 제3의 장소로 이동하여 협의하는 방법, ③ 배심원을 평의실 등 제3의 장소로 일시 대기시키고 법정에서 증거능력 심리를 하는 방법이 있다.[75]

또한, 국민참여재판에서는 간이공판절차에 관한 형소법 제286조의 2를 적용하지 아니한다(동법 제43조). 따라서, 피고인이 자백하는 경우라도 배심원 앞에서 엄격한 증거조사방식으로 진행한다.

2. 증거조사

(1) 증인신문

증인신문이란 증인이 실제 경험한 사실을 내용으로 하는 진술을 얻는 증거조사로서 증인에 대한 증거조사를 말한다. 증인신문과정에서는 선입견 없이 증인이 경험한 바를 증인의 입을 통해 배심원들이 알 수 있도록 장문 단답식이 아니라 단문 장답식으로 증인신문을 진행하는 것이 타당하다. 따라서 증인신문 초기에는 주요한 사항에 대하여 간단한 질문을 하고 이후 증인의 질문을 토대로 증인이 경험한 바를 구체적이고, 상세하게 진술하도록 하는 것이 바람직하다.

증인신문과정에서는 필요한 경우 네이버 지도, 다음 지도 등과 같은 인터넷 지도 검색 서비스를 활용하거나[76] 증거물이나 사진 등을 제시하면서 증인신문을 하면 증

75) 법원행정처, 국민참여재판의 이해, 102면.

76) 인터넷지도 검색서비스를 이용하면 사건현장에 가보지 않고도 현장상황을 확인할 수 있고, 실제로 이런 방식은 배심원들에게 증언내용을 이해시키는데 도움이 되고 있다.

언내용을 이해하는데 상당한 도움이 된다. 증인신문방식은 형소법이 정한 교호신문에 따라 신청인 → 상대방 → 재판장의 순서로 신문한다. 국민참여재판에서는 재판경험이 거의 없는 배심원들이 증언내용을 잘 이해할 수 있도록 배려하는 것이 필요하므로 증언의 취지가 명백하지 아니한 경우에는 재판부가 적절하게 질문내용을 확인하거나 정리하는 질문을 함으로써 이를 명확하게 하는 것이 바람직하다. 다만, 재판부가 직권으로 신문하는 부분에서는 증인의 수사기관이나 법정에서의 진술을 확인하고 모순점이나 번복여부를 밝힘으로써 판단에 도움을 주기 위한 것임을 설명하여 배심원들이 섣불리 재판부의 의중을 추론하는 용도로 사용하여서는 안 된다는 것을 주지시키는 것이 필요하다.[77)]

또한, 국민참여재판에서는 검사가 최초 출동한 경찰관을 증인으로 신청하는 경우가 많은데, 이때는 사건의 인지경위, 신병확보나 현장조사과정 등 직접 경험한 사실에 관한 내용위주로 증인신문이 이루어지는 것이 좋다.

국민참여재판에서는 재판부가 증인신문사항을 미리 제출할 것을 검사와 변호인에게 요구하는 경우가 많다. 예를 들면 성범죄사건의 경우 증인신문이 자칫 다수의 배심원 앞에서 피해자의 인권을 침해할 수도 있기 때문이다, 법원의 증인신문사항 제출명령을 받고 신속히 그 서면을 제출하지 않으면 법원은 증거결정을 취소할 수 있다(형소법규칙 제67조의 2). 다만 증인신문사항을 배심원들에게 교부하는 것은 신중할 필요가 있다. 배심원들이 증인신문사항을 읽는 데 집중하여 정작 증언을 대충 흘려들을 수도 있으므로 원칙적으로 이를 배심원들에게 교부하는 것은 바람직하지 않다. 그렇지만 증인신문사항이 복잡하고 지나치게 많은 경우에는 증언내용을 기억하지 쉽지 않으므로 이를 교부하여 참조할 수 있도록 하는 방법도 고려할 수 있다.

---

77) 김재환, 앞의 책, 102면.

(2) 서증과 증거물조사

가. 검사의 증거 낭독 및 제시

피고인이 경찰과 검찰에서의 조사과정에서 피의자 조사를 받아 작성된 사법경찰관 및 검사 작성의 피의자신문조서, 변호인이 증거로 사용함에 동의하여 증거능력있는 목격자에 대한 참고인 진술조서와 진술서, 변호인이 증거로 제출하여 증거능력있는 각종 서류 및 공판기일 전 준비절차에서 사실조회 및 감정신청하여 작성된 각종 서류등은 증거서류에 해당한다.

증거서류에 대한 증거조사는 신청인이 이를 낭독하여야 하는데 재판장이 열람이 다른 방법보다 적절하다고 인정하는 때에는 증거서류를 배심원에게 제시하여 열람하게 하는 방법으로 조사할 수 있다(형소법 제292조). 검찰이 제출, 신청하여 조사하게 된 증거는 공판에 출석한 검사가 낭독하고 변호인이 제출한 증거는 변호인이 낭독하며 법원이 직권으로 조사하는 경우 소지인이나 재판장이 낭독한다.

국민참여재판에서는 배심원단석 앞에 스크린을 설치하는데 그 스크린에 증거서류를 비춘 뒤, 검사가 수사기록 중 증거로 채택된 서류를 대형 화면에 띠운 다음 그 요지를 낭독하면서 읽어간다. 이 과정은 수 시간이 걸리므로 1회의 공판기일로 종료하는 국민참여재판에서는 오전에는 주로 배심원 선정과 서증조사를 하고 점심식사 이후 오후에는 주로 증인신문을 하는 경우가 많다. 그러나 검찰측 증거서류 낭독에 수일이 소요되는 경우도 있다. 간단한 사건의 경우라도 수사기록 중 증거로 제출된 검찰 증거기록은 100~200페이지에 달하고 복잡한 사건의 경우 수 십권에 이르기도 하기 때문이다. 특히 인터넷에 수 백건의 글을 올린 명예훼손 사건이나 북한 관련 글을 올린 국가보안법 사건은 서류 자체가 중요한 증거이므로 증거서류 낭독에 많은 시간을 할애하게 된다. 그러나 생업에 종사는 여러 명의 배심원이 참여하는 국민참여재판의 특성상, 물리적으로 제시할 수 있는 서류의 양에는 한계가 있을 수밖에 없다.[78]

실무상 서증이 지나치게 많은 사건은 준비절차에서 검사와 변호인이 협의하여 협

---

78) 김형국 외 2인, 앞의 책, 279면.

의된 범위에서 대표적인 서증을 선정하여 배심원에게 제시하여 보여주고, 나머지의 경우 내용의 요지를 낭독한다. 증거서류에 대한 조사에 있어서 재판장은 필요하다고 판단할 때에는 낭독을 하게 하지 않고 내용을 고지하는 방법으로 조사할 수 있다(형소법 제292조 제3항). 이 경우 주로 PPT 자료를 사용하는데, 서증내용의 요지를 간단하게 설명하면서 중요한 사항에 대하여는 빨간 밑줄을 표시하여 낭독하는 방식(주로 검사의 경우)과 실물 화상기를 이용하여 피고인에게 필요한 주요 부분을 현출하여 낭독하는 방식을 혼합한 방식(주로 변호인의 경우)이 활용되는 경우가 많다.[79]

증거물에 대한 증거조사는 신청인이 제시하여 조사하는 것이 원칙이다. 이 경우 검사가 압수하여 증거로 채택된 증거물을 꺼내어 배심원단 앞에서 직접 보여준다. 대부분 범행의 도구가 된 흉기, 신용카드, 절취의 대상이 된 피해물품 등이다. 이때 증거물에 대한 사진이 수사기록에 첨부되어 있다 하더라도 생생한 확인을 위해 법정에서 증거물을 직접 제시함이 바람직하다. 또한, 112신고 음성자료, CCTV 영상 등과 같은 음성·영상자료 등은 녹취록에 의존할 것이 아니라 이를 법정에서 직접 재생하여 시청하거나 청취하여 증거조사를 하는 것이 바람직하다.

나. 변호인의 증거 낭독 및 제시

검사의 서증 낭독, 물증 제시가 끝나면 변호인은 검사 증거조사 결과에 대한 의견을 제시한다. 그 후 배심원단 앞에 나가 변호인측 증거를 제시한다.

변호인측 서증은 수사기관의 수사과정에서 제시되지 않은 새로운 서류들이 대부분이다. 예를 들면, 일부 혐의를 인정하는 사기사건에서 기소 이후 일부 피해금액을 변제한 경우에는 그 변제내역 서류, 상해 사건에서 피고인이 피해자를 때린 것은 맞지만 피해자가 이미 기왕증을 앓고 있어서 상해의 결과가 발생한 것이라는 취지로 무죄를 주장하는 경우에는 준비절차에서 국민건강보험공단과 병원에 사실조회 신청하여 도착한 피해자의 병원진료기록과 의료보험금 지급내역서류, 사문서위조 사건에

79) 김재환, 앞의 책, 103면.

서 진실한 서류라고 무죄를 주장하는 경우에는 준비절차에서 고소인의 서명부분을 감정 신청하여 도착한 감정기관의 필적감정서 등이다. 이때 변호인은 배심원들에게 스크린에 서류를 띄워 제시하고 낭독하거나 요지를 진술한다.

특히 범행장소의 지형이 중요한 사건의 경우 수사기록에 첨부된 현장사진만으로는 부족하므로 사건발생 이후의 지형이라도 변동된 것이 없으면 사진을 여러 각도에서 찍어 제시하거나 동영상으로 촬영하여 제시하기도 한다. 교통사고의 경우 사건발생장소의 교통상황을 사건발생 시간대에 촬영하여 제시하는 경우도 있다. 이러한 변호인의 증거제시에 대해 검사가 의견을 제시한다.[80)]

(3) 감정 · 통역 · 번역 · 검증

감정이란 특수한 지식과 경험을 가진 제3자가 그 지식과 경험에 의하여 알 수 있는 법칙 또는 그 법칙을 적용하여 얻은 판단을 법원에 보고하는 것을 말한다. 법원은 학식과 경험이 있는 자에게 감정을 명하고, 그러한 명을 받은 자를 감정인이라고 한다. 법정에서는 국어를 사용하지만 외국어에 의한 진술이나 서류가 법정에 제출될 필요성이 있을 때에는 법원이 통역과 번역을 할 것을 명하여 통역인과 번역인이 지정된다. 검증이란 법관이 오관의 작용에 의하여 사물의 존재와 상태를 직접 실험하고 인식하는 증거조사를 말한다.

일반 형사재판에서 감정의 결과는 감정인으로 하여금 서면으로 제출하게 한다. 외국어에 의한 진술이나 서류는 통역하거나 번역하여 법원에 서면으로 제출한다. 검증의 결과는 검증조서로 법원이 작성하고 증거능력이 인정된다. 반면, 국민참여재판의 경우에는 준비기일에 미리 감정 · 통역 · 번역 · 검증을 신청하여 배심원들이 출석한 공판기일에 증거조사가 이루어지도록 하여야 한다. 감정인의 감정조서는 공판기일에 일반 서증과 동일하게 배심원 앞에서 요지를 고지하여 증거조사를 한다. 검증의 경우에 범죄현장 등 법원 이외의 장소에서 현장검증이 이루어지는 경우 법원은 배심

---

80) 김형국 외 2인, 앞의 책, 280면.

원과 예비배심원에게 공판정 외 증거조사기일의 일시와 장소를 통지하여야 한다. 배심원과 예비배심원은 공판정 외에서 검증, 증인신문 등 증거조사가 이루어지는 경우에도 출석하여야 한다(국민참여재판규칙 제36조).

공판정 외에서 검증 등을 하는 경우에는 모든 배심원들이 검증내용을 확인할 수 있도록 적절한 방법으로 진행할 필요가 있다. 예컨대 차량내부에서 일정한 사항을 확인하는 검증은 배심원 모두가 한꺼번에 차량 안에 들어가 검증을 할 수 없으므로 재판부가 검증을 한 후 배심원들을 2~3명 정도씩 여러 팀으로 나누어 동일한 내용의 검증을 시행하는 것이 바람직하다.[81] 공판정에서 간편한 방법으로 검증이 가능한 경우라면 검증을 행하는데 특별한 문제가 없지만, 검증내용과 관련하여 법정외부에서 이를 인식할 수 있는 상황이라면 주의를 요한다.[82]

필요한 경우에는 전문심리위원을 지정하여 특정 전문분야에 관한 의견서를 제출하도록 하거나 공판기일에 출석시켜 필요한 사항에 관하여 설명이나 의견을 진술하도록 할 수 있다(형소법 제279조의 2 제2항 본문).[83] 또한 특정분야 전문가를 증인으로

81) 특수공무집행방해치상 사건에서 피고인이 "소음성 난청증세로 인하여 화물차 적재함에서 단속반 소속 공익근무요원이 내려오지 못하였다는 사실을 몰랐을 뿐만 아니라 화물차 창문을 닫고 진행하는 바람에 단속반원들이 차량을 이용하여 추격하면서 차량에 설치된 마이크로 여러 차례 정지하라고 말하는 것을 듣지도 못하였다"고 주장하여, 법원 외부주차장에서 '정지상태인 화물차 운전석에 시동을 건채로 에어컨과 오디오를 작동하고서 가속페달을 밟고 있을 때에도 화물차의 옆에서 과적단속 차량에 설치된 마이크로 공익근무요원이 타고 있다고 말하는 내용이 들리는지' 여부에 대하여 검증을 하였는데, 화물차에 탑승할 수 있는 인원이 제한되어 있고, 배심원과 예비배심원의 수가 8명에 달하여 동시에 상황을 인식할 수 없어, 재판부에서 먼저 검증을 행한 후 배심원과 예비배심원을 몇 명씩 나누어 화물차에 승차시켜 동일한 내용의 검증을 반복하는 방식으로 검증을 시행한 사례가 있다고 한다(김재환, 앞의 책, 104면).

82) 피고인이 기표한 투표지를 휴대전화에 내장된 카메라로 촬영하여 이를 카카오톡 그룹채팅방에 공개하였다가 공직선거법위반으로 기소된 사건에서, 피고인이 "고의로 기표한 투표지를 공개하려던 것이 아니라 무릎에 앉아있던 딸이 피고인이 다른 일로 잠시 한 눈을 파는 사이에 휴대전화 버튼을 잘못 누르는 바람에 엉뚱한 사진이 전송된 것"이라고 다투는 사안에서, 휴대전화로 사진을 찍을 때 어떤 순서로 사진이 저장되고, 카카오톡 그룹채팅방에 사진을 올릴 때 어떤 과정을 거쳐 올리며, 그 과정에서 어느 정도의 시간이 걸리고, 피고인이 주장하는 순서대로 사진을 찍었다면 기표된 투표지 사진이 휴대폰 사진첩 어떤 위치에 자리하게 되는지 등을 확인하기 위하여 법정에서 피고인의 휴대전화로 1부터 10까지 적인 종이를 차례로 찍고 이를 카카오톡 그룹채팅방으로 올리는 시연을 하는 검증을 시행한 사례가 있다. 그런데, 검증시행 직전에 피고인이 카카오톡 그룹채팅방을 열면서 그곳에 '법정에서 검증을 시행중이니 놀라지 말라'는 취지의 문자메시지를 올려 불필요한 행동을 하지 말라고 재판부가 주의를 준 적이 있다고 한다(김재환, 앞의 책 104면).

소환하여 증인신문을 진행함으로써 관련 자료가 법정에 현출되도록 할 수도 있다.[84)]

3. 증거조사에 대한 이의신청

(1) 이의신청의 대상

검사, 피고인 또는 변호인은 증거조사에 관하여 이의신청을 할 수 있고, 법원은 신청에 대하여 결정을 하여야 한다(형소법 제296조 제1, 2항). 이의신청의 대상은 증거신청, 증거결정, 증거조사의 실시, 증거능력의 유무 등이 모두 포함되는 것이 일반 형사절차이지만, 국민참여재판에서는 이 과정 중 상당수가 이미 준비절차에서 이루어진다. 따라서 공판기일에서는 증거조사의 실시과정의 문제점에 대해 의견을 제시하게 된다. 실무에서는 서증 등 조사과정과 증인조사과정으로 구별된다. 검사와 변호인의 서류낭독이 끝나면 곧바로 그동안 제시된 서증 등에 대한 각자의 의견을 진술한 뒤 증인신문절차에 들어간다. 반대로 증인신문 후 서증조사를 하는 경우도 있다.

(2) 이의신청의 사유・시기・방법

이의신청은 법령의 위반이 있거나 상당하지 아니함을 이유로 하여 할 수 있다(형소규칙 제135조의 2 본문). 다만, 절차의 안정을 도모하기 위하여 증거결정에 대한 이의신청은 법령의 위반이 있음을 이유로 하여서만 할 수 있다(형소규칙 제135조의 2 단서). 재판장의 처분에 대한 이의신청도 법령의 위반이 있음을 이유로 하여서만 할 수 있다

---

83) 특정범죄가중처벌등에 관한 법률위반(절도)사건에서 지적장애 또는 충동조절장애로 인한 피고인의 심신미약 여부 판단과 상습절도범에 대한 적절한 양형을 위하여 보호관찰소에 대한 판결전 조사요구와 공주치료감호소에 대한 정신감정과는 별도로 한국형사정책연구원 소속 전문가를 전문심리위원으로 지정하여 절도죄의 발생비율과 추세, 전과 또는 동종전과와의 상관관계, 절도죄 양형의 기준과 판단요소, 외국의 절도 및 상습절도 입법례, 상습범죄에 대한 양형판단요소, 형사정책적 의견 등에 대하여 설명과 의견을 들은 사례가 있다(김재환, 앞의 책 104-105).

84) 유해화학물질관리법위반(환각물질흡입)등 사건에서 피고인의 주치의이자 약물중독치료 전문가인 정신과 의사를 증인으로 소환하여 약물중독의 발병원인, 진행과정, 치료방법, 피고인에 대한 치료과정, 피고인의 변화과정, 피고인에 대한 조언내용, 폐쇄병동 수용의 효율성 여부 등에 관하여 증인신문을 시행한 사례가 있다(김재환, 앞의 책 105면).

(형소규칙 제135조). 이의신청은 개개의 행위, 처분 또는 결정시마다 그 이유를 간결하게 명시하여 즉시 하여야 한다(형소규칙 제137조). 이의신청은 이유를 간결하게 명시하되 서면 또는 구술의 방법에 의할 수 있다(형소규칙 제176조).

(3) 결정

이의신청에 대한 결정은 이의신청이 있은 후 즉시 이를 하여야 한다(형소규칙 제138조). 이의신청에 대한 결정에 의하여 판단이 된 사항에 대하여는 다시 이의신청을 할 수 없다(형소규칙 제140조). 이의신청이 이유있다고 인정되는 경우에는 결정으로 이의신청의 대상이 된 행위, 처분 또는 결정을 중지, 철회, 취소, 변경하는 등 그 이의신청에 상응하는 조치를 취하여야 한다(형소규칙 제139조 제3항). 증거조사를 마친 증거가 증거능력이 없음을 이유로 한 이의신청을 이유있다고 인정할 경우에는 그 증거의 전부 또는 일부를 배제한다는 취지의 결정을 하여야 한다(형소규칙 제139조 제4항). 이의신청이 이유없다고 인정되는 경우에는 결정으로 이를 기각하여야 한다(형소규칙 제139조 제2항). 시기에 늦은 이의신청, 소송지연만을 목적으로 하는 것임이 명백한 이의신청은 결정으로 이를 기각하여야 한다. 다만, 시기에 늦은 이의신청이 중요한 사항을 대상으로 하고 있는 경우에는 시기에 늦은 것만을 이유로 하여 기각하여서는 아니된다(형소규칙 제139조 제1항).

(4) 불복

이의신청에 대한 법원의 허부결정은 판결전의 소송절차에 관한 결정에 해당하므로 다시 이의신청을 하거나 항고로 불복할 수 없다(형소법 제403조 제1항).

4. 배심원의 권리와 의무

(1) 신문요청권

국민참여재판의 배심원과 예비배심원은 피고인·증인에 대하여 필요한 사항을 신문하여 줄 것을 재판장에게 요청하는 행위를 할 수 있다(국민참여재판법 제41조 제1항 제1호). 미국의 경우 배심원의 신문요청이 재판의 원활한 재판진행을 방해한다는 이유로 이를 불허하고 있는 주(州)도 있다. 이러한 신문요청은 피고인 또는 증인에 대한 신문이 종료된 직후 서면에 의하여 하여야 한다(참여규칙 제33조 제1항). 배심원은 다수인데 검사와 피고인의 피고인 신문이나 증인신문 중에 갑작스럽게 신문요청을 하는 경우 재판이 방해될 수 있기 때문이다. 재판장은 공판의 원활한 진행을 위하여 필요한 때에는 배심원 또는 예비배심원에 의하여 요청된 신문 사항을 수정하여 신문하거나 신문하지 아니할 수 있다(참여규칙 제33조 제2항).

(2) 배심원의 필기

국민참여재판의 배심원과 예비배심원은 필요하다고 인정되는 경우 재판장의 허가를 받아 각자 필기를 하여 이를 평의에 사용하는 행위를 할 수 있다(국민참여재판법 제41조 제1항 제2호). 국민참여재판은 하루 종일 계속되거나 수일간 계속되기도 한다. 이 때 배심원이 자신이 생각하는 사항을 그때그때 석어 기록하는 것은 유·무죄 및 양형에 대한 생각을 정리하고 평의에 들어갔을 때 기억을 되살리는데 도움이 된다.

실제 재판과정에서 재판장은 배심원에 대한 재판장의 모두설명에서 평의에 사용하기 위하여 배심원에 대한 필기를 허용한다는 것을 설명하고 있다. 그러나 사건에 따라 재판장의 판단으로 재판과정에서 필기는 허용하지만 평의에 사용하는 것은 금지할 수도 있다. 지나치게 필기에만 집중하여 증인의 증언을 듣는데 소홀하거나 재판과정을 지켜보는데 지장을 초래할 수도 있기 때문이다. 국민참여재판이 수일 동안 이어지는 경우 재판장은 필요한 경우에는 매일의 공판기일이 종료될 때마다 필기용지를 수거해 보관하였다가 다음날 공판기일이 시작될 때 각 배심원에게 제공할 수도 있다. 배심원이 필기내용을 가져가서 다른 사람에게 필기내용이 알려지는 것을 방지하기 위한 조치이다. 재판장은 공판 진행에 지장을 초래하는 등 필요하다고 인정되는 경우에는 허용한 필기를 언제든지 다시 금지할 수 있다(참여규칙 제34조 제1항). 재판장은 필기를 하여 이를 평의에 사용하도록 허용한 경우에는 배심원과 예비배심원에게 평의 도중을 제외한 어떤 경우에도 자신의 필기 내용을 다른 사람이 알 수 없도록 할 것을 주지시켜야 한다(참여규칙 제34조 제2항).

(3) 배심원의 의무

국민참여재판의 배심원과 예비배심원은 ① 심리 도중에 법정을 떠나거나 평의·평결 또는 토의가 완결되기 전에 재판장의 허락 없이 평의·평결 또는 토의 장소를 떠나는 행위, ② 평의가 시작되기 전에 당해사건에 관한 자신의 견해를 밝히거나 의논하는 행위, ③ 재판절차 외에서 당해사건에 관한 정보를 수집하거나 조사하는 행위, ④ 이 법에서 정한 평의·평결 또는 토의에 관한 비밀을 누설하는 행위를 하여서는 아니될 의무를 부담한다(국민참여재판법 제41조 제2항).

5. 피고인신문

국민참여재판법에서는 피고인신문에 대하여 별도의 규정을 두고 있지 않다. 그러므로 형소법 제296조의 2 피고인신문에 대한 규정이 그대로 준용된다. 위 규정에 의해 검사 또는 변호인은 증거조사 종료 후 순차로 피고인에게 공소사실 및 정상에 관하여 필요한 사항을 신문할 수 있다.

국민참여재판에서 피고인신문절차는 일반 형사절차보다 중요하다. 먼저 배심원들에게 피고인의 육성과 태도를 보여줄 수 있어 심증형성에 도움을 준다. 또한 피고인신문과정에서 변호인은 주도적으로 신문할 질문을 선택할 수 있다. 수사기관의 피의자신문조서는 범죄를 밝히기 위한 점만을 질문하는데 반해 변호인은 수사기록에서 부각되지 않았던 유리한 증거와 정황에 대한 피고인의 답변을 배심원에게 들려줄 수 있다. 한편 반대로 국민참여재판에서 검사의 피고인신문은 배심원의 유죄심증에 일반형사재판에서보다 효과적으로 기여한다.

피고인은 특별한 사정이 없는 한 당해 공소사실에 대하여 가장 많은 사실을 알고 있는 사람이라고 할 수 있으므로 증거방법으로서의 중요성이 크다. 전통적으로 배심제를 취하고 있는 영국과 미국은 당사자주의에 충실하고, 피고인은 당사자이므로 증거방법이 될 수 없는 것이 원칙이다. 반면, 참심제를 택하고 있는 독일, 프랑스에서는 직권주의 원칙이 적용되므로 재판장에게 실체적 진실발견을 위한 의무가 있어 피고인 신문이 제도화되어 있다. 그런데, 우리나라의 국민참여재판은 배심제와 참심제의 혼합형이라고는 하지만, 배심제의 요소가 더 크고 특히 사실인정절차에서 원칙적으로 배심원만에 의한 심리를 요구하고 있는 점에 비추어 형소법을 준용하여 피고인신문을 해야 할 것인지는 의문이다. 입법론적의 재고의 여지가 있다.

6. 양형자료의 조사

증거조사의 결과는 유・무죄 판단에도 사용되지만, 유죄로 인정되는 경우 양형판단의 자료로 사용되기도 한다. 현재 국민참여재판에서는 유・무죄에 대한 사실인정절차와 양형심리절차가 구분되어 있지 않기 때문이다. 피고인이 범행을 부인하는 사건에서 검사가 양형자료로 제출하는 증거능력이 없는 증거방법에 대하여 배심원들이 부당한 영향을 받을 수 있으므로 법관은 유・무죄 심증이 어느 정도 형성된 이후에 위 양형자료를 법정에 현출할 필요가 있다.[85)]

한편, 피고인이 범행에 대하여 자백하는 사건에 있어서는 사실인정절차보다는 양형심리절차에 비중을 두고 재판을 진행할 필요가 있다. 필요한 경우 법원은 직권으로 법원 양형조사관(법원조직법 제54조의 3 제1항, 제2항)이나 보호관찰소 보호관찰관(보호관찰법 제19조 제1항)에게 명하여 회보한 판결 전 조사 결과보고서를 활용할 수도 있다.

7. 구형, 최종변론, 최종진술 및 변론의 종결

(1) 검사의 구형

증거조사와 피고인신문이 종료된 후 검사는 사실과 법률적용에 관하여 의견을 진

85) 법원행정처, "국민참여재판의 이해", 115면.

술한다. 이때, 검사는 주로 프리젠테이션 방식을 사용하여 30분 내지 1시간 가량 논고를 진행하는 경우가 많다.

(2) 변호인의 최종변론과 피고인의 최후진술

변호인은 배심원들에게 미리 준비한 프리젠테이션 방식으로 변론을 하는 경우도 있고, 즉석에서 내용을 정리하여 구두로 변론할 수도 있다. 주로 검사의 의견에 대한 반박과 사건에 대한 최종의견을 진술한다. 재판장은 변호인의 최종변론이 종료하면 피고인에게 최종진술을 할 기회를 주어야 한다. 이때 변호인은 사전에 피고인이 최후진술을 어떤 방법으로 할 것인지를 미리 준비하는 것이 좋다.

VI. 재판장의 설명

1. 개요

재판장은 변론이 종결된 후 법정에서 배심원에게 공소사실의 요지와 적용법조, 피고인과 변호인의 주장의 요지, 증거능력, 그 밖에 유의할 사항에 대하여 설명하여야 한다. 이를 jury instruction이라고 한다.

유의할 사항으로는 ① 무죄추정의 원칙, 증거재판주의, 자유 심증주의 ② 피고인의 법정에서의 진술거부가 피고인에게 불리하게 작용해서는 안 된다는 점, ③ 증거능력이 배제되어 증거능력이 없는 증거는 사실인정에 있어서 무시하여야 한다는 점, ④ 심리도중에 법정을 떠나거나, 평의·평결 또는 토의가 완결되기 전에 재판장의 허락 없이 평의·평결 또는 토의장소를 떠나는 행위와 평의·평결 또는 토의에 관한 비밀을 누설하는 행위를 해서는 안 된다는 점, ⑤ 평의 및 평결의 방법 등에 대하여 설명하여야 한다(국민참여재판규칙 제37조).

2. 설명요청

검사·피고인 또는 변호인은 재판장에게 당해 사건과 관련하여 설명이 필요한 법률적 사항을 특정하여 설명에 포함시켜 줄 것을 서면으로 요청할 수 있다(국민참여규칙 제37조 제2항). 이와 같은 설명요청의 시기에 대하여 별다른 규정이 없으나, 설명자료의 준비와 재판절차의 원활한 진행을 위하여 최종의견진술 전까지는 제출하는 것이 바람직할 것이다.[86)]

3. 주요 설명사항

(1) 자유 심증주의

자유 심증주의란 증거의 증명력을 적극적 또는 소극적으로 법정하지 아니하고 법관의 자유로운 판단에 맡기는 주의를 말한다. 증거평가자유의 원칙(Grundsatz der freien Beweiswurdigung)이라고도 한다. 국민참여재판에서는 배심원들이 사실판단에 관여하므로 배심원들의 판단에도 자유 심증주의 원칙이 적용된다고 할 수 있다.

(2) 신빙성 판단

자유 심증주의에 의하여 배심원들이 자유롭게 판단할 수 있는 것은 증거의 증명력 또는 신빙성이다. 증거의 증명력이란 사실인정을 위한 증거의 실질적 가치, 즉 증거가치(Beweiswert)를 의미한다. 일관성이 없는 진술이나 애매하고 모순된 진술 또는 객관적 합리성이 인정되지 않아 신빙성이 없는 증거를 근거로 사실을 인정하는 것은 논리법칙에 반하므로 허용되지 않는다. 증거의 증명력 판단은 특히 진술증거에서 문제되는 경우가 많다. 법률적 판단경험이 거의 없는 배심원들의 오판을 방지하기 위해서는 배심원들에게 진술증거의 신빙성 판단을 함에 있어서 고려해야 할 요소에 대하여 상세히 설명해주는 것이 좋다.

---

86) 가급적 증거조사가 끝나기 전의 시점 중에서 재판장이 정한 때까지 제출하도록 실무를 운용할 필요가 있다(법원행정처, 국민참여재판의 이해, 125면).

(3) 증명의 정도와 합리적 의심

형소법 제207조 제2항은 "범죄사실의 인정은 합리적인 의심이 없는 정도의 증명에 이르러야 한다"고 규정하고 있다. 이때 '합리적인 의심이 없는 정도의 증명(proof beyond reasonable doubt)'은 매우 추상적인 개념이므로 배심원들이 혼란스러워 할 수 있어, 이에 대한 상세한 설명이 필요하다고 할 수 있다.

대법원은 종전에는 '고도의 개연성'개념을 활용하여 '범죄사실의 증명은 고도의 개연성에 대한 심증을 갖게 되었을 때 비로소 그 증명이 있다'고 하다가,[87] "피고인을 유죄로 단죄하기 위한 증거의 증명력은 합리적인 의심을 배제할 정도의 확신을 가져올 수 있어야 하며 단지 반대증거보다 우월한 정도의 증명력으로서는 부족하다" 고 판시[88]하면서, "합리적 의심이란 모든 의심, 불신을 포함하는 것이 아니라 논리와 경험칙에 의하여 요증사실과 양립할 수 없는 사실의 개연성에 대한 합리성 있는 의문을 의미하는 것으로서, 피고인에게 유리한 상황을 사실인정과 관련하여 파악한 이성적 추론에 그 근거를 두어야 하는 것이므로 단순히 관념적인 의심이나 추상적인 가능성에 기초한 의심은 합리적 의심에 포함된다고 할 수 없다"[89]는 입장을 취해오고 있다.

그러면, 합리적 의심은 구체적으로 무엇을 의미하는가? 먼저, 합리성이란 논리법칙과 경험칙 또는 개연성 등의 측면에서 접근해 갈 수 밖에 없는 개념이라는 것을 전제로 하지 않을 수 없다. 판단자를 기준으로 할 때, 합리적인 사람이라면 그와 같이 의심하는 것인 당연하다고 할 수 있는 의심으로 정의할 수 있다. 이러한 정의는 합리적인 사람을 전제로 하는 판단인데, 실제 판단자가 합리적인 사람인지 여부를 불문하고 결국 주관적일 수 밖에 없다. 비록 선정된 배심원들이 반드시 합리적인 사람의 총체라고 단정할 수는 없으나 배심원들의 판단은 공개적으로 구체적인 이유설시가 요구되지 않고, 극단적으로 볼 때 배심원들이 유죄평결을 하면 합리적 의심이 해소된

87) 대법원 1979.12.26. 선고 77도2381 판결 등
88) 대법원 1982.12.28. 선고 82도263 판결.
89) 대법원 2012.5.24. 선고 2010도5948 판결.

것이고, 무죄평결을 하면 합리적 의심이 해소되지 못한 것으로 결론지을 수도 있다.

다음, 증명의 정도에 대하여 살펴보면, 증명정도의 개량화의 측면에서 이를 접근할 수 있다. 미국의 경우 증명의 정도는 단계에 따라 ① 증거의 우월정도의 증명(preponderance of the evidence),[90] ② 명백하고 설득력있는 증명(clear and convincing evidence), ③ 합리적인 의심을 넘어서는 증명(proof beyond reasonable doubt)이라는 3가지로 구분할 수 있는데, ①이 50%에 더 근접하는 개념이라면 ③은 100%에 더 근접하는 개념이라 할 수 있다. 합리적 의심을 넘어서는 증명의 정도와 관련하여 1978년 뉴욕동부 연방지방법원 판사 10명을 대상으로 한 조사에 따르면, 수치로 표현할 수 없다고 답변한 1명을 제외한 나머지 9명이 약 76~95%라고 답변(76% 1명, 80% 1명, 85% 4명, 90% 2명, 95% 1명)하고 있고, 1982년 연방법원 판사 171명을 대상으로 한 조사에 의하면 50~100%라고(50% 1명, 60% 1명, 70% 1명, 80% 14명, 85% 20명, 90% 56명, 92% 1명, 93% 1명, 94% 1명, 95% 31명, 97% 1명, 98% 6명, 99% 8명, 100% 21명) 답변하고 있다.[91] 이러한 조사결과에 의하면 조사에 응한 판사들이 계량화된 증명의 정도로 대부분 75% 이상을 요구하고 있다고 할 수 있다.

우리나라의 경우 2013년 서울북부지방법원에 재직하고 있는 판사 63명을 상대로 증명의 정도에 관하여 설문조사를 한 적이 있는데, 그 중 38명이 설문에 응답하였다. 계량화 방식에 의한 증명의 정도에 대한 답변은 60~70% 1명, 70% 4명, 75% 1명, 70~90% 1명, 80% 5명, 80~90% 4명, 85% 1명, 90% 16명, 95% 4명으로 대부분 70~ 80% 이상을 요구하고 있다고 볼 수 있다.

형사사건에 대한 판단행위를 경험한 적이 없는 일반인으로 구성된 배심원들에게 직업법관과 같은 접근법을 요구하는 것이 어려운 면이 있으나, 평결에 앞서 대략적인 가늠을 할 수 있도록 설명할 수 있을 것이다. 이와 관련하여 뉴욕 주 법원의 배심원 설명내용을 참조할 수 있을 것이다.[92]

---

90) 보통의 민사재판에서 요구하는 증명의 정도라고 할 수 있다.

91) C.M.A. McCauliff, Burdens of Proof : Degrees of Belief, Quanta of Evidence, or Constituonal Guarantees?, 35 Vand. L. Rev. 1293 (1982), 1325면 (김재환, 앞의 책, 120면에서 재인용).

Ⅶ. 평의·평결·토의 및 판결선고

1. 평의 및 평결

(1) 의의

평의(評議)란 배심원이 유무죄에 대한 판단에 이르기 위해 서로 의견을 교환하며 논의하는 토론절차를 말하고, 평결(評決, verdict)이란 평의절차를 거쳐 당해사건에 대하여 배심원이 내리는 최종적인 판단을 말한다.

(2) 기일지정과 비공개

평의·평결 및 양형에 관한 토의는 변론이 종결된 후 연속하여 진행하여야 한다. 다만, 재판장은 평의 등에 소요되는 시간 등을 고려하여 필요하다고 인정하는 때에는 변론 종결일로부터 3일 이내의 범위 내에서 평의·평결 및 양형에 관한 토의를 위한 기일을 따로 지정할 수 있다(국민참여재판규칙 제39조 제1항). 사건이 방대하고 복잡하여 하루 안에 평의가 끝나지 않는 경우에는, 첫째, 재판장이 배심원들에게 비밀준수의무와 위반시의 불이익을 설명한 후 귀가시키는 방법이 있고, 둘째, 별도의 숙소를 마련하

---

92) 김재환, 앞의 책, 124면 각주 169. "법은 여러분에게 증거가 얼마나 설득력이 있어야 유죄의 판단을 할 수 있는가를 설명하기 위하여 '합리적 의심의 여지가 없는 증명'이란 표현을 사용합니다. 법은 인간사를 다룸에 있어 우리가 절대적인 확신을 가지고 알 수 있는 일이 세상에 거의 존재하지 않음을 잘 알고 있습니다. 그렇기 때문에 법은 검사가 피고인이 유죄임을 모든 가능한 의심의 여지가 없을 정도로 증명할 것을 요구하지는 않습니다. 반면, 피고인이 유죄일 가능성이 있다는 정도의 증명은 충분하지 않습니다. 형사사건에서 유죄의 증명은 그보다는 강력해야 합니다. 그것은 합리적인 의심의 여지가 없는 증명이어야 합니다. '합리적 의심'이란 피고인의 유죄 여부에 관한 정당한 의심으로서, 제시된 증거의 본질과 증명력에 비추어 합리적인 이유가 존재하는 의심을 말합니다. 그것은 실재하는 의심이지 가상의 의심이 아닙니다. 그것은 합리적인 사람이 이와 같이 중요한 사안에 있어 제시된 증거 때문에 혹은 설득력 있는 증거의 부족으로 인해 품게 되는 의심입니다. 합리적 의심의 여지없는 증명은 여러분이 해당범죄의 구성요건의 존재에 관하여 또는 피고인이 실제로 그 범죄를 범한 자가 맞는지에 관하여 그 어떤 합리적인 의심이 남지 않을 정도로 피고인의 유죄를 굳게 확신하는 정도의 증명을 말합니다. 검사가 피고인의 유죄를 합리적 의심의 여지가 없는 정도로 증명하였는지는 오로지 제시된 증거를 완전하고 공정하게 평가하여 판단하여야 합니다. 제시된 증거를 신중하게 평가한 후 그 증거가 여러분이 합리적 의심이 없는 정도로 피고인의 유죄를 확신하게 하는지 결정하여야 합니다.

고 배심원들을 다음 평의속행기일을 개정할 때까지 격리조치하는 방법이 있다.

평의·평결 및 양형에 관한 토의는 평의실에서 행하고, 재판장의 허가를 받지 아니하고는 배심원 이외의 누구도 평의실에 출입할 수 없다(동 규칙 제39조 제2항). 재판장은 법원경위 등으로 하여금 평의실의 출입을 통제하도록 하여야 한다(동 규칙 제39조 제3항). ④ 평의·평결 및 양형에 관한 토의는 공개하지 않는다(동 규칙 제39조 제4항). 법원사무관 등은 평의·평결 및 양형에 관한 토의가 종료된 직후 배심원이 당해 재판과 관련하여 작성한 서류를 지체 없이 수거하여 폐기하여야 한다(동 규칙 제39조 제5항).

(3) 평의절차

1) 배심원 대표

배심원은 평의를 진행하기에 앞서 호선으로 배심원 대표를 선출하여야 한다. 다만, 호선되지 않는 경우에는 재판장이 배심원 대표를 지정한다(국민참여재판규칙 제40조 제1항). 배심원 대표는 ① 배심원 평의의 주재, ② 평의실 출입통제의 요청, ③ 판사에 대한 의견 진술의 요청, ④ 증거서류 등의 제공 요청, ⑤ 평결결과의 집계, ⑥ 유무죄에 대한 배심원의 평결 결과를 집계한 서면인 평결서의 작성, ⑦ 평결서의 전달의 임무를 수행한다(동 규칙 제40조 제2항).

2) 평의의 방법

(가) 평의의 방식

심리에 관여한 배심원은 재판장의 설명을 들은 후 유·무죄에 관하여 평의한다(국민참여재판법 제46조 제2항). 평의는 피고인별, 범죄별로 이루어진다. 따라서 재판부는 변론을 종결하기 전에 미리 죄명, 공소사실, 적용법조, 쟁점 등을 정리한 평결서 양식을 준비하여 재판장 설명시 배심원에게 제공한다.

배심원 대표는 평의를 주재하면서 배심원 각자가 충분하게 의견을 진술할 수 있는 기회를 동등하게 부여하여야 한다(동 규칙 제41조 제1항). 평의진행 방식은 효율적인 진행을 위해 ① 먼저 배심원 각자가 자신이 생각하는 결론을 이야기하고 결론을 취합한 후 배심원의 의견청취, 재결론 취합, 만장일치가 아닌 경우 재 토론, 재결론 취합 등의 방식으로 진행하거나, ② 배심원들의 의견을 청취하고, 의견청취 후 토론, 결론 취합, 만장일치가 아닌 경우 재 토론, 재 결론 취합 등의 방식으로 진행할 수 있을 것이다.[93]

(나) 증거자료의 제공요청

배심원은 평의를 진행하는 도중 필요한 경우에는 배심원 대표를 통하여 재판장에게 공소장 사본, 재판장 설명서가 존재하는 경우 그 사본, 증거서류 사본 및 증거물의 제공을 요청할 수 있다(국민참여재판규칙 제41조 제3항).[94] 이 규정은 배심원들의 기억이 희미해지거나 잘못들은 경우가 있을 수 있으므로 배심원들이 서로의 기억에만 의존하여 평결을 하는 것이 어려운 경우 배심원들의 평의를 돕기 위해 제공되는 것이다.

그러나, 이 규정은 공판중심주의를 해할 수 있으므로 주의를 요한다. 국민참여재판이 서류재판으로 흐르지 않도록 평의과정에서 배심원들이 요청한 증거를 제공할 필요성은 엄격하게 해석하여야 한다. 특별한 이유를 제시하지 아니한 채 평의지연을 목적으로 모든 증거를 요구하는 것 같은 증거제공 요청에 대하여 재판장은 이를 거부해야 하며, 증인의 답변이 기억나지 않는 경우 등 간단한 경우에는 증인신문조서 전체를 제공할 것이 아니라 그 답변만을 확인해 주면 될 것이다. 요청대상증거가 흉기, 마약, 음란물, 끔찍한 사진 등과 같은 증거인 경우에는 선정성이나 선입견으로 부작용을 불러올 수 있으므로 이를 제공함에는 신중하여야 한다. 또한 증거능력이 없는 증거는 제공되어서는 안 된다.

(다) 판사의 의견요청

심리에 관여한 배심원은 유・무죄에 관하여 평의하고, 전원의 의견이 일치하면

93) 김재환, 앞의 책, 128면.

94) 실무상 흔하지는 않지만 배심원들이 증거제공요청을 하는 경우가 간간이 있고, 평의 후 대담과정에서 배심원들이 증거서류를 보지 못하는 것 자체에 대한 아쉬움이 있다고 한다(김재환, 앞의 책 129면).

그에 따라 평결한다. 다만, 배심원 과반수의 요청이 있으면 심리에 관여한 판사의 의견을 들을 수 있다(국민참여재판법 제46조 제2항). 이러한 판사의 참여는 국민참여재판이 배심제와 참심제를 혼합한 형태의 재판구조를 가지는 결과 허용되는 것이다. 이때 판사의 의견진술은 배심원들이 만장일치의 평결을 이르는 것을 조력하는 정도에 그쳐야 하고 증거의 증명력, 사실인정과 같이 배심원이 유무죄를 결정하는데 직접적인 영향을 미치는 의견을 진술해서는 안 된다.[95]

(3) 평결절차

1) 의의와 방식

평결은 당해 사건에 대한 배심원의 최종판단을 의미한다. 국민참여재판의 평결은 만장일치가 원칙이다. 다만, 배심원이 유・무죄에 관하여 전원의 의견이 일치하지 아니하는 때에는 평결을 하기 전에 심리에 관여한 판사의 의견을 들어야 하고, 이 경우 유・무죄의 평결은 다수결의 방법으로 한다(국민참여재판법 제46조 제3항). 이때, 판사의 의견은 평의과정에서 배심원 다수결에 의해 판사의 의견진술을 듣는 경우의 판사의견에 비교하면, 그 범위나 기능이 다르다고 할 수 있다. 좀 더 자세히 사건의 쟁점, 증거, 적용법률에 대하여 설명한다. 즉 전자의 경우에는 재판장 설명이나 증거자료 등에 관하여 배심원들의 질문에 답변하는 소극적인 의견제시라고 한다면, 후자의 경우는 배심원들과의 질문과 답변과정을 통해 유・무죄의 이유나 관련된 증거들을 정리・설명해 줌으로써 쟁점사항에 대한 이해도를 높이고, 유・무죄의 이유나 근거들을 비교・형량하여 판단할 수 있도록 하는 의견제시가 가능하다.[96] 심리에 관여한 판사는 평의에 참석하여 의견을 진술한 경우에도 평결에는 참여할 수 없다(동법 제46조 제3항 후문).

배심제를 시행하는 나라에서는 배심원의 평의절차에 법관이 참여할 수 없고, 평

---

95) 법원행정처, 앞의 책, 135면.

96) 어느 경우든 심리에 관여한 판사가 의견을 진술하는 경우에는 유・무죄에 관한 의견을 진술하여서는 아니된다.

결은 원칙적으로 만장일치가 될 것을 요구하고 있으며, 만장일치 요건을 다소 완화하는 경우가 있지만 그 경우에도 단순 다수결에 의한 평결은 허용하지 않는다. 한편, 참심제를 시행하는 나라에서는 참심원과 직업법관이 동등한 권한을 가지고 평의를 진행하고, 2/3 정도의 가중 다수결로 평결을 하는 것이 보통이지만, 일본의 경우는 단순 다수결에 의한 평결을 허용하고 있다. 이와 관련하여 대법원 국민사법참여위원회(2012. 7. 12. 구성)가 2013. 3. 6. 제8차 회의에서 의결한 국민참여재판의 최종형태(안)은 배심원 평결에 대하여 단순한 권고적 효력을 넘는 사실상의 기속력을 부여하는 것과 연계하여 단순 다수결평결을 폐지하고 배심원의 3/4이상 찬성하는 경우에만 평결이 성립된 것으로 보는 '가중 다수결제'를 채택하고, 다만 가중 다수결 원칙이 충족되지 않는 경우(hung jury)에는 다시 국민참여재판을 실시하지 않고 배심원의 평결 없이 판결하되 배심원 의견을 참고할 수 있도록 하도록 하고 있다.97)

피고인이 범한 범죄에 대하여 배심원의 의견을 확인하는 방법은 첫째, 배심원 대표가 배심원에게 한명씩 의견을 순차로 말하도록 하여 그 결과를 집계하는 방식, 둘째, 배심원들이 투표용지에 각자 유·무죄에 대한 의견을 적고 이를 투표함에 넣어 집계하는 방식이 있다.98)

2) 평결서의 작성 및 확인

배심원 대표는 평의가 종료되면 배심원 전원에 대하여 개개인의 의사를 명확하게 확인한 후 유죄의견의 수, 무죄의견의 수로 구분하여 평결서를 작성한 후 배심원들의 서명 또는 날인을 받아 즉시 이를 재판장에게 전달하여야 한다(국민참여재판규칙 제42조). 재판장은 평결서가 전달되면 즉시 이를 개봉하여 평결서 기재사항이 빠짐없이 기재되었는지를 심사한다(국민참여재판예규 제36조 제1항). 재판장은 심사 결과 평결서

97) 김재환, 앞의 책, 131-132면.

98) 법원행정처, 앞의 책, 136면. 첫 번째 방식은 뒤에 의견을 말하는 사람이 앞에서 말한 배심원의 의견에 영향을 받을 가능성이 있고, 특히 다수의 배심원의 의견이 자신의 의견과 다를 경우에는 자신의 의견을 바꿀 위험성이 있다. 두 번째 방식은 위와 같은 단점은 없으나 진지한 토론이 결여될 수 있다.

기재사항이 누락되거나 판사의 의견을 듣지 않고 다수결 평결에 이른 경우와 같이 평의절차를 위반한 경우에는 즉시 그 보정을 명한다(동 예규 제36조 제2항).

3) 평결의 효과

평결은 법원을 기속하지 아니한다(국민참여재판법 제46조 제5항). 그러나, 사법의 민주적 정당성과 신뢰를 높이기 위해 도입된 국민참여재판의 형식으로 진행된 형사공판절차에서, 엄격한 선정절차를 거쳐 양식 있는 시민으로 구성된 배심원이 사실의 인정에 관하여 재판부에 제시하는 집단적 의견은 실질적 직접심리주의 및 공판중심주의하에서 증거의 취사와 사실의 인정에 관한 전권을 가지는 사실심 법관의 판단을 돕기 위한 권고적 효력을 가지는 것이지만, 배심원이 증인신문 등 사실심리의 전 과정에 함께 참여한 후 증인이 한 진술의 신빙성 등 증거의 취사와 사실의 인정에 관하여 만장일치의 의견으로 내린 무죄의 평결이 재판부의 심증에 부합하여 그대로 채택된 경우라면, 이러한 절차를 거쳐 이루어진 증거의 취사 및 사실의 인정에 관한 제1심의 판단은 실질적 직접심리주의 및 공판중심주의의 취지와 정신에 비추어 항소심에서의 새로운 증거조사를 통해 그에 명백히 반대되는 충분하고도 납득할 만한 현저한 사정이 나타나지 않는 한 한층 더 존중될 필요가 있다.[99]

2. 양형토의

(1) 개요

평결이 유죄인 경우 배심원은 심리에 관여한 판사와 함께 양형에 관하여 토의하고 그에 관한 의견을 개진한다. 재판장은 양형에 관한 토의 전에 처벌의 범위와 양형

---

99) 대법원 2010.3.25. 선고 2009도14065 판결(국민참여재판으로 진행된 제1심에서 배심원이 만장일치로 한 평결결과를 받아들여 강도상해의 공소사실을 무죄로 판단하였으나, 항소심에서는 피해자에 대하여만 증인신문을 추가로 실시한 다음 제1심의 판단을 뒤집어 이를 유죄로 인정한 사안에서, 항소심 판단에 공판중심주의와 실질적 직접심리주의 원칙의 위반 및 증거재판주의에 관한 법리오해의 위법이 있다는 취지로 파기한 판결이다).

의 조건 등을 설명하여야 한다(국민참여재판법 제46조 제4항).

양형기준이 시행되기 전에는 재판부가 유사사례의 양형결과를 배심원들에게 제시하고, 이를 참조하여 양형의견을 정하도록 하는 것이 일반적이었다. 그러나 이러한 경우 배심원들이 재판부의 의중을 의식하여 유사사례를 따를 가능성이 많다.[100] 그러나 현재는 대부분의 사건에 대하여 양형기준이 정립되어 있으므로 재판부는 배심원들에게 양형기준을 제시한 후 그 적용원리, 당해 사건에서 양형요소에 대한 판단방법 등을 설명하는 것이 바람직하다.

(2) 무죄의견인 배심원의 양형의견

다수결에 의해 평결이 유죄로 된 경우 무죄의견을 표시한 배심원이라도 양형의견을 제시하도록 하는 것이 바람직하다. 따라서 재판장은 다수결에 의한 유죄평결 이후 무죄의견인 배심원에게 양형토의에 참가할 것을 권유하고 그 배심원이 양형토의 참여를 거부하는 경우에는 불가피하게 그 취지를 양형의견서에 기재한다.[101]

(3) 양형의견서의 작성

심리에 관여한 판사가 배심원과 양형에 관하여 토의를 한 때에는 배심원의 양형에 관한 의견을 집계하여 그 결과를 양형의견서에 기재하고 재판장이 기명날인한다(국민참여재판예규 제37조).

(4) 양형의견의 효과

양형토의 의견은 법원을 기속하지 아니하고 사실심 법관의 판단을 돕기 위한 권고적 효력을 가진다. 대법원 국민사법참여위원회가 2013. 3. 6. 제8차 회의에서 의결

---

100) 실제로 유사사례를 제시하면 배심원들이 자신감 부족 등으로 인하여 자신들의 의견을 쉽게 포기하는 경향을 보인다고 한다(김재환, 앞의 책, 137면). 그러나 유사사례라고 하더라도 동일한 사건이란 있을 수 없고, 상식을 반영하기 위하여 배심원들의 의견을 듣는 것이라는 점을 고려할 때 기존 사례에 중점을 두어 양형을 정하는 방식은 반드시 바람직하다고는 할 수 없을 것이다.

101) 법원행정처, 앞의 책, 139면.

한 국민참여재판의 최종형태(안)에 따르면, 배심원 평결에 대하여 단순한 권고적 효력을 넘는'사실상의 기속력'을 부여하여 재판부가 피고인의 유・무죄를 판단함에 있어서 원칙적으로 배심원의 평결결과를 존중하여야 하지만, 예외적으로 평의・평결의 절차 또는 내용이 헌법, 법률 등에 위반되거나 부당하다고 인정할 만한 사유가 있는 경우에는 평결결과와 달리 판결할 수 있도록 하고, 다만 양형에 관한 배심원의 의견은 종전과 같이 권고적 효력만 인정하도록 하고 있다.

3. 판결선고

(1) 선고기일

판결의 선고는 변론을 종결한 기일에 하여야 한다. 다만, 특별한 사정이 있는 때에는 따로 선고기일을 지정할 수 있다(국민참여재판법 제48조 제1항). 따로, 선고기일을 정하는 때에는 변론종결 후 14일 이내로 정하여야 한다(동법 제48조 제3항).

(2) 평결결과 및 양형의견의 고지

재판장은 판결선고 시 피고인에게 배심원의 평결결과를 고지하여야 하며, 배심원의 평결결과와 다른 판결을 선고하는 때에는 피고인에게 그 이유를 설명하여야 한다(국민참여재판법 제48조 제4항). 재판부가 배심원의 평결결과와 다른 판결을 선고하는 경우 배심원이 평결에 대하여 반박하는 형식의 설명은 적절하지 않고, 판결의 타당성을 위해 해당 논거와 관련된 당사자의 주장을 합리적인 근거를 들어 판단하는 정도의 설명으로 족하다 할 것이다. 한편 양형에 관한 의견은 법령에서 정한 바가 없으므로 고지여부는 재판부의 재량사항이나 실무상 이를 고지함이 일반적이다.

(3) 판결서의 작성

판결서에는 배심원이 재판에 참여하였다는 취지를 기재하여야 하고, 배심원의 의견을 기재할 수 있다(국민참여재판법 제49조 제1항). 실무상 배심원의 양형의견도 함께 기재하는 것이 일반적이다. 배심원의 평결결과와 다른 판결을 선고하는 때에는 판결서에 그 이유를 기재하여야 한다(국민참여재판법 제49조 제2항). 변론을 종결한 기일에 판결을 선고하는 경우에는 판결서를 선고 후에 작성할 수 있다(국민참여재판법 제48조 제2항).

4. 상소

(1) 상소절차

국민참여재판법에서는 국민참여재판으로 진행한 사건의 상소절차에 대하여 특별한 규정을 두고 있지 않다. 국민참여재판에 관하여 특별한 규정이 없는 때에는 법원조직법·형사소송법 등 다른 법령을 적용하도록 하고 있으므로(국민참여재판법 제4조), 국민참여재판으로 진행한 사건의 상소절차는 일반적인 형사재판과 마찬가지로 형사소송법상의 상소절차가 적용된다.

(2) 항소심에서의 원심판결의 파기

형사소송법상 '사실의 오인이 있어 판결에 영향을 미칠 때(동법 제361조의 5 제9호)'에는 항소이유에 해당되고, 이유불비나 이유모순(동법 제361조의 5 제6호)도 절대적 항소이유에 해당한다.

국민참여재판에서 유·무죄에 관한 평결은 사실상의 기속력을 가지고 있으나, 영미식 배심재판과 같이 원칙적으로 항소가 금지되는 것이 아니다.[102] 다만, 전술한 바와 같이 판례상 국민참여재판으로 진행한 사건에 대하여는 사실오인을 이유로 한 항소심의 원심판결의 파기를 상당히 제한하고 있다.

---

102) 배심제를 채택한 국가에서는 배심원이 무죄평결에 이르면 검사는 항소할 수 없으며, 유죄평결의 경우에도 법률판단에 대해서만 항소가 가능할 뿐, 사실인정의 오류로 인해서는 항소할 수 없다.

제3장 국민참여재판과 증거법

제1절 개관

Ⅰ. 우리 형사소송법의 소송구조와 증거법

현대의 형사소송구조는 소송의 주도적 지위를 누가 담당하는가에 따라 당사자주의와 직권주의로 나눌 수 있다. 당사자주의는 소송의 주도권이 검사와 피고인에게 있어 양 당사자의 대립과 항쟁을 통해 실체적 진실을 가리고, 법원은 심판자의 역할에 그치는 것이고, 직권주의는 법원이 소송의 주도권을 가지고 직권탐지주의에 따라 실체적 진실을 발견할 의무를 지며, 검사와 피고인은 이에 협력하는 주의를 말한다. 전자가 영미의 형사소송구조임에 대하여 후자는 독일·프랑스 등 유럽대륙의 소송구조라고 할 수 있다. 다만 영미와 유럽에서의 당사자주의와 직권주의는 최근 서로 접근·조화하는 추세에 있다고 할 수 있다.

우리나라의 현행 형사소송법은 당사자주의와 직권주의를 조화한 절충적·혼합적 구조를 취하고 있다. 당사자주의는 소송에서의 당사자인 검사와 피고인의 지위와 권한의 평등을 전제로 한 당사자의 대립·항쟁관계를 그 내용으로 한다. 우리 형사소송법에서 증거조사 및 증거법과 관련한 당사자주의적 요소를 보면, ① 증거조사는 원칙적으로 당사자의 신청에 의하여 행하여지므로(형소법 제294조), 입증활동의 주도권은 당사자에게 있고, ② 당사자에게 증거조사참여권(동법 제145조, 제163조, 제176조), 증거조사에 대한 이의신청권을 인정하고 있다(동법 제296조). 또한, ③ 증인신문에 대하여는 상호신문제도(cross examination)를 채택하여 증인신문은 신청한 당사자가 주

신문을 한 다음에 반대당사자가 반대신문을 하고, 필요한 때에는 재주신문과 재반대신문이 이루어지며(동법 제161조의 2), ④ 당사자의 반대신문권을 보장하기 위하여 전문법칙을 채택하고 있고(동법 제310조의 2), ⑤ 증거에 대한 당사자의 처분권을 인정하는 동의(동법 제318조)와 탄핵증거(동법 제318조의 2)를 규정하고 있다. 한편, 우리 형사소송법에서 직권주의적 요소를 살펴보면, ① 증거조사는 당사자의 신청에 의하는 것을 원칙으로 하지만 법원도 직권으로 증거조사를 할 수 있는데(동법 제295조) 직권에 의한 증거조사는 법원의 권리인 동시에 의무로 이해되고 있고, ② 증인신문에 있어서도 재판장은 당사자의 신문이 끝난 후에 신문할 수 있고(동법 제161조의 2 제2항, 제5항), 필요하다고 인정할 때에는 어느 때에나 신문할 수 있다(동조 제3항). 또한, ③ 피고인신문제도를 두어 사실상 피고인을 증거방법의 하나로 하고 있다(동법 제296조의 2).

II. 국민참여재판의 소송구조와 증거법

우리나라의 국민참여재판법은 일반시민인 배심원에 의한 증거조사와 사실인정을 통한 평결을 하도록 규정하고 있어 '영미법상의 당사자주의' 소송구조와 유사한 제도라고 할 수 있다. 직권주의 요소인 법원에 의한 증거조사, 증인신문에 있어서 재판장에 의한 신문이 제한적으로 이루어지지 않는 점에서 그러하다. 따라서, 당사자주의와 직권주의의 조화 또는 혼합으로 파악되는 우리 형사소송법의 소송구조와 차이가 있다. 한편, 국민참여재판은 사실인정을 위한 기초자료인 증거법에 대하여 별도의 규정을 두지 않고 있어서, 국민참여재판법 제4조[1]에 따라 증거조사 및 증거법에 관하여 현행 형사소송법이 적용된다.

영미법상의 당사자주의 소송에서 증거법의 대원칙은 원진술자에 대한 당사자의 반대신문권을 보장하는 전문법칙에 따라 공판기일에서의 진술에 대신하여 진술을 기

1) 제4조(다른 법령과의 관계) 국민참여재판에 관하여 이 법에 특별한 규정이 없는 때에는 「법원조직법」·「형사소송법」 등 다른 법령을 적용한다.

재한 서류나 공판기일 외에서의 타인의 진술을 내용으로 하는 진술은 이를 증거로 할 수 없다는 것에 있다. 따라서 진술증거가 증거능력을 가지기 위해서는 원칙적으로 법정에 출석한 증인의 진술에 의하여야 한다. 전문진술은 인식과정의 부정확성, 불완전한 기억력, 신용할 수 없음(untruthfulness)이라는 흠결을 가지고 있기 때문이다. 이러한 결함은 원진술자에 대한 반대신문을 통하여 상대적으로 쉽게 발견할 수 있다. 따라서, 원진술자가 없는 가운데 법정에서 원진술자의 진술이 현출된다면 위 세 개의 결함의 결과 그 진술은 추측에 그칠 수 있다는 것이다. 특히 신용성의 문제는 전문증거를 받아들일 수 없는 가장 큰 이유이다. 허위의 사실로 진실을 은폐할 가능성이 있기 때문이다. 그러나 배심원이 반대신문과정에서 진실과 허위를 구분할 수 있는지에 대한 의문은 남아있다.

반면, 전문법칙을 엄격히 적용하는 경우 재판에 필요한 증거를 잃어버리게 되므로 진실발견에 이르지 못할 염려가 있다. 따라서 전문증거라 하더라도 신용성과 필요성이 있는 경우에는 증거로 허용할 필요성이 있다. 즉 전문법칙의 예외를 인정할 필요가 있다는 것이다. 우리 형사소송법은 1961.9.1. 형사소송법을 개정하면서 영미법상의 전문법칙을 도입하였고, 또한 전문법칙의 예외로서 ① 형소법 제311조 내지 제316조에 규정된 피의자신문조서, 참고인 진술조서, 진술서, 진술서면 기재, 전문진술 등에 대하여 각 법에 규정된 조건을 만족시키는 경우에 증거능력을 인정하고 있고, 전문법칙이 적용되지 않는 경우로서 ② 형소법 제318조 제1항의 동의규정에 의하여 위 ①항의 형소법상 정해진 증거서류이외의 전문증거와 증거물에 대하여 당사자의 동의가 있고 법원이 진정한 것으로 인정한 때에는 증거능력을 부여하고 있다. 그러나, 우리 형사소송법상의 전문법칙의 예외규정은 신용성과 필요성이 있는 경우에 전문증거에 대하여 증거능력을 예외적으로 인정할 수 있다고 하면서 대부분 수사기관이 작성한 조서에 대하여 그 예외를 인정하고 있어 영미법상의 전문법칙의 예외규정과 많은 차이를 보이고 있다.

그 결과 우리 형사소송법의 전문법칙의 예외규정과 전문증거에 대한 동의규정은 이른바, '조서재판'이라는 과거 규문주의 재판을 떠올리게 하고 있어 이와 같은 전문법칙의 예외규정을 그대로 유지하면서 특히 공판정에서 보고 듣는 증거조사를 원칙으로 하는 배심원에 의한 재판이 원활하게 이루어질 것인지 우려스럽다. 즉, 소송구조와 증거법의 모순, 충돌이 발생하고 있는 것이다.

Ⅲ. 국민참여재판과 직업법관에 의한 재판의 차이와 문제점

우리 형사소송법의 전문법칙 규정 중 증거동의규정(형소법 제318조 제1항)은 진술증거가 증거능력을 부여받기 위한 첫 관문이다. 즉, "검사와 피고인이 증거로 할 수 있음을 동의한 서류 또는 물건은 진정한 것으로 인정한 때에는 증거로 할 수 있다"는 규정에 의하여, 전문법칙의 예외규정인 형소법 제311조 내지 제316조에 규정된 피의자신문조서, 참고인 진술조서, 진술서, 진술서면기재, 전문진술 등에 모두 증거능력이 부여될 수 있고, 그 외 형소법에 규정되지 않은 전문진술증거들도 증거능력이 인정되고 있다. 반면, 영미법은 motion to suppression 절차에서 증거물에 대한 동의는 하고 있으나 진술증거에 대한 동의는 이루어지지 않는다.

법관에 의한 재판의 경우, 위에서 열거한 각 조서와 진술증거에 대하여 피고인 측에서 증거로 함에 동의하면 증거서류에 대한 조사방법인 낭독이나 내용고지 없이 이를 증거로 채택한 후 공개된 공판정이 아닌 폐쇄된 법관실에서 혼자 서면을 읽으면서 심증을 형성해나가게 된다. 또한, 조서 등에 대하여 피고인 측이 증거로 함에 동의하지 않은 경우, 예를 들면 피고인이 중요 참고인에 대한 수사기관 작성의 진술조서에 대하여 증거동의를 하지 않은 때에는 형소법 제312조 제4항에 의하여 "적법한 절차와 방식에 따라 작성된 것으로서 그 조서가 검사 또는 사법경찰관 앞에서 진술한 내용과 동일하게 기재되어 있음이 원진술자의 공판준비 또는 공판기일에서의 진술이나 영상녹화물 또는 그 밖의 객관적인 방법에 의하여 증명되고, 피고인 또는 변호인이 공판준비 또는 공판기일에 그 기재 내용에 관하여 원진술자를 신문할 수 있었던 때에는 그 조서에 기재된 진술이 특히 신빙할 수 있는 상태 하에서 행하여졌음이 증명된 때 증거로 할 수 있다." 그런데, 중요 참고인이 법정에 증인으로 출석하여 선서

한 후 진술조서의 기재내용에 관하여 진정성립을 인정하였으나, 사실은 수사기관에서 조사받을 때의 진술은 잘못된 것이라며 법정에서 수사기관에서 조사받은 내용을 번복하였을 때 현행 형소법상 수사기관에서 진술한 진술조서와 법정에서의 증언이 모두 증거능력을 갖게 되므로, 법관은 자유 심증주의에 따라 양 증거 가운데 신빙성이 있다고 판단하는 증거를 취사선택하여 사실인정을 하게 된다. 더 나아가, 중요참고인이 형소법 제314조[2]에 의한 사유로 법정에 증인으로 출석이 불가능하고 수사기관이 작성한 진술서나 진술조서만이 있는 경우에 그 진술조서나 진술서에 특신상황이 증명되면 증거능력이 인정되므로 증인의 증언이 없더라도 진술서나 진술조서에 기재된 서면을 혼자 읽고 심증을 형성하게 된다. 이와 같이 우리 형소법은 증거서류에 대하여 독자적으로 증거능력을 인정하는 규정을 두고 있어, 굳이 그 내용이 법정에 낭독 등의 방법으로 현출되지 않아도 법관이 증거서류를 법정 밖에서 혼자 읽고 심증을 형성할 수 있으므로 이른바, '서면재판'이라는 비판이 나오는 것이다. 그런데, 배심원에 의한 재판은 모든 증거가 법정에 현출되어 조사되어야 하므로 증거동의나 전문법칙의 예외규정에 의하여 증거능력이 인정되는 증거서류에 대하여 어떤 방식으로 증거조사를 하여야 할 것인지 방법론적인 차이가 있다.

그 외에, 법관은 비교적 오랫동안 증거에 의한 사실인정을 하는 훈련과 경험이 있고, 전문적인 법률용어나 법리(法理)와 판례 등에 정통하고 있어 인정된 사실에 법리를 투과시켜 결론을 도출하는데 그다지 어려움을 겪지 않는다. 그러나 배심원은 법률가가 아니므로 객관적으로 증거를 판단하여 사실인정을 하는 것에 어려움이 있을 것이라고 추정되고 있고, 전문적인 법률용어나 법리, 판례에 대하여 잘 알지 못하므로 사실인정을 한 후 이를 법리에 투영하여 결론을 도출하는데 곤란을 겪을 것이라는

---

2) 제314조(증거능력에 대한 예외) 제312조 또는 제313조의 경우에 공판준비 또는 공판기일에 진술을 요하는 자가 사망·질병·외국거주·소재불명 그 밖에 이에 준하는 사유로 인하여 진술할 수 없는 때에는 그 조서 및 그 밖의 서류(피고인 또는 피고인 아닌 자가 작성하였거나 진술한 내용이 포함된 문자·사진·영상 등의 정보로서 컴퓨터용디스크, 그 밖에 이와 비슷한 정보저장매체에 저장된 것을 포함한다)를 증거로 할 수 있다. 다만, 그 진술 또는 작성이 특히 신빙할 수 있는 상태 하에서 행하여졌음이 증명된 때에 한한다.

예상이 가능하다. 이와 관련하여, 피고인의 전과사실이나 전문가 증인, 과학적 증거를 대면하였을 때 배심원들이 이러한 증거의 의미를 정확하게 이해하고 판단하여 사실인정을 할 수 있는가에 대하여는 논란이 되고 있다.

여기서, 배심제를 중심으로 볼 때, 조서 등과 관련된 쟁점은 우리나라의 국민참여재판에 고유한 문제점이고, 배심원의 증거판단에 의한 사실인정, 사실인정과 법리와의 이해도 등은 우리나라뿐만 아니라 배심재판을 도입하고 있는 다른 국가들에서도 문제가 되고 있는 것이다.

Ⅳ. 국민참여재판과 우리 형사소송법상 전문증거와의 관계

전술한 바와 같이, 배심원에 의한 사실인정과 평결을 실시하는 우리나라의 국민참여재판에서 직업법관에 의한 사실인정과 판결을 염두에 두고 운영해 온 형사소송법의 증거법을 토대로 증거조사 및 사실인정을 하는 것은 방법론적으로 여러 가지 문제점이 있다.

독일과 프랑스 등에서 시행하는 참심제의 경우에는 법관과 참심원이 서로 의견을 교환하며 증거판단과 사실인정, 법리에의 적용을 비교적 용이하게 할 수 있다. 그러나 우리 국민참여재판은 이러한 일련의 과정에 법관의 기초적인 모두설명과 변론종결 후의 설명, 그리고 배심원의 평의에서 배심원이 유·무죄에 관하여 전원의 의견이 일치하지 아니하는 때 심리에 관여한 판사의 의견청취 외에는 일체 관여하지 못하도록 하고 있다. 따라서 우리나라의 국민참여재판에서의 배심원에 의한 증거조사 및 사실인정은 미국식 배심재판제도에서의 배심원의 기능과 유사하다고 할 것이다. 그렇다면, 가장 이상적인 방법은 미국 형사절차에서의 증거법을 차용하여 국민참여재판에 증거법을 독자적으로 마련하는 것일 수 있다. 미국 형사절차에서의 증거법이 발달한 이유는 일반 시민인 배심원에 의한 재판을 염두에 둔 것이기 때문이다.

그러나, 미국식 증거법을 원형에 가깝게 도입하기 위해서는 수사기관의 인적 증거수집방법 뿐만 아니라 구속 및 보석제도, 법원의 사실심리절차 등 우리 형사사법시스템 전반에 걸쳐 대대적인 변화가 필요하다. 더구나 실체법인 우리 형법은 고도로 추상적이고 난해한 독일형법을 계수한 것이어서 일반 시민들이 그 법리를 이해하기에는 어려움이 클 것은 자명하다. 이러한 제반사정을 고려해 볼 때, 국민참여재판의 형사사법체계에서의 위치가 분명해질 때까지 가능한 한도에서 형사소송법의 증거법과는 다른 독자적인 증거법을 고안해내는 것도 향후 국민참여재판의 활성화를 위한 또 다른 과제라고 할 것이다.

그러면, 이러한 소송구조와 증거법의 모순, 충돌이 발생하고 있는 것에 대하여 어떻게 해결할 것인지에 대한 해답을 찾아 떠나는 것이 앞으로의 할 일이 될 것이다. 이를 위해 먼저 우리 형사소송법에 수사기관이 작성한 조서에 대하여 증거능력을 인정하는 규정이 어디에서 유래되어 발전하였는지에 대한 역사적 고찰을 실시하고 그 현재적 의의를 밝힐 필요가 있다. 먼저, 과거 중세 유럽 및 절대왕정 시대의 규문주의 형사절차와 일본의 메이지・다이쇼 형사소송법상의 조서규정을 살펴보고 우리 형사소송법의 조서규정을 분석해 본다. 다음, 영미법상의 전문법칙의 예외규정을 검토한 후, 우리 형사소송법의 전문법칙의 예외규정을 대륙법과 영미법의 시각에서 조망해 보고 결론을 내리기로 한다.

제2절 조서재판에 대한 역사적 고찰

Ⅰ. 중세와 규문주의 형사절차

1. 중세유럽의 재판절차

중세유럽 초기까지의 형사절차는 범죄로 인한 피해를 입은 피해자가 지역수장이나 백인촌장(白人村長) 등에게 제소를 하면, 지역수장이나 백인촌장이 재판장으로서 재판을 하였다. 재판절차는 제소를 한 피해자가 주민들이 지켜보는 가운데 구두로 제소사실을 진술하면 피제소자가 이를 인정하거나 반박하는 형식으로 진행되었다. 제소자와 피제소자는 각자에게 유리한 증인이나 증거를 제출하고 절차가 종료되면 재판장은 사실판단자인 재판단(Dinggenossen, rachimburgi sedentes)에 판결을 요청하였고, 재판단이 유・무죄의 판결을 하면 참석한 주민회의의 승인을 받아 판결을 선고하였다.[3] 그러나, 이러한 방식은 사실관계를 확정하는데 어려움이 있었고 어떤 형태로든 사실관계를 확정하지 않으면 재판제도 자체가 유지될 수 없는 딜레마가 있었다. 이에 따라, 초기에는 무죄보증선서(compurgatory oath, Reinigungseid)라는 제도가 사용되었는데, 이는 피제소자가 자신의 무고함에 대하여 선서를 하는 것이었다. 즉, 피제소자는 충분한 수의 친족이나 선서보조자의 도움을 받아 무죄보증선서가 믿을 만한 것이라고 판단되면 무죄판결을 받았는데, 선서보조자 등은 범죄사실 등을 경험한 증인들이 아니라 피제소자가 믿을만한 사람이라는 것을 진술하는 평판증인 또는 성격에 관한 증인이었다.[4]

한편, 위와 같이 무죄보증선서에 의하여도 사실문제를 가릴 수 없는 경우에는 재판장은 마지막 방법으로 신판에 의해 사실문제를 확정하였다. 신판은 일정한 의식을 통해 전지전능한 신이 범죄자의 유・무죄를 가려줄 것이라는 믿음에 근거한 것이었다. 이러한 신판은 자주 행하여지는 것은 아니었다. 프랑크 시대에 행하여진 약 600여건의 판결 중에 10건만이 신판에 의한 것이었다.[5] 당시, 영국에서는 노르망디의 윌리엄 공작의 정복 이후 결투에 의한 재판제도가 행하여졌는데 당사자들이 선정한 결투자들의 싸움으로 법적문제를 해결하는 것이었다. 신이 거짓말하는 사람을 이기게 할 리 없다는 신판과 유사한 것이었다.

그러나, 1215년 라테란에서 개최된 카톨릭의 4차 공의회에서 교황 이노센트 3세

---

3) Alber, *Die Geschichte der Offentlichkeit im deutschen Strafverfahren*, Dissertation Universitat Freiburg, 1973. S. 12- 13. 이준보/이완규, 한국검찰과 검찰청법, 박영사, 2017, 7면에서 재인용.

4) Jhonson/Wolfe, *History of Criminal Justice,* Anderson Publishing, 2003, p. 55. 이준보/이완규, 위의 책, 8면에서 재인용.

5) Rüping/Jerouscheck, *Grundriß der Srtafrechtsgeschichte* 4. Aufl, C. H, Beck, 2002, S. 11. 이준보/이완규, 위의 책, 8면에서 재인용.

는 신판금지령을 발하였는데, 신판을 할 수 없게 되자 다툼이 있는 재판에서 유·무죄를 가리는 수단이 없어지게 되었고, 그 무렵 결투도 금지하게 됨에 따라 유럽사회는 유·무죄를 가릴 수 있는 새로운 방법을 고안하여야 했다.[6] 이노센트 3세는 칙령으로 교회법의 절차에서 제3자의 고발이 있으면 법원이 직권으로 절차를 시작할 수 있도록 하였고, 또한 법원이 나쁜 평판 등을 고려하여 스스로 절차를 개시할 수 있도록 하는 직권주의 절차를 도입하였다. 이러한 절차는 법원이 피해자의 제소를 기다리지 않고 스스로 절차를 시작하고, 사실관계 파악을 위한 증거의 수집을 법원이 직접 행하는 것을 특징으로 하였다.[7] 위와 같이 직권주의 절차가 도입되면서 법원은 당사자가 제출하는 증거뿐만 아니라 스스로 증거를 수집하여 사실확인을 하게 되었고, 이와 같은 교회의 직권적인 형사절차는 시간이 경과함에 따라 13세기 이후로는 교회법원 뿐만 아니라 일반법원에서도 인정되게 되었다.[8]

13세기 이후 교회법 영역에서 적용되던 직권주의적 절차가 중세 독일과 프랑스의 형사절차에서 지배적 지위를 차지하게 되는데, 그 배경은 형사소송구조와 관련하여 시사점을 주고 있다.

첫째는 도시의 발달이다. 1200년경부터 이탈리아를 중심으로 시작된 상업혁명은 서유럽 사회에 큰 영향을 미쳤고, 이에 따른 사회경제적 변화는 범죄의 증가를 가져왔다. 도시가 형성되면 증가하는 도시 인구로 인하여 절도 등 재산과 관련된 범죄가 증가한 것이다. 이러한 범죄에 대하여 피해자의 제소에 따른 형사절차나 신판 등은 증가하는 범죄에 대처하기에는 효율적이지 않았던 것이다.[9]

---

6) Jhonson/Wolfe,, op cit, p.61.이준보/이완규, 위의 책, 10면에서 재인용.

7) Rüping/Jerouscheck, a.a.O., S. 13; Jhonson/Wolfe,, op cit, p.71. 이준보/이완규, 위의 책, 11면에서 재인용. 이노센트 3세가 직권주의 절차를 도입하게 된 계기로는 당시 고위성직자들의 부패행위와 부도덕한 행위에 대한 효과적인 대처와 이단적 분파에 대한 강력한 대응의 필요성이 거론되고 있다. 기존에는 고위성직자들의 부패행위에 대하여 교회법상의 징계나 형사절차가 개시되려면 피해자의 제소가 필요하였는데 고위 성직자는 무죄보증선서를 통해 무죄로 판결받을 가능성이 많아 사실상 피해자의 제소가 이루어지지 않았다. 또한 이단적 종파에 대한 처벌을 위해서도 제소를 기다리지 않고 직권으로 절차를 시작하고 증거조사를 할 필요성이 있었다.

8) Geppert, *Der Grundsatz der Unmittelbarkeit im deutschen Strafverfahren,* Walter de Gruyter, 197, S. 13. 이준보/이완규, 위의 책, 12면에서 재인용.

둘째는 프랑스 왕권의 강화이다. 14세기 이전에는 범죄에 대한 소추는 주로 피해자의 일이었다. 그런데 14세기에 프랑스 왕권이 강화되면서 범죄에 대한 관념이 변하여 범죄를 공동체의 질서에 대한 침해로 보기 시작하였다. 왕이 주권자로 대두되면서 범죄에 대한 대응을 국왕이 임명한 관료인 법관들이 왕을 대신하여 하게 되었고, 범죄에 대한 조사도 법원이 스스로 조사하여 사실관계를 확인하는 방식이 확립되게 된 것이다.[10)]

2. 규문주의

(1) 규문절차의 형성

직권주의 절차가 도입되면서 법원이 스스로 증거를 수집하고 조사를 하게 되었는데, 이를 공개된 법정에서 행하는 것이 현실적으로 어려웠다. 합의체의 재판부가 한정된 인력으로 모든 증거수집활동을 감당하는 것이 불가능하게 되자, 재판을 하기 이전에 미리 피고인, 증인 등을 조사하고, 증거를 수집하는 활동을 사실심 법원의 일부에 맡기거나, 임시위원을 선정하여 그로 하여금 위 활동을 하도록 함으로써 공판전 조사절차가 발전하게 되었다. 공판전 조사절차는 오늘날 수사절차라고 볼 수 있을 것이다. 이와 같이 공판전 조사절차에 의해 증거가 수집되어 재판부가 모여 결론을 내릴만한 상황이 되면 공판절차인 최종기일(endliche Rechtstag)을 열어 공판전 조사절차에서 행해진 조사결과를 확인하고 판결을 하는 방식으로 변화하였다.[11)] 한편, 공판전 조사절차가 이루어지면서 재판부는 그 조사내용을 판결의 근거로 삼게 되므로 조사내용의 전달이 정확히 이루어질 필요가 발생하였다. 이에 따라 공판전 조사절차의 내용을 일정한 형식과 절차에 따라 기록하는 '조서'라는 형태의 문서를 작성하게

---

9) Eb. Schmidt, *Einfürung in die geschichte der deutschen Strafrechtspflege,* 3. Aufl. Vanenhoeck & Ruprecht, 1995, S. 89. 이준보/이완규, 위의 책, 13-14면에서 재인용.

10) Sättler, *Die Entwicklung der französischen Staatsanwaltschaft,* Dissertation, Universität Mainz, 1956. S. 90. 이준보/이완규, 위의 책, 13-14면에서 재인용.

11) Geppert, a.a.O., S. 17. 이준보/이완규, 위의 책, 21면에서 재인용.

되었고, 그러한 조서를 모두 편철하여 사건기록(Akten)을 만들었다.[12]

이와 같이 공판전 조사절차와 그 조사결과의 정확성을 기하는 수단으로 조서 및 기록제조가 이루어지면서 공판 활동은 형해화되었다. 공판에서 증인을 소환하여 신문하는 대신 공판전 조사절차에서 행해진 증인신문조서를 그대로 증거로 사용하였고, 공판은 실질적인 변론이 이루어지는 장소가 아니라 공판전 조사결과를 확인하는 절차에 불과하게 되어 서면주의 절차로 변화되었다.[13]

한편, 14세기부터 범죄에 효율적으로 대처하기 위하여 법원이 피고인에게 직접 사안에 대하여 질문을 하여 사안을 확인하는 방식이 도입되었다.[14] 이때 피고인이 자백을 하게 되면 그 자백을 토대로 증거를 확인하면 되기 때문에 이는 매우 간편한 방법이었다. 당시의 증거법에서 유죄판결을 내리기 위해서는 단순한 정황증거나 간접증거만으로는 안 되고, 신빙성이 있는 자백이 있거나 또는 최소한 2명의 증인에 의한 유죄입증이 있는 경우에만 유죄판결이 가능한 법정증거주의가 도입되었다. 이러한 법정증거주의는 법관의 자의적인 재판을 방지하려는 취지에서 도입되었는데 증인 2명은 전문증인이 아닌, 실질적인 증인이어야 하였기 때문에 어떤 사건에서 실질적인 증인이 2명 이상 존재하는 경우는 드물었다.[15] 결국, 사건을 해결하려면 피고인의 자백을 받는 것을 선택하는 방향으로 실무가 흘러갔고, 당시는 인권개념이 없었고 치안과 범죄대응의 효율성이 강조되는 상황에서 자백을 받는 수단으로서 고문을 허용하게 되었다. 규문절차는 초기부터 종료시까지 밀행성이 유지되었다. 밀행주의는 규문주의 소송절차의 기본원칙이었고 예외적으로 공개되는 피고인에 대한 최종신문을 제외하고는 서면에 의해 진행되었다. 더구나 1539년 법률에서는 판사가 판결문을 법원서기에게 주면 법원서기가 피고인에게 판결내용을 알려주면 되게 되어 피고인이 없는 상태에서 판결선고가 이루어지기도 하였다.[16] 또한 피고인은 공판전 조사

12) 이준보/이완규, 위의 책, 21-22면

13) Geppert, a.a.O., S. 17.

14) Eb. Schmidt, a.a.O., S. 90.

15) Geppert, a.a.O., S. 19.

단계뿐만 아니라 최종기일에서도 재판의 진행상황을 전혀 알 수 없었다. 각종 소송서류에 대한 정보에 접근하는 것이 금지되어 있었기 때문이다.[17]

(2) 규문주의 절차의 개요

1) 일반규문

일반규문은 피고인에 대하여 본격적인 형사절차를 개시할 것인지를 결정하기 위한 예비조사라고 할 수 있다. 오늘날의 내사절차로 파악할 수도 있을 것이다. 일반규문절차에서는 판사나 그로부터 위임을 받은 조사자가 증인들을 소환하여 진술을 듣고 이를 조서로 작성하였다. 이는 제소자나 피제소자의 참여없이 밀행적으로 행하여졌고, 예비조사가 끝나면 이후 소추를 할 것인지 여부를 판사나 왕의 대관이 결정하였다. 일반규문에서는 규문판사가 피제소자를 조사할 수 있었으나, 피제소자를 구금하거나 고문을 하는 강제처분을 할 수는 없었다.[18]

일반규문절차는 피해자의 사인소추, 범죄행의의 고발을 받은 왕의 대관의 제소, 판사의 직권에 의한 절차개시로 시작되었다. 피해자의 제소나 왕의 대관의 제소와 관련된 증인들은 소환되어 판사가 직접 심문을 하거나 그로부터 위임을 받은 조사자가 하였다. 이때 제소자나 피제소자의 참여는 이루어지지 않은채 밀행적으로 행하여 졌다. 판사는 위 조사기록을 왕의 대관에게 송부하여 청구를 하도록 하거나, 사인이 제소한 경우는 판사가 스스로 이후의 절차에 대하여 결정하였다. 일반규문의 결과여부에 따라 단순한 혐의자에 불과하였던 피제소자가 피고인이 되게 되는데, 이때부터 소환, 구인명령, 구속명령의 3가지 강제처분이 이루어지게 된다. 따라서 현행범을 제외하고 일반규문을 거치지 않고는 구속명령이 발해지지 않았다.[19]

---

16) Sättler, a.a.O., S. 19.

17) Günter Haber, *Strafgerichtliche öffentlichkeit und öffentlicher Ankläger in der französischen Aufklärung,* Duncker & Humlot, Berlin, 1979, S. 22. 이준보/이완규, 앞의 책, 24면에서 재인용.

18) Sättler, a.a.O., S. 106-107.

2) 특별규문

특별규문은 일반규문에 의하여 혐의자로 특정된 피고인을 중심으로 한 조사절차로써 피고인 신문으로부터 시작하였다. 판사는 피고인을 신문하기 위하여 출석을 명하였는데, 이 명령에는 소환, 구인명령, 구금명령이 있었다. 출석한 피고인은 진술할 의무와 진실을 말할 의무를 부담하고 있었고, 신문의 결과는 서면으로 기재되었다. 중한 형벌이 부과되기 위해서는 피고인의 자백을 필요로 하였으므로 이 신문의 결과가 매우 중요하였다. 이 때 왕의 대관도 신문에 출석할 수 없었다. 다만 신문이 끝나면 그 결과는 왕의 대관에게 통보되었다. 한편 피고인에게는 기록의 열람이나 기록의 송부 등을 금지하여 피고인은 혐의를 받는 근거나 소추된 범죄행위가 무엇인지를 알 수 없었다. 피고인이 최초의 신문에서 자백하면 기록을 송부받은 왕의 대관은 이를 검토한 후 유죄판결 선고를 청구하고 판결이 행하여졌다. 그렇지만, 피고인이 자백하지 않고 부인하면 이후의 절차는 특별절차와 일반절차로 구분되었다.[20] 특별규문절차에서 일반절차는 피고인뿐만 아니라 제소자측도 신문을 하는 방식이었는데 경한 범죄에 적용되었고, 16세기에 이르러서는 피고인이 죄가 없는 것으로 드러나고 단지 금전배상만이 부과되는 경우에 허용되어, 사실상 거의 모든 사건은 특별절차로 진행되었다.[21]

특별절차결정과 함께 판사는 제소자측과 피고인에게 증인진술의 재점검과 증인의 대질을 위한 기일을 지정하였다. 이 재점검 기일에 증인은 다시 소환되어 규문판사로부터 이전의 증인의 진술조서에 대하여 다시 신문을 받았고 그 진술이 일반규문단계에서 말한 진술과 동일하면 그 조서를 낭독하게 하고 위증의 경고와 함께 그 진술내용이 진실인지를 확인하였다. 또한 증인이 이전의 진술과 일치하는지 다른지에 대한 내용이 조서로 기재되었다.[22] 이러한 재점검 절차가 끝나면 피고인과 증인의 대질이 진행되었다. 대질은 피고인에게 증인을 보여주고 자신에게 부과되는 혐의에

19) 차동언, 형사증거법 I, 법문사(2008), 24-25면.

20) Sättler, a.a.O., S. 110. 차동언, 위의 책, 26면에서 재인용.

21) Sättler, a.a.O., S. 110.

22) Sättler, a.a.O., S. 111.

대하여 방어할 기회를 주었다. 이것은 프랑스의 규문절차에서 피고인에게 제공된 유일한 방어기회였으나, 자신에게 유리한 증인을 신청하는 것은 허용되지 않았다.[23)]

대질이 끝나면 일반규문, 피고인신문, 재점검 및 대질의 결과를 왕의 대관에게 보내고 왕의 대관은 기록을 검토한 후 이에 따른 청구를 하였는데, 이때 피고인에게 불리한 사실뿐만 아니라 피고인에게 유리한 사실도 고려하여야 하였다.[24)] 기록을 검토한 후 왕의 대관은 고문절차의 진행 또는 판결을 요청하는데 이러한 청구에 대해 판사는 기속되지는 않았다. 규문판사의 고문에 의한 신문의 결정에 대하여 피고인은 불복할 수 없었고, 고문의 종류나 유형 등에 대하여는 법률에 구체적인 규정이 없었다. 피고인이 자백을 하지 않는 경우 그리고 2인 이상의 직접증인이 없는 경우에는 고문절차를 진행할 수 있었다. 이 고문은 충분한 혐의가 있는 경우에만 가능하였는데, 매우 고통스럽고 비인간적인 방법이 사용되었다.

조사가 끝나면 법원은 자문단의 자문을 받았고, 이러한 절차가 끝나면 판결을 선고하였다. 판결선고 기일에 피고인을 마지막으로 다시 한 번 신문하였고 판결이유와 자문단의 결정은 법원서기에 의해 조서에 기록되었다. 이 자문은 당시의 판사들이 법률문제에 대한 지식과 경험이 부족한 것에 대한 보완책으로 마련된 것인데 그 감정의견(Gutachten)에 기속력이 부여됨으로써 법원의 결정이 법학교육을 받은 학자들에게 옮겨가게 되었다. 또한 학자들의 자문을 얻기 위하여 기록송부(Aktenversendung)라는 독특한 제도가 생겨나 모든 소송과정을 서면화하도록 하였다. 카롤리나 형사법에서는 조서작성에 관한 상세한 규정을 두고 있다. 판결의 근거는 서면화되어 요약된 조서에 있었다. 판결선고는 판사가 판결문을 법원서기에게 주면 법원서기가 피고인에게 적절하게 이를 알려주면 되었으므로, 피고인이 출석하지 않은 상태에서 판결선고가 이루어지기도 하였다.[25)]

---

23) Sättler, a.a.O., S. 111.

24) 예를 들어, 피고인이 대질과정에서 피고인에게 유리할 수 있는 반대주장을 한 경우에 왕의 대관은 법원에 피고인으로 하여금 적절한 정당화사실을 법원에 제출할 수 있는 증인을 지명하도록 요청하였다. Sättler, a.a.O., S. 112.

25) Sättler, a.a.O., S. 114.

Ⅳ. 우리 형사소송법상의 조서규정의 성립과 발전

1. 서론

우리나라는 1910년 한일합방에 의하여 일본에 강점되어 지배를 받으면서 일본의 형사소송법이 적용되었다. 일제 강점기 초기에는 메이지 형사소송법이 적용되었고, 이후 1922년 개정된 다이쇼 형사소송법이 적용되었다. 이 다이쇼 형사소송법은 1945년 해방이후에도 우리 형사소송법에 영향을 주었으므로 우리 형사소송법의 조서규정을 이해하기 위하여는 일본 형사소송법의 성립과 발전과정을 살펴볼 수밖에 없다.

2. 메이지 초기(治罪法의 시대)

프랑스 형사소송법의 영향을 강하게 받은 일본의 치죄법은 1880년(메이지 13년)에 제정되어 1882년(메이지 15년)에 시행되었다. 동법은 예심제도를 유지하여 예심판사가 수사에 대한 강제처분을 행사하였다. 당시, 검사는 범죄를 인지하거나 또는 범죄혐의가 있을 때 증거수집 및 범인을 수사하여 기소하는 것을 직무로 하였지만, 이는 임의수사에 한정되었고 현행범인 이외에는 강제처분을 할 수 없었으며, 중죄(법정형이 6년 이상 8년 이하의 징역형 이상의 형인 죄)에 대해서는 예심판사에게 예심을 구하여야 하였다(치죄법 107조). 예심판사는 증거의 수집은 물론, 피고인 또는 증인에 대한 신문을 하는 경우는 재판소 서기 또는 입회인의 입회하에 신문을 하였고, 그 조서에는 예심판사와 함께 재판소 서기 또는 입회인의 서명 날인이 요구되었다. 위 신문과 진술은 재판소 서기에 의해 녹취되어 피고인에게 읽어 들려줄 수 있었고, 예심판사가 피고인에 대해 실수가 없는 것을 확인한 뒤, 피고인이 서명날인하였다.(동법 제95조) 만약, 피고인이 진술의 증감・변경을 요구했을 경우는 다시 추가신문을 하여 그 신문 및 진술이 녹취된 후 다시 읽어주었고 그에 대하여 피고인이 서명날인하였다(동법 96조).[26]

---

26) 青木孝之, "検察官調書の史的考察." 琉大法学 80 (2008), 170면.

이와 같이, 치죄법하에 있어서의 예심판사의 신문과 신문조서 작성은 현대에 있어서의 진술조서와 유사하지만, 중대한 차이점이 있었다. 첫째는 신문의 장소에 재판소 서기 또는 입회인의 입회가 필요하였던 것이다.27) 이것은 규문적 색채를 완화시키기 위한 것으로 보인다. 많은 경우 입회인인 재판소 서기가 공증관의 직책을 가진 독립된 관직이었다고 한다.28) 둘째는, 한층 더 중요한 것인데 '신문 및 진술'이라고 하는 용어예가 가리키듯이 예심의 신문조서에 대해서는, 질문(신문)과 답변(진술)이 명확하게 구별되고 있었다. 신문조서의 작성방식으로서는 일문일답 형식이 통용되고 있었던 것이다.29) 요약식 조서는 읽는 사람이 사안의 내용을 신속하고 적확하게 파악할 수 있는 점에서 형사사법의 비용절감에 많이 공헌하고 있지만,공판에서 공소사실이 다투어지면 위와 같은 형식상의 특징은 중대한 결함을 드러낸다. 즉, 진술자가 해당 진술을 하기에 이른 과정이 분명하지 않고, 또, 질문과 대답이 잘 구분되지 않기 때문에, '그러한 (진술녹취자가 주장하는 것 같은) 의미로 말한 것은 아니다'라든지, '비슷한 이야기는 나왔을지도 모르지만, 그런 대답을 한 기억은 없다' 등의 주장이 제기되면 진술의 경과나 구체적인 문답이 기록에 남아 있지 않기 때문에 확인하려고 해도 자료가 없다. 이것은 사실인정자의 심증형성을 곤란하고 어렵게 한다. 이러한 점에서 문답식조서에 근거하는 심증형성의 용이함을 비교해 고찰해 보면, 치죄법이 채택한 문답식을 원칙으로 하는 신문조서가 큰 의미를 가진 것이다.30)

3. 메이지부터 다이쇼 초년(메이지 형사소송의 시대)

프로이센의 발흥, 보불전쟁(1870-1871년), 독일 통일제국의 성립(1871년)과 계속

---

27) 입회가 없는 신문절차는 무효로 해석되었다.

28) 현재 일본 검사에 의한 신문에는 검찰 사무관이 동석하고 있지만, 절차법상 독립된 권한이 주어지고 있는 「재판소 서기」의 입회와는 성격이 다른 것으로 보인다.

29) 青木孝之, 위 논문, 171면. 현재 일본의 검사나 사법경찰관의 신문조서는 문답형이 아니라 요약형, 서술형인 점에서 우리나라의 수사기관인 검사나 사법경찰관의 신문방식인 문답형과 중요한 차이가 있다.

30) 青木孝之, 위 논문, 172면.

되는 세계사적 배경 가운데, 일본의 대륙법 계수의 대상은 프랑스법으로부터 독일법으로 이동해 나갔다. 군주제 중앙집권 국가를 취지로 하는 프로이센 헌법의 영향아래, 메이지 헌법이 1889년(메이지 22년)에 제정되어 다음 해(메이지 23년) 시행되자 그 해에는 치죄법을 대신해 메이지 형사소송법이 제정되어 1893년(메이지 26년)에 시행되었다. 치죄법제정으로부터 불과 10년에 제정된 메이지 형사소송법은, 기본적으로 치죄법을 답습한 것이지만 그 해석·운용에는 중대한 변경이 더해져 갔다.

그 첫째는, 기소편의주의의 정착에 수반하여 메이지 30년 무렵부터 형식적으로는 공소관이어야 할 검찰관이 기소 전에 관계자를 신문하고, 증거관계를 음미해 기소·불기소를 결정되는 운용이 일반화되었다.[31] 그런데, 대심원(大審院) 판결[32] 에 의하면, '사법경찰관은 검사의 지휘를 받아 범죄수사를 하는데 그치고 피고인[33]을 신문하여 조서를 작성하는 권한은 없는'것이기 때문에 '수사를 하기 위하여 피고인을 신문하고 그 조서를 작성하는 것은 월권의 처분에 해당하고 그 조서는 무효이다'라고 판시하여, 사법경찰관 작성의 '피고인신문조서'의 증거능력을 부정했다. 또한, 대심원 판결 메이지 26년 4월 10일 판결록형사 1집 19페이지에서는 강제처분으로서의 신문의 권한은 검찰관이 아니라 예심판사에 속하는 것이라고 하는 당시의 확립된 견해에 의하여, '현행범이 아닌 경우에 있어서 사법경찰관으로부터 중경죄의 고소장의 송치를 받은 검사는 범죄를 수사하는 형사소송법 제62조에 따라 예심을 구하거나 또는 바로 기소를 함에 있어서 피고인을 신문하는 조서를 작성하는 것은 판사의 직권에 속하고, 범죄수사의 목적에 당하여도 검사에 있어서 이것을 할 수는 없다'[34]라고

31) 青木孝之, 위 논문, 174면. 메이지 30년대 이전에는, 검사는 거의 서면상의 심리에 의해 기소·불기소를 결정하다가, 죄가 없는 것을 기소한다면 거악을 놓치지 말 것이라고 하는 공익적 견지에서, 검사의 기소전의 신문이 점차 늘어갔다고 한다.

32) 메이지 25년 6월 30일 법률신문 1875호 4페이지

33) 메이지 형사소송법은 피고인과 피의자를 구분하지 않았다.

34) 원문은 다음과 같다. "非現行犯ノ場合ニ於テ司法警察官ヨリ重軽罪ノ告訴状ノ送致ヲ受ケタル検事ハ犯罪ヲ捜{査シ刑事訴訟法第六二条ニ従ヒ予審ヲ求メ又ハ直チニ起訴ヲ為スヘキモノニシテ、被告人ヲ訊問シ調書ヲ作ルハ一ニ判事ノ職権ニ属シ、犯罪捜{査ノ目的ニ出ルモ検事ニ於テ之ヲ為スコトヲ得サルモノトス"

하여 검찰관 작성의 '피고인 신문조서'의 증거능력을 부정하였다. 위 판례 이후, 제목만을 종전의 '신문조서'에서 '청취서'로 고치고 내용은 종전대로 문답형으로 기재하여 진술자와 진술녹취자의 서명날인이 이루어진 것을 공판에 제출하는 고식적인(?) 시도가 있었지만, 대심원 판결 메이지 28년 10월 25일 판결록형사 1집 3권 169페이지는, 이러한 '청취서'에 대해서도, 그 문답형식으로 볼 때 실질은 '신문조서'이기 때문에 무효라는 취지의 판단을 한다. 그러자 형식을 고쳐 문답식이 아니라 서술식으로 하고, 진술자의 서명날인도 없어져 완전하게 '청취'의 형식이 채택되게 되었다.[35)]

이에 대하여 피고인 등이 임의로 응한다면 사실상의 '신문'을 하는 것에 문제는 없고, 오히려 기소권한을 적정하게 행사하는데 있어서 바람직하다는 견해가 정착해 갔다. 검찰관이 녹취한 '청취서'는 임의의 심문에 응한 체재・내용의 것인 한도에서 공판에서도 증거능력을 인정받게 되었던 것이다.[36)] 결국, 공판전의 진술증거 획득・보전에 있어서, 강제처분인 '신문'을 거친 예심판사 작성의 '신문조서'와, 임의처분인 기소 전 신문을 거친 검찰관 및 사법경찰관 작성의 '청취서'라고 하는 두 개의 형태가 출현하였다.[37)]

당시 프랑스의 치죄법은 검사는 공소관의 역할에 충실하고 증거수집은 예심판사에 맡겼지만, 예심조서라고 하여 공판에서 당연히 증거능력이 인정되는 것은 아니었다. 즉, 공판에서 당시 피고인 심문과 증인심문을 하여 예심에서의 진술내용과 다른 경우에는, 예심조서를 기초로 엄한 규문이 이루어졌고, 예심조서 자체를 서증으로서 채택하지는 않았으므로 그 한도에서 공판중심주의・직접주의는 지켜질 수 있었다.[38)] 그런데, 일본에서는 이미 치죄법의 단계에서 예심조서를 낭독이라는 형태로 공판에서 조사하는 것이 전제로 논의가 되고 있었고, 실무에서는 공판은 예심조서를 낭독하는

---

35) 小田中聰樹, 刑事訴訟法の歴史的分析, 141면.

36) 판례는, 사법경찰관이 강제력을 가지고 진술을 하게 하는 것은 위법이지만, 임의의 진술을 녹취한 청취서는, "사법경찰관이 범죄수사의 직무집행에 있어서 적법하게 작성한 서류임이 확실하므로 … 증빙하는 효력이 있다"고 하였다(大審院連合部判決明治36年10月22日判決録刑事9輯1721頁)

37) 青木孝之, 위 논문, 176면.

38) 青木孝之, 위 논문, 177-178면.

장소로 변하여 증인이 공판에 불려가는 일은 없었다. 그 때문에 재판은 예심에서 거의 그 운명이 결정되었고, 공판은 그것을 확인하는 외관을 나타냈다고 한다.[39)]

4. 다이쇼로부터 쇼와 초기(다이쇼 형사 소송의 시대)

1914년(타이쇼 3년), 오우라(大浦) 사건[40)]이 일어났다. 이것은, 선거법위반과 관련하여 매수자는 기소를 면한 반면 피매수자들이 기소된 것에 대하여 그 불공평성에 대하여 사회적 문제가 된 사건이다. 또, 1918년(타이쇼 7년)에는 쿄토 유치장 사건[41)]이 발생하였다. 이것이 계기가 되어 검사의 신문에 의한 인권유린이 문제가 되었다. 타이쇼 형사소송법에서는 검사 작성의 청취서에 대하여 '피고인과 그 타인의 진술을 녹취한 서류에 대하여 법령에 의하여 작성된 신문조서가 아닌 것은' 구 재판소 이외의 재판소에 있어서는, '진술자가 사망한 때', '질병 기타의 사유로 인하여 진술자를 소환하기 곤란한 때', '소송관계인의 이의가 없을 때'에 한하여 증거능력을 인정하였다(동법 제343조 제1항, 제2항). 검사가 '청취서'를 작성하는 것은 단순한 실무관행에 지나지 않기 때문에, '법령에 의해 작성된 신문조서'가 아니고, 따라서, 타이쇼 형사소송법은, 검사가 작성한 진술녹취서(청취서)의 증거능력을 지방재판소의 사건에 관한 한 부정하는 내용의 입법을 하여, 검사에 의한 기소 전 신문을 억제하는 태도를 나타냈던 것이다.[42)]

그러나, 타이쇼 형사소송법이 검사 조서의 증거능력을 원칙적으로 부정했음에도

---

39) 青柳文雄, 刑事裁判と国民性[総括篇], 10-11면.

40) 제2차 오오쿠마 내각에 입각한 오오우라 가네타케는, 1914년의 제35회 제국의회에서 반대파 의원 10여명을 매수한 혐의를 받았지만, 자신은 정계에서 은퇴하는 것으로 기소를 면했다. 이에 대하여 피매수자들만 기소된 것은 불공평하다는 소리가 높아졌고 특히 사법대신 오자키 유키오가 강하게 비판받았다.

41) 쿄토부지사 기우치 주시로 등이 타이쇼 5년의 부회에서 어떤 의안의 통과를 위해서 부의회의원등에 증뢰한 혐의를 받아 타이쇼 7년에 검거되었다. 타이쇼 8년에 개시한 공판에서는 수사단계의 자백이 강박, 위협 등에 의한 것이라고 주장되어 타이쇼 9년에 기우치 등에 대하여 무죄판결이 확정되었다.

42) 小野清一郎, 刑事訴訟法講義・全 (昭和５年合冊 第10刷版) 275-276면; 平井彦三郎, 刑事訴訟法要論・全(昭和９年 第３版) 681-686면(青木孝之, 위 논문, 180-181면에서 재인용).

불구하고, 검사에 의한 강압신문은 끊이지 않았다. 그 이유는 "검사는 수사를 위하여 강제처분이 필요한 때에는 공소제기 전까지 압수·수색·검증 및 피의자의 구류, 피의자 또는 증인의 신문 또는 감정의 처분을 그 소속 지방재판소의 예심판사 또는 소속 구 재판소의 판사에게 청구할 수 있다"라고 동법 제255조 제1항의 규정이 있어,[43] 사건의 내용을 가장 잘 아는 검사의 강제처분의 청구를 예심판사가 거절하는 것은 사실상 생각하기 어렵고, 예심판사는 마치 검사수사의 보조기관인 것 같은 운용이 이루어졌던 것이다.[44]

5. 일제강점기의 조서제도

일본은 조선을 강제병합한 후 1912.3.18. 조선 형사령(제령 제12호), 조선 태형령(제령 제13호), 조선 감옥령(제령 제14호)을 한꺼번에 발포하여 식민지 형사 사법체계를 확립하였다. 이 중 가장 기본이 되는 조선 형사령은 이후 몇 차례 개정되었지만 큰 틀은 일제 말기까지 유지되었다. 조선 형사령은 부칙을 포함하여 모두 47개조로 구성되었는데 그 내용은 대부분 식민지 특유의 절차규정이고, 실체법사항은 "본령, 기타 법령에 특별한 규정이 있는 경우를 제외"하고 일본 형법, 형법시행령, 형사소송법 등에 의하도록 하였다.[45]

메이지 형사소송법에서 강제처분의 권한은 예심판사에게 있었고 검사나 사법경찰관은 현행범의 경우에만 강제처분을 할 수 있었다. 그런데 조선 형사령은 예심판사의 권한에 속하는 강제처분을 검사가 할 수 있도록 하였다. 따라서 검사는 현행범이 아닌 사건에서도 수사 결과 급속한 처분을 요하는 것으로 인정되는 때에는 공소제기

43) 이 조문은 검사가 판사를 통하여 강제수사를 하는 것인데 독일제국 형사소송법상 검찰(Staatsanwaltsschaft)이 판사의 조사행위(richterlichen Untersuchungshandlung)가 필요하다고 사료하는 때에는 그 행위가 행해질 관할 구 법원 판사에게 이를 신청한다(제160조)고 한 조문과 유사하다. 검사의 공소제기는 예심 또는 공판청구로 나뉘므로, 공소제기 이전에 이러한 강제처분을 할 수 있도록 하여 예심이 아닌 수사절차에서 검사는 임의수사뿐만 아니라 강제수사도 할 수 있게 되었다. 이준보/이완규, 앞의 책, 109-110면.

44) 小野清一郎, 法学評論(上), 293- 294면(青木孝之, 위 논문, 181-182면에서 재인용).

45) 이준보/이완규, 앞의 책, 101면.

전에 한하여 구인장과 구류장을 발부하고, 검증·수색·물건을 압수하거나 피고인·증인을 신문하거나 감정을 명할 수 있었다.[46)]

따라서, 검사의 피고인 또는 증인에 대한 신문조서는 법에 규정된 강제처분이었으므로 당연히 증거능력이 인정되었고, 신문의 형식도 문답형으로 작성되었다. 한편 메이지 형사소송법은 중죄의 경우에는 필요적 예심, 경죄의 경우에는 임의적 예심으로 정하였으나 조선 형사령은 모두 임의적 예심으로 규정하였다. 따라서 검사는 범죄수사를 종료하여 유죄의 확신이 드는 경우에는 굳이 예심을 청구하지 않고 바로 공판을 청구할 수 있었다.

또한 조선 형사령은 사법경찰관에게도 수사상 강제처분을 할 수 있는 권한을 부여하였다. 즉, 조선 형사령 제12조 제2항은 "전항의 규정에 의하여 검사에게 허용한 직무는 사법경찰관 역시 임시로 이를 할 수 있다"고 하여 사법경찰관은 검사의 승인을 받지 않고도 스스로의 판단 하에 강제처분을 할 수 있었다.[47)] 이 경우 사법경찰관 작성의 신문조서도 역시 법령에 의하여 작성된 조서이므로 증거능력이 인정되었던 것은 물론이다.

일본에서 다이쇼 형사소송법이 시행되면서 조선 형사령에도 약간의 개정이 있었다. 먼저, 검사의 요급처분권과 관련하여 종전 규정은 검사는 '현행범이 아닌 사건이라도 수사결과 급속한 처분을 요하는 것으로 인정되는 때'가 요건이었는데, 개정규정에서는 '형사소송법에 규정한 경우 이외에 사건이 금고 이상의 형에 해당하고 급속한 처분을 요하는 것으로 인정되는 때'로 변경되었다.[48)] 변경 이전과 실제적 차이는 거의 없다고 할 수 있다.

특히 조서와 관련하여 조선 형사령 제14조는 검사와 사법경찰관의 강제처분권을 규정한 제12조, 제13조의 경우에는 제1조의 법률 중 예심에 관한 규정을 준용한다고 하여 예심에서 예심판사가 행하는 절차규정이 적용되었다. 이에 따라 검사와 사법경

46) 이준보/이완규, 위의 책, 105면.
47) 이준보/이완규, 위의 책, 106면.
48) 이준보/이완규, 앞의 책, 111면.

찰관은 피고인을 신문하거나 증인을 신문하는 경우에 조서를 작성할 수 있었다. 이와 관련하여 사법경찰관이 조서의 말미에 피고인이나 증인의 무인만 찍은 후에 나머지 내용은 사법경찰관이 스스로 적은 소위 백지조서가 증거로 인정되어 많은 폐단을 낳았다.[49)]

6. 해방 후 우리 형사소송법의 조서규정과 재판실무

1954년 9월 23일 제정된 우리나라의 형사소송법은 법전편찬위원회의 심의과정에서 의용 형소법(다이쇼 형소법)을 기초로 미군정법령 제176호로 도입된 영장주의 등 미국의 인권보장 제도를 대폭적으로 도입한 것으로 평가되고 있다. 최초 형소법 제정 당시에는 전문법칙을 도입하지 않고 증거에 관하여 다이쇼 형소법의 직접심리주의를 원칙으로 하면서도 제311조부터 제315조까지의 서류들에 대하여 직접주의의 예외로 증거능력을 부여할 수 있는 규정을 두었다.[50)] 그리고 제318조의 동의규정은 앞

---

49) 이준보/이완규, 앞의 책, 127-128면.

50) 당시의 조문은 다음과 같다.

제311조 (증거능력) 공판준비 또는 공판기일에 피고인 또는 피고인 아닌 자의 진술을 기재한 조서, 법원 또는 법관의 검증, 감정의 결과를 기재한 조서와 압수한 서류 또는 물건은 증거로 할 수 있다.

제312조 (동전) 검사 또는 사법경찰관의 피의자 또는 피의자 아닌 자의 진술을 기재한 조서, 검증 또는 감정의 결과를 기재한 조서와 압수한 서류 또는 물건은 공판준비 또는 공판기일에 피고인 또는 피고인 아닌 자의 진술에 의하여 그 성립의 진정함이 인정된 때에는 증거로 할 수 있다. 단, 검사 이외의 수사기관에서 작성한 피의자의 신문조서는 그 피의자였던 피고인 또는 변호인이 공판정에서 그 내용을 인정할 때에 한하여 증거로 할 수 있다.

제313조 (동전) 전2조의 규정 이외에 피고인 또는 피고인이 아닌 자가 작성한 서류 또는 그 진술을 기재한 서류로서 작성 또는 진술한 자의 자필이거나 그 서명 또는 날인이 있는 것은 공판준비 또는 공판기일에 피고인 또는 피고인 아닌 자의 진술에 의하여 성립의 진정함이 증명된 때에는 증거로 할 수 있다.

제314조 (증거능력에 대한 예외) 전2조의 경우에 공판준비 또는 공판기일에 진술을 요할 자가 사망, 질병 기타 사유로 인하여 진술할 수 없는 때에는 그 조서 기타 서류 또는 물건을 증거로 할 수 있다. 단, 그 조서 또는 서류는 그 진술 또는 작성이 특히 신빙할 수 있는 상태하에서 행하여진 때에 한한다.

제315조 (당연히 증거능력이 있는 서류) 다음에 게기한 서류는 증거로 할 수 있다.

1. 호적의 등본 또는 초본, 공정증서등본 기타 공무원 또는 외국공무원의 직무상 증명할 수 있는 사항에 관하여 작성한 문서
2. 상업장부, 항해일지 기타 업무상 필요로 작성한 통상문서
3. 기타 특히 신용할 만한 정황에 의하여 작성된 문서

에서 살펴본 바와 같이 다이쇼 형소법 제343조 제1항 제3호의 규정이 '검사와 피고인이 증거로 할 수 있음을 동의한 서류 또는 물건은 진정한 것으로 인정한 때에는 증거로 할 수 있다'는 내용으로 수정·계수된 것으로 보인다.[51)]

우리 형소법 제정 당시 소송구조를 영미법의 당사자주의로 할 것인지 아니면 대륙법의 직권주의를 따를 것인지에 대하여 논의가 많았다. 영미법의 공소장 일본주의와 공판중심주의는 우리 현실과 부합하지 않는다고 보았고, 당시 우리나라의 법문화와 북한과 대치하고 있는 현실을 고려하여 증거법은 대륙법계를 중심으로 하였고 위 규정은 직접심리주의의 예외규정으로 기능하였다.[52)]

독일 형소법은 제251조 제1호[53)]에서 "피고인에게 변호인이 선임되어 있고, 검사, 변호인 그리고 피고인이 동의한 경우" 증인, 감정인 또는 공동 피고인에 대한 구두신문은 이들에 대한 신문조서 또는 이들이 작성한 서면진술을 내용으로 하는 문서의 낭독으로 대체할 수 있다는 직접주의의 예외규정을 두고 있는데, 이 규정은 1987년 독일이 형소법을 개정하면서[54)] 추가된 것에 비추어 볼 때 직접주의의 예외로써의 동의규정은 당시 일본과 우리나라의 특징적인 증거규정이라고 볼 수 있다.

그 후 1961년 국가재건최고회의에서 형소법을 개정하면서 영미법계의 증거법칙인 전문법칙을 일본으로부터 계수하게 되면서 위 조서규정과 동의규정은 직접주의의 예외보다는 전문법칙과의 예외나 전문법칙이 적용되지 않는 경우로 해석되기에 이르렀다.[55)]

---

51) 이흔재, "증거동의의 본질에 대한 역사적 고찰과 현대적 의의", 형사법연구 제28권 제1호, 2016, 155-156면.

52) 이흔재, 위 논문, 156면.

53) 원문은 다음과 같다.

§ 251 (1) Die Vernehmung eines Zeugen, Sachverständigen oder Mitbeschuldigten kann durch die Verlesung einer Niederschrift über eine Vernehmung oder einer Urkunde, die eine von ihm stammende schriftliche Erklärung enthält, ersetzt werden,

1. wenn der Angeklagte einen Verteidiger hat und der Staatsanwalt, der Verteidiger und der Angeklagte damit einverstanden sind;

54) Gerald Grunwald(福井厚譯), ドイツ刑事証拠法, 1999, 132면.

55) 신설된 전문법칙조항은 다음과 같다.

그런데, 우리 형소법은 1961. 9. 1. 형소법을 개정하면서 "검사, 피고인 또는 변호인은 공판기일 전에 서류나 물건을 증거로 법원에 제출할 수 있다(제274조)."는 규정을 신설하였고, 이 규정은 2007. 6. 1. 형소법 개정에 의하여 이른바, 증거개시제도가 규정되기 전까지 지속되었다.[56] 위와 같이 공판기일 전에 검사가 서류나 물건

제310조의2 (전문증거와 증거능력의 제한) 제311조 내지 제316조에 규정한 것 이외에는 공판준비 또는 공판기일에서의 진술에 대신하여 진술을 기재한 서류나 공판준비 또는 공판기일 외에서의 타인의 진술을 내용으로 하는 진술은 이를 증거로 할 수 없다.

56) 개정된 조문은 다음과 같다.

제266조의3 (공소제기 후 검사가 보관하고 있는 서류 등의 열람·등사) ① 피고인 또는 변호인은 검사에게 공소제기된 사건에 관한 서류 또는 물건(이하 "서류등"이라 한다)의 목록과 공소사실의 인정 또는 양형에 영향을 미칠 수 있는 다음 서류 등의 열람·등사 또는 서면의 교부를 신청할 수 있다. 다만, 피고인에게 변호인이 있는 경우에는 피고인은 열람만을 신청할 수 있다.

1. 검사가 증거로 신청할 서류 등
2. 검사가 증인으로 신청할 사람의 성명·사건과의 관계 등을 기재한 서면 또는 그 사람이 공판기일 전에 행한 진술을 기재한 서류 등
3. 제1호 또는 제2호의 서면 또는 서류 등의 증명력과 관련된 서류 등
4. 피고인 또는 변호인이 행한 법률상·사실상 주장과 관련된 서류 등(관련 형사재판확정기록, 불기소처분기록 등을 포함한다)

② 검사는 국가안보, 증인보호의 필요성, 증거인멸의 염려, 관련 사건의 수사에 장애를 가져올 것으로 예상되는 구체적인 사유 등 열람·등사 또는 서면의 교부를 허용하지 아니할 상당한 이유가 있다고 인정하는 때에는 열람·등사 또는 서면의 교부를 거부하거나 그 범위를 제한할 수 있다.

③ 검사는 열람·등사 또는 서면의 교부를 거부하거나 그 범위를 제한하는 때에는 지체 없이 그 이유를 서면으로 통지하여야 한다.

④ 피고인 또는 변호인은 검사가 제1항의 신청을 받은 때부터 48시간 이내에 제3항의 통지를 하지 아니하는 때에는 제266조의4제1항의 신청을 할 수 있다.

⑤ 검사는 제2항에도 불구하고 서류 등의 목록에 대하여는 열람 또는 등사를 거부할 수 없다.

⑥ 제1항의 서류 등은 도면·사진·녹음테이프·비디오테이프·컴퓨터용 디스크, 그 밖에 정보를 담기 위하여 만들어진 물건으로서 문서가 아닌 특수매체를 포함한다. 이 경우 특수매체에 대한 등사는 필요 최소한의 범위에 한한다.

제266조의4 (법원의 열람·등사에 관한 결정) ① 피고인 또는 변호인은 검사가 서류 등의 열람·등사 또는 서면의 교부를 거부하거나 그 범위를 제한한 때에는 법원에 그 서류 등의 열람·등사 또는 서면의 교부를 허용하도록 할 것을 신청할 수 있다.

② 법원은 제1항의 신청이 있는 때에는 열람·등사 또는 서면의 교부를 허용하는 경우에 생길 폐해의 유형·정도, 피고인의 방어 또는 재판의 신속한 진행을 위한 필요성 및 해당 서류 등의 중요성 등을 고려하여 검사에게 열람·등사 또는 서면의 교부를 허용할 것을 명할 수 있다. 이 경우 열람 또는 등사의 시기·방법을 지정하거나 조건·의무를 부과할 수 있다.

③ 법원은 제2항의 결정을 하는 때에는 검사에게 의견을 제시할 수 있는 기회를 부여하여야 한다.

④ 법원은 필요하다고 인정하는 때에는 검사에게 해당 서류 등의 제시를 요구할 수 있고, 피고인이나 그 밖의 이해관계인을 심문할 수 있다.

⑤ 검사는 제2항의 열람·등사 또는 서면의 교부에 관한 법원의 결정을 지체 없이 이행하지 아니하는 때에는 해당 증인 및 서류 등에 대한 증거신청을 할 수 없다.

을 법원에 제출할 수 있는 규정을 신설한 것은 제정 형소법은 직권주의를 표방하고 있었으므로 공소제기와 동시에 증거물인 수사기록을 수소법원에 제출하는 것이 자연스러운 것이었으나, 제1차 형소법 개정시 전문법칙을 도입하면서 소송구조상 공소장일본주의에 의하여 법관에게 예단을 줄 수 있는 증거를 공판기일 전에 법원에 제출하는 것에 모순이 있으므로, 위와 같은 규정을 신설한 것으로 보인다. 따라서, 형사재판에서 검사는 제1회 공판기일 전에 수사기록 일체를 수소법원에 제출할 수 있게 되어 담당법관은 공판이 시작되기 전이나 공판 중에 집무실에서 수사기록을 정독한 후 공판에 임하게 되어 수사기관의 피고인에 대한 유죄의 심증이 그대로 담당법관에게 이어질 수 있었다.

또한 공판기일의 증거조사에서 피고인, 변호인은 검사가 제출한 증거목록에 대하여 증거의 동의·부동의 여부에 대한 의사를 법관에 대하여 표시하면, 부동의 된 서면증거에 대하여만 증인을 소환하여 증인이 출석한 가운데 증인신문이 이루어졌다.[57] 그리고 증인이 출석하지 않는 때에는 "공판기일에 진술을 요할 자가 사망, 질병 기타 사유로 인하여 진술할 수 없는 때에는 그 조서 기타 서류 또는 물건을 증거로 할 수 있다"는 규정에 의하여 수사기관 작성의 참고인 진술조서, 진술서 등에 대하여 증거능력이 쉽게 인정되었다.

한편, 검사 작성의 피의자신문조서는 공판기일에 피의자에 의하여 성립의 진정이 이루어지면 증거능력이 인정되므로, 공판절차에서 피고인이 무죄를 선고받기는 대단히 어려운 형편에 있었다. 조금 과장하자면 이른바, 과거 중세유럽의 규문재판에서 이루어지던'조서재판'이 20~21세기에 이루어지고 있었던 것이다. 따라서, 수사과정에서 피의자로부터 자백을 받기 위하여 피의자에 대한 고문이나 협박 등 인권침해의 위험성은 항시 존재하고 있었다. 이러한 조서재판은 이른바 '인질사법(人質司法)'과

57) 국선변호인 제도가 활성화되기 이전에는 법률문외한인 피고인이 단독으로 공판에서 스스로를 방어해야 하였으므로, 피고인이 제출된 증거에 대하여 동의·부동의를 표명하는 것은 사실상 불가능하였고, 주로 법관이 피고인에게 공소사실의 인정, 불인정여부를 질문한 후 재량에 의하여 증거목록에 대한 동의·부동의 여부를 결정하였다.

결부되면서 더욱 놀라운 효과를 발휘할 수 있었다. 즉, 피의자가 구속영장에 의하여 구속된 상태에서 공판정에서 피고인으로 재판을 받는 경우 심리가 종결되어 판결이 선고될 때까지 법원에 의한 석방, 즉 보석은 거의 이루어지지 않는다. 특히, 피고인이 공소사실에 대하여 혐의를 부인하면서 다투는 경우에 법원에 보석을 기대하지 않는 것이 좋다. 피고인이 하루라도 빨리 구속상태에서 벗어나는 길은 빨리 공소사실을 인정하거나, 공소사실을 부인하지만 증거에 동의하여 신속히 법관으로부터 집행유예의 선고를 받는 방법이 유일하다. 이미 유죄의 심증을 형성하고 있는 법관에 대하여 범행을 저지른 것에 대하여 개전의 정을 가지고, 양형에서 선처를 구하는 것이 현명하다는 것이다.[58] 이러한 점에서, 우리 형사소송법의 발전과 진보는 국가보안법 사범과 같은 사상범에 대한 재판에서 이루어졌다고 하여도 과언이 아니다. 그러나, 2006년 3~4월경부터 공소장 일본주의에 충실한 '증거분리제출'이 전국적으로 확대되면서 최소한 담당법관이 피고인에 대하여 예단을 가지고 공판심리를 하는 폐단은 없어졌다고 할 수 있다. 또한 국선 변호인제도의 확대실시와 실질적인 변론[59], 피고인에 대한 불구속 재판원칙의 확대, 양형기준제의 도입 등은 우리 형사재판의 수준을 상당히 발전시켰다.

---

58) 형사재판에서 재판장의 권한은 구속된 피고인에게는 '저승사자'와 같이 절대적이라고 할 수 있다. 공판과정에서 공소사실에 대하여 효과적으로 다투어 무죄가 선고되는 것이 가장 좋은 결과이겠으나, 공연히 공소사실에 대하여 과도하게 다투어 재판장의 심기를 불편하게 한 후 유죄판결이 선고되는 경우에는 그에 상응하는 형이 선고될 위험성이 크다. 따라서, 변호인은 제1심 형사재판에서는 어차피 중형이 예상되는 사건이 아닌 한 재판전략상 사실관계보다는 양형에 집중하여 최소한의 형을 선고받고, 항소심에서 범행을 부인하면서 무죄를 다투는 방법을 선택하기도 한다. 불이익금지변경의 원칙에 따라 항소심에서 원심보다 중한 형을 선고할 수는 없기 때문이다.

59) 과거의 국선변호인제도는 형식적인 측면이 많았다. 즉 범행을 부인하는 피고인을 설득하여 자백하도록 권유하거나, 변론준비를 게을리 한 채 즉석에서 증인에 대한 반대신문을 간단히 끝내고, 변론요지서도 제출하지 않은 채 최후변론에서 '선처를 바랍니다'라는 투의 무성의한 변론이 대부분이었다. 최근 재심사건에서 무죄가 선고된 '삼례 나라슈퍼 강도치사 사건'도 국선변호인의 자백권유에 의한 것이었다는 것이 정설이다. 이러한 점에서 최근 변호사시험 합격자 정원의 확대로 국선변호인 간의 경쟁이 심화되어 충실한 변론이 이루어지고 있는 것은 대단히 고무적인 현상이다.

제3절 유럽의 증거법

Ⅰ. 독일의 형사증거법

1. 독일 형사절차의 역사

(1) 배심제의 도입

1789년 프랑스 혁명의 결과 독일은 규문주의에 대한 비판이 고조되면서 프랑스식 형사배심을 도입하였다. 프랑스식 배심제도는 피고인의 죄책을 판단함에 있어 사실확정은 배심원단이, 법률문제는 법관이 전담하였고, 사실문제에 대하여 배심원단은 법관이 제시하는 구체적이고 간단한 여러 질문에 답하는 방식을 채택하였다.

이러한 배심제는 관료적인 법관의 자의적인 증거판단을 견제한다는 점에서 여러 비판에도 불구하고 독일의 재판제도로 확립되어 갔다. 그러나 독일이 제1차 세계대전에서 패배하면서 독일은 막대한 전쟁배상금을 지불하여야 했고 극심한 인플레이션으로 인하여 정상적인 재정운영이 불가능하게 되었다. 따라서 비용이 많이 드는 배심재판을 유지하기 어려웠다. 또한 1919년 성립된 바이마르 공화국은 정치적으로 불안정하였고 정부는 강력한 사법적 통제를 필요로 하게 되었다. 또한 독일 사법부는 매우 보수화되고, 독일법은 고도로 추상화되면서 시민의 일상과 괴리되어 일반 시민은 법의 내용을 점점 알 수 없게 되어갔다. 결국 1924년 배심제는 폐지되고 참심제가 채택되기에 이르렀다.

(2) 참심제와 형사재판

독일의 형사재판은 구두주의, 공개주의, 직권주의를 원칙으로 한다. 따라서 이전 규문절차에서의 서면주의, 밀행주의와는 다른 증거조사방법을 따른다. 특히, 구두주의와 직권주의가 결합되면서 마치 영국, 미국의 전문법칙이 적용되는 것과 같은 효과가 나타나고 있다. 재판의 주도권은 직업법관에게 있다. 이때 참심원이 법관과 함께 하는 재판절차에서, 참심원은 공판이 개시되는 때로부터 판결이 선고되는 때까지 그 직무를 수행하며, 그 기간 동안 원칙적으로 직업법관과 동등한 지위와 권한을 갖는다. 먼저, 증거조사단계에서 참심원은 재판부의 일원으로서 검사나 변호인의 증거신청을 인용하거나 기각하는 결정에도 관여하며, 그 결정은 당해 재판부 구성원의 다수결에 의한다. 또한 참심원은 재판장의 허가를 얻어 피고인이나 증인, 감정인에게 질문을 할 수 있다. 평의 및 판결의 선고시에 죄책문제와 행위의 법률효과에 관하여 피고인에게 불리한 결정을 내리기 위해서는 재판부 구성원의 3분의 2 이상의 다수결을 요하기 때문에, 이와 같은 표결요건을 충족하는 경우에만 피고인에 대한 유죄판결 및 형이 결정될 수 있다.

2. 사실인정을 위한 증거원칙의 변화

(1) 직접주의원칙(Unmittelbarkeitsgrundsatz)

1) 개념

독일 형소법 제216조는 "법원은 심리 전체로부터 얻어진 자유로운 심증에 따라 증거조사의 결과에 관하여 재판한다"라는 자유 심증주의의 원칙에 따라 공판절차 전체를 통하여 얻어진 확신에 따라 사실심 판사는 재판을 위하여 필요한 사실관계를 참심원과 함께 확정하여야 한다. 이와 더불어 행위에 대한 필요한 확신은 법원 스스로 형성해나가야 한다는 것이 독일 형소법 제250조[60]에서 도출되는 직접주의 원칙이다.

이 원칙은 두 가지의 관점을 내포하고 있는데, 그것은 형식적 직접주의와 실질적 직접주의이다. 먼저, 형식적 직접주의는 수소법원이 재판의 기초가 되는 증거를 직접 조사하여야 한다는 원칙을 말하고,[61] 실질적 직접주의는 법원이 사실의 증명여부를

---

60) 어떤 사실에 관한 증거가 개인의 지각에 근거하고 있는 경우 공판에서 그를 심문하여야 한다. 이 신문은 과거 신문시 작성된 조서의 낭독이나 서류상의 진술로 대신할 수 없다.

61) Roxin/Schunemann, Strafverfahrensrecht, 26. Aufl, §46 Rn. 3.

판단하면서 요증사실과 가장 가까운 원본증거를 사용하고 그의 대체물을 사용하지 못하도록 하는 원칙을 말한다.[62][63]

2) 효력

가. 조서보다 인증의 우위

재판을 위하여 필요한 사실에 관한 것인 한, 경험한 사실에 대하여 보고를 하는 증인의 신문이, 수사과정에서 작성된 조서를 낭독하는 것보다 우위에 있다.[64]

나. 검증보다 인증의 우위

증인이 한 묘사나 특징에 관한 증언은 그에 상응하는 조서상의 증인진술로 대체할 수 없다. 그러나 이러한 원칙은 행위 장소를 찍은 사진에 대하여는 적용할 수 없다. 왜냐하면 이 경우는 증인의 주관적인 기억의 재현이 문제가 되지 않기 때문이다. 이러한 사진은 증인의 진술과 독립적으로 검증의 대상이 된다.

다. 전문증인(Zeuge vom Horensagen)

요증사실을 직접 경험하지 않고 이를 경험한 제3자의 진술을 그 내용으로 하고 있는 전문증인은 원거리의 증거가 아니다.[65] 따라서 경찰관이 피고인이 수사단계에서 무엇을 진술하였는지에 관하여 증인으로 증언할 수 있다.[66] 이러한 신문이 적합한지 여부는 단지 독일 형소법 제244조 제2항[67]에 의하여 결정된다. 물론 전문증인은 사건을 직접 경험한 증인에 비하여 일반적으로 덜 신뢰할 만한 증거방법으로 인식

62) a.a.O., §46 Rn. 4.

63) 이에 대하여 Diemer의 견해에 따르면, 항상 원본증거를 사용해야 한다는 원칙은 다수설이 아니라고 한다. Hannich/Diemer, StPO-Karlsruher Kommentar (a.a.O.), §250 Rn. 1. 참조.

64) Haller/Cozen, Das Strafverfahren, 5. Aufl., Rn. 446.

65) BGH NStZ 1999, 578 ; BGHSt 17, 382.

66) Haller/Cozen, a.a.O., Rn. 466.

67) 제244조(증거조사)
② 법원은 진실탐지를 위하여 판결과 관련하여 중요한 모든 사실과 증거방법에 관하여 직권으로 증거조사를 수행하여야 한다.

되고 있다. 따라서 원거리의 증거만으로 심증이 형성되는 경우에는 판결의 증거평가가 특별하게 이루어져야 한다. 간접적인 증인의 증언이 다른 중요한 증거방법에 의하여 옳은 것으로 확인된 때에는 유죄판결을 하기 위해서는 판결이유에서 이에 관한 설시가 이루어져야 한다.[68]

(2) 구두주의의 원칙

구두변론이 이루어진 것만이 독일 형사소송법상 '심리전체(Inbegriff der Verhandlung)'를 구성한다. 따라서 구두주의의 침해는 독일 형소법 제337조[69]의 상고이유인 법률위반이고, 이때 상고이유가 되는 위반 법률조항은 독일 형소법 제261조가 된다.

1) 문서의 낭독

서류는 낭독되어야 한다(독일 형소법 제249조).[70] 이 원칙은 각자 읽는 절차(Selbstleneverfahren)에 의하여 깨어질 수 있다(독일 형소법 제249조 제2항).[71]

2) 형식으로부터 자유로운 종전 진술의 제시(Vorhalt)

증인 또는 감정인을 신문할 때 그 진술이 수사기록의 내용과 일치하지 않는 경우 법관은 증인에게 그 사실을 알리고 수사서류 내용을 제시하여야 한다. 이때, 법관이 해당 서류 부분을 읽어줄 수도 있지만, 법관이 종전 진술을 들려줄 목적으로 서류로

---

68) BGH NJW 2005, 1132.

69) 제337조(상고이유) ① 판결이 법률위반에 기초하고 있다는 사실만이 상고이유가 될 수 있다.
② 법률위반이라 함은 법규범을 적용하지 않았거나 이를 올바르게 적용하지 않은 것을 말한다.

70) 제249조(서면의 낭독) ① 공판에서는 기록 및 기타 증거방법이 되는 문서를 낭독한다. 이는 과거에 행해진 형사판결, 형벌목록 및 교회기록부와 혼인 및 출생 등록부에서 발췌한 내용에도 적용되며, 법관의 감정조서도 이와 동일하다.

71) ② 제253조(기억을 돕기 위한 조서의 낭독)와 제254조(자백 및 모순과 관련된 낭독)에 해당하는 경우를 제외하고, 법관과 참심원이 그 기록이나 문서의 내용에 대하여 알고 있고 그 밖의 관계인들도 이를 알 기회를 가졌던 경우에는 낭독을 배제할 수 있다. 제1문에 따라 절차를 진행도록 한 재판장의 명령에 대하여 검사, 피고인 및 변호인이 지체 없이 불복하는 경우에는 법원이 이를 재판한다. 재판장의 명령, 사전지식과 이를 얻을 기회의 확증 및 그 불복에 대해서는 조서에 기재하여야 한다.

부터 인용하거나 그것을 전부 낭독하는 방법으로도 가능하다.[72] 한편, 종전 진술의 제시는 다음과 같은 점에서 서증과 구별된다. 첫째, 형식에 구애받지 않으므려 공판조서가 작성되지 않는다(독일 형소법 제273조 제1항, 제255조[73])의 조서낭독의 이유에 대해서도 확장 적용된다). 둘째, 인적증거에 대하여 신문의 보조수단으로만 작용한다. 이는 문서의 제시에 의하여 증인 또는 감정인이 진술을 정확히 하게 하려는 증명목표를 가지고 있다.[74]

3) 비디오 신문과 공판심리상 비디오신문의 녹화

비디오 신문과 녹화는 전혀 다른 두 가지 경우에 이루어진다. 첫째, 비디오 신문과 녹화가 증인보호에 이바지 하는 때, 즉 증인이 공판정에 참석하여 신문을 받을 경우 증인의 안녕에 현저한 불이익이 발생할 위험이 있는 때에는 법원은 증인의 신문이 다른 장소에서 진행되도록 명할 수 있으며, 진실탐문을 위해 필요한 경우에는 제251조 제2항의 요건 하에서도 이러한 명령이 허용된다. 이 경우 진술은 동시 중계를 통해 화면과 음성이 공판정에 전달되어야 한다(독일 형소법 제247조 a 제1문 제1단). 다만, 이 요건은 독일 형소법 제168조와 같이 좁고 엄격하다. 증인이 법정에 있는 것이 가장 좋은 방법이므로 보충적으로 이루어져야 한다.

둘째, 앞으로의 공판에 증인신문이 가능하지 않을 우려가 있고 그 내용이 진실규명을 위해 필요한 경우에는 신문내용을 녹화하여야 한다(독일 형소법 제247조 a 제1문 제2단). 이 경우 적용사건들이 지나치게 확장되지만, 여기에서도 비디오신문의 경우와 마찬가지로 증인의 신문에 제한된다. 이때에는, 보충성 조항이 존재하지 않으므로, '진실규명을 위한 필요한'이라는 부가적 요건은 이전 법관에 의하여 이의없이 이

72) 제253조(기억을 돕기 위한 조서의 낭독) ① 증인이나 감정인이 일정 사실을 더 이상 기억할 수 없다고 밝히는 경우 이들에 대한 과거 신문내용 가운데 이들의 기억을 도울 수 있는 조서의 관련부분을 낭독할 수 있다. ② 공판을 중단하는 이외의 다른 방법으로는 신문에서 드러난 진술과의 모순을 확인하거나 제거할 수 없는 경우에도 전항과 동일한 조치를 취할 수 있다.

73) 제255조(낭독의 조서기재) 제253조와 제254조의 낭독 및 그 사유를 검사와 피고인의 신청에 기하여 이를 조서에 기재하여야 한다.

74) BGH 14, 307.

루어진 신문의 조서가 낭독될 수 있고 이것으로 충분히 사실을 규명할 수 있는 사건만을 배제해야 할 것이다. 이러한 이익형량에는 법률문언에도 불구하고 방어의 이익도 포함되어야 한다. 이러한 비디오 신문의 녹화는 수사절차만큼 쉽게 할 수 있는 것이 아니라 심리와 판단을 필요로 한다(독일 형소법 제247 a 제4문).

3. 증인, 서증에 대한 증거법과 증거조사절차

(1) 증인

1) 의무

가. 출석의무

출석의무는 판사의 소환과 수사절차상 검찰의 소환에 의하여 발생한다. 이에 응하지 않는 증인은 그로 인한 비용을 부담하고, 과태료가 부과되며 최장 6주간의 감치처분이 내려질 수 있다. 다만 감치처분은 판사만이 내릴 수 있다.

나. 진실에 부합하는 진술을 하여야 할 의무

증인은 허위의 진술을 하면 처벌받는다(독일 형법 제153조 이하). 다만, 이러한 진술의무는 공직자의 비밀준수의무를 이유로 면제될 수 있다(독일 형소법 제54조). 공직자가 진술을 할 수 있다는 승인을 얻지 못하는 한 그를 증인으로 신문하는 것은 금지된다(증거조사금지). 이러한 승인은 행정행위이다. 그러한 승인을 하지 않는 것이 위법하다면 소송관계인은 의무이행소송을 제기할 수 있지만, 증인 자신이나 법원은 그 소송을 제기할 수 없다.

다. 선서의무

법원이 증인의 선서가 증거평가에서 '저울추(Zunglein an der Waage)'역할을 하거나 혹은 다른 증거자료에 접근할 수 없다든가 하는 이유로 선서를 '결정적인 것(ausschaggebend)'으로 여길 때에만 선서가 행해질 수 있다. 증인이 허위진술을 하거나 또는 형법 제153조에 규정된 허위진술죄[75]를 범하였다면 진술의 저울추로서 선서가 필요하지 않다. 선서는 진술 후에 행하여진다.[76] 미성년자나 선서무능력자의 선서는 금지된다. 범죄를 저질렀거나 범죄에 관여한 혐의를 받고 있는 사람의 선서도 금지된다. 예컨대, 마약매수죄로 기소된 피고인에 대한 형사절차에서 마약을 판매한 사람, 장물범을 피고인으로 하는 사건에서 절도범에 대한 선서는 이루어질 수 없다. 그러나 경찰의 첩보원은 범죄에 해당하는 방법으로 협력한 것이 아니기 때문에 여기에 해당하지 않는다.[77] 증언을 할 필요가 없는 사람은 선서할 필요도 없다(선거거부권, 독일 형소법 제61조).

라. 부수의무

증인은 그의 신빙성(독일 형소법 제68조 제4항)에 대하여 질문을 받거나 감정을 함으로써 테스트 받는 것을 감수하여야 한다. 그는 신체검사를 감수하여야 하고(독일 형소법 제81조c), 대질신문에 협조하여야 하며(독일 형소법 제58조 제2항), 그 진술을 녹음・녹화하는 것(독일 형소법 제58조a)[78]을 받아들여야 한다. 더 나아가 중대한 의미가 있는 범죄의 경우에는 증인이 공개적으로 수배될 수 있다(독일 형소법 제131조a 제3항).[79]

---

75) 제153조【선서 없는 허위진술】① 법원에 대하여 또는 선서에 의한 증언이나 감정을 행하게 할 권한이 있는 기타 관청에 대하여 증인 또는 감정인으로서 선서 없이 허위로 진술한 자는 3월 이상 5년 이하의 자유형에 처한다.

76) 형소법 제59조 제2항 "증인선서는 각 증인마다 개별적으로 그리고 신문 후에 행한다. 별도의 규정이 없는 한, 선서는 공판 중에 행한다". 다만, ① 신문 당시 만18세가 되지 않았거나, 사고의 미성숙이나 육체적 질병 또는 정신적, 심리적 장애로 인하여 선서의 본질과 의미에 관한 충분한 이해가 없는 자의 경우, ② 조사대상이 되는 범죄행위 또는 그에 관여한 행위 내지 증거인멸, 범인은닉 또는 장물취득의 혐의를 받고 있거나 이로 인하여 이미 유죄판결을 받은 자의 경우에는 선서에서 배제된다(동법 제60조).

77) BGH NStZ 1990, 193.

78) 제58조a(녹화) ① 증인신문은 녹화할 수 있다. 다음 각 호의 하나에 해당하는 경우에는 녹화가 이루어져야 한다.
1. 범죄피해자가 18세 이하인 경우로서, 그의 보호되어야 하는 이익을 보장해 주어야 하는 때
2. 공판절차에서 증인을 신문할 수 없을 것이지만 진실을 조사하는 데 녹화가 필요할 것이라고 예상되는 경우
② 녹화의 이용은 오로지 형사소추의 목적을 위해서만 그리고 진실을 조사하는 데 필요하다고 여겨지는 경우에만 허용된다.

79) 제131조a(소재확인을 위한 지명수배) ① 피의자 또는 증인의 소재수사를 위한 지명수배는 그 소재

2) 증언거부권

가. 신분관계로 인한 증언거부권(StPO §52)

(가) 약혼자

약혼상태는 범죄 당시에는 성립되어 있지 않았다 하더라도 증언할 당시에는 성립하고 있어야 한다.

(나) 배우자

증언거부권은 혼인 중 또는 그 후에도 인정되고 가장혼인인 경우에도 인정된다.[80] 혼인이 범죄 후에 비로소 성립하였는지 또는 증언 전에 이혼하였는지, 당연무효인지 아니면 취소되었는지는 증언거부권을 인정하는데 아무런 차이가 없다. '혼인 유사한(eheahnliche)' 동거관계에 대하여 학설은 증언거부권을 인정하지 않지만, 등록한 동반자관계(Lebenspartnem)에서는 증언거부권이 인정된다.

(다) 친인척

하나의 형사절차에서 여러 명의 피의자에 대한 절차가 진행되고 증인이 그 중 1인에 대하여만 친인척 관계에 있을 경우 그 증언하고자 하는 사실관계가 그 친인척에게도 해당되는 경우에는 모든 피의자에 대한 증언거부권이 인정된다.[81]

지가 알려져 있지 않은 때에 명령할 수 있다. ② 제1항은 운전면허증의 보전, 범죄흔적수사와 관련된 처리, DNA 분석 및 신원확인을 위해 필요한 피의자 지명수배에 대해서도 준용한다. ③ 피의자 또는 증인의 소재수사를 위한 지명수배와 관련하여 중대한 범죄인 경우 피의자가 범행을 저질렀다는 유력한 혐의가 있고 다른 방식으로는 피의자 소재수사가 성공할 수 없거나 현저한 어려움을 겪을 것으로 예상되는 경우에도 공개추적수사를 명령할 수 있다. ④ 제131조 제4항을 준용한다. 증인의 소재를 수사하는 때에는 당사자가 피의자가 아니라는 사실을 명시해야 한다. 증인의 이익을 보호해야 할 필요성이 더 중대한 경우에는 증인에 대한 공개추적수사를 할 수 없다. 증인의 사진을 게재하는 것은 다른 방식으로는 소재수사가 성공할 수 없거나 현저한 어려움을 겪을 것으로 예상되는 경우에만 허용된다. ⑤ 제1항과 제2항에 따른 지명수배는 형사소추기관의 모든 추적수단을 동원하여 이루어질 수 있다.

80) BayObLG NStZ 1990, 187.

81) BGH 34, 215, 216.

나. 직무상 비밀로 인한 증언거부권(StPO §53, 53a)

독일 형소법에 열거된 직무상 비밀 보유자와 그의 보조인은 그의 직업수행과정에서 듣거나 알게 된 것에 대하여 증언하는 것을 거부할 수 있다. 이것은 의료제도, 변호제도 등의 제도상의 신뢰를 보호하기 위한 것이다.

개정된 독일 형소법에 의하면, 언론인의 증언거부권이 인정되는 범위를 제3자에 관한 것을 알려주는 것 뿐 만 아니라 스스로 조사하여 밝혀낸 자료나 직무상 알아낸 것까지 확대하고 있다.

3) 답변거부권(StPO §55)

피고인이라면 원칙적으로 그 어떤 것도 말할 필요가 없고, 피고인의 친인척은 증언을 거부할 수 있다. 증인은 또한 진실의무의 압력 때문에 스스로 범죄혐의를 받거나 친인척이 범죄혐의를 받게 되는 것으로부터도 보호받아야 한다. 독일 형소법 제55조[82]는 이러한 목적을 위한 규정이다. 이 조문은 각각 개별적인 질문뿐만 아니라 답변 자체를 거부할 수 있다는 것까지 규정하고 있다

증인은 혹시 불리하게 될 수 있는 사실관계 자체에 대하여 단지 침묵하는 것에 그쳐서는 안 되고 그 진술을 거부한다는 뜻을 분명히 하여야 한다. 다만, 그때까지 그가 진술한 것은 증거로 쓸 수 있다.[83] 그가 이전에, 예컨대 경찰에서 문제된 사안에 대하여 진술을 하였다면 그 당시의 경찰관이 그것에 대하여 증언을 할 수 있다(독일 형소법 제252조[84]는 제55조에 적용되지 않는다). 증인에게는 증언거부권을 고지하여 주어야 한다. 그러나 이러한 고지가 행하여지지 않은 경우 피고인은 그것을 상고이유로 삼을 수 없다. 왜냐하면 그의 권리영역(Rechtskreis)이 침해되지 않았기 때문이다.[85]

---

82) 제55조(답변거부권) ① 모든 증인은 자신의 답변이 본인 또는 제52조 제1항에서 기술하고 있는 친족 가운데 1인의 범죄행위나 질서위반을 이유로 기소될 위험을 야기하는 때에는 증언을 거부할 수 있다. ② 증인에게는 증언거부권을 갖는다는 사실을 고지해야 한다.

83) BGH NStZ 1998, 46.

84) 제252조(허용되지 않는 조서낭독) 공판 이전에 신문받은 증인이 공판에서 비로소 증언거부권을 행사한 경우 공판 이전에 행한 진술은 낭독해서는 안 된다.

(2) 서증

1) 개설

사상적 내용을 담고 있는 문서는 서증이 될 수 있다. 매매계약서 아래에 있는 서명의 진정성이 문제가 된다면 그 서명을 검증해야 할 것이다. 그러나 계약문장의 진정성에 대하여는 단순히 관찰을 통해서 알 수 있는 것이 아니기 때문에 계약서가 서증으로 낭독되어야 한다.

조서의 낭독은 법에 의하여 구별된 '법관에 의해 작성된 조서'와 '법관이 아닌 자에 의해 작성된 조서'가 철저하게 구분된다. 이와 관련하여 올바르게 진행된 신문을 근거로 작성된 조서만이 '법관에 의해 작성된 조서'가 될 수 있다. 배제된 법관이 신문을 행하거나 또는 법관이나 법원직원의 서명이 없거나 또는 피의자에게 신문기일에 대해 고지가 이루어지지 않았을 경우, 법관에 의해 작성된 조서는 사용될 수 없다.[86] 일반적인 경우 서증의 낭독은 실제적 지휘권의 행사로써 재판장에 의해 명하여지며 그에 의해서 또는 배석판사에 의해 실행된다.

2) 서증과 증인이 알고 있는 사실

독일 형소법 제250조 제2문[87]은 모든 문서가 낭독될 수 있다는 원칙의 중요한 예외이다. 즉 조서나 문서화된 의사표시의 낭독은 증인진술이나 감정인 진술을 대신할 수 없다. 이 조항은 서증의 완전한 금지를 내용으로 하지 않고, 낭독에 의해 신문이 대신되는 것을 금지하는 것이다.[88] 낭독에 의한 신문의 추가보완은 허용된다. 증인이 독일 형소법 제55조에 의한 증언거부권을 행사하여 진술을 거부한다면 그 전의 신문에 의하여 문서화된 것을 낭독하는 것도 허용되지 않는다. 그러나 이전까지의 진

---

85) BGH 11, 213.

86) Volk, Grundkurs StPO, 5. Aufl., S. 137.

87) (공판에서의) 신문은 과거 신문시 작성된 조서의 낭독이나 서류상의 진술로써 그 신문을 대체할 수 없다.

88) BGH NJW 1987, 1093.

술은 신문자(예컨대, 경찰관, 법관)의 신문을 통해 공판에 인용될 수 있다.[89] 이와 관련하여 독일연방최고법원(BGH)은 증인이 공판절차에서 증언거부권을 행사하고, 석명의무의 이유가 낭독과 대립하지 않고, 절차의 모든 참가자가 낭독하는 것에 동의하면서 신문자의 신문을 포기할 경우 법관에 의해 작성된 조서의 낭독을 허용하였다.[90] 증인이 한 번도 소환되지 않았거나 절차참가자들 중 일부가 조서의 낭독에 동의하지 않은 경우에는 조서의 낭독이 허용되지 아니함은 물론이다.[91]

독일 형소법 제250조 제2문에 의해 금지된 것이 아닌 것으로 문서의 존재에 대한 증명을 위한 낭독이나 또는 문서에 기재된 형사처벌이 되어야 할 내용(예컨대 모욕적인 내용을 담은 편지)을 확인하려는 목적으로 낭독하는 경우가 있다. 이 같은 문서를 일명 구성적 문서(Konstitutivurkunden)라 한다.

가. 불출석시 조서의 낭독(StPO § 251)

증인, 감정인 또는 공동피고인이 특정한 사유로 신문받을 수 없을 경우 이를 대신하여 과거의 신문을 기록한 조서를 낭독할 수 있다. 이 규정은 증인, 감정인 그리고 공동피고인에게 적용된다. 여기에서는 그 신문이 대체되어야 할 자가 현재 위와 같은 소송상 지위를 가지고 있는가 하는 것만이 중요하다. 예컨대, 경찰이 원래 B에 대해 수사를 하고 그를 피의자로 신문하였는데, 그에 대한 혐의가 벗겨지고 대신 A에 대하여 혐의가 짙어진 경우 그 이전의 B에 대한 피의자신문조서는 낭독될 수 있다.[92] 현재 피고인인 자에 대하여 과거에 작성된 신문조서의 낭독에 관하여는 오로지 특별규정인 독일 형소법 제254조[93]가 적용된다.

---

89) BGH NStZ 1996, 96.

90) BGH NJW 2002, 309.

91) BGH NJW 2007, 2195.

92) BGH 10, 186.

93) 제254조(자백 및 모순과 관련된 낭독) ① 자백에 관한 증거조사의 목적으로 법관의 조서에 포함되어 있는 피고인의 진술을 낭독할 수 있다.
② 공판을 중단하는 이외의 다른 방법으로는 신문에서 드러난 과거진술과의 모순을 확인하거나 제거할 수 없는 경우에도 전항과 동일한 조치를 취할 수 있다.

다음의 경우 신문 대신에 증인, 감정인 및 공범이 서면으로 진술한 내용을 포함하고 있는 모든 종류의 조서 및 문서의 낭독이 허용된다.

① 피고인에게 변호인이 선임되어 있고, 검사, 변호인 그리고 피고인이 이에 동의한 경우(독일 형소법 제251조 제1항 제1문), ② 증인, 감정인 또는 공동피고인이 사망하였거나 다른 사유로 인하여 예정된 시간에 법정에서 신문을 받을 수 없게 된 경우(독일 형소법 제251조 제1항 제2호) : 예컨대, 관계기관에 의한 차단으로 증인에게 접근하는 것이 불가능한 경우도 포함된다.[94] 그러나 법률적인 신문장애 사유는 해당되지 않는다. 예컨대, 증인이 공판정에서 증언거부권을 근거로 모든 질문에 대하여 증언을 거부하더라도 이는 제251조의 장애사유가 아니다. 따라서 그 이전의 신문조서를 낭독할 수 없다.[95] ③ 조서 혹은 문서가 재산상 손해의 여부 및 정도와 관련될 경우(독일 형소법 제251조 제1항 제3호) : 이것은 새로운 규정이며 문제점을 내포하고 있다. 왜냐하면 이것은 소송상의 상황이 아니라 실체법상의 구성요건표지와 연결되어 있기 때문이다.

위 사항뿐만 아니라 판사의 신문에 의한 조서는 이러한 조건 및 제2항에 따라 다음의 경우 낭독될 수 있다.

① 질병, 노쇠 기타 제거할 수 없는 장애를 이유로 증인, 감정인 또는 공동피고인의 공판 출석이 장기간 또는 불확정한 기간 동안 불가능한 경우(독일 형소법 제251조 제2항 제1호), ② 증인 또는 감정인의 진술이 크게 중요하지 않다는 사정에 비추어 이들로 하여금 원격지로부터 공판에 출석할 것을 요구할 수 없는 경우(독일 형소법 제251조 제2항 제2호), ③ 검사, 변호인 그리고 피고인이 낭독에 동의한 경우(독일 형소법 제251조 제2항 제3호) : 이러한 동의가 있다고 하여 법원의 진실규명의무가 면제되는 것은 아니고 또한 예컨대 독일 형소법 제52조 제3항[96]에 의한 고지의무위반에 따른

94) BGH 32, 68.

95) BGH NStZ 1984, 342.

96) 증언거부권이 있는 자와 제2항의 경우에 증언거부권행사에 관한 결정권을 가진 대리인에게는 신문을 할 때마다 사전에 이들의 권리에 관해 고지해야 한다. 증언거부권의 포기는 신문 중에도 이를 철회할 수 있다.

증거금지에서 벗어나는 것도 아니다.[97]

소재불명인 증인에 대하여 수사절차에서 수사판사가 신문하였는데 변호인에게는 실수로 기일통지를 하지 아니한 경우(독일 형소법 제168조c 제2항, 제5항[98])를 상정하여 보자. 이 경우 조서를 낭독할 수 없다. 조서를 낭독하는 것은 증거금지원칙에 반한다.[99] 신문을 대체하는 낭독은 그 신문장애사유가 계속하여 존재할 것을 요건으로 하고 있다. 예컨대, 증인은 몇 가지 사안에 대하여 진술을 하였으나 다른 부분에 대하여는 진술하지 않은 경우(독일 형소법 제55조의 증언거부권), 이전에 경찰관이 작성한 신문조서가 낭독될 수 있는지 문제된다. 독일 형소법 제251조 제2항에 따르면 이것은 허용되지 않는다. 다른 한편 증인의 신문은 낭독에 의하여 대체되지 않지만 보충될 수는 있다. 이와 관련하여 독일연방최고재판소는 독일 형소법 제250조 제2문(직접주의)을 적용하여 낭독을 허용할 수 있는 것으로 보고 있다.[100]

나. 공판정에서 증언거부권이 행사된 경우 그 이전 조서의 낭독(StPO § 251)

다음의 사례가 이 조문이 적용되는 전형적인 경우이다. X에 대한 검찰의 수사절차에서 그의 형제인 B가 증인으로 신문을 받았다. B는 증언거부권을 고지받고 사건에 대하여 진술을 하였는데 그 진술은 진술조서에 기재되었다. 나중에 수사관도 B를 증인으로 소환하였는데, B는 그때에도 적법하게 증언거부권을 고지받은 다음 경찰에서의 진술과 동일한 진술을 하였고 다만 조서에는 "B는 오늘의 신문에 대하여 경찰에서와 동일한 진술을 한다(관용적 방식으로 '인용기재'라고 한다)," 라고 기재하였다. B는 그의 형제 X에 대한 공판절차에서 형소법 제52조 제1항 제3호를 근거로 증언을 거부하고 있다.

---

97) BGH NJW 1996, 2435.

98) 제168조c(법관의 신문에 참석할 권한) ② 증인이나 감정인에 대한 판사의 신문시 검사, 피의자 및 변호인의 참석을 허용한다. ⑤ 신문기일은 참석권자에게 미리 통지하여야 한다. 통지로 인하여 조사목적을 해할 가능성이 있는 때에는 통지하지 않는다. 참석권자의 장애를 이유로 신문기일의 연기를 청구할 수 없다.

99) BGH NStZ 1989, 282.

100) BGH JR 1987, 522.

이 사례에서는 다음과 같은 의문이 제기된다. 첫째, B를 신문한 경찰관이 B의 경찰에서의 진술에 관하여 증언할 수 있는가? 둘째, 그것에 관하여 수사판사를 신문할 수 있는가? 셋째, 증인의 그 이전 진술을 제시하기 위하여(zum Zweck des Vorhalts) 진술조서를 낭독할 수 있는가? 하는 것이다. 독일 형소법 제252조의 문언에 의하면 이 조서에 대하여 서증조사방법으로 조사하여서는 안 된다는 것만이 명백하다.

(가) 개관

독일 형소법 제252조는 우선 공판에서 증언거부권이 존재하는 것을 전제로 한다. 증언거부권이 그 이전의 진술단계에서 이미 존재하고 있어야 하는가 하는 문제에 대하여는 독일 형소법 제52조 이하의 적용례에 따라 그 대답이 달라진다. 원칙적으로 제252조의 적용영역에 대하여는 공판에서의 증인의 절차적 역할이 무엇인가에 따라 다르기 때문에 그 진술을 하는 사람이 그 이전에 증인이 아니었을 경우에도 적용된다. 더 나아가 그 이전의 의사표현이 "진술(Aussage)"에 해당될 것을 요건으로 한다.

(나) 증거금지

증인이 공판에서 비로소 증언거부권을 행사하기로 마음먹었다면 그가 그 이전에 증언거부권을 고지받은 다음 그 권리행사를 포기하고 진술을 하였을 때 작성된 진술조서는 낭독할 수 없다. 제252조의 문언 자체를 넘어서 증언거부권의 보호목적을 고려하여 그 이전의 진술을 사용하는 것도 완전히 금지하고 있다. 이것은 또한 신문을 한 사람을 증인으로 신문하는 것(전문증언)도 허용되지 않는다는 것을 의미한다. 독일 연방최고재판소는 판사가 행한 그 이전의 신문에 대하여는 예외를 인정하면서 그 근거에 대하여는 "법률이 매우 일반적인 고도의 신뢰를 부여하고 있고,[101] 무엇보다도 이익형량의 관점에서 볼 때, 소송법 규정에 의거하여 판사가 신문하는 특별한 상황에서 증언거부권을 고지받은 후 명시적으로 증언거부권을 포기한 경우에는 효율적인 형사사법이라는 공익이 증인의 이익에 비하여 더 중요하기 때문이다."[102]라고 설명

---

101) BGH 21, 218, 219.

102) BGH 45, 342.

한다. 판사를 증인으로 신문할 때에는 또한 그가 신문한 후 작성한 조서를 기억을 보조하는 수단으로서 제시하는 것이 허용되고(실무상으로는 낭독한다), 그 조서가 위 사례와 같이 경찰이나 검찰의 신문내용을 그대로 인용한 경우에도 마찬가지이다. 판사의 신문을 녹화한 경우에는 그것은 증명목적으로는 조사될 수 없다. 독일 형소법 제255조a 제1항[103]의 문언은 질적으로 더 높은 가치를 가진 증거방법의 사용을 명백하게 허용하고 있지 않다. 이러한 평가모순 상황은 판사를 증인으로 신문할 때 그 녹화물의 제시(Vorhalt, 재생)를 허용한다는 점에서 더욱 두드러지게 나타난다.[104]

(다) 공판 중 증언거부권과 공판 전 증언거부권

독일 형소법 제52조는 그 이전의 신문 이후에 새롭게 증언거부권이 발생한 경우(예를 들면, 혼인에 의하여)에도 요건이 충족된다. 중요한 것은 피고인에게 불리한 진술이 다른 절차에서 유죄의 증거로 사용되는 것으로부터 증인을 보호하여 주어야만 할 것인가 여부이다. 이 경우에는 그 이전에 신문한 판사를 증인으로 신문하는 것도 허용되지 않는다. 이전의 진술의무가 있던 때의 증인의 진술에 접근할 수 있다면 나중에 발생한 증언거부권의 보호목적은 달성할 수 없을 것이다.[105]

그러나, 공판이 개시된 후 증인이 정신질환이 발생하거나 또는 사망함으로써 증언거부의사를 표명하지 못할 상황에 이른 경우, 판례는 더 이상 증언거부권의 기본적 이념에 대하여 고려하지 않고 그 이전의 진술을 다른 방법으로 사용하는 것을 허용한다. 또한 증언거부권자가 '절차의 불순한 농단'을 한 경우에는 공공의 보호를 위하여 모든 가능한 증거방법을 사용하여 범죄를 조사하고 소추와 처벌을 요구하는 진실규명의 원칙이 우선되어야 한다고 한다.[106] 자신이 약혼한 사실을 숨긴 사람은 나중에 증언거부권을 고지받지 않았다고 주장하면서 증거사용금지를 요구할 수 없다. 그렇

103) 제255조a(화상녹화) ① 증인신문에 대한 화상 및 음성의 녹화 절차에 대해서는 제251조, 제252조, 제253조와 제255조에 따른 신문내용에 대한 문서의 낭독에 관한 규정을 준용한다.

104) BGH NStZ 2004, 390.

105) BGH 27, 232.

106) BGH 45, 342, 348.

지 않으면, 증인이 법원에 대하여 다른 것을 요구할 권리를 주면서 이와 함께 특정한 증거를 법원에 대하여 부당하게 감추는 것까지 허용하는 꼴이 된다.[107] 그러나, 독일 형소법 제53조, 제53조a는 다르다. 위 조항에 의하여 나중에 비로소 증언거부권이 발생한 경우 그 이전의 진술을 사용하는 것이 금지되는 것은 아니다. 증거금지는 증언거부권이 그 이전부터 존재하고 있었지만 이를 행사하지 않은 경우에만 성립한다.

독일 형소법 제55조의 답변거부권은 동법 제252조의 적용범위에 속하지 않는다.[108] 답변거부권은 증인과 피고인 사이의 이해관계의 충돌이 문제되는 것이 아니라 오로지 증인의 보호를 위한 것이다. 증인이 그 이전의 진술에서 답변거부권을 포기하여 스스로 위험상황을 초래한 경우, 공판정에서 비로소 답변을 거부할 수는 있지만, 그렇다고 하여 그에 대하여 피고인에 대하여 그 이전의 진술이 사용되는 것을 막을 수 있는 것은 아니다.

(라) 그 이전 공동피의자의 진술

예컨대, 부부인 F와 M을 공동피의자로 하여 수사를 하였는데, F는 수사판사의 신문에 대하여 사건에 대한 진술을 하였고, 그녀에 대한 절차가 분리되었는바, M에 대한 공판절차에서 그녀가 증언거부권을 행사한 경우에 그녀에 대한 그 이전의 신문조서는 독일 형소법 제250조(직접주의)에 따라 낭독될 수 없다. 그 외에 독일 형소법 제252조(허용되지 않는 조서낭독)의 증거금지가 적용된다. 위의 사례에서 그녀는 공판정에 출석하지 않았고, 그녀의 이전 신문조서를 낭독하는 것에 대하여 검사, 피고인, 변호인이 모두 동의한 경우(제251조 제1항 제4호), 해석상 문제가 발생할 수 있다.

(마) 진술

제252조는 증인의 '진술'을 낭독하는 것과 사용하는 것을 금지하고 있다. 여기에는 다른 형사절차의 진술이나 민사소송의 진술도 포함된다.[109] 그러나 정보원에게

107) BGH NStZ 2003, 612.

108) 불일치되는 판례로는 BGH 6, 209, 211과 NStZ 1998, 46이 있다.

109) BGH 17, 324.

한 말은 신문을 한 것이 아니기 때문에 '진술'이라고 할 수 없다. 증인과 피고인의 변호인 사이의 대화에서 이루어진 변호인의 질문은 '신문'이 아니기 때문에 그때 증인이 말한 것은 '진술'이 아니다.

다. 결함있는 기억의 회복 및 모순진술반박을 위한 낭독(StPO § 253)

이 규정은 직접주의 원칙을 완화시키고 있다. 이 규정은 공판절차에서 증인 또는 감정인의 기억을 회복하고 모순진술을 반박하기 위하여 서면증거사용을 허용하고 있다. 결과적으로 제253조는 인적증거와 서면증거의 결합을 가져오고 있다.

라. 자백조서의 낭독(StPO § 254)

피고인의 자백은 범죄행위 전부가 아니라 개별적인 범죄사실에 대한 자백도 포함한다. 피고인의 범죄행위와 관련된 공동피고인의 자백을 낭독하는 것도 허용된다.[110] 다만, 법관의 조서만이 서면증거조사의 대상이 되며, 이에는 다른 소송절차 또는 외국의 판사 앞에서 행한 자백도 포함된다. 따라서, 사법경찰 및 검사 작성의 조서는 증거소사를 위하여 낭독해서는 안된다. 법률이 법관면전 조서로 한정하고 있는 것은 다른 조서에 대해서는 증거조사를 금지하고 있다는 내용을 포함하고 있는 것이다. 그러나 사법경찰관 등 신문자를 증인으로 신문하고 그에게 조서를 제시하는 것은 허용된다.[111] 이와 관련하여 피고인이 경찰관 앞에서 행하였던 자백을 번복하고 법정에서 묵비권을 행사하여, 당시 신문을 하였던 경찰관이 증인으로 소환되었는데, 경찰관에게 조서를 제시하였음에도 그 내용을 기억하지 못하였고, 다만 항상 올바르고, 정확하게 조서를 작성해왔다고 한 때에는 경찰관의 증언내용은 없으므로 위 조서를 증거로 사용할 수 없다.[112]

---

110) BGH 22, 372.

111) BGH 3, 149, 150.

112) BGH 14, 310; NStZ 1995, 47.

4. 증거금지(Beweisverbot)

(1) 개요 및 역사적 고찰

독일의 증거금지론은 1903년 Beling의 제창에도 불구하고 50여년간 형사소송법상 각별한 관심의 대상이 되지 않았다. 그러나 제2차 세계대전 후 마취분석, 거짓말탐지기 등의 새로운 신문기법의 도입에 따른 문제제기와 나치체제하에서의 형사사법운영에 대한 반성으로 비로소 증거금지론이 재조명되기에 이르렀고, 이러한 문제의식을 바탕으로 독일 형사소송법(StPO) 제136조 a가 신설되었으며, 그 이후 독일 연방대법원의 두 개의 판결과 독일 연방헌법재판소의 판결에 의하여 획기적인 발전을 이루었으나 1980년 후반기부터는 테러범죄등의 발생 등의 사회적인 문제 발생으로 그 증거배제의 폭이 점차 축소되어 오고 있다. E. Beling은 1902년 '형사소송에 있어서 진실규명의 한계로서 증거금지(Die Beweisverbote als Grenzen der Wahrheitserforschung im Strafprozeß)'라는 튀빙엔 대학 취임강연에서 형사소송에 있어서 진실규명의 요청은 절대적인 것이 아니고 진실규명과 대립되는 다른 이익을 위해서 제한되는 경우가 있음을 지적하고 그러한 제한을 '증거금지(Beweis verbote)'라는 개념으로 이해할 수 있다면서 이에 대한 이론적인 검토를 제안하였다.[113] 이러한 이론적 발전에 힘입어 1889년 11월 독일 연방법원은 피고인과 근친자 등의 증언거절권자 사이에 교환된 통신 서면의 압수를 금한 형사소송법 제97조에 위반하여 압수된 편지를 모욕죄를 구성하는 익명문서의 필적감정에 사용한 사건에 대하여, "이와 같은 법규에 반하는 방법으로 획득된 증거법상은 공판에 제출되지 못하며, 판결형성에 사용될 수 없다"라고 판시하기도 하였다.[114]

그 후 증거금지론이 본격적으로 논의된 것은 1960년대 이후이고 그 결정적 계기는 독일 연방대법원의 2개의 판결 즉 녹음테이프판결(Tonband-entscheidung)[115]과

113) Gerson Trüg, Jörg Habetha, "Beweisverwertung troz rechtswirdiger Beweisgewinnung", HStZ, Heft 9, (2008), S. 482ff. 김균보, "독일 형사소송에 있어서의 증거금지", 법학연구(제33권 제1호, 통권 제43호), 64면 이하.

114) RGSt 20, 91.

일기장판결(Tagebuch-entschidung)[116]이었다. 1960. 6. 14. 독일 연방대법원 제1형사부에서 선고된 녹음테이프 판결의 사건은 강간사건의 피해자를 대리하는 변호사에 대하여 강간사건의 피고인이 법원의 증인신문시 자기에게 유리하게 증언을 변경해줄 것을 교섭하면서 자신의 여자친구로 하여금 변호사의 사무소를 방문하고 전화도 걸어 그때마다 은밀하게 변호사와의 대화를 녹음해 둔 후, 교섭이 실패하여 변호사가 위증교사미수 및 소송대리인 배임죄로 기소되자 검찰에서 녹음테이프를 증거로 제출한 사안이다. 이에 대하여 연방 대법원은 위 증거를 배제하고 피고인에게 무죄를 선고하였다. 위 판결에 대하여는 위 판결이 녹음이 피고인의 인격권을 침해하여 획득된 것에 위법성의 중점이 있는가 아니면 피고인의 의사에 반해서 녹음테이프를 재생하는 것에 위법성의 중점이 있었는가에 대하여 불분명하고, 형사소송법 제136조의 a를 유추의 근거로 들고 있지만 동조는 사인(私人)에 의한 증거수집에는 적용이 없다는 것이 학설과 판례이므로 이와 상충된다는 문제점이 지적되었다.[117]

1964년 2월 21일 독일 연방대법원 제4형사부에서 선고된 일기장판결은 피고인이 위증죄로 기소된 사안인데 허위진술의 증거로 피고인의 일기장에 기재된 피고인의 진술기재가 문제된 사안이다. 이에 대하여 연방대법원은 형사소송법 제136조의 a와 같이 사용금지를 인정하는 명문의 규정이 있는 경우는 논외로 하더라도 증거금지의 위반이 사용금지를 가져오는지 여부는 개별적인 검토를 필요로 하지만, 고도로 사적인 내용을 가진 일기에 대하여는 이 점에 대하여 더 이상 검토할 필요가 없고, 사용금지는 자신의 사생활영역을 보호한다는 헌법상 보장된 개인의 이익과 국가의 소추라는 이익사이에 일정한 우열관계가 존재하는 한에서 인정되고 이 점에서 형사절차상 강제처분의 허용에 대한 연방헌법재판소가 채택하고 있는 비례의 원칙이 형사절차 일반에서도 타당할 수 있다고 판시하였다.[118]

---

115) BGHSt 14, 358.

116) BGHSt 19, 325.

117) 권영법, "독일증거금지론에 대한 소고" 「법조」 Vol 642 (2010.3), 170-171면.

118) 권영법, 위 논문, 171면.

이후 3단계이론(Drei-Sphären-Theorie)을 채택한 독일 연방헌법재판소 판결[119]을 통하여 증거금지론은 더욱 이론적인 정비를 하였으며 3단계이론은 이후 판례의 기본적인 입장이 되었다. 위 판결은 사생활의 핵심영역에 대한 침해와 그 외의 사생활의 권리 내지 인격권에 대한 침해를 구별하고, 사생활의 핵심영역에 대한 침해는 법치국가원칙 등 기본적인 헌법상의 원칙을 위배할 경우 당연히 사용금지가 따르고 후자의 경우에는 비례성의 원칙에 입각한 이익형량을 통해 사용금지 여부가 결정된다고 판시한 것이다.[120] 그러나, 1980년 말 이후 테러범죄 등의 사회적인 문제가 제기되게 되자 형사처벌 혹은 효율적인 범죄진압 차원에서 피고인의 이익보다 국가의 형사소추의 이익이 우월하다고 판시하는 경우가 점차 많아지고 있고 증거사용금지의 폭을 점차 축소하여 오고 있다. 1989. 4. 12. 독일 연방대법원 제3형사부는 사적인 핵심영역에 관계되지 않는 한 보호할 가치 있는 사적인 이익과 범죄 진압이라는 공익을 비교형량하여 후자가 우월한 경우에는 비밀녹음테이프가 증거로 사용될 수 있다고 판시하였고, 1989. 9.14. 그리고 2008. 6. 26. 연방헌법재판소는 일기장 기재사항이 사적인 핵심영역이라는 기존의 입장을 바꾸어 이를 증거로 사용될 수 있다고 판시하고 있다. 또한 최근 연방대법원은 살인사건에 있어 사적인 일기장을 증거로 사용할 수 있다고 판시하였으며,[121] 묵비권의 침해를 통하여 얻어진 증거와 비록 피고인의 공정한 재판을 받을 권리가 침해된 증거이더라도 사법의 효율성을 위해 증거사용을 허용하는 연방대법원의 판결이 늘어나고 있으며, 원격작용(Fernwirkung)의 범위도 제한적으로 인정하고 있다.[122]

---

119) BVerfG 34, 238.

120) 권영법, 위 논문, 173면.

121) BGHSt 34, 397 ; Christian Fahl, "The Guarantee of Defence Counsel and Exclusionary Rules on Evidence in Criminal Proceeding in Germany", German Law Journal, Vol. 8. No. 11-1 (Nov., 2007.), pp.1053-1067.

122) Jürgen Wolter, "Beweisverbote und Umgehungsverbote zwischen Wahrheitserforschung und Ausforschung", 50 Jahre Bundesgerichshof, C. H. Beck, München, (2000). S. 964-968.

(2) 증거조사금지

1) 증명주제의 금지

이것은 어떠한 대상, 예컨대 피고인의 사적인 생활에서 핵심영역 등과 같이 어떠한 대상을 증거조사의 대상으로 삼아서는 안 된다는 것을 말한다. 법원의 합의(合議) 내용을 알아내기 위한 목적으로 행하여지는 증거신청은 위법하므로 기각되어야 한다(형소법 제244조 제1항 제1문).[123] 합의의 비밀은 유지되어야 하고, 이러한 주제에 대한 증거조사는 위법하기 때문이다.

2) 증거수단의 금지

일정한 경우, 예컨대 선서거부권이 있는 증인에 대하여 그 의사에 반하여 증언을 강요할 수 없는 것과 같이 일정한 증거수단을 서증, 증인, 감정, 검증의 4가지의 증거방법으로 조사할 수 없는 것을 말한다. 이것은 증거주제를 배제하는 것이 아니라 어떤 특정 증거방법에 의한 증명을 배제하는 것이다. 그밖에 증인이 증언거부권을 행사하였을 때의 증인의 진술, 접근이 봉쇄된 서류에 대한 증거조사[124] 등이 있다.

3) 증거방법의 금지

증거방법은 사용할 수 있으나 특정한 방법으로는 안 된다. 예컨대 "가혹행위, 혹사, 신체침해, 투약, 학대, 기망 또는 최면에 의하여 피의자의 의사결정 및 의사표현의 자유를 침해하여서는 안 된다. 형사절차법이 허용하는 경우에 한하여 강제수단을

---

123) 증거조사가 허용되지 않는 경우 증거신청을 기각해야 한다. 이 밖에 공지의 사실이기 때문에 증거조사가 불필요한 경우, 증명되어야 할 사실이 판결에 중요하지 않은 것이거나 이미 증명된 경우, 증거방법이 매우 부적절하거나 입수하기 어려운 경우, 증거신청이 소송방해의 목적으로 이루어진 경우 또는 피고인의 책임감면을 위해 증명되어야 할 중요한 주장과 관련하여 주장된 사실을 진실로 간주할 수 있는 경우에만 증거신청을 기각할 수 있나.

124) 제96조(공문서의 예외) 관청이나 공무원이 공적으로 보관하고 있는 기록 또는 기타 공적인 문서의 경우, 해당하는 최상급관청이 그러한 기록이나 문서의 내용이 공개되면 연방이나 개별 주의 안녕에 해가 될 수 있다고 밝힌 때에는, 그 인도와 제출을 요구할 수 없다. 연방하원 또는 주 의회의 의원 및 연방하원이나 주 의회 소속 정파의 고용인이 소지하고 있는 기록 및 기타 서류의 경우 그에 대한 진술을 허가할 권한 있는 기관이 진술한 내용을 밝힌 경우에도 제1문을 준용한다.

허용한다. 형사절차규정에서 허용하지 않는 처분을 수반한 협박 및 법률로 규정하고 있지 않은 이익의 약속은 금지된다"는 규정[125]에 위반한 경우를 들 수 있다.

(3) 증거사용금지

증거사용금지란 제1차적 금지위반, 즉 증거조사금지를 위반하여 수집한 증거의 사용을 금지하는 것을 말한다. 대개 증거사용금지는 다시 헌법상의 증거사용금지와 법률상의 증거사용금지로 나누어진다.[126] 오늘날 증거금지론의 중심과제는 증거사용금지의 기준정립에 있고, 이에 대하여 독일 연방대법원은 이익형량론을, 독일 연방헌법재판소는 3단계이론을 제시하고 있다.

1) 헌법상의 증거사용금지

증거사용금지는 증거조사금지로부터 나온다. 몇 가지는 독일 형소법 제136조a 제3항과 같이 법률에 의하여 규율되지만, 대부분은 헌법상의 법치국가원칙(Rechtsstaatprizip)과 비례성의 원칙(Verhältnismassigkeit)을 기초로 하여, 절차에 따라 헌법이 보장하는 피고인의 권리, 예컨대 피고인의 사생활보호라는 권리를 침해할 경우 증거를 배제하는 것을 말하며, 후자에 따라 사안에 따라 피고인의 사적인 권리와 사안의 중요성을 비교형량에 의하여 도출된다.

2) 법률상의 증거사용금지

독일 형사소송법에는 증거사용금지에 대한 일반적인 규정은 없지만 개별적인 규정에 의하여 증거사용이 금지되고 있다. 독일 형사소송법 제136조에는 미국의 미란다원칙과 유사한 규정을 두고 있는데 독일 연방대법원은 경찰관의 피의자신문시 동법 제136조의 권리를 피의자에게 고지하지 않은 사항에서의 증거사용을 허용하였으

125) 제136조a(금지된 신문방법) 제1항.

126) Craig M. Bradley, "The exclusionary Rule in Germany", 96 Har. L. R. 1032, (1983), p.1037 이하.

나[127] 판사가 법정에서 피고인에게 진술거부권을 고지하지 않을 경우에는 그 진술은 증거로 사용할 수 없다고 판시하고 있다.[128] 독일 형사소송법 제136조의 a는 금지된 신문방법에 대하여 규정하고 있으며 이 조항에 위반된 경우에는 이익형량의 원칙이 적용되지 않고 자동적으로 증거로 사용하는 것이 금지된다.

독일 기본법률 제10조(G-10)와 독일 형사소송법 제100조 a에서 감청에 대한 제한 규정을 두고 있는데, 독일 연방대법원은 동조에 의한 감청결과 얻은 증거를 동법에 규정된 범죄이외의 다른 범죄에 대한 증거로 사용할 수 없다고 판시하고 있다.[129]

(4) 증거사용금지의 기준

1) 권리영역설

이 견해는 침해된 법률규범이 피고인, 증인 혹은 제3자의 권리영역을 본질적으로 훼손시켰을 때 사용금지가 뒤따르고, 부수적이거나 아무런 의미가 없는 것인 때에는 사용을 금지하지 않는다. 이에 따르면 증인이 제55조에 의한 답변거부권을 고지받지 않고 증언을 한 경우에 피고인의 권리가 침해된 것은 아니라고 한다. 과거 연방통상법원에서 지지하던 학설이다.

2) 규범의 보호목적설

이 학설은 침해된 절차규범의 보호목적 내지 근거를 기준으로 삼는다. 위법하게 수집한 증거는 침해된 법규범의 보호목적 내지 근거에 따라 사용금지가 결정된다고 본다. 이 견해의 약점은 보호목적이 항상 명확한 것은 아니라는데 있다.

3) 이익형량설

현재 연방대법원, 연방헌법재판소는 위법한 조사가 사용금지를 이끄느냐 여부를

127) BGHSt, 22, 129 (1968).
128) BGHSt, 25, 325 (1974).
129) BGHSt, 27, 355 (1978).

사안별로 개별적으로 검토하여야 한다고 보고 있다. 비례성의 원칙에 입각한 개별사안 검토를 통해 권익을 보호하려는 개인의 이익이 국가의 형사소추의 이익에 우월할 때 사용금지가 뒤따르게 된다고 본다.

(5) 파생적 증거사용금지

1) 형사소송법 제52조 제3항에 의한 고지가 없는 상태에서의 증인진술

피고인의 친척은 증인으로 신문받기 전에 증언거부권을 고지 받아야 한다(제52조 제3항 제1문, 또한 검사 및 경찰의 신문의 경우에도 마찬가지이다. 제161조a 제1항 제2문, 제163조a 제5항). 만약 고지를 하지 않았을 경우에는 그 진술을 증거로 사용할 수 없다. 그러나 증인이 자신의 권리를 사전에 알고 있었던 경우에는 증거사용금지는 적용되지 않는다.[130]

2) 신뢰관계에 있는 자가 묵비의 의무를 위반하였을 때

제53조,[131] 제53조a에서 열거된 직업을 가진 사람은 증언거부권이 있다. 이에 대하여 고지의무는 없으나 명백한 착오로 진술해야 한다고 믿고 있는 사람에게 법원

---

130) BGH 38, 214, 225; 40, 336, 339.

131) 제53조(직업상 비밀준수자의 증언거부권) ① 다음 각 호의 하나에 해당하는 자에게는 아래 사실에 대한 증언거부권이 있다.
  1. 성직자의 경우 사제로서의 신분 때문에 고해 받았거나 알게 된 사실에 대하여
  2. 피의자의 변호인의 경우 그 직업상 고백 받았거나 알게 된 사실에 대하여
  3. 변호사, 변리사, 공증인, 공인회계사, 선서한 회계감정인 및 세무사, 세무대리인, 의사, 치과의사, 심리치료사, 청소년 심리치료사, 조산원의 경우 그 직업으로 인하여 고백받았거나 알게 된 사실에 대하여
  3a. 임신갈등법 제3조 및 제8조에 의해 승인된 상담소의 구성원 또는 그 위임을 받은 자의 경우 그 직업상 고백 받았거나 알게 된 사실에 대하여
  3b. 관청, 단체 또는 공법상의 시설이나 재단으로 인가되었거나 이러한 조직에 부설된 마약중독자 상담소의 상담원의 경우 직업상 고백 받았거나 알게 된 사실에 대하여
  4. 연방하원의 의원, 연방총회의 구성원, 유럽의회의 독일연방공화국 의원 또는 주 의회 의원으로서 이 기관 구성원으로 신분으로 인하여 일정 사실을 고백 받은 경우 그러한 고백을 한 자 및 그 사실 자체에 대하여
  5. 인쇄물, 방송, 영화 또는 정보제공이나 의사형성에 기여하는 정보 및 커뮤니케이션 서비스의 준비, 제작 또는 유포에 직업상으로 관여하거나 관여했던 자.

이 보호의무에 위반하여 그에게 증언거부권이 있다는 것을 고지하지 않았을 경우 또는 그가 묵비의무를 벗어나서 진술할 의무(제53조 제2항)가 있다고 객관적으로 잘못된 정보를 고지하였을 경우에만 법원의 위법이 인정되고 이러한 경우 증거사용금지의 효과가 발생한다.[132] 따라서 의사, 변호사 등이 증언거부권을 행사하지 않고 진술하는 경우에는 이를 증거로 사용할 수 있다. 그들은 증언을 거부할 권리만 가지고 있을 뿐 증언을 거부할 의무는 없기 때문이다.

3) 허가 없는 증인진술(제54조)

관공서의 직무상 비밀의무와 관련된 증거는 허가받지 않는 증인진술을 이용하여 조사하여서는 안 된다. 그럼에도 불구하고 증인이 증언하는 경우에 직무상 비밀을 유지하려는 목적이 달성되지 않게 되고, 이는 증거사용을 금지하더라도 그 직무상 비밀이 유출되게 되므로 통설은 이에 대한 증거사용금지를 인정하지 않고 있다.

4) 형사소송법 제55조 제2항[133]의 고지없이 이루어진 증언

이러한 상황에 대하여 연방통상법원은 권리영역이론을 발전시켰고, 그 규정은 증인이 피해를 보는 것을 방지하기 위한 것이라는 이유로 증거사용금지를 부정하였다.

5) 형사소송법 제97조 압수금지 위반

형사소송법 제97조[134] 압수금지 규정을 위반하여 얻어진 증거는 사용이 금지된

132) BGH MDR 1980, 815

133) 제55조(정보제공거부권) ① 모든 증인은 자신의 답변이 본인 또는 제52조 제1항에서 기술하고 있는 친족 가운데 1인의 범죄행위나 질서위반을 이유로 기소될 위험을 야기하는 때에는 정보제공을 거부할 수 있다. ② 증인에게는 정보제공거부권을 갖는다는 사실을 고지해야 한다.

134) 제97조(압수금지대상) ① 다음 각 호의 어느 하나에 해당하는 경우는 압수의 대상이 되지 않는다.
1. 피의자와 제52조 또는 제53조 제1항 1호 내지 3b호에 의해 증언을 거부할 수 있는 자 사이의 서면교신
2. 제53조 제1항 1호 내지 3b호에 열거된 자들에게 피의자가 신뢰하여 알린 내용이나 증언거부권이 미치는 기타 사정에 관하여 이들이 행한 기록
3. 제52조 제1항 1호 내지 3b호에 열거된 자들의 증언거부권이 미치는 의학적 진단결과를 포함한 기타 대상

다. 이 규정은 수사기관이 서면에 기재된 내용을 지득함으로써 결과적으로 의사, 변호사 등의 증언거부권을 무력화하려는 의도를 방지함에 그 목적이 있다. 다만, 증언거부권자가 피의자의 범죄행위에 관여하였고, 피의자의 비호, 사법방해 혹은 은닉을 도모하였다는 혐의를 받고 있다면 그 신뢰관계는 보호가치가 없으므로 압수금지의 원칙은 부정된다. 이 원칙은 범죄대상물에 대하여도 동일하게 적용된다(제97조 제2항 제3문). 이러한 대상물은 범죄의 준비단계에서(계획적인 사기사건에서 편지교환) 나오거나 또는 범죄행위 이후 단계에서(고백편지) 나올 수도 있다.

6) 피의자에 대한 하자 있는 고지

자기부죄금지원칙(Das nemo-tenetur-Prinzip)은 증거사용금지에 의하여 보호된다. 묵비권행사에 관한 고지의무를 위반하였을 때에는 그 진술을 증거로 사용할 수 없다.[135] 다만 피의자의 진술은 다음과 같은 예외적인 경우에는 증거로 사용할 수 있다. ① 피의자가 묵비권에 대해 알고 있는 것이 확실한 때,[136] ② 피의자의 변호인이 증거사용에 동의한 때 또는 반대하지 않은 때, ③ 사후에 고지함으로써 나중에 치유되었을 때[137] ④ 즉흥적인 진술에 대하여는 증거로 사용할 수 있다. 왜냐하면 즉흥적인 진술은 신문 외적으로 이루어졌기 때문이다. 또한 정보수집단계에서의 진술도 마찬가지이다. 이때에는 아직 고지의무가 발생하지 않았기 때문이다.

7) 형사소송법 제136조a 제3항의 금지된 신문방법

금지된 신문방법에 의하여 신문을 받은 자의 진술은 증거로 사용할 수 없다. 증거금지의 원칙은 진술에 대하여 간접적인 증거조사를 부정한다. 그러나 금지된 방법으로 획득된 진술만이 증거사용이 부정되는 것이지 지속효과(Fortwirkung)는 발생하지 않는다. 따라서 피의자가 새로운 소송절차규정에 따라 신문받는다면, 즉 더 이상 금지된 방법의 영향 아래 있지 않다면, 이렇게 획득된 진술은 활용가능하다. 또한 증거

---

135) BGH 38, 372.

136) BGH 38, 214.

137) BGH 22, 129, 134.

금지원칙은 원거리효과(Fernwirkung)를 가지지 않는다.[138] 이러한 의미에서 미국의 형사소송원칙인 '독수과실의 이론(fruit of the poisonous tree)'은 이와 반대의 입장에 있다.

8) 형사소송법 제168조c 제2항[139], 제168조d 제1항[140] 피의자의 참석권 침해

피의자를 참석시키지 않은 상태에서 이루어진 판사의 증인신문 또는 검증으로 얻어진 결과는 증거로 사용할 수 없다. 피의자에게는 법적청문의 기회와 함께 절차진행과 결론에 영향을 줄 수 있는 기회가 인정되어야 한다.

9) 형사소송법 제81조a[141] 신체검사

혈액표본이 의사에 의해 추출되지 않았더라도 그 증거는 사용할 수 있다. 이 규정의 요건은 침해의 건강상 위험을 방지하려는 것이다. 다만, 경찰관이 피해자에게 '시술자가 의사'라고 속인 경우와 같이 처분명령이 의식적으로 위법한 것이었거나 또는 집행과정에 위법한 수단이 사용되었다면 증거사용금지가 적용된다.

10) 형사소송법 제100조a 이하 전화감청

전화감청에 대한 증거사용이 금지되는 것은 ① 판사의 명령에 의하여 감청 등을 하여야 한다는 규정(제100조b 제1항)이 지켜지지 않은 경우, ② 열거된 범죄의 혐의가

---

138) BGH 34, 362, 364.

139) 제168조c(법관의 신문에 참석할 권한)
① 피의자에 대한 판사의 신문시 검사와 변호인의 참석을 허용한다.
② 증인이나 감정인에 대한 판사의 신문시 검사, 피의자 및 변호인의 참석을 허용한다.
③ 심리에서 피의자의 참석이 조사목적을 해할 가능성이 있는 경우 판사는 이를 배제할 수 있다. 특히 피의자의 참석 하에서는 증인이 진실을 말하지 않을 것이 우려되는 경우에도 동일하다.

140) 제168조d(법관의 검증에의 참여)
① 법관의 검증에는 검사, 피의자 및 변호인의 심리참여를 허용한다. 제168조c 제3항 제1문, 제4항과 제5항을 준용한다.

141) 제81조a(신체검사-혈액표본)
① 소송절차상 중요한 사실의 확인을 위하여 피의자에 대한 신체검사를 명할 수 있다. 혈액표본의 채취 또는 기타 신체적 침해가 이러한 목적을 위하여 이루어진 경우, 이들 침해가 의사에 의하여 의학적 기술법칙에 따라 검사목적을 위하여 수행되고, 피의자의 건강손상이 우려되지 않는 때에는, 피의자의 승낙 없이도 이를 허용한다.

범죄를 구성하지 않는 경우,[142] ③ 보충성의 원칙이 침해된 경우, ④ 변호인과의 대화가 감청된 경우이다.

침해의 적법성 여부에 대하여, 판례는 어떤 경우에나 증거사용이 금지되는 것은 아니고, 중대하고 객관적으로도 자의적인 위법이 있는 경우에만 증거사용금지의 효과가 발생한다고 한다.[143] 예컨대, 변호인이 의뢰인과 통화하려 하였으나 통화를 하지 못하고 의뢰인의 아내와 통화를 하게 되었는데 그 아내와 의뢰인의 범죄혐의내용에 대하여 이야기를 한 경우 이러한 대화는 증거로 사용할 수 있다. 만약 변호인이 그의 의뢰인과 직접 통화를 하였다면 형사소송법 제148조(피의자의 접견교통권)에 따라 증거로 사용할 수 없었을 것이다.

한편 형사소송법 제52조(증언거부권에 대한 조항)의 보호목적은 진실의무와 피의자와의 개인적 유대 사이의 충돌을 방지하고자 하는 것이므로, 위 사례와 같은 대화를 녹음하여 이를 증거로 사용하는 것은 위 규정에 저촉되는 것은 아니다.[144]

11) 비밀수사

가. 형사소송법 제110조a[145] 이하 비밀수사관의 투입

비밀수사관의 투입의 요건은 전화감청의 경우와 유사하게 규율된다. 일정한 목적을 가지거나 의도적이거나 주거에서 이루어진 투입에 대해서 지체의 위험이 있는 경우에는 법관의 동의를 3일 이내에 얻어내야 한다(제110조b 제2항 제4문). 법관의 동의를 얻지 못하거나 거부당한 경우에도 첫 3일 이내에 수집된 증거방법들은 여전히 증거로 사용할 수 있다.

---

142) BGH 31, 304, 309.

143) BGH 41, 30, 34.

144) BGH NStZ 1988, 562.

145) 제110조a(비밀수사관)
① 다음에 열거한 중대한 범죄를 행하였다는 충분한 사실적 근거가 존재하는 경우 그 범죄행위의 진상규명을 위하여 비공개 수사관을 투입할 수 있다.

나. 정보제공자, 정보원, 그리고 비공개수사관

이에 대하여는 법률로 규정된 것이 없다.

다. 제3자에 대한 수사결과

어떤 피의자를 목표로 투입된 비밀수사관이 그 피의자가 접촉하는 사람을 함께 자주 만나게 되었고 그의 범죄에 대해서 알게 된 경우, 그것이 열거된 범죄에 관한 것이라면 그 내용은 증거로 사용할 수 있다.

라. 고지의무

수사가 공개적으로 이루어지고 경찰공무원이 피의자 또는 증인을 신문하는 경우 이러한 고지의무가 발생한다. 문제는 이와 같이 수집된 수사결과를 증거로 사용할 수 있는가 하는 점이다. 이에 대하여 입법자는 별도로 규정하지 않고 법원 판례에 맡기고 있다.

12) 사인의 수사

사인이 위법하게 수집한 증거가 제출된 경우에 피고인은 대부분 증거사용이 인격권 또는 자기정보결정권을 침해하는 것이라고 주장할 수 있지만, 형사소추에 관한 우월한 공익을 위하여 증거사용이 정당화된다는 점에 대하여 반박자료를 제출하여야 한다.

(6) 독자적인 증거사용금지

통설은 연방헌법재판소의 단계설에 따라 이러한 사례들을 판단하고 있다.[146] 그에 따르면 인격은 세 가지 영역으로 구분될 수 있다. ① 사회영역(공무소, 지하철 등에서의 생활), ② 순수한 사적영역, ③ 내밀한 영역(침실)이다. 이와 같이 인간의 생활영역을 구분하는 것은 구체적인 사례를 적용할 때 많은 문제점을 내포하고 있다. 사회영역은 어느 정도 분명히 구분되지만 둘째 영역이 끝나고 사생활의 불가침 핵심영역이

146) BVerfGE 34, 238, 245 ff.

시작되는 곳에서는 대부분 다툼이 있다. 첫째 영역은 개방되어 있다. 따라서 여기에서 증거사용금지는 없다. 셋째 영역에서는 모든 권리침해행위가 증거사용금지의 결과에 이르게 된다. 둘째 영역에서 침해행위가 있는 경우 통설에 따르면 죄질과 증거의 중요성과 구체적인 권리침해의 정도를 형량하여 결정되어야 한다.[147]

1) 일기

판례는 구체적인 사건에 따라 달리 판단한다. 피고인이 그의 조세포탈행위를 일기에 기록하였다면 이것은 사적생활영역이 아니라 영업장부에 해당한다. 피고인이 위증을 한 후 이를 일기에 기재하였다면 그 일기는 두 번째의 사적영역에 해당될 것이다. 부녀자 연쇄살인범이 자신이 부녀자 교제장애가 있다는 사실을 일기에 기록하였고, 감정인은 그 장애를 그 장애를 기타 중증 비정상적인 정신상태로 표현한 경우, 연방통상법원은 이를 둘째 인격영역으로 보고 증거능력을 인정하였다.[148] 중증 비정상적인 정신상태로 고통받고 있다는 자백보다 더 내밀한 것은 없고, 이러한 가장 내밀한 사적영역은 다른 영역으로 넘어가지 않는다.

2) 녹취물, 사진, 비디오테이프

형사소추기관을 위하여 과학장비의 사용에 대해 규정하고 있지만(제100조의c,d.), 다른 법적근거에 의하여 적법한 고권적 처분으로부터 얻어진 결과를 증거로 사용할 수 있는가 하는 문제에 대하여는 아직 해결되어 있지 않다.

수사기관의 위법한 과학장비 사용처분에 의한 증거사용금지는 주로 공개되지 않는 대화의 도청과 녹음의 경우 발생하는데, 연방헌법재판소는 ① 사생활의 핵심영역은 절대적으로 보호되어야 한다. ② 이러한 핵심영역을 보호하기 위해서는 매우 가까운 친족, 신뢰관계인, 직업상 비밀의무가 있는 사람과의 대화는 도청되어서는 안 되고, ③ 이에 상응한 증거사용금지 규정이 신설되어야 하며, ④ 절대적으로 보호되는

147) BGH JR 1994, 430.

148) 찬성하는 입장으로는 BVerfGE 80, 367 ff.; Geppertt, JR 1988, 471. 이에 반대하는 입장으로는 SK/Wolter, vor §151 Rn. 31 ff.

핵심영역이 아닌 경우에도 비례원칙이 엄격하게 적용되어야 하기 때문에 열거된 범죄를 좀 더 제한적으로 규정하여야 하고, 특히 중한 범죄의 경우로 제한되어야 한다고 천명하였다.[149] 입법자는 2005년 6월 14일의 형사소송법 개정법률 제100조c와 d에서 이러한 판시사항을 고려하였고, 사생활의 핵심영역보호는 형사소송법 제100조c 제5호가 다루었다. 예방목적의 경찰법에 따라 이루어진 주거내 도청에서 수집된 자료는 열거된 범죄의 규명을 위하여 형사절차에서 사용될 수 있다(제100조d 제6항 제2호). 증거사용금지에 있어서 형사소송법 제100조a의 모델을 고수하고 원거리 효과를 인정하지 않기 때문에 우연히 알게 된 내용은 여기에서도 증거로 사용할 수 있다. 하지만 연방헌법재판소는 불가침의 사생활 영역에 대해서는 그 자료가 공판절차에서 증거로 사용되어서는 안될 뿐만 아니라 계속 수사를 하기 위한 단서가 되어서도 안 된다는 입장을 명백히 하였다.

범죄가 발생할 우려가 있는 건물을 비디오로 감시하고 있는데(예방 경찰목적상 보호), 건물에 침입한 자가 있는 경우 녹화비디오테이프가 건물침입자의 유죄를 입증하는데 사용될 수 있는가? 통설은 증거사용을 적법하다고 보고 있다.[150] 그 다음으로는 증거사용이 관련자들의 인격권과 충돌하는지 문제된다. 예컨대 사적 정보저장매체에 대하여는 증거를 사용하는 상황이 중요하다. 사적정보자료가 적법하게 수집되었다면 통상 그것은 증거로 사용될 수 있지만 위법하게 증거가 수집되었다는 것만으로 곧바로 증거사용금지의 결과를 초래하지는 않는다. 이때에도 이익형량에 의하여 형사소추의 이익이 관철될 수 있다.

(7) 증거금지의 원거리 효과

연방통상법원은 원칙적으로 원거리 효과를 부인한다.[151] 학설은 수차례에 걸쳐 이 미국법 원칙을 지지하고 있다.[152] 다른 견해는 침해된 절차법규범의 보호영역으

149) BVerfG NStZ 2004, 270.

150) BGH NStZ 1995, 601.

151) BGH 27, 355, 358; 32, 68, 71; 34, 362, 364. 다른 견해는 오로지 BGH 29, 244, 247 zu G10.

로 편입하려고 하고 있고,[153] 또 다른 견해는 각각 개별적인 사건에서 절차법 위반의 심각성과 범죄의 중대성을 비교형량하여야 한다고 주장한다.[154]

Ⅲ. 프랑스의 형사증거법

1. 서설

프랑스는 프랑스 혁명과정에서 인민재판과 같은 형태의 완전한 기소배심 및 심리배심제도를 시행하면서 배심제에 의하여도 정치적인 목적을 가진 대규모의 인권침해가 가능하다는 사실을 경험하였다. 그 후 프랑스는 치죄법을 제정하면서 검사제도를 도입하고 예심판사와 재판판사를 분리하였고, 예심판사는 검사가 수사신청한 중대한 사건에 대하여만 수사를 하도록 하였다. 따라서 프랑스 형소법은 예심판사(le juge d'instruction)에게 우리나라의 검사와 유사한 기능을 부여하여 예심을 통하여 각종 증거를 수집하고 예심종결 후 공판회부 또는 무혐의 결정을 내리도록 하고 있다. 그러나, 프랑스의 예심판사는 검사가 아니라 판사이므로 공판절차 전 광범위한 증거조사권한을 부여받아 예심 결과 범죄의 혐의가 인정되면 사건을 공판에 회부하고, 그에 의하여 수집된 증거는 원칙적으로 증거능력이나 전문법칙 그리고 공소장 일본주의 등의 제한 없이 그대로 수소법원의 증거자료로 사용되기 때문에 예심판사의 증거수집활동과 증거조사활동이 형사소송법상 증거조사의 핵을 이루고 있다. 또한 기소 전에 수소법원의 법관이 미리 예심기록을 모두 검토하여 사건의 실체를 파악하고 있고, 재판장이 주도적으로 피고인을 신문하며 검사와 피고인은 재판장의 피고인신문 뒤에 부가적으로 신문하는 철저한 직권주의를 채택하고 있다.

---

152) Roxin, §24 Rn 47.

153) Beulke, ZStW 103[1991], 657 이하.

154) KK/Senge, §48 Rn. 45 앞 부분; Maiwald, Jus 1978, 379, 384; Rogall, JZ 1997, 944.

2. 증거에 관한 일반원칙

(1) 총론

프랑스 형사소송법의 특징으로 알려져 있는 것은 증거자유의 원칙(la liberté des preuves)이다. 프랑스 민법이 일정액 이상의 계약상 의무이행 청구에 관해서 일종의 법정증거주의[155]를 채택하고 있는 것에 대비하여 형사소송법은 이러한 제한을 두고 있지 않기 때문이다. 따라서 전문법칙에 따른 증거능력의 제한규정을 두고 있지 않아 제3자의 진술이 피고인의 부동의 유무(동의절차 자체가 없다)에 관계없이 모두 증거로 될 수 있다는 점에서 우리나라와 근본적인 차이가 있다.

프랑스 형사소송법이 증거방법에 있어서 증거자유의 원칙을 채택하고 있다면, 증거가치의 평가는 법관의 자유심증(l 'intime conviction du juge)에 맡겨두고 있다. 프랑스식 혼합형 형사절차(Procedure mixte)는 사법경찰(Police judiciaire)이 현행범수사(Enquete de flagrance), 예비수사(Enquete preliminaire) 등을 통해 수집한 증거를 바탕으로 검사(Procureur de la Republique)가 예심판사(Juge d'instruction) 혹은 재판판사(Jugedu jugement)에게 사건을 기소(Poursuite)한다. 검사의 기소로 예심이 개시된 경우, 예심판사는 각종 강제수사권(Pouvoir d'instruction) 행사를 통해 '피고인에게 유리하거나 불리한 증거를' 수집・평가하고, 공판제기 여부에 대한 의견과 함께 사건을 검사에게 다시 송치한다. 검사는 예심판사의 의견에 구속되어, 공판제기를 위한 기소여부(Mise en accusation)를 결정한다. 이와 같은 예심판사의 수사상 역할을 통해 '규문주의'적 전통을 찾아볼 수 있고, 판사가 아닌 검사에게 기소와 관련된 권한이 배분되어 있다는 점에서 '탄핵주의'적 모습을 발견할 수 있다. 그리고 검사의 기소로 공판이 개시된 경우에는 재판판사가 증거조사를 하는 등 '직권주의'적 요소를 인정하고 있는 한편, 공판진행과정에서는 원고로서 검사와 사소인, 피고로서 피고인이 각각 당사자(Partie)로서 대등하게 공방(攻防)하도록 하는 '당사자주의'적 성격을 혼재

---

155) 프랑스 민법 제1341조는 1,500유로 이상의 계약상 채무의 이행청구에 관하여 공정증서 또는 사서증서 등과 같은 서증 이외의 증거방법(증언 등)에 의한 사실인정을 금지하고 있다.

시켜 놓고 있는 특성이 있다.

(2) 증거자유의 원칙

1) 근거

프랑스 형소법 제427조는 "법률에 다른 규정이 없는 한 범죄의 입증은 모든 증거방법에 의할 수 있고 판사는 자유심증에 따라 그 증거가치를 판단한다. 판사는 공개변론을 통하여 제출되고 검토된 증거만을 판단자료로 삼을 수 있다."고 규정하고 있다. 따라서 당사자는 어떤 증거도 제출할 수 있어 증거능력에 제한이 없고 증거 사이에 증거력에 관한 우열이 없다.156)

가. 사실확인

사실확인은 증거서류를 열람하거나 현장감식 또는 현장검증을 통하여 증거를 수집하고 수집된 증거물을 조사하며 경우에 따라 감정인으로 하여금 증거물을 감정하게 하는 등의 방법을 말한다. 사법경찰관은 직권으로 또는, 검사나 예심판사의 지시에 따라 현장검증 당시에 확인한 사항을 조서(des procès-verbaux)에 기재할 수 있다. 위와 같은 조서의 기재사항에 충분한 공신력을 부여하기 위하여 법은 그 작성에 관하여 일정한 규정을 두고 있다. 즉, 조서는 현장검증 당시 또는 그 후 신속하게 작성되어야 하고, 일정한 형식적 기재사항을 포함하여야 한다. 증거물(pièce à conviction)은 적법하게 압수되어 봉인한 후 법원에 제출되어야 한다. 예심판사 또는 수소법원도 현장검증을 하거나 증거물을 조사할 수 있다. 개인의 주거지에서 조사해야 할 경우에는 수색(la perquisition)이 필요하다. 증거물의 수집에 있어서 그 진정성을 담보하기 위하여 수색절차 중 지켜야 할 특별한 규정이 있다. 예컨대, 세대주(le chef de maison) 또는 수색절차에 관한 증인들이 참여하여야 하고 조서에 서명하여야 하

---

156) 다만, 범죄구성요건 중에 민사상 채무의 존재, 예컨대 횡령 또는 배임죄에 있어서 신임관계(위임계약 등)의 존재를 요구할 경우, 그러한 법률관계는 민사상 계약관계이므로 민사증거법의 적용을 받아 서증에 의하여만 한다는 등의 제한은 있다.

고, 경찰수사 단계에서 압수된 증거물이나 증거서류는 봉인되어 법원에 제출되어야 한다는 등의 규정이 있다.

나. 진술(les témoignage)

(가) 진술의 청취

범죄의 입증을 위하여 주로 활용되는 증거방법이 진술이지만, 진술인이 악의를 가지고 있거나 착오에 빠져 있는 경우 등의 이유로 사실관계를 왜곡시킬 우려가 있으므로 그만큼 증거가치가 약한 증거방법이기도 하다. 경찰수사단계에서 진술인은 선서하지 않지만,[157] 법정에서는 선서하여야 한다.

예심판사는 필요하다고 인정될 경우 그 진술을 듣기 위하여 어떠한 사람이라도 증인으로 소환할 수 있고(프랑스 형소법 제101조), 증인이 증언 또는 선서를 거부하는 경우 처벌받을 수 있다(제109조, 제110조, 제153조).

(나) 증인의 권리와 의무

적법하게 소환된 증인은 법원에 출석할 의무가 있고(제326조, 439조, 536조), 현행범 사건의 경우 참고인도 사법경찰관의 소환에 응해야 할 의무가 있는데, 이에 불응할 경우 사법경찰관의 신청에 따라 검사가 그 출석을 강제할 수 있다(제62조). 또한 예비수사(l'enquête préliminaire)절차에서 사법경찰관이 참고인을 소환할 때에도 동일하다(제78조). 수사기관의 진술과는 달리 증인이 예심판사나 수소법원 앞에서 진술할 경우에는 선서하여야 하고 직업상 비밀(le secret professionnel)에 해당하는 것이 아닌 한 진술의무가 있다.

수사기관에서 작성된 참고인의 진술조서의 증거능력을 피고인이 다툰다 하여도 그러한 진술조서가 법정에 현출되어 당사자의 공개변론의 대상이 되었다면 원진술자의 법정진술이 없이도 그 증거능력이 인정된다. 다만, 예심판사가 예심단계에서 증거조사를 할 경우 예심대상자는 예심판사의 처분에 대하여 이의를 제기할 수 있고 이것

157) 사법경찰관이 예심판사로부터 수사촉탁을 받아 진술을 청취하는 경우에는 진술인이 선서한다.

이 받아들여지면 그러한 증거는 기록에서 분리되어 증거로 사용될 수 없다. 예심판사는 유죄의 심증이 형성된 경우에만 공판에 회부하므로 공판에 회부된 사건의 유죄비율은 상당히 높은 편이다.

(다) 증언의 가치

증언은 가장 증거가치가 약한 증거방법으로서 법은 그 증거가치를 확보하기 위한 여러 규정을 두고 있다. 선서(le serment)는 증언의 진실성을 담보하는 전통적인 수단이지만 그 효용을 과대평가해서는 안 된다. 또한 제도적 담보책으로 위증죄가 있다. 그 밖의 위증방지책으로는 증인의 신문조서에의 서명제도(제62조, 제196조), 문서를 보고 증언할 수 없는 제도 등이 있다.

다. 피의자(피고인)신문(interrogatoire)과 자백(l'aveu)

전통적으로 당사자주의를 취하고 있는 영미법계는 피고인신문이 금지되지만, 반대로 프랑스는 피고인신문이 수사단계부터 예심단계를 포함한 재판단계에 이르기까지 널리 이루어지고 있다. 피고인신문이 사실상 방어수단의 하나로서도 기능하고 있고, 사건의 실체를 파악하기에 유용하기 때문이다. 현행범사건 및 예비수사단계에서는 사법경찰관도 피의자를 신문할 수 있지만, 일단 예심이 시작되면 피고인신문권한은 예심판사에게 전속한다.

자유심증의 원칙상 법원은 피고인의 자백에 구속되지 않으며(제428조),[158] 자백불가분의 원칙이 적용되는 민사소송과 달리 형사소송에서는 자백의 일부만을 믿을 수도 있다. 피의자 또는 피고인은 자백을 강요당하지 아니하고 묵비할 권리가 있으므로, 프랑스 형소법은 예심판사가 첫 번째 기일을 진행할 때 피고인에게 묵비권을 고지하여야 한다고 규정하고 있다(제116조 제4항).[159] 그러나 사법경찰관이 피의자를 체포할 경우에는 묵비권을 고지할 필요가 없다. 피고인 신문과정 등에서 획득된 자백

158) 자백도 다른 증거와 마찬가지로 판사의 자유로운 판단에 맡긴다.

159) 예심판사는 예심수사피의자에 대하여, 묵비권과 신청권, 진술권이 있음을 고지하고, 고지 취지를 조서에 기재한다.

(Aveu)은 중요한 증거가 될 수 있으나, 법관의 유죄의 심증을 얻기 위해서는 피고의 자백은 다른 증거를 통해 보강(Circonstancier)되어야 한다.[160]

라. 징표와 추정

징표라 함은 범죄구성요건 해당사실의 존재를 추인케 하는 구체적 사실들을 의미한다. 이러한 징표로부터 추론, 귀납, 비교 등을 통하여 범죄의 존재를 추정할 수 있고 피고인 또는 증인의 진술을 뒷받침하거나 탄핵할 수 있는 자료를 얻을 수 있다. 판사는 징표를 통하여 실체적 진실을 발견하기 위하여 현장검증을 하거나, 증거물을 직접 확인하거나, 증거물을 감정인에게 의뢰하기도 한다(예컨대, 지문, 혈흔, 모발, DNA 등). 형소법은 특별히 추정의 법칙을 규정하고 있지는 않다.

사실의 추정이라 함은 피고인의 부인에도 불구하고 판사가 고의에 의한 범죄가 발생하였다고 확신을 얻게 되는 일련의 과정을 의미한다. 예컨대 총알 5발이 발사되었는데 그 중 4발이 몸에 명중하였다면 고의에 의한 것임이 추정된다.

(3) 증거자유의 원칙에 대한 제한

형사소송법에서 규정한 증거방법들 이외에 법률에 규정되지 않은 증거수집 방법들은 제한되는 것인지가 문제된다. 증거자유주의의 원칙에 따라, 법률에 규정해 놓고 있지 않을 경우라도 자유로운 증거방법이 허용된다는 것이 통설적 견해이다. 하지만 어떠한 경우에라도 '적법성의 한계'를 일탈하는 증거방법은 제한된다. 즉, 증거는 원칙적으로 법률에서 규정한 방식으로 적법하게 수집되어야 할 뿐만 아니라, 법률에 규정되지 않은 증거수집의 방법에 대하여도 법원칙 등을 기준으로 증거적법성 통제는 이루어져야 한다는 것이다.

---

160) Art.427 du C.P.P. ; 이는 현재 우리나라의 형사증거법에서 전문법칙을 통해 사법경찰관의 조서의 증거능력을 엄격히 제한하고 있는 것과 크게 차이를 보이는 부분이다. 프랑스 형사증거법에서는 전문법칙이 따로 존재하지 않고, 사법경찰관 등이 작성한 조서는 원칙적으로 증거로서 허용된다.

1) 증거수집의 적정성

증거를 수집・조사함에 있어 사법관(Magistrat)[161]과 사법경찰관(Police judiciaire)[162]은 '부적정'하거나 '위계적'이거나 '교활한' 방법을 사용하여서는 안 되고, '합법적'이고 '진실한' 방법을 사용해야 하여야 한다. 이와 같은 내용의 증거수집에 관한 적정성 원칙은 이미 나폴레옹 치죄법(Code d'instruction criminelle)제정 이후 판례를 통해 지속적으로 형성・발전되어 왔다.

가. 사법관에 의하여 수집된 증거

증거수집・조사와 관련하여 적정성 원칙을 보장하는 것은 사법관의 가장 중요한 책무 중 하나이다. 특히 예심단계[163]에서는 사법관인 예심판사(Juge d'instruction)는 '객관의무'에 따라 재판에 필요한(피고에게 유리하거나 불리한) 증거들을 수집・조사・평가하여, 기소의 필요성이 인정될 경우 관련 증거와 함께 해당사건을 검사를 통해 판결법원에 회부(Mise en accusation)하는 중요한 역할을 담당하는데, 이때 예심판사

---

161) 우리나라와는 달리 프랑스의 법원과 검찰은 별도의 독립된 조직을 구성하고 있지 않고, 파기원, 항소원, 지방법원 등에 검찰이 부치되어 있는 형태이다. 동일한 건물 내에서 법원과 검찰이 공존하는데 업무에 있어서는 상호 독립적이다. 한편, 프랑스의 법원은, 우리나와 같이 최고법원인 파기원에서 판사들의 인사를 결정하는 체제가 아니라, 검찰과 함께 법무부소속이고 법원의 인사관리나 예산을 법무부에서 담당한다. 프랑스는 검사와 판사 모두를 '사법관(Magistrat)'이라고 통칭하며, 상호 직역간 이동이 자유롭다.

162) 프랑스 형사소송법에서는 국립경찰 소속 총경(Commissaire de police)급 이상 수사부서장과 중간 실무간부를 구성하는 경찰관(fonctionnaire titulaires du corps de commandement et d'encadrement, 경위급-경정급)들이 사법경찰관으로 지명되며, 이는 국립헌병대 소속 군인들에 대해서도 마찬가지다. 그리고 특히 최근에는 현장집행을 담당하는 경찰관(fonctionnaire du corps de maitrise de d'application, 경사이하)과 헌병장교가 아닌 일반사병도 수사현장 실무경험 등 일정한 요건 충족하는 전제하에 사법경찰관 자격을 받을 수 있는 길이 열렸다. 다만 사법경찰관의 임명에 있어 경찰이나 헌병에서 자체적으로 이를 하는 것이 아니라, 검사장의 자격부여절차(habilitation)를 반드시 따라야 한다.

163) 우리나라는 법원의 공판 전 단계를 경찰수사과 검찰수사의 2단계로 구분하나, 프랑스는 경찰의 수사, 검찰의 소추, 예심판사의 예심의 3단계로 구분한다. 하지만 모든 사건에 대해 검찰이 예심을 신청(requisitoire instructif)하여 법원으로 가는 절차를 거치는 것은 아니고, 필요적으로 예심을 거치는 사건은 소수의 중죄 사건이고 예외적으로 경죄, 위경죄가 그 대상이 되며, 대부분의 범죄를 차지하는 위경죄, 경죄사건에서는 검찰이 피고인을 법원에 직접소환(citation directe)을 하는 것이 일반적이다.

의 예심은 '적법 · 적정'하게 이루어져야 한다. 만약 예심판사의 '예심단계에서 이루어지는 수사행위(Acte d'information)'[164]중 일부 또는 전부가 '적법' 혹은 '적정'하지 못할 경우, 관련 처분행위와 이로 인해 수집된 증거는 모두 '무효청구(Requete du Nullite)'[165]의 대상이 될 수 있다. 이때 적정성 통제의 기준으로 형사소송법 등 국내법뿐만 아니라 국제 · 유럽법 차원에서 보장되는 인권관련 조항 등도 활용된다. 프랑스에서 '인간존엄성을 존중받을 권리'는 국제법적으로 유럽인권협약 제3조에서 '누구도 고문이나 비인간적 처분 및 형벌을 받지 아니 한다'규정함으로써 보호되고 있고, 국내법적으로도 형사법의 일반원칙이 된다. 이 권리를 보호하기 위해, 증거획득 과정에서 고문을 포함하여 모든 종류의 폭력행위들이 금지되고, 만약 이를 위반하였을 경우 해당 증거는 증거능력이 없다. 이는 증거수집 과정에서 경찰 등 공권력이 고문이나 가혹한 행위를 한 경우뿐 만 아니라, 일반인이 이를 행사한 것에 대해서도 마찬가지이다.

---

164) 프랑스 검찰은 예외적인 경우에 한해 사법경찰권(제한적 수사권)을 행사할 수 있다. 그러나 검사는 사법기능으로써 수사권(예심권) 행사는 불가(不可)하며, 사법수사(예심)권은 예심판사가 행사한다. 프랑스 '예심절차에서 이루어지는 수사'와 우리 형사소송법상 검찰이 행하는 범죄수사와 유사한 면이 없지 않지만, 양자가 동일한 것은 아니다. 무엇보다 수사권의 행사가 검찰이 아닌 법원의 예심판사에게 기속되어 있고, 모든 사건이 아닌 검사가 중죄와 그 밖에 검사가 예심을 청구한 사안에 한정하여 행사된다는 점이 그러하다. 예심판사의 이러한 수사권한은 프랑스식 규문주의 전통이 계승된 것으로, 검사의 기소권, 예심판사의 수사권, 재판판사의 재판권 등으로 사법기능이 분리되어 있는 모습이다.

165) 프랑스 형사소송법전 제802조는 "법률이 이에 위반하는 때에는 무효로 한다는 취지를 규정하고 있는 방식에 위반한 경우 또는 중요한 절차적 흠결이 있는 경우, 무효의 청구를 수리하거나 직권으로 이를 인지한 대법원을 포함한 모든 법원은 그 위반행위로 인하여 관계 당사자의 이익을 해치는 경우에만 무효를 선고한다"고 하여 무효제도에 대한 일반규정을 두고 있고, 특히 형사소송법전 제170조부터 제174-1조까지 '예심절차의 무효' 절을 두어, 관련 요건 및 절차에 대하여 상세히 규정한다. 이상의 조문을 살펴보면 무효청구를 할 수 있는 요건으로는 1. 법률에 규정하고 있는 방식을 위반한 경우, 2. 중요한 절차적 흠결이 있는 경우를 명시적으로 두고 있고, 특히 판례를 통하여 법률에 규정은 없으나 '적정성의 원칙'을 위배한 경우까지 무효청구의 사유가 되는 것으로 인정하고 있다. 무효결정을 받기위해서는 원칙적으로 무효청구가 있어야만 가능하고, 이 때 무효청구는 무효사유 위반행위로 불이익을 받을 당사자가 하거나 혹은 법원이 직권으로 하게 된다. 예심절차의 경우 예심판사 · 검사 · 당사자가 예심수사가 행하여지고 있는 동안 고등법원 예심부에 대하여 예심 수사상 처분의 무효 또는 증거의 무효를 청구할 수 있다.

나. 사법경찰관에 의해 수집된 증거

예비수사, 현행범수사 등 사법경찰이 행하는 수사활동(Enquete de police)[166]에 있어서도 증거수집에 관해 적법성 및 적정성의 원칙은 존중되어야 한다. 경찰의 수사결과와 검사의 기소를 통해 예심과정을 거치게 될 경우 경찰의 증거수집절차 등에 대한 적정성 통제는 앞서 살펴보았던 것처럼 예심절차의 무효제도에 따라 이루어지게 된다. 하지만 검찰이 판결법원에 직접 기소하는 경우에는 경찰수사의 적정성에 관한 통제는 재판법원에서 결정(Arret)을 통해 이루어지게 되는데, 이때에도 마찬가지로 무효제도가 원칙적으로 활용된다. '예심절차의 무효제도'와는 달리, 재판법원에서의 무효절차는 상세히 규정되어 있지 않고, 다만 무효제도에 관한 일반규정인 형사소송법 제802조[167]를 근거로 운영되고 있다. 관련 절차에 따라 부적법하거나 부적정하게 수집되어 무효결정을 받게 되는 증거물에 대해서는, 공판에서 이를 증거로 사용할 수 없게 된다.

경찰의 증거수집의 적정성과 관련하여 가장 문제가 된 사항 중 하나로 '경찰의 함정수사(Provocation policiere)'가 있다. 이와 관련하여 그간 법적인 범위와 한계가 따로 규정되어 있지 않았던 반면, 판례 등을 통해 수많은 논의를 거쳐 그 범위와 한계가 확정되었다. 결론적으로 그 기준은 '경찰관은 범행의 증거를 획득하기 위한 수준의 유발은 가능하나, 범죄의 동기가 없는 범죄자에게 범죄를 저지르도록 유발하거나,[168] 범죄를 유발하는 중간요인이 되어서는 안 된다[169]'는 것이다. 예를 들어, 뇌물범죄를 확인하기 위해 지붕에 숨어있거나, 증거 수집을 위해 마약거래상과 단순히

---

166) 프랑스에서 사법경찰이 수사를 함에 있어서는 크게 두 가지 형태가 있는데 검사의 지휘·감독하에 예비·현행범수사 등을 하는 것과, 예심판사의 예심절차 내에서 수사상 위임사항(Commission rogatoire)을 집행하는 것이 있다. 예비수사와 현행범수사는 사법경찰관의 주체적 권한에 해당하는 반면, 위임수사는 예심판사의 수사권한을 위임·대리집행하는 것이다.

167) 법률이 이에 위반하는 때에는 무효로 한다는 취지를 규정하고 있는 방식에 위반한 경우 또는 중요한 절차적 흠결이 있는 경우, 무효의 청구를 수리하거나 직권으로 이를 인지한 대법원을 포함한 모든 법원은 그 위반행위로 인하여 관계 당사자의 이익을 해치는 경우에만 무효를 선고한다.

168) Crim. 2 mars 1971, Bull. n°132

169) Crim. 11 mai 2006, Bull. n°132

거래를 하는 행위, 불법수렵행위 모임장소를 원거리에서 망원경으로 관찰하는 행위 등에 대해서는 증거수집의 적정성을 인정하였다. 반면, 경찰관이 동성애자 찾기 인터넷상에 피고인에게 아동 포르노 사진을 보내도록 하는 등 적극적으로 유발한 사안에 있어, 적정성 위반 등으로 관련 절차와 증거를 무효화하고, 아동 포르노 사진 전송에 대한 유죄를 인정한 원심의 판결을 파기한 바 있다.[170)]

프랑스 법원은 증거수집의 적정성에 관한 결정을 함에 있어 유럽 인권재판소의 견해를 차용하기도 하는데, 예를 들어 마약거래범죄나 테러범죄와 같은 중요사건 수사를 위해 비밀수사요원을 잠입시키는 수사방법(Infiltration)을 사용할 수 있는 것인가에 대해, 유럽인권재판소가 정해 놓은 두 가지 요건, 즉 사법수사(예심, Instruction)일 것과 잠입경찰관이 범행을 적극적으로 유발하지 않을 것이라는 요건을 따르기도 하였다.[171)] 같은 맥락에서, 경찰의 예비수사 단계에서 통신제한조치(Ecoute telephonique)를 한 것, 압수를 하며 사유지에 도청장치(Sonorisation)를 설치한 것에 대해서도 적정성 원칙위반으로 결정한 바 있다.[172)] 또한, 프랑스 법원은 경찰이 참고인의 동의하에 최면(催眠)상태에서 참고인 진술을 청취한 것과,[173)] 피의사의 최면약물을 투여하여 피의자 신문을 하는 것[174)]을 허용하지 않고 있는데, 최면상태에서는 신문을 받는 피의자가 분별력을 잃게 되고, 이는 유럽인권협약 및 유럽인권재판소의 판례를 통해 보호되고 있는 '자기부죄를 하지 않을 권리(Droit de ne pas contribuer a sa propreincrimination)' 등을 침해하는 점 때문이다.

'자기부죄를 하지 않을 권리'는 프랑스의 헌법이나 법률에 규정되어 있지 않다.

---

170) Crim. 11 mai 2006 ; 하지만 본 사안에서 경찰관의 범행유발 이전에 피고인이 이미 아동 포르노 사진을 소유하고 있었던 것이 인정되어 '아동포르노 소지죄'와 관련하여서는 유죄를 그대로 인정하면서, 경찰관의 범행유발행위는 '아동포르노 전송죄'에만 관련된 것이므로 일부무효 결정으로 판시하였다.

171) Teixera de Castre c/ Portugal, le 9 juin 1988

172) 프랑스 형사소송법상 도청 등 통신제한조치는 원칙적으로 예심단계에서만 가능하도록 규정하고 있다

173) Crim, 12 decembre 2000, Bull. n°369

174) Crim, 28 novembre 2001, Bull. n°248

다만 유럽인권재판소(Cour europeenne des drotis de l'homme)가 '공정한 재판' 및 '무죄추정의 원칙'을 규정하고 있는 유럽인권협약 제6조의 1항 및 2항의 해석을 통해 이러한 권리들을 도출해 내고 있고, 프랑스 법원에는 이를 준용하고 있는 것이다. '자기부죄(自己負罪)를 하지 않을 권리'에 따라, "기소 시 논의를 전개함에 있어, 피고인의 의사에 반하여 강제나 억압에 의해 획득된 증거를 사용해서는 안 된다." 다만, 법원이나 수사기관 등이 "피고인의 의사에는 반하지만 적법한 강제처분을 통해 피고인으로부터 획득한 증거, 예를 들어 영장에 의해 수집된 서류, 피검사 소변검사를 위한 강제채혈·채뇨, DNA 검사를 위한 신체견본 채집" 등을 사용하는 것은 허용된다.

한편, 사법관과 경찰관 이외의 사인(私人)사이에 불법적으로 혹은 부적정한 방법으로 수집한 증거물에 대한 증거능력이 문제된다. 이에 대해 법원은 수사기관이 아닌 사인이 수집한 증거에 관해서는 엄격한 적정성 통제를 통해 관련증거를 무효화하기보다는, 일단 증거로 허용하여 공판정에 제시는 하도록 하여야 하고, 다만 이를 증명력 평가단계에서 다투어야 할 문제라고 판시한 바 있다.[175] 다만, 사인이 수사기관 등의 지시나 명령에 따라 움직이는 경우에는 증거의 적정성 원칙을 존중하여야 하며, 수사기관의 지시나 명령에 따라 범죄를 유발하여 획득한 증거에 대해서는 이를 무효화하여 증거로 사용하여서는 안 된다는 것이 판례와 학설의 공통된 입장이다.[176]

3) 증거조사·논의의 적정성

가. 방어권 보장

방어권(Droit de la defense)은 헌법적 가치를 인정받는 프랑스 인권선언 제8조와 국내법보다 상위법적 효력을 가진 유럽인권협약 제6조에 명시되어 있다. 이와 같은 규정을 근거로 증거조사·논의 과정에서 피의자와 피고인의 방어권을 위반한 증거는 적정성의 원칙 위반이 되고, 따라서 증거능력이 배제되어 재판의 증거로서 사용되지

---

175) Crim. 30 mars 1999, Bull. n°59 ; Crim, 31 Janvier 2007, Bull. n°27 Crim 31 Janvier 2012, Bull. n°27

176) Crim. 1er Oct, 2003, Bull. n°176

못한다. 예를 들어, 피고인과 변호인의 방어권 보장을 위해 형사소송법 제432조[177]에서는 방어권 등 보장을 위해, 피고인과 변호인 사이에 교환된 편지는 증거로서의 서류가 되지 못하도록 특별규정을 두고 있는데, 만약 공판과정에서 이러한 서신이 제시되더라도 이를 판단의 근거로서 사용될 수 없는 것이다.

나. 대면권 보장

대면권(Droit du contradictoire)은 공판과정에서 검사, 사소인, 피고인 등 당사자에게 반론의 기회를 보장해주는 것으로, 형사소송법 제427조 제2항에서는 '판사는 공판정에 제시되고, 자기의 면전에서 대심의 방식으로 논의된 증거만을 그 판단의 근거로 한다'고 규정하고 있다. 따라서 피고인에게 반론의 기회가 주어지지 않은 증거에 대해서는 이를 판결의 근거로 인용하지 못한다. 예를 들어, 판사가 당사자에게 따로 고지하지 않고 개인적으로만 알고 있는 증거물을 판결의 근거로 사용할 수는 없다. 한편 판사는 관련 증거물을 당사자에게 고지하고 대면권을 보장하는 책임은 지고 있기 때문에, 관련 증거물이 공판개시 상당기간 전에 상대 당사자에게 미리 고지되지 않았고, 공판직전이나 공판 중에 제시되었다는 이유만으로, 해당 증거에 대한 증거조사를 거부하는 것은 위법이다.[178] 따라서 공판개시 직전이나 공판 중에 제시된 증거라 할지라도, 당사자 사이에 해당증거에 대한 대면권이 충분히 보장되었다면 이를 증거로 사용하여야 한다.

(4) 증거평가의 자유

1) 자유심증의 원칙

자유 심증주의(Preuve morale ou Intime conviction)란 증거의 증명력을 적극적 또는 소극적으로 법정하지 아니하고 법관의 자유로운 판단에 맡기는 것을 말하며, 증거평가자유의 원칙이라고 한다. 프랑스 형사소송법 제427조 제1항 후단에서는 '판사는

177) 피고인과 그 변호인 사이에 교환된 편지는 증거서류가 되지 못한다.

178) Crim. 10 novembre 2004, Bull n°285

자유심증에 따라 재판한다'고 하여 자유 심증주의 원칙을 명시하고 있다.

자유 심증주의 원칙은 현재 프랑스 내 모든 형사법원과 법관들에 대해 적용된다. 따라서 법관은 그의 양심과 이성에 따라 가치가 있다고 판단되는 증거를 자유롭게 취사선택하여 유·무죄 판결을 하고, 이때 증거의 증명력 평가 등에 대해 이를 별도로 정당화시킬 의무는 없다. 법관이 확신을 가지는데 있어 취할 수 있는 증거의 종류는 제한이 없다. 공판 과정에서 생산된 증거도 유효할 수 있으며, 이는 범죄의 경중이나 선고형의 경중을 불문한다. 법관은 다른 여러 종류의 증거가 있더라도 일부의 증거로만으로 내적 확신을 가질 수 있고, 자백의 증명력에 대해서도 다른 증거와 마찬가지로 자유롭게 판단한다.

한편, 법관으로만 구성된 위경죄재판 및 경죄재판에 다르게 배심제도를 채택하고 있는 중죄재판에서는 철저한 구두주의 실현, 대면권 보장 등 몇 가지 특색을 나타내는데, 그중에서도 현재 논란의 중심에 있는 것이 '판결이유서(Motivationde la decision) 작성'에 관한 부분이다. 자유 심증주의에 있어서의 자유가 '자의'를 의미할 수는 없으며, 사실인정이 법관의 전단이 되어서는 안 되기 때문에, 법원은 자신이 판단한 사실에 대하여 그 근거나 이유를 설명하는 차원에서 판결 이유서를 작성하는 것이 원칙이다. 나아가 판결 이유서는 유죄판결을 받은 피고인에게 판사의 논증에 대한 반론 가능성을 열어주기도 하고, 필요할 경우 항소를 할 판단의 근거를 마련해 주는 등 공정한 재판권을 보장해 주는 역할을 한다. 이에 따라 프랑스 형사소송법은 위경죄 재판이나 경죄재판에서는 종국판결 때 판결의 이유를 통해 범죄사실, 증거의 요지 등을 적시토록 하고 있다. 그러나 경죄재판과 위경죄 재판과는 달리, 중죄재판의 판결문과 이에 대한 항소심 판결문에 대해서는 따로 명문의 규정을 두고 있지 않고 있고, 이에 따라 사법실무에서는 판결의 이유서를 따로 작성하지 않는 것이 법률적 관행으로 정착되었다.

현재 중죄재판에서 판결이유서 및 증거의 가치평가 등에 대해서는 전혀 밝히지 않고 유·무죄 판결과 형선고 판결하는데, 이는 배심원의 자의를 배재할 수 없어 공정한 재판을 해할 우려가 있고 피고인의 방어권 등의 권리를 침해할 수도 있다는 등의 이유로 비판의 대상이 되기도 한다.[179] 이에 따라, 최근 형사절차개혁을 위한

'LEGER 위원회'에서는 중죄재판에 있어 판결 이유서 작성을 의무화하는 것에 대하여 "바람직할 뿐만 아니라 피할 수 없는 변화방향"이라고 평가한 바 있다.[180)]

2) 자유 심증주의 제한

가. 피고인의 자백

규문주의・직권주의 형사절차에서 피고인에 대한 신문(Interrogatoire)은 진실발견에 대단히 유익한 절차로서, 필요에 따라 증인이나 공범자와의 대질(Confrontation)도 가능하다. 신문을 받는 피고인은 여러 형태의 진술을 하거나 혹은 진술자체를 거부할 수도 있는데, 피고인의 진술 중 특히 자백은 법관의 심증형성 및 판결에 영향을 미치는 결정적인 요소가 될 수 있다. 1789년 혁명이전까지만 하더라도 증거법정주의 하에서 자백은 '보통의 증거'가 아닌 '증거의 여왕'으로 취급되었으며, 이를 획득하기 위해 신문과정에서 피고인에게 고문(Torture)과 증인선서(Serment)가 강요되기도 하였다. 증거법정주의가 폐지되고 증거 자유주의와 자유 심증주의가 도입된 현대 형사소송절차에서도 피고인 신문을 통한 피고인의 자백은 재판에 중요한 역할을 하고 있으나, 이는 더 이상 '증거의 여왕'이 아닌 '보통의 증거'로 취급되고 있을 뿐이다.[181)] 따라서, 법관은 피고인의 자백에 의하여 유죄의 심증을 얻는다고 하더라도 보강증거가 없으면 유죄의 선고를 하여서는 안 되고, 이러한 점에서 이는 자유 심증주의의 중요한 제한적 요소가 된다. 자백과 관련하여 이와 같은 제한을 두는 이유는 피고인의 자백

179) 유럽인권재판소에서는 Papon 사건(CEDH, Papon c. France, 15 nov 2001)에서 "판결이유서 작성의무는 절차의 특성, 특히 배심제로 이루어지는 중죄재판소의 특성에 맞추어 조정되어야한다"고 판시하여 판결이유서 작성에 대해 절대적 성격을 부여하지는 않았다. 그러나 구체적 사안에 있어 실질적으로 피고인의 권리 등을 과도하게 침해하였다고 판단할 경우(CEDH,Taxquet c/Belgique, 13 janvier 2009) 이를 처벌하기도 한다.

180) Rapport du comite preside par M. Philippe LEGER remis le 1er septembre 2009, p.37 et suiv.

181) M. Magnol, "L''aveu dans la procedure penale", Revue interntioinale de droit compare, Vol.3, n°3,1951, pp.515-518 ; 반면 영미식 탄핵주의・당사자주의적 형사절차에서는 피고인에 대한 신문은 금지되며, 다만 피고인이 증인이 된 경우에 한해서만 신문이 가능하다. 하지만 영미식 형사절차에서 피고인의 자발적인 자백은 가능하다.

을 하더라도 이러한 피고인의 진술이 항상 진실만을 말하는 것이라 볼 수 없고, 오히려 피고인이 정상이 아니거나, 형벌을 원하거나, 보다 무거운 범죄를 숨기기 위하여 허위 자백을 할 수도 있기 때문이다. 따라서 판사는 어떠한 상황에서 자백이 획득되었는지 보강증거가 무엇인지 등을 고려하여 자백의 증거가치를 평가하여야 한다.

한편, 무죄추정의 원칙에 따라 피고인 신문시 피고인은 절차적 권리로서 '묵비권(Droit de se taire)'을 보장받게 되는데,[182] 피고인이 자백이나 부인하지 않고 묵비권을 행사한 경우 증거법적 효력이 문제된다. 프랑스는 피고인이 묵비권을 행사하는 부분에 대해 판사가 피고인에게 부정적 혹은 불리하게 해석하는 것을 전면 금지하고 있지는 않다. 다시 말해, 피고인 등이 진술을 거부했다는 이유로 유죄판결해서는 안 되지만, 묵비권을 행사한 부분을 유죄판결에 하나의 고려요소로서 사용하는 것까지 금지하는 것은 아니다.[183]

나. 사법경찰관 등 작성 조서의 증명력

조서(Proces-verbaux) 작성은 권한 있는 공무원이 중죄, 경죄 및 위경죄 관련 정황, 범죄흔적, 처분사실 등 확인하는 행위이다. 조서 작성은 초동 수사행위로서, 형사절차의 기본을 형성한다. 프랑스 형사증거법에서 자유 심증주의의 제한과 관련하여 조서의 증명력이 문제된다. 원칙적으로 사법경찰관 등에 의해 작성된 조서[184]는 증

---

182) 묵비권과 관련하여, 경찰수사 단계에서는 1993년까지만 하더라도 형사소송법에 "사법경찰관이 소환한 자는 출석하여 진술하여야 한다"는 규정을 두어, 진술을 강제하였다. 1993년 법개정으로 경찰수사 단계에서의 피의자 진술의무는 폐지되었으며, 2000년 법률개정을 통해 비로소 수사기관이 체포된 자에게 진술거부권을 고지할 의무를 부과하였다. 하지만 수사기관의 묵비권고지의 의무는 2003년 법률개정을 통해 다시 폐지되었다. 이것이 피의자의 진술거부권이 폐지된 것이라는 의미는 아니지만, 피의자에 대한 수사기관의 권리고지의무는 더 이상 보장받지 못하고 있다. 현재 프랑스에서 피의자에 대한 묵비권에 대한 고지는 예심판사의 피고인 신문절차에서 의무화 되어 있는 상태이고, 재판법원에서도 마찬가지이다.

183) D. Roets, "Le droit de ne pas contribuer a sa propre incrimination dans la jurisprudence de la Coureuropeenne des droits de l'homme", AJpenal, 2008, p.119

184) 조서(Proces-verbal)는 기록(note)하는 절차(process)로서, 사법경찰관이 목격한 내용, 수사처분 내용 및 결과, 참고인이나 피의자 진술(Audition)을 통해 들은 내용을 그대로 적기보다는 일정한 형식에 따라 보고(Consigner)하는 것이다. 사법경찰관이 조서를 작성하는 방법과 관련하여서는 별도로 법률로 정해져 있지는 않으나, 경찰과 검찰이 상호 협의하여 형식과 내용들을 정하고 있다. 한편, 피고인신문(Interrogation)이나 대질(Confrontation)은 원칙적으로 예심판사나 재판

거로서 허용되고, 따라서 법원의 판결에 있어 중요한 역할을 하지만, 모든 조서들에 대해 항상 동일한 증명력이 인정되는 것은 아니다. 우선 배심제로 운영되는 중죄법원에 제출된 조서는 단순참고자료(Renseignement)로써 가치가 인정될 뿐이다. 사법경찰관 등이 작성한 조서는 중죄법원 개정에 앞서 예심을 거치게 되는데, 보통 이 과정을 통해 '적정성의 원칙' 등을 위배한 수사행위와 조서 등은 무효화되어 증거로 사용할 수 없게 된다. 그리고 예심을 거쳐 법원에 증거로 제시된 조서는 중죄재판소의 구두주의, 변론주의 원칙에 따라, 다른 증거서류 등과 마찬가지로 공판정에서 낭독된 후, 토론 및 대심 등 증거조사의 대상이 된다. 하지만 배심원과 법관은 '내적 확신'을 형성시켜나가는 과정에 있어 사법경찰관 작성의 조서에 대해 특별한 증명력을 부여할 필요 없이 여타 다른 일반적인 증거물이나 증언과 마찬가지로 하나의 단순참고자료로서만 이를 활용하면 되는 것이다.

다음으로 경죄법원에서는 중죄재판과 마찬가지로 사법경찰관이 경죄를 인지한 조서 및 보고서는 단순참고자료로서만 그 가치를 인정된다. 하지만 예외적으로 법률에 특별한 규정이 있는 경우, 조서는 특별한 증명력을 갖추게 되고, 이는 자유심증주의 원칙의 예외가 된다. 법률에 따라 조서의 증명력에 대해 특별한 규정을 둔 형태로는, 반대증거가 있을 때까지(우월한) 증명력이 인정되는 조서(Preuve jusqu'a preuve contraire)와 아주 예외적으로 허위임이 확인될 때까지(우월한) 증명력이 인정되는 조서(Preuve jusqu'a inscriptionde faux)가 있다.

(가) 반대증거가 있을 때까지 증명력이 인정되는 조서

반대증거라 함은 본증에 의하여 증명하려고 하는 사실의 반대를 증명하려고 하는 증거이다. 조서는 원칙적으로 거증책임을 지는 검사 등 원고가 제시하는 본증으로서, 이는 법률에 특별한 경우가 있는 경우에 한해, 반대증거(반증)이 있을 때까지 증명력을 인정하는 경우가 있다. 이러한 특칙은 위경죄 재판에서 주로 나타난다. 위경죄 재

판사를 통해서만 가능하고, 예심과정에서 행해지는 피고인신문과 대질은 점차 조서작성에서 영상녹화로 기록방식이 변경되고 있다.

판의 경우, 경미한 범죄에 대한 신속한 처리, 소송경제 등을 감안하여, 증거관련 절차를 대폭 간이화되는데 이를 위해 증거방법에 있어서 사법경찰관 등 법률적 권한이 있는 공무원이 작성한 조서(Proces-verbaux) 또는 보고서(Rapports)로만 범죄를 증명하도록 하고, 단 조서나 보고서가 없을 때에는 증언으로 할 수 있도록 하여 증거방법에 있어 증거자유주의 원칙에 제한을 두고 있다. 나아가 '법률상 권한이 있는 공무원들이 작성한 조서와 보고서 반증이 없는 한 증명력을 가진다'고 규정하여 증거의 평가와 관련하여 자유 심증주의 원칙도 제한하는 예외적 특칙을 둔다.

이와 같은 증거방법 및 증거평가방식에 따라, 사법경찰관 등이 작성한 조서는 증거로서 입증가치가 높게 평가되고, 피고인 등은 본증으로서 조서의 증명력을 제압하기 위해 반증을 제시해야만 하는데 이때 반증은 서증이나 증언으로만 가능하며, 단순히 피고인이 해당사실을 부인하는 것은 반증으로서 효력이 없다. 법원이 무죄판결을 하기 위해서는 반증의 증명력이 의심을 넘어 법관의 확신에 이르게 하는 것이어야, 따라서 '의심스러울 때는 피고인의 이익으로' 한다는 거증법칙의 적용이 배제된다.

예를 들어, 프랑스 관세법(Code des douanes) 제392조에서는 부정하게 들여온 상품을 소지한 자에게 관련 부정행위에 대한 책임을 추정하면서 거증책임을 피고인에게 전환하여 세관직원이 작성한 조서의 증명력을 강화하고 있다. 관련 법률 조항은 Salabiaku 사건을 통해 유럽인권재판소에 유럽인권협약 제6조 제1항 및 제2항 '공정한 재판을 받을 권리' 및 '무죄추정의 원칙' 위반으로 제소되기도 하였다. 본 사안(CEDH, 7 Oct 1988 Salibiku c/ France)에서 유럽인권재판소는 "모든 법률제도는 사실관계와 법률적 내용의 추정을 허용하고 있다"는 점과 유럽인권협약에서 이를 명백하게 반대하는 규정을 두고 있는 것은 아니라는 점을 고려하였다. 이와 함께 유럽인권재판소는 '피고인의 방어권 보장'과 '사건의 중대성' 등을 감안하여 합리적인 선에서 책임추정과 거증책임을 전환하도록 한계를 제시하기도 하였다. 결론적으로 유럽인권재판소는 프랑스 관세법은 피고인의 방어권을 존중하고 있다고 평가하면서, 무죄추정의 원칙을 뒤집어 불가항력적인 경우에 물품소지자에게 입증의 부담을 지도록 한 것에 대하여 유럽인권 협약에 위반되지는 않는다고 결정하였다. 뒤이어 프랑스 헌법재판소는 '교통안전과 대중교통종사자 대상 범죄에 관한 법률안'의 위헌심판결정(Con. Cons. n°99-411 DC du 16 juin 1999)을 통해, 책임추정 및 거증책임의 전환과 관련하여 유럽인권재판소의 입장을 재확인하였다. 헌법재판소는 "입법자들은 형사제재 분야에 있어 유죄추정을 제도화하여서는 안 된다"는 것을 원칙으로 확인하면서도, "예외적으로 유죄추정이 불가항력적이고, 피고인의 방어권이 존중되며, 관련 범죄사실이 합리적으로 형사책임 인정될 만한 때에는 유죄추정은 예외적으로 허용될 수 있으며, 이는 위경죄(Contravention) 재판과 관련하여 특히 그러하다"고 명시하였다. 사안에서 헌법재판소는 "자동차 등록 명의자가 스스로 차를 절취 당했다거나, 다른 불가항력적인 이유가 있었다는 점 등을 증명하지 못하는 한, 속도위반 등 위경죄 처벌에 따른 벌금 수납자가 되도록 한 도로법 제21-2조에 대해서 유죄추정을 위한 예외적 유효요건을 충족하고 있다"고 판시하였다.

(나) 허위임이 확인될 때까지 증명력이 인정되는 조서

법률에서 조서의 증명력에 대한 특별한 규정을 둔 경우로 조서가 허위임이 확인될 때까지 증명력이 인정되는 경우가 있다.[185] 이와 같은 자유 심증주의에 대한 특칙은 범행의 흔적이 거의 남지 않고, 증거나 증언을 수집하기가 어려운 범죄에 한해 아주 예외적으로만 인정된다.[186] 예를 들어, 세관관련 범죄가 이에 해당하는데, 관세법은 두 명 이상의 세관요원(Agents des douanes)에 의해 작성된 조서는 허위임이 확인될 때까지는 법정에서 우월한 증명력을 갖도록 규정하고 있다.[187] 그리고 이 경우 조서의 증명력은 유력한 반대증거가 있는 경우에도 유지되므로,[188] 법관이 반증

---

185) 제433조 법에 따라 위조의 증명이 있을 때까지 조서는 증명력을 갖는다. 위조증명 절차는 다른 규정이 없는 때에는 제4권 제2편에서 정하는 개별 법률이 정하는 바에 따른다.

186) 허위확인까지 증명력을 인정해 주는 조서해당 범죄는 오늘날 지속적으로 줄어들고 있는 추세로, 과거 산림범죄, 어업관련 범죄에서도 이러한 증거특칙이 적용되었으나 지금은 더 이상 적용되지 않는다. 현재까지 이러한 증거 특칙이 적용되는 범죄로는, 관세법 관련 범죄, 지하수로 보호 관련 범죄 등이다.

187) Art. 336 du Code des douanes : "Les proces-verbaux de douane rediges par deux agents des douanes ou de toute autre administration font foi jusqu'a inscription de faux des constatations materielles qu'ils relatent."

을 통해 해당 조서에 적시된 사실 등에 대해 다소 의심이 들고 허위와 같이 생각된다 하더라도 조서 자체의 허위를 확인하지 않는 한, 해당 조서의 증명력을 부인할 수는 없다. 당사자 등은 서면을 통해 예심과정, 공판과정 등에서 허위확인을 청구할 수 있는데 이에 대한 법원의 결정은 별도의 허위확인절차(Procedure d'inscriptionde faux)를 통해 상당히 엄격한 방식으로 이루어진다.[189] 기본적으로 조서의 작성에 있어서는 진실한 절차로 이루어졌음이 추정(Presomption d'authencitici te)되므로, 거증책임은 허위확인을 청구한 당사자에게 있으나, 검사, 예심판사, 공판판사 등은 이를 밝히기 위해 필요한 조치들을 할 수도 있다.

3. 소결

우리나라의 형사절차에 있어서도 형사사법기관은 묵시적으로나마 증거방법에 있어 '자유'를 누리고 있다. 이는 형사소송절차에서 특정증거만을 사용하도록 규정하고 있지 않다는 점에서 그러하다. 다만 '자유의 한계'라는 관점에서 살펴볼 때, 우리 형사소송법에서는 공소사실의 존부의 관한 사실, 위법성과 책임에 관한 사실, 처벌조건, 형벌권에 대한 사실 등 실체 판결에 있어 핵심이 되는 사실에 대해 '엄격한 증명'을 요구하고 있다. '엄격한 증명'이란 어떤 사실을 증명하는 데 있어서 법률상 증거능력이 있고, 공판정에서 적법한 증거조사를 거친 증거에 의하여 하는 증명하는 것으로, 모든 사건에 있어, 법원이 직권에 따라 필요적으로 이를 검토하게 된다.

현재 프랑스 형사증거법에서 엄격한 증명제도는 운용되고 있지 않다. 다만, 증거방법이 절차적으로 적법하거나 적정하지 않을 경우, 당사자 혹은 법원의 무효청구에 의해 공판절차와는 별도의 절차를 심사하게 되는 무효절차제도를 '임의적・예외적' 방식으로 운용하는 정도로 그치고 있다.

한편, 프랑스와는 달리, 사법경찰관, 검사, 법관이 작성한 조서에 대해 각각 차별

---

188) Crim 31 mai 1961 Bull. n°282

189) 허위확인절차는 프랑스 형사소송법 제632조에서 제647-4조까지 다수의 조문을 통해 상세히 규정되어 있다.

적인 증거능력을 부여하고 있는 점은 우리 형사증거법의 특이할 만한 점이다. 이와 같은 조서의 증거능력 차등제도는 일제시대 법원의 '조서재판' 관행 하에서 경찰 등 수사기관이 피고인의 자백을 획득을 위해 고문 등 인권침해를 한 역사적 경험에 대한 반성으로, 수사기관 작성 조서의 증거능력을 제한함으로써 인권침해를 방지하고자 한 것이다. 그러나 1954년 형사소송법에서 사법경찰관과 검사가 작성한 조서의 증거능력이 제한된 이후 최근까지도 수사기관이 작성한 조서에 의지한 '조서재판' 관행과 자백위주의 수사관행은 사라지지 않았고, 오히려 '이중수사의 폐단', '검찰·경찰의 반목과 대립'과 같은 부작용을 낳았다. 이러한 문제점들이 수사기관 작성 조서의 증거능력 문제에서 기인한 것인지 아니면, '조서재판'으로 대변되는 법원의 '자유 심증주의 포기'에 기인한 것인지 의문이 든다. 이러한 측면에서 우리 국민참여재판에서는 프랑스 중죄법원의 증거법의 운용과 사실심리과정에 대하여 좀 더 심도 깊은 연구가 있어야 할 것으로 생각한다.

제4절 영미법상의 전문법칙의 배제·예외규정[190]

Ⅰ. 서론

영미법의 증거법에서는 전문법칙의 주요 근거가 신용성의 결여, 반대신문의 기회가 없었던 것이므로 전문법칙의 예외인정기준으로 신용성(credibility)과 필요성(necessity)을 필요로 한다.[191] 영미법계의 전문법칙에 대한 전통적인 분류는 ① 피

190) 아서 베스트(이완규·백승빈 역), 미국 증거법 (탐구사, 2009) ; 한웅재, "미국법상 전문법칙의 의의와 예외"「형사법의 신동향」제8호(2007. 6), 115~150면; 권오걸, "한국 형사소송법과 미국 연방증거법상 전문법칙 비교연구",「법학연구」24권 1호, 경상대학교 법학연구소(2016); 131-152면; 권오걸, "한국 형사소송법상의 전문법칙 -전문법칙의 근거와 전문증거의 범위를 중심으로-"「법학연구」46권, 한국법학회 (2012), 317-339면을 중심으로 인용하였다.

191) 영국은 보통법상으로부터 많은 전문법칙의 예외가 인정되어 왔고, 미국 연방증거법에도 29개의

고인의 법정외 진술과 ② 증인의 법정외 진술로 분류하여 첫째, 피고인의 법정외 진술 중 피고인에게 불리한 진술은 별다른 조건을 두지 않고 전문법칙의 예외로 인정하고 있다. 더 나아가, 미국 연방증거법은 피고인의 법정외 진술로서 피고인에게 불리한 진술은 전문증거에 해당하지 않는다고 하고 있다. 둘째, 증인의 법정외 진술의 경우 ① 원진술자가 공판정에 출석할 수 있는지 여부에 상관없이 증거능력이 인정되는 예외, ② 원진술자가 공판정에 출석할 수 없는 경우에만 인정되는 예외, ③ 포괄적 예외사유 등으로 분류하고 있다.

II. 전문법칙의 배제

1. 피고인(반대당사자)의 자인

(1) 의의

피고인이 법정외에서 자기에게 불리한 진술을 한 경우 그 진술을 자인(admission)이라고 한다. 이 자인은 영미법상 전문법칙의 예외로 인정되어 왔고, 미국 연방증거법은 이를 전문증거로 보지 않고 있다.[192] 따라서 자인을 증거로 제출하는 사람은 반대당사자가 그 진술을 했다는 사실과 현재 사건과의 관련성이 있음을 입증하면 된다. 또한 당사자와 공모관계에 있는 공범자가 공모과정 또는 공모내용의 실행 중에 한 진술도 당사자에게 불리하게 제출되는 경우에는 전문증거에 해당하지 않는다. 다만, 이 경우

예외사유(exceptions)와 8개의 배제사유(exemptions)가 규정되어 있어, 전문법칙은 예외의 법칙이라고 할 수 있으며 전문법칙의 이해는 그 예외사유를 얼마나 잘 이해하는가에 중점이 있다고 할 수 있다.

192) 미국 연방증거법 제801조(d)(2).
(2) 반대 당사자의 진술: 특정 당사자에게 불리한 다음 진술은 전문증거로 보지 않는다.
(A) 그 당사자가 직접 또는 대표자 자격에서 행한 진술
(B) 그 당사자가 사실로 인정했거나 사실로 믿는다고 말한 진술
(C) 특정 주제에 관하여 당사자가 대리 권한을 준 자가 행한 진술
(D) 당사자와 대리인 또는 종업원과 위임관계가 존속하는 중에 위임권의 범위 내에서 대리인 또는 종업원이 행한 진술 또는
(E) 범죄 음모의 진행 과정에서 공모자가 행한 진술

Crawford 판결 이후에는 헌법상의 대면권에 의한 제약이 문제가 될 수 있다.

자인이 전문증거의 예외 또는 배제사유이므로 피고인이 자신을 서면으로 기재한 서면진술, 제3자가 피고인의 자인진술을 듣고 법정에서 그 내용을 증언하는 전문증언, 피고인이 자인하는 것을 기계적으로 기록한 녹음테이프, 영상녹화물 등이 모두 전문증거의 예외로서 증거능력이 인정된다. 자인을 전문법칙의 예외로 하는 이유는 피고인은 자신이 관련된 그 사건에 대한 진상을 가장 잘 아는 사람이라는 점, 피고인은 사건에 직접적인 이해관계를 가진 사람으로서 피고인이 한 자신에게 불리한 진술은 진실일 가능성이 많다는 점 때문이다. 또한 피고인은 자인은 전문법칙의 중요한 논거인 반대신문권의 행사와 관련하여 피고인이 자기에게 스스로 반대신문을 한다는 것은 의미가 없다는 점도 있다.

(2) 개인적 자인(individual admission)

당사자가 스스로 자신이 현재 취하는 입장과 다른 진술을 현재의 법정 외에서 한 경우를 말한다. 사백(confession)도 자인의 한 형태라고 할 수 있다. 그러나 미국 증거법의 실무상 자백은 우리나라와 같이 큰 의미를 가지지 않는다. 피고인이 자백을 한다면 배심재판까지 가지 않고 유죄협상절차(plea bargaining)를 통해서 사건이 종결되기 때문이다. 또한 피고인이 범죄사실을 다투는 배심재판과정에서 피고인에게 불리한 증거가 많이 제출되고 이를 탄핵하기 어려운 상황이라면 피고인이나 변호인은 검찰 측에 유죄협상절차를 진행하자고 하는 경우도 있다. 미국에서는 피고인이 경찰단계에서 자백을 하였다가 검찰 단계부터 부인하는 경우 피고인의 자백을 들은 수사경찰관의 증언이나 자백 진술을 기재한 서면은 법정에서 증거능력을 인정하고 있다.

우리 형소법은 제312조 제1항 내지 제3항에 따라 피고인이 수사기관에서 범죄사실을 자백하였으나 법정에서 범죄사실을 부인하는 경우, 경찰 작성의 피의자신문조서에 대하여는 증거능력을 인정하지 않아 이를 증거방법으로 사용될 수 없고, 검사 작성의 피의자신문조서에 대하여는 실질적 진정성립이 입증되고, 특신상황이 증명되어야 증거능력을 인정하는 제한을 두고 있다. 또한, 제316조 제1항은 "피고인이 아닌 자(공소제기 전에 피고인을 피의자로 조사하였거나 그 조사에 참여하였던 자를 포함한다)의 공판준비 또는 공판기일에서의 진술이 피고인의 진술을 그 내용으로 하는 것인 때에는 그 진술이 특히 신빙할 수 있는 상태하에서 행하여졌음이 증명된 때에 한하여 이를 증거로 할 수 있다."라고 하여 피고인의 법정외 자백 또는 자인에 대하여 진술을 들은 사람이 법정에서 이를 진술하였을 때, 특신상황이 증명될 것을 조건으로 증거능력을 인정하고 있다. 이때, 피의자신문조서나 피고인의 자인사실을 들은 사람의 법정진술의 증거능력을 인정한다면, 배심원들은 서로 상충하는 양 증거 가운데 더 신빙성이 있는 증거로 취사선택하여야 할 것이다.

(3) 다른 진술의 수용에 의한 자인(adoptive admission)

다른 사람의 진술에 대해 반대당사자가 그 진술을 수용하거나 그 진술의 진실성을 믿는다는 것을 명확히 한 경우 그 다른 사람의 진술은 비전문증거로서 증거능력이 인정된다. 미국 연방증거법 제801조(d)(2)(B)는 이를 "그 당사자가 사실로 인정했거나 사실로 믿는다고 말한 진술(is one the party menifested that it adopted or be-lieved to be true)"이라고 표현하고 있다.

예컨대, 피고인이 소득세 탈루 혐의로 기소된 경우, 검찰이 피고인의 당해연도 소득을 증명하기 위하여 피고인이 은행으로부터 대출을 받으면서 제출한 대출금신청서에 기재된 당해연도 소득내용은 전문증거가 아니므로 이를 증거로 사용할 수 있다는 것이다. 즉, 당사자가 단순히 어떤 문서를 소지하고 있다는 점만으로는 그 문서내용을 수용하고 있다고 하기 어렵지만, 그 문서를 이용하거나 사용하는 당사자에게는 그 내용이 수용되고 있다고 할 수 있기 때문이다. 이때 피고인이 대출금신청서에 기재된 소득은 대출을 많이 받기 위하여 부풀려진 것이고 믿을 수 없는 것이라고 주장을 하더라도 그 대출금신청서의 기재금액은 증거능력이 인정된다.

(4) 권한을 부여받은 자에 의한 자인

어떤 주제에 대하여 진술할 수 있는 권한을 부여받은 자에 의한 진술은 자인으로 취급되어 비전문증거에 해당한다. 변호인, 회사의 대표자, 이사 등이 이에 해당하는데 이들이 법정 외에서 현재 법정에서의 진술내용과 다른 진술을 한 것은 당사자(특히 피고인)가 법정 외에서 다른 진술을 한 것과 동일하게 보는 것이다.

(5) 대리인 등에 의한 자인

대리인이나 종업원이 그 대리권이나 업무범위 내에 있는 사항에 관하여 본인의 현재의 법정진술과 다른 진술을 한 것은 피고인의 자인에 해당한다. 이와 같이 자인에 해당하기 위하여는, 첫째, 대리인이나 종업원의 대리권 또는 업무범위 내에 있는 사항에 관한 진술이어야 하고, 둘째, 진술을 할 당시 대리권이나 고용관계가 존재하고 있어야 한다.

(6) 공모자에 의한 자인(co-conspirator admission)

공모자 중 한 사람이 공모의 진행과정 또는 그 촉진과정에서 다른 공모자에게 한 진술은 다른 공모자에 대하여 증거능력이 있다. 예를 들어, 갑(甲)의 강도사건에서 갑(甲)의 공범인 을(乙)이 제3자인 병(丙)에게 범행 전날 "甲과 나는 은행을 털 생각이다. 은행을 턴 다음 차를 타고 도망갈 것인데 차를 운전해 줄 사람이 필요하다. 도와달라"고 말한 경우 甲의 공모자인 乙이 공모의 진행과정에서 한 진술이기 때문에 비전문증거로서 甲에게 증거능력이 있다. 반면, 강도범행 다음날 乙이 丙에게 "그래, 甲과 내가 은행을 털었다"고 말한 경우 위 진술은 甲에 대한 강도사건 재판에서 증거로 사용될 수 없다. 왜냐하면 위 진술은 공모가 종료된 후에 이루어진 것이기 때문이다.

2. 증인의 종전진술

증인의 법정외 진술에는 3가지 유형이 있다. 즉, 종전의 모순진술(prior inconsistent statements), 종전의 부합진술(prior consistent statements) 그리고 사람을 확인하는 진술(statements identifying a person)이며 이러한 법정외 진술은 전문증거가 아니다.[193]

193) 미국 연방증거법 제801조(d)(1).

(1) 증인의 불일치하는 종전 진술(prior inconsistent statements)

증인의 불일치하는 종전 진술은 ① 증인이 해당 공판정에 출석하여 증언하였고 그에 대한 반대신문이 보장되어 있었고, ② 증언 당시 선서하고 위증의 제재를 고지받은 일정한 절차에서 진술을 하였으며, ③ 증인의 현재 법정진술과 일치하지 아니한 진술인 경우 비전문증거로서 증거능력이 있다. 여기서 '선서하고 위증의 제재를 고지받은 일정한 절차'는 다른 재판이나 대배심(grand jury)에서 한 증언 내지 진술을 말한다. 보통법상 이러한 진술은 탄핵을 위한 목적, 즉 증인이 허위로 증언을 한다는 판단을 뒷받침하기 위한 목적으로 제출되었다. 이런 경우 법정외 진술은 그 내용이 진실임을 입증하기 위해서가 아니라 법정에서 행한 진술과 대비되는 점을 보여주기 위해 제출하는 것이므로 전문증거가 아니다. 또한 연방증거법상으로는 종전의 진술이 특정한 절차에서 선서하에 이루어진 것이라면 진술의 주장사실을 입증하기 위해서도 제출될 수 있다.[194]

이러한 모순진술을 실체적 증거로 사용하기 위해서는 '진술자가 종전 재판이나 준비기일, 진술보전절차 기타 절차에서 위증의 벌을 받을 것을 선서한 후에 한 진술'이어야만 한다. 이러한 경우는 증거제출자는 배심원들이 법정에서 들은 증인의 증언을 배척하고 대신 증인이 법정 외에서 한 진술을 믿어주기를 바라는 것이기 때문이다. 이러한 경우 배심원들은 법정 외의 진술을 취신할 것인지 아니면 법정에서의 진술을 믿을 것인지에 대하여 결정을 해야 한다. 우리 형소법과 비교해보면, 수사기관

(d) 전문증거가 아닌 진술: 다음 진술은 전문증거로 보지 않는다.
(1) 진술자 - 증인의 종전 진술: 진술자가 증인으로 출석해서 반대신문을 받고 있는 가운데 그가 종전에 했던 진술로서
(A) 진술자가 종전 재판이나 준비기일, 증거보전 절차, 기타 절차에서 위증의 벌을 받을 것을 선서한 후에 한 현재 증언과 불일치하는 진술; 또는
(B) 현재 증언과 일치하고
(i) 증인이 최근에 증언 내용을 조작했다거나 부당한 영향 또는 동기에 따라 증언하고 있다는 공격에 대해서 반박할 목적으로 제출한 진술,
(ii) 다른 사유로 탄핵된 증인의 신용성을 보강하기 위한 목적으로 제출한 진술
(C) 종전에 특정인을 식별하면서 행한 진술

194) 아서 베스트(이완규・백승민 역), 미국증거법, 156면.

작성의 참고인에 대한 진술조서나 수사기관 외에서의 진술서에 증거능력이 인정되면서 증인이 법정에서 수사기관에서 진술한 내용과 다른 사실을 진술할 때가 이러한 경우에 해당한다고 할 것이다.

(2) 종전의 부합진술(prior consistent statements)

이는 증인이 법정 외에서 현재의 증언과 상이한 진술을 하였다 하여 그 증인의 현재의 증언이 날조되었다거나 부적당한 영향력이나 동기가 있다는 의심을 받게 되는 경우에 그 증인이 전에 현재의 증언과 일치하는 진술을 하였음을 증거로 제출할 수 있도록 허용하고 있다. 예를 들면 증인 A가 피고인 甲이 범행을 저질렀다고 증언하였는데, 피고인 甲이 검찰이 A에게 증언을 하는 대가로 관대한 처분을 해주겠다고 약속했다는 사실을 입증할 경우, A가 검찰 측에 유리하게 허위로 증언했을 수도 있다는 의심이 발생한다. 이때 검찰이 A가 검찰과 협상하기 전에 이미 甲에 대해 법정에서의 증언내용과 유사한 진술을 하였다는 증거를 제출한다면 이는 A의 법정 증언의 진실성을 뒷받침해주는 것이다. 연방대법원은 이 규정은 종전의 부합진술이 증인이 허위증언을 할 만한 동기가 발생하기 이전에 이루어졌어야 한다고 해석하고 있다.[195] 따라서 진술이 허위 증언을 하려는 동기를 지니게 된 시점 이후이고, 법정에서 증언하기 이전에 이루어졌다면 이 진술은 본 규정에 의한 전문증거 예외로 취급될 수 없다.[196] 이러한 부합진술은 증인이 법정에서 한 증언에 대한 특정 유형의 공격을 반박하기 위해서만 허용되므로, 특정한 절차에서 선서 하에 했는지 여부와 상관없이 실체적 증거로서 취급될 자격을 부여받는다.

(3) 법정외 신원확인 진술(prior indentification to a person)

증인이 법정에서 증언하기 전에 경찰서 등에서 피의자가 범인이 틀림없다고 범인의 동일성을 확인하는 진술은 비전문증거로서 허용된다. 즉, 일렬 확인(line-up), 일대일

---

195) Tome v. United States, 513 U.S. 150 (1995).

196) 아서 베스트, 위 책, 157면.

확인(show-up, one-on-one confrontation), 사진 확인(photographic display) 과정에서 '저 사람이 바로 그 사람이다'라고 한 진술은 비전문증거로서 증거능력이 있다. 신원확인 진술은 증인이 법정에서 증언을 하고 반대신문을 받는 것을 전제로 허용되며 신원확인에 대하여 법정 외에서 진술을 한 사람이 법정에서 그 신원을 확인하지 못한다고 하더라도 그 법정외 진술은 비전문증거로서 증거능력이 있다. 이 규정의 논거는 재판 전에 범인을 확인하는 것은 공판정에서 증언하는 과정에서 범인을 확인하는 것보다 더 정확하기 때문에 이를 실체적 증거로 사용하도록 해야 한다는 것이다.[197]

Ⅲ. 전문법칙의 예외

1. 개요

연방증거법은 28가지 유형의 법정 외 진술을 전문법칙의 예외로서 허용되는 전문증거로 규정하고 있다. 나아가 이 28가지 유형의 예외사유에 해당하지 않는 상황에서도 전문증거의 증거능력을 허용하는'포괄적'예외(catch-all exception)조항도 두고 있다. 이러한 예외조항들은 크게 2개 그룹으로 나눌 수 있다. 첫째는 원진술자가 법정에 출석할 수 있는지에 상관없이 인정되는 예외, 두 번째는 원진술자가 법정에 출석할 수 없는 때에만 허용되는 예외이다. 이와 같이 전문법칙의 예외를 인정하는 이론적 근거는 첫째, 반대신문이 결여되더라도 신용성이 보장되는 경우, 둘째 전문증거임에도 불구하고 증거로 허용해야 할 실무적인 필요성이다.

2. 원진술자의 공판정 출석여부와 상관없이 증거로 인정되는 예외

연방증거법상 23가지 유형의 전문증거는 원진술자의 출석가능성 여부와 상관없이 증거로 허용된다. 이들 유형에 해당하는 각각의 전문증거에 대해서는 제803조 각항[198]에 규정되어 있다. 이 예외는 진술 당시의 정황으로 볼 때 높은 신용성이 있는

197) 아서 베스트, 위 책, 158면.

198) 제803조【전문법칙의 예외: 진술자의 출석가능성 여부가 문제되지 않는 경우】
다음 진술은 진술자의 출석 가능성 여부와 상관없이 전문법칙의 예외로서 증거능력이 있다.
(1) 지각한 것의 즉각적인 표현: 어떤 사건이나 상황을 설명하거나 묘사하는 진술로서 진술자가지각과 동시에 혹은 지각한 후에 바로 행한 진술
(2) 흥분 상태의 진술: 깜짝 놀랄 만한 사건이나 상황에서 지각으로 인한 흥분이 가시지 않은 상태에서 행한 진술
(3) 당시 존재하던 정신적, 정서적, 육체적 상황에 관한 진술: 진술자가 당시 심리상태(동기나 의도, 계획 같은 것), 감정이나 심신의 상태(생각이나 느낌, 고통, 신체적 조건 등) 등과 관련해서 행한 진술. 단, 당시 진술자의 기억이나 믿음에 대한 진술로서 그 기억이나 믿음이 진실임을 주장하는 진술은 포함되지 않는다.
(4) 치료나 진료 목적으로 행한 진술:
(A) 의학적 치료나 진료상 필요에서 행한 진술
(B) 병력을 설명하는 진술; 과거 또는 현재의 증상이나 느낌 등의 원인과 개시시점을 설명하는 진술
(5) 기록된 기억:
(A) 증인이 당시에는 잘 알고 있었지만 현재는 기억하지 못해서 그 전부 또는 일부를 증언하지 못하는 사실에 관한 기록으로서
(B) 증인의 기억에 생생한 동안 직접 작성했거나 다른 자가 작성한 사실을 진실한 것으로 확인하였으며
(C) 당시 증인이 알고 있던 바와 정확하게 일치하는 기록.
본 규칙에 정한 기록은 읽어서 증거로 할 수 있지만 기록 자체를 증거로 제출할 수는 없다. 단, 반대 당사자가 제출하는 경우에는 그러하지 아니하다.
(6) 일상적인 업무의 기록: 일상적인 행동이나 사건, 상황, 의견 또는 진단에 대해
(A) 당시 상황을 알고 있는 자가 직접 기록하거나 그로부터 정보를 받아서 즉시 또는 약간의 시차를 두고 한 기록;
(B) 회사, 조직, 직업, 영리 또는 비영리 업무의 수행 중에 정기적으로 행한 기록; 그리고
(C) 기록을 남기는 것이 그 업무 중의 하나인 경우의 기록.
(D) 이상과 같은 조건은 기록 보관자나 기타 자격을 갖춘 증인의 증언, 제902(11)조 또는 제902(12)조에 정한 확인서 또는 다른 법에서 정한 확인서에 의해서 입증할 수 있다.
(E) 반대 당사자는 정보의 출처, 기록 방법, 기록 작성 상황에 신빙성이 없다는 점을 지적하여 본 규칙에 정한 기록의 증거능력에 이의를 제기할 수 있다.
(7) 일상적인 업무 기록의 부재: (6)에 정한 기록에 어떤 사실이 없다는 증거는
(A) 그 증거가 어떤 사실이 발생하지 않았다거나 존재하지 않았다는 점을 입증하기 위해 제출되었고
(B) 해당 기록이 정상적으로 보관되어 왔으며
(C) 반대 당사자가 정보의 출처나 기타 정황상 신빙성에 문제가 있다는 점을 보여주지 못한 경우에는 증거능력이 인정된다.
(8) 공공문서: 공공기관의 진술 혹은 기록이
(A)
(i) 그 공공기관의 활동의 기록이면서
(ii) 기록 의무에 근거해서 관찰한 사실을 포함하고 있을 경우에는 증거능력이 있다. 단, 형사사건에서 법집행기관이 인지한 사실을 기록한 경우에는 그러하지 아니하다.
(iii) 수사권을 부여받은 기관이 인지한 사실은 민사사건에서 증거로 사용할 수 있고, 또, 형사사건에서 정부 측에 불리한 증거로 사용할 수 있다.
(B) 단, 반대 당사자가 본 규칙에 기록된 정보의 출처나 기타 정황상 신빙성에 문제가 있다는

점을 입증한 경우에는 그러하지 아니하다.

(9) 공공기관의 통계자료: 신고의무에 기해서 공공기관에 신고된 출생, 사망, 결혼 기록

(10) 공문서 기록의 부재: 상당한 노력을 기울였음에도 공문서 상에 기록이나 진술이 존재하지 않는다는 취지의 증언이나 제902조에 정한 확인서는

(A) 그 증언이나 확인서가

(i) 기록이나 진술이 존재하지 않는다는 사실을 입증할 목적으로 증거능력이 인정되었거나

(ii) 어떤 사건이 일어나지 않았거나 존재하지 않는다는 사실을 입증할 목적으로 증거능력이 인정되었고, 그 공공기관의 임무가 그 사실을 기록이나 진술로 보존하는 것인 때에는 증거능력이 인정된다.

(B) 형사사건의 경우 검사가 재판 14일 전까지 본 규칙에 정한 기록을 제출하겠다는 뜻을 피고인에게 고지하고 피고인이 그 고지를 받은 날로부터 7일 이내에 이에 대해서 반대하지 않은 경우에는 증거능력이 인정된다. 본항에 정한 기한은 법원이 달리 정한 경우에는 그에 따른다.

(11) 개인이나 가정사에 대한 종교기관의 기록: 출생, 혈통, 족보, 결혼, 이혼, 사망, 혈족이나 친족관계, 기타 개인 혹은 가정의 역사에 관해서 종교기관 등이 통상 업무 과정 중에 기록한 문서

(12) 결혼, 세례 기타 증명서: 증명서에 포함된 진술이

(A) 종교기관의 위임에 따라서 또는 법에 정한 바에 따라서 확인서를 작성할 권한을 갖게 된 자가

(B) 결혼 기타 예식을 주관하거나 성체를 집전하고

(C) 그와 동시에 혹은 약간의 시차를 두고 이를 확인하는 취지로 작성한 경우

(13) 가족관계 기록: 성경이나 족보, 차트, 반지나 유골함, 단지, 초상화 등에 새긴 개인이나 가족관계에 관한 기록

(14) 재산상 이해관계를 기록한 문서: 재산상 이해관계를 입증하거나 이해관계에 영향을 미치는 기록은

(A) 그 기록이 원본 기록의 내용을 입증할 목적으로 증거능력이 인정되었고, 서명의 진정과 서명할 자에게 정상적으로 배포되었다는 점이 입증되었으며

(B) 법에 따라 기록 보존의 권한을 가진

(C) 공공기관이 관리하는 기록인 경우 증거능력이 인정된다.

(15) 재산상 이해관계에 영향을 미치는 서류 안에 들어 있는 진술: 재산상 이해관계를 입증하거나 이해관계에 영향을 미치는 서류 안에 들어 있는 진술은 그 진술이 서류 안에 포함되기에 적절한 내용이고, 이후 재산 처분 등 후속 조치가 그 진술의 취지와 부합하는 것인 경우에 한하여 증거능력이 인정된다.

(16) 고문서 안에 들어 있는 진술: 최소한 20년 이상 경과되었고 진정성에 문제가 없는 서류 안에 들어 있는 진술

(17) 시장조사결과 기타 출판물: 일반 대중이나 특별한 직업군 내에서 신뢰도가 입증된 시장시세 보고, 일람표, 안내책자 기타 자료집 등

(18) 논문, 잡지, 팸플릿 등에 들어 있는 진술: 논문, 잡지, 팸플릿 등에 들어있는 진술은

(A) 그 진술이 주 신문에서 전문가가 인용하였거나 반대신문 과정에서 전문가에게 확인한 것이고

(B) 진술이 담겨 있는 출판물이 법원의 인지, 인용한 전문가 자신의 승인이나 증언, 기타 증인의 증언을 통해서 믿을 만한 것이라고 인정된 경우에 한하여 증거능력이 있다. 이 경우 문서 자체를 증거로 할 수는 없고 진술 내용을 낭독하여 증거로 하여야 한다.

(19) 개인이나 가족사에 대한 평판: 출생, 입양, 혈통으로 이루어진 가족 내에서 또는 친지나 공동체 내에서 사람의 출생, 혈통, 족보, 결혼, 이혼, 사망, 혈족이나 친족관계 기타 개인이나 가족의 내력에 관한 평판

경우가 이에 해당한다. 그러므로 원진술자가 공판정에 출석하여 스스로 진술할 수 있는지를 묻지 않는다. 이 예외에는 현장성 감각 인상 진술, 흥분상태의 언급, 진술 당시의 정신적, 감정적, 또는 육체적 상태에 관한 진술, 의학적 진단이나 처치 목적의 진술, 기록된 과거의 기억, 정규적으로 행해지는 활동의 기록, 공적기록이나 보고서 등 그 진술의 정황상 높은 정도의 신용성을 인정할 만한 경우이다.

(1) 현장인식・인지 진술(present scene impressions)

사건이나 사고 당시를 묘사하는 진술로 그 사건이 발생 중이거나 발생한 직후에 한 진술을 말한다. 발생한 직후란 몇 초 후를 말하는 것으로 수 분 후에 사고를 묘사하는 진술은 이에 해당하지 않는다. 사건발생 중 혹은 그 직후의 '사건을 묘사하는 진술'에 대하여 전문법칙의 예외로서 증거능력을 인정하는 이유는 '동시성'에 둘 수 있다. 즉, 원진술자가 진술을 꾸미거나 거짓말을 할 만한 시간적 여유가 없다는 것이다. 사건이나 사고는 반드시 갑작스러운 것이거나 놀라운 것일 필요는 없다. 예를 들어 길을 지나가던 행인이 어떤 사람이 쇠톱으로 가게의 자물쇠를 자르는 것을 보고 이를 112신고하였는데, 녹음된 위 신고 진술은 본 조항에 따라 전문법칙의 예외로

---

(20) 경계와 기타 과거사실에 대한 평판: 한 공동체 내에서 다툼이 있기 전부터 잘 알려져 있던 토지의 경계, 토지 관련 관습이나 공동체, 주나 국가에 관련된 중요한 역사적 사건에 대한 평판

(21) 성격 관련 평판: 친지나 공동체 내에서 잘 알려진 특정인의 성격에 대한 평판

(22) 종전의 유죄판결:

(A) 민사상 이의제기권을 유보한 불항쟁의 답변을 제외하고 유죄 답변과 재판결과 확정된 유죄판결이

(B) 1년 이상의 징역이나 사형에 처할 범죄에 관한 것이고

(C) 그 유죄판결의 기초가 된 핵심적인 사실을

(D) 형사사건에서 검찰 측이 탄핵 이외의 목적으로 피고인에게 불리한 증거로 제출하는 경우 유죄판결 자체를 증거로 할 수 있다. 이때, 항소가 제기 중인 사실을 언급할 수는 있으나 그로 인하여 증거능력에 영향을 미치지 않는다.

(23) 개인이나 가족사, 역사적인 사건 및 경계: 개인이나 가족의 역사 기타 역사적인 사실, 경계에 관한 사실을 기록한 판결은

(A) 그 판결의 주된 관심 대상이 개인이나 가족사, 역사적인 사건 혹은 경계문제였고

(B) 그에 관한 평판을 기초로 재판에서 입증한 결과일 때에는 판결 자체를 증거로 사용할 수 있다.

증거능력이 부여된다.

(2) 흥분상태에서의 진술(excited utterances)

흥분상태에서의 진술은 원진술자가 진술을 꾸며낼 가능성이 없다는 것에서 전문법칙의 예외로 증거능력이 인정된다. 흥분상태인지 여부를 판단하는 기준은 ① 그 사건의 본질이 어떠한 것인지, ② 시간의 경과 정도, ③ 원진술자의 직접 경험, ④ 사용되는 단어 등을 들 수 있다. 사건의 본질이 어떠한 것인지는 주로 그 사건이 충격적인 것인지 여부로 결정된다. 시간이 어느 정도 경과하기 전의 진술인지에 대하여는 짧을수록 흥분상태에 있다고 할 것이며, 스트레스 상태하에 있다면 흥분상태에 있다고 볼 여지가 많은 것이다. 원진술자가 놀랄만한 사건을 직접 경험한 흥분상태에서의 진술이어야 하는데 만일 원진술자가 누구인지 알 수 없다면 경험의 직접성 여부가 문제될 수 있다. 사용되는 단어는 보통 '오, 세상에(Oh my God)' 혹은 '아, 아니야(Oh, no)'로 시작되는 감탄사이거나 놀라움, 외침 등의 단어라면 흥분상태에서의 진술이라고 볼 가능성이 많다. 예를 들어, 甲이 자동차간의 정면 충돌사고를 목격하고 이를 경찰에 신고하였는데 경찰이 수 분 뒤에 도착하자, 갑이 흥분하여 경찰관에게 "세상에, 두 자동차 모두 100킬로미터의 속도로 달렸어요"라고 한 진술은 그 진술을 들은 경찰이 관련 소송에 증인으로 출석하여 위 진술에 대하여 증언할 경우 전문법칙의 예외인 흥분상태에서의 진술로 증거능력을 인정받게 된다.

(3) 진술당시의 정신적·감정적·신체적 상태에 대한 진술(statements of current mental, emotional, or physical condition)

진술자의 진술 당시 존재하는 신체적 상태 혹은 마음, 감정, 정신적 느낌, 의도 혹은 미래의 계획, 감각의 상태에 관한 진술은 전문법칙의 예외로서 증거능력이 인정된다. 그러나 과거의 상태에 관한 기억이나 믿음에 관한 진술은 이에 포함되지 않는다. 본 조항이 전문법칙의 예외로서 증거능력이 인정되는 이유는 진술의 동시성으로 인해 허위진술의 위험성이 적다는 점, 위와 같은 사항들에 대하여 원진술자만이 유일하게 알고 있다는 점에 있다.

예를 들어, 甲이 '모든 돈을 A교회에 주겠다'라는 유언장을 작성하고 사망하였는데 이에 대해 甲의 유가족들이'甲이 유언장 작성 당시 제 정신이 아니었다'고 주장하는 사건에서, A교회 측이 乙이라는 사람을 증인으로 세웠는데, 乙은 "甲이 나에게 '나는 가족들을 사랑하지 않는다'라고 말하였다"라고 증언하였다고 하자. 이 사건에서 乙의 증언은 甲의 현재의 마음상태를 나타내는 진술이므로 전문법칙의 예외로서 증거능력이 인정된다.

두 번째로, 甲이 乙을 살해하였다는 혐의로 기소된 사건에서, 乙이 월요일 저녁 집에서 나가면서 乙의 부인에게 "나는 오늘 밤 甲을 만나 甲의 사무실에 가기로 했다"라고 말을 하였고, 乙의 시체가 甲의 사무실 주변에서 발견되었다고 하자. 이때 乙이 乙의 부인에게 한 진술은 제3자와 함께 미래에 어떤 일을 하려는 계획이므로 증거능력이 있다.

세 번째로, 甲이 야기한 교통사고로 乙의 다리가 부러진 사건에서, 乙이 丙을 증인으로 신청하였는데 丙이 ①"지난 5월에 乙이 '나리가 아프나'라고 발했나"라고 증언하고, ② "지난 5월 乙이 '나는 1월에 다리가 아팠다'라고 말했다"라고 증언하였다고 하자. 위 경우 ①번 증언은 진술자의 신체적 상태를 나타내는 진술로 증거능력이 있으나, ②번 증언은 진술자의 과거의 신체적 상태를 나타내는 진술이기 때문에 증거능력이 인정되지 않는다.

(4) 의학적 치료나 진단의 목적으로 한 진술(statements for purpose of medical treat or diagnosis)

의사나 간호사 등과 같은 의학 전문가에게 현재의 증상, 과거의 증상 또는 의학적 상태에 대한 일반적 이유 등에 대하여 치료나 진단의 목적으로 한 진술은 전문법칙이 적용되지 않는다. 그러나 사고를 야기한 사람이나 잘못을 한 사람의 신원이나 책임에 대한 진술은 전문법칙의 예외에 해당하지 않는다. 예를 들어, 환자가 치료를 받으면서 한 진술 중'차에 치여서 상처가 생겼다'는 진술은 전문법칙의 예외에 해당하지만,

'甲이 적색진호에 직진하여 사고가 발생하였다'는 진술은 전문증거에 해당하여 증거능력이 부정된다. 위와 같은 진술이 전문법칙의 예외에 해당하는 근거는 환자는 적절한 의학적 치료를 받기 위해 정직하고 정확한 진술을 할 가능성이 크다는 점에 있다. 한편, 본 조항은 환자가 의사나 간호사 등 의학전문가에게 한 진술에만 해당하고 반대로 의사 등이 한 진술은 여기에 포함되지 않는다.

(5) 과거 기록(past recollection recorded)

서류가 과거 기록으로 증거능력을 인정받기 위해서는 ① 증인이 과거에 개인적 인식 내지 지식을 갖고 있었고, ② 지금은 증인이 그 사실에 대하여 잊었고, 그 서류 또는 메모가 증인의 기억을 환기시키는데 실패하였고, ③ 그 서류 또는 메모가 증인에 의하여 작성되었거나 증인에 의하여 원용되었고, ④ 그 서류 또는 메모가 증인의 기억이 생생한 때 작성된 것이고, ⑤ 증인이 작성 당시 그 서류 또는 메모가 정확한 내용이 기재되었다고 증언할 수 있을 것 등의 요건을 갖추어야 한다.

위와 같은 요건이 갖추어지면 그 서류나 메모는 증거능력이 있게 되는데, 이때 증인은 그 서류나 메모를 배심원들에게 읽어줄 수는 있으나 이를 배심원들에게 보여줄 수는 없으며, 반대당사자는 그 서류나 메모를 배심원들에게 보여줄 수 있다. 이러한 과거기록에 증거능력을 인정하는 이유는 첫째, 기억이 생생할 때 그 내용을 정확하게 기록 혹은 녹음해 두었을 것을 요건으로 하므로 진실성이 담보된다는 점, 둘째, 증인이 정확하게 증언할 수 있는 정도로 충분히 기억하지 못하는 경우를 대비한다는 필요성의 차원, 셋째, 해당 기록을 작성하거나 원용한 증인에 대한 반대신문이 가능하다는 점이다.

기록된 과거 기록의 예외는 때때로 연방증거법 제612조의 규정에 의한 증인의 기억을 돕는 방법 중 하나로 '현재의 기억을 되살리는 서류 또는 메모(present recollection refreshed)'와 구별된다. 현재의 기억을 되살리는 서류 또는 메모는 전문법칙과 관련이 없는 증인신문상의 절차이다. 증인에게 질문을 하는 당사자는 다양한 방법으로 증인의 기억을 되살리는 것이 허용된다. 만일 증인에게 문서를 보여줌으로써 증인의 기억이 되살아나면 이때에는 전문증거의 문제가 발생하지 않는다. 왜냐하면 여기에서 그 서류나 메모가 증거로 제출되는 것이 아니기 때문이다. 현재의 기억을 되살리는 서류 또는 메모의 경우에 증인은 준비된 서류나 메모를 읽어서는 안 되고 현재의 기억에 의하여 증언하여야 한다. 만약 증인이 한때 증인이 알고 있던 것을 잊었다면 기억을 되살리기 위해 그 기록이나 메모를 볼 수 있을 뿐이다. 이 경우 기억을 되살리기 위한 도구에는 서류나 메모뿐만 아니라 물건도 가능하다. 예를 들어, 甲의 집에 도둑이 들어 물건을 훔쳐간 사건에서 甲이 배심원들 앞에서 없어진 물건들에 대하여 증언할 때 그 목록을 정확히 기억하지 못하는 경우 甲은 기억을 되살리기 위하여 경찰관이 작성한 도난품 목록을 볼 수 있다. 이때 甲이 기억이 돌아와 증언할 수 있다면 甲은 그 도난품 목록을 읽을 수 없다. 왜냐하면 이 경우에 도난품 목록 자체가 증거가 아니기 때문이다. 그러나 甲이 경찰관이 작성한 목록을 보아야 정확하게 무엇이 없어졌는지 기억을 못하는 경우라면 본 조항에 의하여 그 목록을 배심원들 앞에서 읽는 것이 허용되는데 이때에는 경찰관이 작성한 도난품 목록 자체가 증거가 되기 때문이다.

(6) 통상 업무상 작성된 기록(records of regularly conducted activity)

업무상 작성된 기록, 메모, 보고서 또는 자료 편집물 등은 전문법칙의 예외로 인정되어 증거능력이 인정된다. 업무상 작성된 기록이 되려면, ① 사업상 기록이어야 하고, ② 통상적이고 고유한 업무수행 중에 작성된 것이어야 하며, ③ 통상적으로 해당 사업이 그러한 기록을 보관하고 있고, ④ 어떤 사건이 발생할 당시의 기록이어야 하며, ⑤ 그 내용은 해당 사업의 종업원, 고용인들에 의하여 관찰된 정보 또는 다른 전문법칙의 예외 또는 비전문증거에 해당하는 진술로 구성되어 있어야 한다.

업무상 작성된 기록이 전문법칙의 예외로서 증거능력이 인정되는 이유는 ① 보통, 업무는 정확하고 최신의 기록에 의존하는 것이 보편적이고, 소송에서 사용될 것을 목적으로 만들어지는 것이 아니라 사업을 운영하기 위한 목적으로 작성되는 것이기 때문에 정확하고 믿을 만하다는 것과, ② 그러한 기록들이 관련된 사실을 증명하는데 가장 효과적이라는 것이기 때문이다. 업무상 작성된 기록이라는 것을 증명하는 방법에는, ① 해당 기록에 대하여 알고 있는 증인이 배심원 앞에 출석하여 위 5가지

요건이 모두 갖추어졌다고 증언하거나, ② 위 5가지 요건을 증명하는 선서 하에 작성된 서면증명서를 제출하는 방법이 있다.

업무상 기록은 흔히 '중복적 전문증거(multiple hearsay)' 또는 '전문증거 안의 전문증거(hearsay within hearsay)'를 포함한다. 업무상 기록에 포함되어 있는 진술 또는 다른 진술들에 기초한 진술들에 대한 일반적 쟁점에 관해서는 제805조[199]가 규정하고 있다. 원고 甲이 승용차 운전자인 피고 乙이 야기한 교통사고 때문에 병원 응급실로 실려 왔고 간호사 丙에 의하여 간호를 받은 경우, 피고 乙이 '간호사 丙이 甲을 간호하면서 작성한 병원기록'을 증거로 제출하였는데, 그 병원기록에는 "① 팔과 다리에 경미한 부상이 있음, ② 환자 甲은 고통을 느끼지 못한다고 말함, ③ 환자 甲은 자신이 적색신호에 횡단하였다고 말함"이라고 기재되어 있다고 하자. ①번 진술은 병원의 통상업무수행 중에 해당사실을 목격한 즉시 기재된 것이고, 병원에서는 위와 같은 간호사의 간호기록을 통상 보관하고 있고, 병원의 고용인 간호사에 의하여 기재된 것이므로 통상업무상의 기록에 해당되어 증거능력이 인정된다. 한편, ②번 진술 역시 병원의 통상업무에 해당하는 것이고, 고용인인 간호사의 관찰하에 기재된 것으로 통상 업무상의 기록에 해당되어 증거능력이 인정된다. 그러나, ③번 진술은 반대당사자의 자인에 해당하고 사고의 책임이 누구에게 있는지 여부를 따지는 것은 병원의 통상업무에 해당하는 것이 아니기 때문에 본 조항에 의하여 증거능력을 인정할 수는 없다. 따라서 이 경우에는 간호사 丙이 배심원들 앞에서 위와 같은 甲의 진술, 즉 자인진술에 대하여 선서 하에 증언하여야 한다.

(7) 공적인 기록(public records and reports)

연방증거법은 제803조(8)항에서 공무상 작성된 기록, 보고서 또는 자료 편집물 등을 전문법칙의 예외로 인정하여 증거능력을 인정하고 있다. 공무상 작성된 기록이 되려면 ① 공무상 기록이어야 하고, ② 통상적인 공무수행 중에 작성된 것이어야 하

---

199) 전문증거 안에 포함되어 있는 전문증거는 복합된 진술들의 각각의 부분이 이 법에 의한 전문법칙의 예외에 해당할 때는 전문증거배제법칙에 의하여 배제되지 아니한다.

며, ③ 해당 공무가 그러한 기록이 정기적으로 보관하여야 하고, ④ 어떤 사건이 발생할 당시의 기록이어야 하며, ⑤ 그 내용은 해당 공무를 담당하는 공무원에 의하여 관찰된 정보, 담당 공무원의 결론 또는 다른 전문법칙의 예외 또는 비전문증거에 해당하는 진술로 구성되어 있어야 한다.

공무상 작성된 기록이 전문법칙의 예외로 증거능력이 인정되는 근거로는 ① 공무는 정확하고 최신의 기록에 의존하는 것이 보편적이기 때문에 공무상 작성된 기록은 인정할 만 하다는 것, ② 그러한 기록들이 관련된 사실을 증명하는데 가장 효과적이라는 것과, ③ 통상 공무원은 해당 업무를 적정하게 수행한다는 점, ④ 공무원이 기록 내용을 자세히 기억하는 것을 기대하기 어렵다는 점 등을 들고 있다.

예컨대, 보행자 甲이 승용차 운전자 乙에 대하여 '부주의하게 운전하여 甲을 승용차로 치어 상해를 입혔다'는 이유로 손해배상청구 소송을 제기하였는데, 이때 甲이 '교통사고 발생 10분 후에 현장에 도착한 경찰관 丙이 현장을 확인하고 그곳에서 작성한 교통사고발생 보고서'를 증거로 제출하였다고 하자. 그 보고서에는 "① 현장에 도착하여 스키드마크를 확인하였는데 그 길이가 20미터로 측정되었다. ② 사고를 목격한 경찰관 丁이 '승용차 운전자 乙이 시속 100킬로미터로 달렸다'고 나에게 말했다. ③ 부근을 걷던 목격자 戊가 '승용차 운전자 乙이 정지신호를 위반하여 달렸다'라고 나에게 말했다. ④ 승용차 운전자 乙이 '나는 정지신호를 보지 못했다'라고 나에게 말했다"라고 기재되어 있었다고 할 때, 먼저 ①번 기재는 통상적인 업무수행에 근거한 사실기재로서 증거능력이 인정된다. 왜냐하면 경찰관은 위와 같은 기록을 통상적으로 작성하고, 스키드마크를 측정할 당시의 기재이며, 공무원인 경찰관에 의해 관찰되었기 때문이다. ②번 진술은 공무원인 경찰관 丙이 역시 공무원이며 경찰관인 丁의 진술을 기재한 것으로 위의 요건을 충족하므로 증거능력이 있다. 한편, ③번은 일반인이 戊의 진술은 해당 공무를 담당하는 공무원의 관찰에 의한 것이 아니기 때문에 본 항이 적용되지 않지만, 흥분상태에서의 진술로 볼 여지도 있고 만약 그렇다면 戊의 진술기재도 증거능력이 인정될 수 있을 것이다. ④번 진술은 반대 당사자의 자인에 해당하고, 이러한 진술을 통상적인 공무를 수행하는 공무원이 기재한 것에 해당되어 증거능력이 인정된다. 그러나, 이러한 문서들은 민사소송에 적용되는 것이고, 형사사건에는 적용되지 않는다. 법집행기관 요원들은 유죄판결을 받아내려는 이해관계로 인하여 허위로 기록할 동기가 있기 때문에 이러한 관찰들에 대하여는 전문법칙의 예외를 인정하지 않는다.[200)]

(8) 학술논문(learnde treaties in aid of expert testimony)

학술논문은 믿을만한 권위를 갖고 있다는 것이 증명되어졌다는 전제 하에 ① 전문가에 대한 주 신문 또는 반대신문에 사용되어 질 수 있고, ② 전문법칙의 예외에 해당하여 실체적 증거로서 배심원들에게 읽혀질 수 있지만, ③ 그 논문 자체가 서면의 형태로 배심원들에게 제출되어질 수는 없다. 배심원들이 논문에 의하여 잘못된 영향을 받는 것을 방지하자는 이유이다. 믿을만한 권위가 있다는 것을 증명하는 방법에는 ① 논문을 제출한 당사자의 전문가가 제출된 논문이 믿을만한 권위가 있다고 증언하거나, ② 반대당사자의 전문가가 해당 논문이 믿을만한 권위가 있다고 증언하거나, ③ 일종의 공지의 사실로서 해당 논문이 믿을만한 권위가 있다고 판단되는 경우(judicial notice)가 있다. 위와 같은 경우 전문법칙의 예외로서 학술논문이 배심원들 앞에서 낭독되어져 실체적 증거로 사용되는 근거는, ① 학술논문은 작성주체 및 그 내용으로 인해 상당한 정확성을 가지고 있고, ② 해당 학술논문을 제출한 당사자가 신청한 전문가 또는 반대당사자의 전문가가 해당 학술논문이 믿을만한 권위가 있다고 증언하였기 때문이다.

(9) 이전의 유죄판결(judgements of previous conviction)

과거의 유죄판결은 재판의 기초가 되는 핵심적인 사실을 입증하기 위한 경우에는 전문법칙의 예외에 해당되어 증거능력이 인정된다. 여기에서 과거의 유죄판결에는 배심재판 등 재판(trial)을 거친 판결이나 피고인의 유죄인정(a plea of guilty)에 의한 유

---

200) 아서 베스트, 위 책, 180-181면.

죄판결을 의미하며, 피고인의 불항쟁 답변(a plea of nolo contendere)에 의한 경우는 제외한다. 위 유죄판결은 현재 피고인에 대하여 사형이나 1년 이상의 징역형을 선고하는 경우이어야 하고, 그 유죄판결의 기초가 된 핵심적인 사실을 피고인에 대한 탄핵 이외의 목적으로 피고인에게 불리한 증거로 제출하는 경우 증거능력이 인정된다.

(10) 오래된 문서(ancient documents)

20년 이상 존재하였고 진정성이 인정되는 문서상의 진술은 전문법칙의 예외로서 증거능력이 인정된다. 오래된 문서에 대하여 증거능력을 인정하는 근거는 원진술자가 그 진술을 한 때로부터 20년 이상 지난 시기에 발생하는 소송의 결과에 영향을 미치기 위하여 거짓말을 했을 가능성은 매우 희박하다는 점에 있다.

(11) 기타의 예외사유들

그 외 많은 예외들이 통상적으로 매우 신빙성이 높은 기록을 규정하고 있다. 예컨대 종교단체의 기록(개인사나 가족사에 대한 쟁점을 위해), 혼인과 세례 증명서, 묘비나 납골단지에 새긴 글과 같은 가족기록, 일반적으로 사용되는 간행물에서 얻은 시세와 그 외의 정보들을 포함한다.

3. 원진술자가 법정에서 진술할 수 없는 사정이 있는 때에만 인정되는 예외

이 예외는 현재 법정에서 진술할 수 없는 사정으로 인하여 법정외 진술이라도 증거로 사용하여 이를 배심원에게 보여줌으로써 진실발견에 도움을 받을 필요성이 있는 때에 인정된다. 신용성보다는 필요성이 좀 더 강조되는 경우라 할 수 있다. 이에는 다른 심문절차에서 행한 종전진술, 임종시, 임종을 믿으면서 행한 진술, 이익에 반하는 진술, 가족사 등에 대한 진술 등을 들 수 있다.[201]

---

201) 미국 연방증거법 제804조【전문법칙의 예외: 진술자가 출석할 수 없는 경우】
(a) 출석할 수 없을 때의 의미: 진술자가 출석할 수 없을 때란,
(1) 법원의 판단으로 증언거부특권이 인정되어 진술자를 증인으로 부를 수 없는 경우

(1) 원진술자 증언 불가능의 의미

연방증거법 제804조는 원진술자가 법정에서 증언이 불가능한 경우에 원진술자의 법정외 진술을 전문법칙의 예외로 증거능력을 부여하고 있는데 증언이 불가능한 경

---

(2) 증인이 법원의 명령에도 불구하고 쟁점사실에 대해서 증언하기를 거부하는 경우
(3) 증인이 쟁점사실에 대해서 기억하지 못하는 경우
(4) 증인이 사망, 질병, 무능력, 심신상실 등 사유로 법정에 출석할 수 없거나 증언할 수 없는 경우
(5) 진술자가 재판이나 준비기일에 출석하지 아니하였거나 상당한 노력을 기울였음에도 진술자를 특정하지 못한 경우를 포함한다.
(A) 제804(b)(1)조 혹은 804(b)(6)조에 정한 예외의 경우에는 진술자의 출석을 확보하지 못한 것을 의미하고
(B) 제804(b)(2)조 내지 804(b)(4)조에 정한 예외의 경우에는 진술자의 출석 혹은 진술자의 증언을 확보하지 못한 것을 의미한다. 단, 본조의 규정은 진술증거를 제출하려는 자가 진술자가 법정에 출석하거나 증인으로 나오지 못하게 할 목적으로 진술자를 숨기거나 기타 출석을 방해한 경우에는 적용되지 않는다.
(b) 예외: 다음의 경우는 진술자가 증인으로 출석하지 못한 경우에도 증거능력이 부인되지 않는다.
(1) 종전 증언: 증언이
(A) 현재 재판절차 혹은 다른 재판절차와 관련된 재판, 준비기일 혹은 법이 정한 진술보전절차에서 진술된 것이고,
(B) 당시 반대당사자 또는 민사적 소송 또는 절차에서는 반대당사자와 이해관계를 같이하는 피승계인이 주신문, 반대신문 또는 재주신문에 의하여 그 증인의 증언을 다툴 기회 및 유사한 동기를 가진 경우
(2) 사망이 임박한 상태에서의 진술: 살인범죄에 대한 형사사건이나 민사사건에서 진술자가 죽음이 임박해 있다고 믿고 있는 상태에서 죽음의 원인 기타 죽음과 관련된 사실에 관해서 행하는 진술
(3) 이익에 반하는 진술:
(A) 진술내용이 원진술자의 금전적 혹은 재산적 이익에 반하거나, 원진술자로 하여금 민사 및 형사책임을 부담하게 할 경향성이 현저하거나, 또는 원진술자의 타인에 대한 권리를 무효화하게 할 진술이어서 합리적인 사람의 판단에 의하면 그 진술이 진실임에 틀림없다고 인정되는 진술과
(B) 형사사건에서 원진술자의 형사책임을 인정하는 진술로서 피고인의 무죄를 증명하기 위하여 제출되는 진술은 보강하는 상황들에 의하여 그 진술이 명백히 신빙성이 있다고 인정되는 진술.
(4) 개인 및 가족사에 관한 진술:
(A) 진술자 자신이 직접 경험을 통해서 지득한 사실이 아니라고 하더라도, 진술자 자신의 출생, 입양, 혈통, 족보, 결혼, 이혼, 혈족이나 입양, 결혼으로 인한 가족관계 기타 개인 및 가족사에 관한 진술이거나
(B) 진술자와 혈통, 입양, 결혼 등 사유로 연결된 사람이나 진술자가 잘 알고 있는 자의 가족에 관한 사실로서 진술자가 정확하게 알고 있을 가능성이 높은 진술
(5) [제807조로 이전]
(6) 부정한 행위로 인한 권리박탈 : 어떤 당사자에게 불리하게 제출된 진술로서 그 당사자가 원진술자의 증인으로서의 증언을 불가능하게 만들 의도였고, 또한 실제로 불가능하게 만든 부적절한 행위에 관여하였거나 이를 묵인한 경우.

우(unavailable as a witness)는 다음의 다섯 가지 형태로 규정하고 있다.

첫째는 원진술자가 특권(privilege)을 주장하며 증언을 거부하는 경우이다. 그 예로는 증인이 수정헌법 제5조상의 자기부죄거부특권(privilege against self-incrimination), 변호인과 의뢰인 간의 특권(attorney client privilege), 남편과 부인간의 특권, 성직자의 특권, 의사와 환자간의 특권 등을 들 수 있다. 둘째는 법원의 명령에도 불구하고 원진술자가 계속하여 증언하기를 거부하는 경우이다. 셋째는 원진술자가 자신의 증언내용을 잘 기억하지 못한다(lack of memory)고 증언하는 경우이다. 넷째는 원진술자가 사망하거나 정신적 또는 육체적 질병으로 인하여 증언하기가 불가능한 경우이다. 다만, 일시적인 질병은 이에 해당하지 않는다. 다섯째는 소송절차 또는 다른 합리적인 방법에 의하여 원진술자를 증인으로 확보할 수 없는 경우이다. 증인의 소재를 알 수 없거나 소재가 파악되었더라도 소환이 불가능한 경우이다.

(2) 전 소송절차에서의 증언(former testimony)

현재 소송에서 원진술자의 증언이 불가능하고, 원 진술이 소송절차나 진술보전절차에서 이루어진 것으로 반대당사자가 반대신문이나 다른 방법으로 신문할 기회를 가지고 있었다면 원 진술은 전문법칙의 예외로서 증거능력이 인정된다. 위와 같은 경우 전문법칙의 예외로서 증거능력을 인정하는 근거는 신뢰성(reliability)이 전 소송절차에서 반대신문에 의하여 담보되기 때문이다. 전 소송절차에는 동일한 소송의 예비심리절차(preliminary hearing)나 진술보전절차(deposition)에서의 증언도 포함되고 전혀 별개의 소송절차도 해당된다. 다만, 대배심절차에서의 증언은 반대신문이 보장되지 않으므로 본 조항에 해당되지 않는다.

전 소송과 현재의 소송당사자가 동일할 필요는 없다. 따라서 전 소송의 당사자가 당시 자신에게 불리한 증인에 대하여 신문할 기회를 가졌다면 현재 소송에서 그 불리한 증언은 전문법칙의 예외로서 증거능력이 인정된다. 연방증거법은 양 소송간에 유사한 동기가 존재하여야 한다고 규정하고 있는데, 쟁점이 동일한 경우가 이에 해당된다. 연방법원은 유사한 동기가 존재하는지 여부를 판단하는 기준으로, ① 증언이 있었던 소송의 형태, ② 소송전략, ③ 소송의 결과인 형벌 또는 손해액수, ④ 쟁점의 수와 당사자 등을 고려하여야 한다고 판시하고 있다.[202)]

예를 들어, 버스운전사 甲이 음주운전을 하였다는 혐의로 기소되었고 배심재판에서 검사가 '甲이 운전 당시 술에 취하였다'는 증인 乙의 대배심 증언을 기록한 속기록을 배심원들 앞에 제출하였다고 가정하자. 이때 증인 乙이 사망하여 배심재판에서 증언이 불가능한 경우 증인 乙의 대배심 증언은 본 조항에 따라 증거능력을 부여받지 못한다. 반대신문권이 보장되지 않았기 때문이다. 그러나, 버스사고로 甲과 乙이 상처를 입어 각각 따로 버스회사를 상대로 손해배상청구를 하였다고 하자. 甲과 버스회사 사이의 소송에서 甲이 乙을 위하여 증언한 증인 丙의 '버스 운전사가 운전 당시 술에 취해 있었다'는 증인신문조서를 제출하였는데 증인 丙이 이미 사망한 경우, 甲이 제출한 丙의 증언은 본 조항에 의하여 증거능력이 인정된다. 이전의 증언은 소송절차에서 버스회사에 반대신문권이 보장된 상태에서 이루어진 것이고, 양 소송의 쟁점이 유사하기 때문이다.

(3) 임종시의 진술(dying declarations)

원진술자의 증언이 불가능하고, 원진술자가 자신의 죽음이 확실하거나 임박하다고 믿은 상태에서 원진술자의 죽음의 원인 및 정황에 관한 진술은 전문법칙의 예외로서 증거능력이 인정된다. 다만, 본 조항은 민사소송이나 살인사건에만 적용된다. 임종시의 진술에 증거능력을 인정하는 것은 사람들이 종교적 믿음 때문에 임종의 순간에는 거짓말하는 것을 꺼린다는 생각에 근거하고 있다. 원진술자가 자신의 죽음이 임박하였다고 믿는 상태에서 진술하는 것으로 족하며 반드시 원진술자가 사망할 필요는 없다. 다만, 진술 당시에는 원진술자가 자신의 죽음이 임박하였다고 믿고 있는 상태이어야 하고, 현재 소송에서 원진술자가 증언이 불가능하여야 한다.

예를 들어, 甲이 乙에 대한 살인사건으로 기소된 경우, 피해자 乙이 부근을 순찰

---

202) United States v. Feldman, 761 F 2d 380, 385(7th Cir. 1985)

하던 경찰관 丙에게 배에 칼이 찔린 채로 발견되었을 당시 ① "甲이 찔렀어요. 신부님을 불러주세요. 기도하고 싶어요", ② "나는 곧 죽을 겁니다. 내 유산은 모두 A에게 주세요.", ③ "별거 아닙니다. 甲이 찔렀는데 내가 곧 복수해 줄 겁니다"라고 말하였다고 하자. ①번 진술은 乙이 자신의 죽음이 임박하였다고 믿고 있는 상태이므로 임종시의 진술에 해당하고, ②번 진술은 죽음이 임박하였다는 것을 믿고 있는 상태에서의 진술이기는 하지만 사망의 원인이나 정황에 대한 것이 아니라 유산상속에 관한 것이므로 본 조항이 적용되지 않고, ③번 진술은 甲이 자신의 죽음이 임박하였다고 믿고 있는 상태가 아니므로 임종시의 진술에 해당하지 않는다.

(4) 이해관계에 반하는 진술(statement against interest)

원진술자가 자신의 금전적, 경제적, 형사상 이익에 반하는 진술을 하고, 상식적인 사람이라면 진실이라고 믿을 수밖에 없는 원진술자의 진술은 본 조항에 의하여 증거능력이 인정된다. 이익에 반하는 진술에 전문법칙의 예외를 인정하는 것은 누구나 자신에게 불리한 신술을 하는 것은 어렵다는 것에 있다.

한편, 어떠한 진술이 원진술자를 형사책임에 노출시키고 그 진술 때문에 피고인이 그 책임을 전적으로 벗어나게 되는 경우에는 원진술자의 그러한 진술을 믿을만한 사정이 있다는 정황증거를 명백히 제시하지 못하는 이상 전문증거의 예외에 해당하지 않는다. 예컨대, 피고인 甲이 A에 대한 살인사건으로 재판을 받고 있는 중에 증인 乙이 甲을 위한 증인으로 출석하여 "丙이 암으로 사망하면서 'A를 죽인 것은 사실 나야'라고 말했습니다."라고 증언하였고, 이 증언을 丙의 이익에 반하는 진술이라고 하여 증거능력을 인정하게 되면 甲은 쉽게 혐의를 벗게 되고 甲의 혐의를 벗기기 위하여 거짓증언을 할 수도 있기 때문이다.

이 예외는 자인과는 다르다. 첫째, 반대당사자의 자인에는 원진술자의 증언가능여부가 문제되지 않지만, 이익에 반하는 진술에서는 원진술자의 증언이 불가능하여야 한다. 둘째, 반대당사자의 자인은 원진술자가 당사자 본인, 대리인 또는 종업원 등에 한정되지만, 이익에 반하는 진술에서는 원진술자가 누구라도 상관없다. 셋째,

반대당사자의 자인에서는 원 진술이 반드시 반대당사자에 관한 것이어야 하지만, 이익에 반하는 진술에서는 원 진술이 당사자뿐만 아니라 누구에 관한 것이라도 무방하다. 넷째, 반대당사자의 자인에서는 원 진술에서 언급된 사실에 대하여 개인적 인식이나 지각이 필요 없으나, 이익에 반하는 진술에서는 개인적 인식이 필요하다.

예를 들어, 원고 甲이 버스회사 乙을 상대로 '버스회사 소속 운전사인 丙의 과실로 사고가 발생하였고 그 사고로 인하여 상해를 입었다'면서 손해배상을 청구한 사건에서, 위 사고로 인하여 丙이 해고되었는데 그 후, 丙이 甲을 대행한 보험회사 직원에게 "사실은 내가 술을 마시고 운전하였습니다"라고 진술한 다음 甲과 乙간의 소송에서는 자기부죄거부특권을 주장하며 증언을 거부하고 있다고 하자. 이러한 경우, 반대당사자의 자인에 의하여 丙의 진술이 비전문증거로서 증거능력이 부여되지는 않는다. 丙이 甲을 위한 보험회사 직원에게 술을 마시고 운전한 사실을 말할 당시에는 丙은 버스회사 乙의 종업원이 아니기 때문이다. 그러나 이익에 반하는 진술에는 해당한다. 丙이 술을 마시고 운전한 것은 스스로 민·형사상 책임을 부담하는 진술로서 자신의 이익에 반하는 진술이고, 丙은 현재 유효한 증언거부특권을 행사하고 있어 증언이 불가능하기 때문이다. 한편, 진술의 한 부분은 진술자의 형사상 이해관계에 반하지만, 나머지 다른 부분은 그렇지 않는 경우가 있다. 이때 원진술자의 진술 중 자기부죄적 진술이 아닌 부분은 본 조항이 적용되지 않는다.[203]

(5) 증언불가능을 유발한 경우의 진술 - 부정행위로 인한 권리박탈(forfeiture by wrongdoing)

고의적으로 원진술자가 증언하지 못하도록 하거나 또는 이러한 범행에 연관되어 있거나 그 범행을 묵인한 당사자는 자신에게 불리한 원진술자의 법정 외 진술에 대하여 전문법칙을 이유로 증거능력이 없다고 주장할 수 없다.

이 조항은 어떠한 사람이 증인으로 예정된 사람을 매수·협박하거나 또는 살해하는 등의 행위를 할 동기를 감소시킨다. 이 조항은 그러한 진술이 신빙성이 있을 것이

203) Williamson v. United States 7, 512 U.S. 595(1994).

라는 가능성보다는 그와 같은 범행에 연관된 당사자를 반대신문권을 행사하지 못하였다는 이유로 보호해 줄 가치가 없다는 것에서 그 근거를 찾을 수 있다.

4. 포괄적 예외(residual exception)

포괄적 예외는 개별적인 예외사유들에는 해당하지 않은 경우라도 그 진술을 증거로 사용할 필요성과 신용성의 정황적 보장을 감안하여 이를 증거로 허용하는 것이 사법적 정의에 부합하다고 인정되는 때에 증거능력을 인정할 수 있는 예외이다. 이 포괄적 예외조항은 원진술자의 증언가능성 유무와 상관없이 적용될 수 있다.

이 경우 ① 그 진술은 중요사실(material fact)에 대하여 제출된 것이어야 하고, ② 그 진술이 증거제출자가 합리적인 노력을 통해 취득할 수 있는 다른 증거보다 더 높은 증명력이 있어야 하며, ③ 그 진술에 증거능력을 부여하는 것이 연방증거법의 일반적인 목적 및 정의의 이익에 합당하여야 하며, ④ 원진술을 증거로 제출하는 당사자는 반대당사자로 하여금 충분히 대비할 수 있도록 공판기일 또는 공판 전 심문기일로부터 충분한 기간 전에 원진술자의 이름과 주소를 포함하여 원진술을 증거로 제출하는 이유 등을 미리 알려줘야 한다. 어떤 경우가 '신용성이 동등하게 보장되는 경우(equivalent guarantee of trust worthiness)'에 해당하는지에 대하여 연방대법원은 ① 진술의 자발성, ② 진술의 일관성, ③ 허위진술의 동기가 없다는 점, ④ 원진술자가 증언하지 못하는 이유, ⑤ 유도신문이나 부당한 영향에 의하여 진술이 이루어진 것인지 여부, ⑥ 원진술자가 진술내용에 대하여 알고 있는 정도, ⑦ 진술의 상대방, ⑧ 진술이 이루어진 시기 등을 고려하여야 한다고 판시하고 있다.[204] 본 규정에 의하여 증거능력이 인정되는 대표적인 예가 대배심에서의 증언이다. 대배심 증언은 반대신문이 없음에도 불구하고 신용성이 정황상 보장되는 경우 증거능력이 인정될 수 있다.

---

204) Idaho v. Wright 497 U.S. 805, 814(1990).

5. 대면권 조항과의 관계

법정 외 진술이 그 주장사실을 증명하기 위한 증거로 허용되는 상황들은 연방헌법에 규정된 대면권 조항(confrontation clause)과 충돌되는 부분이 있다. 수정헌법 제6조는 형사피고인은 "(…) 공소의 성질과 이유를 통보받을 권리, 자기에게 불리한 증인을 대면할 권리, 자기에게 유리한 증인을 확보할 강제절차를 보장받을 권리, 방어를 위하여 변호인의 조력을 받을 권리를 향유한다"고 규정하고 있다.

이와 관련하여 연방대법원은 Crawford v. Washington[205]판례에서 증언적인(testimonial) 전문증거는 원진술자가 공판정에 출석하여 반대신문의 기회가 부여되거나 또는 원진술자가 공판정에 출석할 수 없는 경우라면 원진술자의 법정외 진술이 제출됨으로써 불이익을 받는 피고인이 원진술자에 대하여 이전에 반대신문을 할 기회가 있었던 경우가 아니면 증거능력이 부정되어야 한다고 하였다. 이에 따라 종래 전문법칙의 예외가 적용되어 증거능력이 인정되던 많은 전문증거들이 헌법상의 대면권을 침해했다는 이유로 증거능력이 부정되기에 이르렀다.

증언적인 전문증거는, 진술을 확보한 자가 국가기관[206]이 아니면 거의 대부분 비증언적 전문진술로 분류되어 증거법의 적용을 받는다. 즉 일반 사인사이에 주고받은 말은 헌법상 대면권 조항이 적용될 여지가 없다. 그러나 진술을 확보한 자가 국가기관이라면 진술인 본인이 직접 법정에 나와 진술하여야 한다는 것이다. 다만 이 경우에도 국가기관이 진술을 들은 이유가 위급상황에 대처하기 위한 것이었다면 그런 진술은 비증언적 진술로 분류될 수 있다. 피고인을 처벌할 목적으로 행한 진술이 아니기 때문이다. 요컨대, 위급상황이 아닌 경우에 국가기관에게 행한 증인의 진술은

---

205) 541 U.S. 36(2004) 이 판결은 크로포드가 자신의 부인에게 성폭행을 시도한 남자의 집을 찾아가서 다투던 중, 크로포드가 남자를 칼로 찔러 상해와 살인미수로 크로포드와 그 부인이 공범으로 기소된 사안이다. 크로포드는 정당방위를 주장하여 검사가 부인을 증인으로 신청하였으나 부인이 증언거부권을 행사하자 수사단계에서 녹음한 부인의 진술이 담긴 녹음테이프를 증거로 신청하였다. 검사는 위 녹음테이프에 대하여 증인 자신에게 불리한 진술로서 제804(b)(3)에 의해 전문법칙의 예외로서 증거능력이 있다고 주장하였고, 피고인은 헌법상 불리한 증인인 부인에 대한 대질신문의 기회를 갖지 못하였기 때문에 헌법위반이라고 주장하였다.

206) 국가기관의 예로는, 경찰관, 국가공무원, 긴급콜센터 직원, 보고의무가 있는 의사, 간호사 등이다.

증언적 진술이다.[207] 크로포드 판결의 증거배제 효과는 원진술자가 공판정에 출석할 수 없을 때만 적용되기 때문에 이는 범죄자로 하여금 증인이 공판정에 출석하는 것을 방해할 동기를 부여하게 된다. 그로 인해 공판정에 그 증인이 출석했다면 말했을 모든 내용이 공판정에 현출되지 못할 수가 있고, 또 그 증인이 공판 전에 수사관들에게 하였을 수도 있는 진술들을 증거로 사용하지 못하게 될 수도 있다. 이런 경우 연방대법원은 부정한 행위로 인한 권리박탈 규정이 이런 유형의 상황에도 적용되므로 이런 행위를 한 피고인에게서 대면권 조항의 보호를 회수하게 될 것임을 지적하고 있다.[208]

제5절 국민참여재판에서의 증거법의 운용 - 전문법칙과의 관계 -

Ⅰ. 조서내용의 현출과 구두주의

우리 형소법에 규정되어 있는 증거법과 관련규정들은 법률전문가인 직업법관이 사건을 심리하는 것을 상정하고 제·개정된 것이다. 즉 우리 형소법상의 증거관련 규정은 영미법의 전문법칙을 도입하였지만, 독일, 프랑스 등 대륙법에서 규정하고 있는 수사기관 작성의 피의자신문조서, 진술조서 및 진술서 등 조서의 증거능력을 인정하는 예외규정과 그 밖의 전문서류에 대한 증거동의 규정을 두고 있어 이른바 '조서재판'이라는 오명을 얻기도 하였다. 그런데, 현행 국민참여재판법에서는 별도의 증거법을 제정하지 아니하여 형소법상의 증거관련규정이 국민참여재판에 그대로 적용하도록 되어 있다. 현행 국민참여재판에서 공판절차에서의 증거조사에 의한 사실심리의

207) 김희균, "형사증거법의 재조명Ⅱ: 크로포드 이후 전문법칙의 미래", 형사법연구 제25권 1호(2013), 398면.

208) 아서 베스트, 앞의 책, 206면.

권한이 일반 국민으로 구성된 배심원에게 일임되어 있는 점에서 미국법상의 배심제와 유사하다고 할 수 있는데, 위와 같이 직업법관을 위한 증거법이 배심원이 사실 확인자인 국민참여재판에서 어떻게 운용되고 있고, 배심원들은 어떤 방법으로 심증을 형성하여야 할 것인지는 매우 중요하면서도 어려운 문제임에는 자명하다. 양자간 충돌되는 문제점이 발생할 개연성이 많기 때문이다.

특히, 수사기관 작성의 피의자신문조서, 진술조서 및 진술서의 경우, 피고인측이 증거로 함에 동의하거나, 피고인과 증인의 진정성립이 있는 경우 조서 자체에 증거능력이 인정된다. 따라서 직업법관에 의한 공판에서는 조서내용의 요지를 고지하고 자세한 내용은 담당 재판장이 판사실에서 해당 조서를 읽어서 심증을 형성하는 방법을 취하고 있다. 그런데 배심원이 사실 확인자인 국민참여재판에서 배심원들에게 동일한 방법으로 사건에 대한 심증을 형성하도록 할 수는 없다. 구두주의에 의하여 조서에 기재된 내용이 배심원들이 청취할 수 있도록 법정에서 낭독 등의 방법으로 직접 현출되어야 하기 때문이다.

II. 현행 조서의 작성방법에 관한 법률의 규정과 문제점

우리 형소법에서는 이른바 '법률에 의한 조서'를 규정하고 있고, 조서의 작성방법도 법률에 규정되어 있다. 더 나아가 위와 같은 법률의 규정에 위반한 때에는 대법원에서는 조서의 형식적 진정성립 요건을 결하고 있다는 이유로 그 조서의 증거능력을 부정하고 있다.

조서의 작성방법을 규정한 형소법 제48조에 따르면, 피고인, 피의자, 증인, 감정인, 통역인 또는 번역인을 신문하는 때에는 참여한 법원사무관등이 조서를 작성하여야 한다고 하면서(동조 제1항), 각 조서에 따라 피고인, 피의자, 증인, 감정인, 통역인 또는 번역인의 진술이 기재되어야 하고(동조 제2항 제1호), 조서는 진술자에게 읽어주거나 열람하게 하여 기재내용의 정확여부를 물어야 하며(동조 제2항 제3호), 진술자가 증감변경의 청구를 한 때에는 그 진술을 조서에 기재하여야 한다((동조 제2항 제3호)고 규정하고 있다. 또한 신문에 참여한 검사, 피고인, 피의자 또는 변호인이 조서의 기재의 정확성에 대하여 이의를 진술한 때에는 그 진술의 요지를 조서에 기재하도록 하고 있고(동조 제2항 제4호), 조서에는 진술자로 하여금 간인한 후 서명날인하게 하여야 하고, 진술자가 서명날인을 거부한 때에는 그 사유를 기재하여야 한다(동조 제2항 제6호). 공무원이 작성한 서류의 요건을 기재한 형소법 제57조에서는 공무원이 작성하는 서류에는 법률에 다른 규정이 없는 때에는 작성 연월일과 소속공무소를 기재하고 기명날인 또는 서명하여야 하고(동조 제1항), 작성한 서류에는 간인하거나 이에 준하는 조치를 하여야 한다(동조 제2항). 또한 공무원이 서류를 작성함에는 문자를 변개하지 못하고, 삽입, 삭제 또는 난외기재를 할 때에는 기재한 곳에 날인하고 그 자수를 기재하여야 하며, 삭제한 부분은 해득할 수 있도록 자체를 존치하여야 한다(제58조 제1,2항).

개별적으로 피의자신문조서에 대하여 살펴보면, 검사 또는 사법경찰관이 피의자를 신문함에는 먼저 그 성명, 연령, 등록기준지, 주거와 직업을 물어 피의자임에 틀림없음을 확인하여야 하고(제241조), 검사 또는 사법경찰관은 피의자에 대하여 범죄사실과 정상에 관한 필요사항을 신문하여야 하며 그 이익되는 사실을 진술할 기회를 주어야 한다(제242조). 검사가 피의자를 신문함에는 검찰청 수사관 또는 서기관이나 서기를 참여하게 하여야 하고 사법경찰관이 피의자를 신문함에는 사법경찰관리를 참여하게 하여야 하고(제243조), 피의자의 진술은 조서에 기재하여야 하고, 그 조서는 피의자에게 열람하게 하거나 읽어 들려주어야 하며, 진술한 대로 기재되지 아니하였거나 사실과 다른 부분의 유무를 물어 피의자가 증감 또는 변경의 청구 등 이의를 제기하거나 의견을 진술한 때에는 이를 조서에 추가로 기재하여야 한다. 이 경우 피의자가 이의를 제기하였던 부분은 읽을 수 있도록 남겨두어야 한다. 피의자가 조서에 대하여 이의나 의견이 없음을 진술한 때에는 피의자로 하여금 그 취지를 자필로 기재하게 하고 조서에 간인한 후 기명날인 또는 서명하게 하여야 한다(제244조). 검사 또는 사법경찰관은 피의자를 신문하기 전에 일체의 진술을 하지 아니하거나 개개의 질문에 대하여 진술을 하지 아니할 수 있다는 것, 진술을 하지 아니하더라도 불이익을 받지 아니한다는 것, 진술을 거부할 권리를 포기하고 행한 진술은 법정에서 유죄의 증거로 사용될 수 있다는 것, 신문을 받을 때에는 변호인을 참여하게 하는 등 변호인의 조력을 받을 수 있다는 것을 고지하여야 하고, 검사 또는 사법경찰관은 제1항에 따라 알려 준 때에는 피의자가 진술을 거부할 권리와 변호인의 조력을 받을 권리를 행사할 것인지의 여부를 질문하고, 이에 대한 피의자의 답변을 조서에 기재하여야 한다. 이 경우 피의자의 답변은 피의자로 하여금 자필로 기재하게 하거나 검사 또는 사법경찰관이 피의자의 답변을 기재한 부분에 기명날인 또는 서명하게 하여야 한다(제244조의 3). 검사 또는 사법경찰관은 피의자가 조사장소에 도착한 시각, 조사를 시작하고 마친 시각, 그 밖에 조사과정의 진행경과를 확인하기 위하여 필요한 사항을 피의자신문조서에 기록하거나 별도의 서면에 기록한 후 수사기록에 편철하여 수사과정을 기록하여야 한다(제244조의 4 제1항). 검사 또는 사법경찰관이 사실을 발견함에 필요한 때에는 피의자와 다른 피의자 또는 피의자 아닌 자와 대질하게 할 수 있다(제245조).

피의자 아닌 자, 즉 참고인에 대한 조서에 대하여 살펴보면, 참고인의 진술은 조서에 기재하여야 하고, 그 조서는 참고인에게 열람하게 하거나 읽어 들려주어야 하며, 진술한 대로 기재되지 아니하였거나 사실과 다른 부분의 유무를 물어 참고인이 증감 또는 변경의 청구 등 이의를 제기하거나 의견을 진술한 때에는 이를 조서에 추가로 기재하여야 한다. 이 경우 참고인이 이의를 제기하였던 부분은 읽을 수 있도록 남겨두어야 한다. 참고인이 조서에 대하여 이의나 의견이 없음을 진술한 때에는 참고인으로 하여금 그 취지를 자필로 기재하게 하고 조서에 간인한 후 기명날인 또는 서명하게 한다(제244조의 4 제3항, 제2항, 제244조). 검사 또는 사법경찰관은 참고인이 조사장소에 도착한 시각, 조사를 시작하고 마친 시각, 그 밖에 조사과정의 진행경과를 확인하기 위하여 필요한 사항을 참고인 진술조서에 기록하거나 별도의 서면에 기록한 후 수사기록에 편철하여야 한다(제244조의 4 제3항, 제1항).

한편, 대법원은 위와 같이 규정한 조서의 형식을 흠결한 경우, 피의자신문조서에 대하여는 "검사 작성의 피의자신문조서에 작성자인 검사의 서명날인이 되어 있지 아니한 경우 그 피의자신문조서는 공무원이 작성하는 서류로서의 요건을 갖추지 못한 것으로서 위 법 규정에 위반되어 무효이고 따라서 이에 대하여 증거능력을 인정할 수 없다고 보아야 할 것이며, 그 피의자신문조서에 진술자인 피고인의 서명날인이 되어 있다거나, 피고인이 법정에서 그 피의자신문조서에 대하여 진정성립과 임의성을 인정하였다고 하여 달리 볼 것은 아니다"[209]라고 하거나, "조서말미에 피고인의 서명만이 있고, 그 날인(무인 포함)이나 간인이 없는 검사 작성의 피고인에 대한 피의자신문조서는 증거능력이 없다고 할 것이고, 그 날인이나 간인이 없는 것이 피고인이 그 날인이나 간인을 거부하였기 때문이어서 그러한 취지가 조서말미에 기재되었다거나, 피고인이 법정에서 그 피의자신문조서의 임의성을 인정하였다고 하여 달리 볼 것은 아니다"[210]라고 판시하여 검사가 조서말미에 서명날인을 누락하거나, 피고인이 된 피의자의 날인이나 간인이 없는 피의자신문조서의 증거능력을 부정하고 있다. 더 나아가 "비록 사법경찰관이 피의자에게 진술거부권을 행사할 수 있음을 알려 주고 그 행사 여부를 질문하였다 하더라도, 형사소송법 제244조의3 제2항에 규정한 방식에 위반하여 진술거부권 행사 여부에 대한 피의자의 답변이 자필로 기재되어 있지 아니하거나 그 답변 부분에 피의자의 기명날인 또는 서명이 되어 있지 아니한 사법경찰관 작성의 피의자신문조서는 특별한 사정이 없는 한 형사소송법 제312조 제3항에서 정한 '적법한 절차와 방식'에 따라 작성된 조서라 할 수 없으므로 그 증거능력을 인정할 수 없다."[211] 라고 하여 수사기관이 피의자에게 진술거부권을 실제로 고지하였더라도 피의자의 답변이 조서에 자필로 기재되어 있지 않거나 부동문자로 기재된 답변에 피의자의 기명날인 또는 서명이 되어 있지 않으면 증거로 사용할 수 없다고 판시하고 있다.

한편, 참고인에 대하여 대법원은 "형사소송법 제312조 제4항은 검사 또는 사법경찰관이 피고인이 아닌 자의 진술을 기재한 조서의 증거능력이 인정되려면 '적법한 절차와 방식에 따라 작성된 것'이어야 한다고 정하고 있다. 여기에서 적법한 절차와

---

209) 대법원 2001. 9. 28. 선고 2001도4091 판결.

210) 대법원 1999. 4. 13. 선고 99도237 판결.

211) 대법원 2013. 3. 28. 선고 2010도3359 판결.

방식에 따라 작성한다는 것은 형사소송법이 피고인 아닌 사람의 진술에 대한 조서 작성 과정에서 지켜야 한다고 정한 여러 절차를 준수하고 조서의 작성 방식에도 어긋나지 않아야 한다는 것을 의미한다"[212]라고 하여, 참고인 진술조서에 참고인이 조사장소에 도착한 시각, 조사를 시작하고 마친 시각, 그 밖에 조사과정의 진행경과를 확인하기 위하여 필요한 사항이 기재되거나 편철되지 않은 경우 그 증거능력을 부정하고 있다.

아마, 비교법적으로 살펴보아도 우리 형소법과 같이 조서작성을 자세하게 법규화한 경우는 거의 없다고 판단된다. 가히 '조서 작성의 법정주의'라고 할 수 있다. 물론 이러한 세밀하고 자세한 조서작성에 관한 규정을 통하여 이루려는 목적은 분명하다. 수사기관이 피의자와 참고인을 수사하는 과정에서 부당한 강압이나 인권침해를 방지하기 위한 제도적 장치로서의 기능을 하고 있기 때문이다. 그러나 이를 다른 시각에서 논평한다면, 수사기관은 피의자와 참고인을 수사할 때 반드시 법정화된 조서에 그 진술을 기재하여야만 그 조서를 이후 공판절차에서 증거로 사용할 수 있도록 함으로써 수사의 대부분을 조서 작성에 집중시키고 있다고 볼 수도 있다. 결국 수사기관이 작성한 조서내용에 따라 재판의 결과가 상당 부분 예측될 수 있도록 하고 있다. 마치 과거 일본 메이지 형사소송법에서 '법령에 의하여 작성된 조서'에 증거능력을 인정하던 시절을 연상케 하는 대목이다. 이른바 조서재판을 탈피하기 위해서는 그 전제로서 수사기관이 조서작성에 전력을 다하지 않도록 하여야 하는데, 우리 형소법은 '조서'에서 한 발자국도 벗어나지 못하고 있다. 물론 이러한 현상은 '조서'에 증거능력을 인정하는 우리 형소법하에서의 증거법의 한계이기도 하다.

더구나, 조서 작성시 '문답식 조서'를 작성하는 관행이 정착되어 있는 점도 개선되어야 할 점이다. 역사적으로 문답식 조서의 작성의 과거 규문주의 형사절차에서 예심판사에 의한 신문에서 비롯되었고 그 후 독일 형소법에서 예심판사 또는 수사판사 제도를 없애기 전에 수사판사가 피의자나 참고인을 신문할 때 문답형식의 조서를 작

212) 대법원 2017.7.18. 선고 2015도12981 판결

성하였다. 반면 수사기관은 문답식이 아닌 청취서 또는 녹취서 형식의 조서를 작성하였는데 그 이유는 일본의 경우 수사기관의 신문조서는 '법령에 의하여 작성된 조서'가 아니므로, 법령에 규정된 예심판사의 신문시 작성하는 문답식 형식의 조서는 받아들일 수 없다는 것이었다. 문답식 조서가 읽는 사람으로 하여금 대단히 생생한 심증을 형성시킬 수 있다는 점은 앞에서 상술한 바가 있다. 수사기관의 심증이 법정에 그대로 옮겨갈 수 있는 주 원인 중 하나가 바로 문답식 조서의 작성관행에 있다고 할 수 있다. 또한 문답식 조서방식에 의하면 조서의 양이 대단히 방대해지는 부작용도 있다. 간략하게 압축하여 진술서 형식으로 기재하면 그 요지를 간단히 알 수 있고, 수사기관의 심증이 진술서 형식의 조서에는 문답식에 비하여 무미건조할 수 있다는 점에서 조서에 의한 심증형성이 약화된다는 점도 간과할 수 없다. 특히 국민참여재판에서는 법정에서 수사기관 작성의 조서를 낭독 등의방법으로 현출시켜야 하는데, 문답식 조서는 양도 방대하고 이를 낭독할 때도 질문과 답변을 모두 낭독하여야 할지, 아니면 질문과 답변을 혼합하여 낭독을 하여야 할지 난감할 수 있다. 문답식 조서는 이를 법정에 현출하는 경우에도 많은 문제점을 가지고 있다.

Ⅲ. 피의자신문조서와 피고인의 법정진술이 불일치하는 경우

1. 진정성립의 문제

형소법 제312조 제1항과 제2항은 검사가 피고인이 된 피의자의 진술을 기재한 조서는 적법한 절차와 방식에 따라 작성된 것으로서 피고인이 진술한 내용과 동일하게 기재되어 있음이 공판준비 또는 공판기일에서의 피고인의 진술에 의하여 인정되고, 그 조서에 기재된 진술이 특히 신빙할 수 있는 상태하에서 행하여졌음이 증명된 때에 한하여 증거로 할 수 있고(제1항), 피고인이 그 조서의 성립의 진정을 부인하는 경우에는 그 조서에 기재된 진술이 피고인이 진술한 내용과 동일하게 기재되어 있음이 영상녹화물이나 그 밖의 객관적인 방법에 의하여 증명되고, 그 조서에 기재된 진술이 특히 신빙할 수 있는 상태 하에서 행하여졌음이 증명된 때에 한하여 증거로 할 수 있다(제2항)고 규정하고 있다.

피고인이 된 피의자에 대한 피의자신문조서와 피고인의 법정진술이 불일치하는 경우는 대개 피고인이 수사기관의 조사과정에서 범행을 자백하거나 자신에게 불리한 진술을 하였는데, 법정에서 조서에 대한 실질적 진정성립을 하는 절차에서 수사과정에서 진술한 내용이 조서에 기재된 진술과 다르다고 다투는 때이다. 이때 검사가 영상녹화물이나 그 밖의 객관적인 방법에 의하여 수사과정에서 진술한 내용과 조서에 기재된 진술이 동일하다는 사실을 증명하지 못하면, 피의자신문조서에 기재된 불일치 진술은 증거로 사용할 수 없으므로 피고인의 법정진술에 의하여 사실인정을 하면 족하다.

2. 조서와 진술 모두 증거능력이 인정되는 경우

이 경우는 피고인이 수사기관의 조사과정에서 범행을 자백하거나 자신에게 불리한 진술을 하였는데, 법정에서 조서에 대한 실질적 진정성립을 하는 절차에서 수사과정에서 진술한 내용이 조서에 기재된 진술과 다르다고 다투었는데, 검사가 영상녹화물이나 그 밖의 객관적인 방법에 의하여 수사과정에서 진술한 내용과 조서에 기재된 진술이 동일하다는 사실을 증명하거나, 피고인이 조서에 대한 실질적 진정성립은 인정하면서 법정에서 수사기관에서의 진술과 모순되는 진술을 하는 때에 해당한다.

그 중 전자의 경우에 검사가 영상녹화물의 조사를 신청하면 법원은 공판준비 또는 공판기일에 영상녹화물의 전부 또는 일부를 재생하는 방법으로 조사하여야 하며, 이때 영상 녹화물은 그 재생과 조사에 필요한 전자적 설비를 갖춘 법정 외의 장소에서 이를 재생할 수 있다(형소규칙 제134조의4 제3항). 여기서 문제는 영상 녹화물을 배심원이 보고 있는 가운데 공판정에서 재생시킬 것인가에 있다. 법관과 달리 재판경험이 없는 배심원들은 범행을 자백하는 피고인의 모습과 말을 보고 듣게 된다면, 그 순간 피고인이 거짓말을 하고 있다는 것이 뇌리에 깊이 박히면서 피고인에 대한 선입견, 편견 등 유죄의 심증을 가지게 될 개연성이 많기 때문이다. 이에 대하여 두 개의 상반된 견해가 있다. 부정적인 견해로는 직업법관도 영상 녹화물을 시청하고 나면 그 내용과 다른 판단을 내리기 어려운데 하물며 일반인인 배심원은 더욱 어려우므로 영상녹화물을 배심원으로 하여금 시청하게 하는 것은 타당하지 않다는 것이고[213], 반대로 피고인이 진술을 번복하는 이유에 대한 해명을 선입견 없이 경청하는 것은 오히려 배심원이 직업법관보다 우호적일 수 있고, 더 개방적인 자세로 피고인의 입장을 이해해 줄 수 있으므로 배심원에게 영상녹화물을 시청하도록 하여야 한다는 견해이다.[214]

우리 형소법 규정상 영상녹화물은 본증으로 사용할 수 없다. 즉 영상녹화물의 증거능력을 인정하고 있지 않고 있다. 그런데 증거능력에 대한 개념은 영미법계와 대륙법계 사이에 차이가 있다. 영미법계에서는 배심재판과 관련하여 사실판단을 하는 배심원들 앞에 유죄판결을 하는데 그 증거를 검토할 수 있도록 배심원들 앞에 그 증거를 현출시킬 것인가의 문제이다.[215] 따라서 증거능력이라는 의미로 admissibility를 사용한다. 한편 대륙법계인 독일에서는 증거능력이 공판정에 현출될 수 있는 자격을 의미하는 것이 아니라 공판정에 증거를 현출시켜 증거조사를 한 이후라도 이를 유죄입증의 자료로 사용할 수 있는가(Verwertbar)의 의미로 사용된다.[216] 이러한 차이는 증명력과 관련이 있는데 영미법계에서는 증거능력에 대한 판단을 하면서 그 증거를 사실판단에 있어 고려하는 것이 적절한 것인가라는 추가적인 법관의 판단도 고려된다. 이는 법률전문가가 아닌 배심원들이 사실판단을 함에 있어서의 오류를 방지하기 위한 것이다. 즉, 그 증거가 가진 증명력에 비추어 편견의 위험성이 적거나, 많아 배심원들에게 그 증거를 현출할 것인지 여부에 대한 판단이므로 증거능력의 판단에 추가적으로 증명력(신빙성)이 고려되는 것이다. 이 단계에서 고려되는 증거의 신빙성는 낮은 단계의 신빙성으로 증명력 판단에서의 신빙성과 구별하여야 한다. 한편, 독일법상 증거능력을 증명력과 관련하여 판단하는 부분은 나타나지 않는데, 이는 사실판단

213) 오기두, "영상녹화물과 증거사용" 「형사재판의 쟁점과 과제」, 사법발전재단(2008. 7), 229면.

214) 차정인/민영성, "영상녹화물 증거사용의 조건과 이론" 「법조」 통권 638권 (2009. 11), 181면.

215) Park/Leonard/Goldberg, Evidence law 2 Ed. Thomson/West, 2004, 256-257 p. (이완규, "해외주재 영사작성 진술기재서면의 성질과 증거능력", 「형사판례연구16」 한국형사판례연구회 (2008. 6. 300), 417면에서 재인용)

216) 이완규, 위 논문, 416-417면.

을 직업법관이 주도하는 것에 기인하는 것으로 보인다.[217)]

그러므로, 일반 국민인 배심원이 사실판단을 하는 국민참여재판에서 검사 작성의 피의자신문조서의 실질적 진정성립을 입증하기 위하여 영상녹화물을 재생할 경우 이를 공판기일에 배심원들이 시청하도록 하는 것은 바람직하지 않다고 생각한다. 이러한 때에는 공판준비기일에 미리 법관이 영상녹화물을 재생하여 보고 검사 작성의 피의자신문조서의 실질적 진정성립여부를 판단을 한 후, 입증이 되면 공판기일에 위 피의자신문조서를 낭독하거나 시청각 자료를 이용한 프리젠테이션 등으로 배심원들이 그 내용을 듣도록 하는 방법이 타당할 것이다. 실제로, 국민참여재판의 실무에서 조서의 실질적 진정성립을 확인하기 위한 영상녹화물의 재생과 관련하여 배심원들은 직업법관이 아니므로 배심원들이 영상녹화물을 시청한 후 재판장이 배심원들에게 “증거능력이 인정되지 않아 해당 녹화물을 유・무죄 판단시에는 고려하면 안된다”는 취지로 설명한다고 하더라도 영상녹화물을 시청한 기억이 결론에 영향을 미칠 가능성이 많고, 직업 법관과 달리 일반인인 배심원은 일단 보고 들은 증거가 있는 경우 유・무죄 판단을 할 때 증거능력이 없는 증거를 배제하는 훈련을 한 적이 없어 이러한 증거의 영향에서 완전히 벗어나기 어렵다. 따라서, 국민참여재판에서는 공판준비절차에서 검찰과 변호인 측에 증거를 제시하도록 하고 증거능력을 검토하고, 준비절차에서 증거능력이 인정된 증거들만을 배심원이 출석하는 공판기일에 제시하도록 하고 있다.

한편, 사실인정의 문제에서 배심원은 이러한 경우 법정에 현출된 피의자신문조서에 기재된 피고인의 진술기재내용과 피고인의 법정진술 중에서 어느 증거에 신빙성을 인정할 것인지 고민할 수 밖에 없다. 사실 이 부분에서 배심원들의 역량에 회의를 가지는 견해들이 많다. 직업법관은 법률과 사실인정의 전문가로서 학식과 경험에 의하여 이러한 경우 어떤 증거를 취사선택할 것인지에 대하여 많은 훈련이 되어 있어 그 판단에 신뢰를 가질 수 있지만 이에 반대로 법률과 사실인정의 아마추어이어서

---

217) 이완규, 위 논문, 418-419면.

경험도 부족하고 훈련도 되어 있지 않은 배심원들이 이때 판단하는 결과에 대하여 어느 정도의 신뢰성이 있는지 의문이 제기되기 때문이다. 국민참여재판에서는 이러한 점을 염두에 두고 배심원의 평결과 의견은 법원을 기속하지 아니한다(국민참여재판법 제46조 제5항)는 규정을 두고 있다. 이에 대하여 많은 비판이 쏟아지고 있고, 배심원들의 판단에 기속력을 인정하지 않는다면 국민참여재판을 시행하는 실효성이 없을 수도 있다. 바로 이 지점에서 우리나라에 영미식의 배심원이 사실판단을 하는 제도를 국민참여재판에 도입한 것이 올바르고 현명한 선택이었는지에 대한 고민이 있다. 이는 피고인뿐만 아니라 증인에 대한 진술조서와 법정증언이 불일치하고, 진술조서에 증거능력이 인정되는 경우에도 동일한 문제일 것이다.

3. 진술조서와 증인의 법정진술이 불일치하는 경우

(1) 진정성립의 문제

형소법 제312조 제4항은 "검사 또는 사법경찰관이 피고인이 아닌 자의 진술을 기재한 조서는 적법한 절차와 방식에 따라 작성된 것으로서 그 조서가 검사 또는 사법경찰관 앞에서 진술한 내용과 동일하게 기재되어 있음이 원진술자의 공판준비 또는 공판기일에서의 진술이나 영상녹화물 또는 그 밖의 객관적인 방법에 의하여 증명되고, 피고인 또는 변호인이 공판준비 또는 공판기일에 그 기재 내용에 관하여 원진술자를 신문할 수 있었던 때에는 증거로 할 수 있다. 다만, 그 조서에 기재된 진술이 특히 신빙할 수 있는 상태하에서 행하여졌음이 증명된 때에 한한다"라고 규정하고 있다.

국민참여재판에서 수사기관 작성의 참고인에 대한 진술조서가 문제가 되는 때는 참고인이 증인으로 법정에 출석한 후 수사기관에서의 진술을 번복하는 경우이다. 이는 참고인이 증인으로 출석하여 첫째, 수사기관에서 작성한 진술조서의 실질적 진정성립을 부인하면서 진술을 번복하는 경우와 둘째, 수사기관에서 작성한 진술조서의 실질적 진정성립은 인정하면서 진술을 번복하거나, 영상녹화물 또는 그 밖의 객관적인 방법에 의하여 실질적 진정성립이 증명된 경우로 구분할 수 있다.

전자의 경우, 수사기관이 영상녹화 등 실질적 진정성립을 증명할 수 있는 조치를 취하지 않은 때에는 참고인에 대한 진술조서의 증거능력을 인정할 수 없으므로 공판에서 증인의 진술만이 증거능력이 있게 되고 배심원들은 증인의 진술을 듣고 그 신빙성을 판단하면 된다. 그런데 이때 검사가 주 신문 내지 재주신문을 할 때 증인이 수사기관에서 한 진술을 언급하면서 증인에 대한 신문을 할 수 있는지 검토가 필요하다. 피고인과는 달리 증인의 경우 사전에 수사기관에서의 진술을 번복할 것인지 알 수 없어 공판준비기일에서 진술조서의 증거능력을 부정하기 어려운 점이 있기 때문이다.

우리나라의 국민참여재판에서는 증인이 수사기관에서 작성한 진술조서의 실질적 진정성립을 부인하면서 진술을 번복하는 경우, 검사는 재주신문 등을 통해 수사기관에서의 증인의 진술을 구체적으로 언급하면서 증인의 번복진술에 대하여 탄핵할 수는 있지만, 종전 진술내용을 증거로 사용할 수는 없다. 다만 배심원들은 검사의 재주신문 등을 통해 증인이 수사기관에서 어떤 내용의 진술을 하였었는지 알 수 있게 되는 것이 문제이다. 이 경우 판사는 검사의 재주신문 등을 제한하여 가능한 한 증인의 수사기관에서의 종전진술이 배심원들에게 현출되지 않도록 하는 것이 타당하다고 본다.

(2) 조서와 진술 모두 증거능력이 인정되는 경우

수사기관에서 작성한 진술조서의 실질적 진정성립은 인정하면서 진술을 번복하거나, 영상녹화물 또는 그 밖의 객관적인 방법에 의하여 실질적 진정성립이 증명된 경우 수사기관에서 작성한 참고인에 대한 진술조서와 증인이 된 참고인의 법정증언 모두 증거능력이 인정되는데 이때 참고인에 대한 진술조서의 내용을 법정에 어떤 방법으로 현출시켜야 하는지 검토할 필요성이 있다.

미국의 경우, 수사단계에서 참고인에 대한 조사절차가 있더라도 그 서면은 전문증거이므로 증거능력을 인정할 수 없다. 따라서 미국은 수사단계에서 참고인을 소환하여 그 진술을 조서화하는 일은 거의 없다고 할 수 있다. 따라서 참고인에 대한 수사과정에서의 진술을 법정에 현출시킬 수 있는 방법은 없다. 다만 수사단계에서 예외적으로 검사가 주요사건에 대하여 기소 전에 대배심(Grand jury)절차에 사건을 회부하고 그 절차에서 참고인으로 하여금 선서 후 증언을 하도록 하는데 이 경우 참고인의 진술은 일정한 조건하에 증거능력을 인정받게 되고, 참고인이 대배심에서 허위로 증언하면 위증죄로 처벌받게 된다. 여기에서 주의할 것은 검사가 대배심에 회부하는 사건은 극히 소수이지 일상적인 것은 아니라는 점이다. 이 단계에서 작성된 증인신문조서는 증인이 법정에서 증언을 한 경우에도 그 증언과 대배심에서의 증언이 불일치하더라도 대배심에서의 증언은 연방증거법 제807조(a)[218]에 의해 증거능력이 인정된다. 이때 대배심에서의 증언내용은 법정에서 낭독 등의 형태로 현출되어 양 증언간의 신빙성을 배심원들이 판단하게 될 것이다. 그러나 이 경우 최우량증거의 원칙(The principle of best evidence rule) 또는 원본증거우선의 원칙에 따라 법정진술이 우선시 될 가능성이 많다.

반면, 독일의 경우 수사단계에서의 참고인에 대한 진술조서에 기재된 진술은 피고인과 변호인이 증거로 함에 동의하지 않는 한 증거로 사용될 수 없다.[219] 따라서 직접심리주의의 원칙에 따라 증인이 법정에 출석하여 증언을 하여야 한다. 그런데 증인의 진술이 수사기관에서의 진술과 일치하지 않는 경우, 즉 진술을 번복하는 때에는 증인신문시에 조서를 제시하거나 읽어주는 등 내용을 알려주고 증인이 수사단계에서 조서내용대로 진술한 사실을 인정하면 그 진술을 증거로 사용하고,[220] 진술의 실질

---

218) 미국 연방증거법 제801조(a). 【포괄적 예외】 (a) 원칙: 다음의 경우는 전문증거가 제803조 내지 제804조에 따라 전문법칙의 예외로 인정받지 못하는 경우에도 전문증거라는 이유로 증거에서 배제되지 않는다.
(1) 신용성의 정황적 보장이 있고
(2) 쟁점사실에 대한 증거이며
(3) 진술의 제출자가 상당한 노력을 기울여 확보할 수 있는 다른 증거보다 쟁점사실을 증명하는 효과가 뛰어나고
(4) 그 진술의 증거능력을 인정하는 것이 본 규칙과 정의의 관점에서 바람직하다고 판단되는 진술

219) 독일 형소법 제251조 제1항 제1호. 이를 직접주의의 예외라고 한다. 독일법상 직접주의는 규문주의에 대한 반성으로 수사단계에서의 진술이 법정에 증거로 들어오는 방법을 제한하여 조서의 형태가 아닌 진술의 형태로 들어오게 하는 것으로 '조서'와 '조서에 담긴 진술내용'을 분리하여 취급한다. 따라서 이 경우 조서를 낭독함으로써 증거로 할 수 있다.

220) 이 때 증인은 알려주는 조서의 내용을 보고 기억을 되살려 구체적으로 각 진술을 한 사실을 인정하여야 하며, 단순히 조서내용이 맞다는 식으로 증언하는 것만으로는 부족하다(Schäfer, Die Praxis des Strafverfahrens, 6. Aufl. 2000. 381 S. 차동언, 형사증거법 I, 법문사, 2008. 33-34면에서 재인용).

적 진정성립을 다툴 때는 신문을 한 수사관 등을 증인으로 신청하여 그 증인이 그러한 진술을 들은 사실을 증언함으로써 이를 증거로 사용한다.[221] 다만 이때 신문자가 증언하는 대로 증인이 그와 같이 진술한 사실이 있는지 여부의 판단은 법원의 자유심증의 문제이다.[222] 결국, 미국의 배심제와 독일의 참심제에서 가장 큰 차이점은 증인이 진술번복하는 경우에 증인의 종전진술이 법정에 현출되어 증거능력을 인정할 것인가 여부에 달려 있다고 할 수 있다.

우리 국민참여재판에서 증인이 수사기관에서 작성한 진술조서의 실질적 진정성립은 인정하면서 진술을 번복하는 경우 증인의 종전진술에 대하여 증거능력이 인정된다. 이러한 경우 종전 진술을 어떤 방법으로 법정에 현출시킬 것인지 문제가 된다. 다시 참고인 진술조서를 낭독하거나 제시하는 방법으로 배심원들에게 현출시킬 것인지, 아니면 검사의 신문을 통해 구체적으로 현출되게 할 것인지 선택의 여지가 남게 된다. 사견으로는 구두주의의 원칙상 조서의 내용을 상세하게 신문하는 것에 의해, 즉 조서의 내용을 질문으로서 표현하고, 현재의 증언내용과 조서기재의 진술내용의 차이점과 신용성을 비교하면서 일일이 상세하게 심문을 하는 방법으로 증인의 종전 진술내용을 배심원들에게 현출되도록 하는 것이 바람직하다고 생각한다. 비교법적으로는 조서가 아닌 조서에 담긴 '진술'을 법정에서 구체적인 심문을 통해 현출시키는 독일 증거법에서의 심문방법이다.

---

221) 우리 형사증거법의 경우 이때는 전문진술에 해당하므로 원진술자인 증인이 진술불능상태에 있지 않는 한 수사관의 진술을 증거로 사용할 수 없다.

222) Diemer, StPO-Karlsruher Kommentar, 4. Aufl., C. H. Beck, 1999, §250, Rn. 10. 차동언, 위의 책 34면에서 재인용.

Ⅳ. 성격증거와 과학적 증거

1. 성격증거

(1) 의의

우리나라의 국민참여재판에서 배심원은 유・무죄에 관하여 평결을 하는 이외에 양형에 관하여서도 의견을 제시할 수 있다. 현행 국민참여재판에서는 사건의 유・무죄판단과 직접 관련이 없는 피고인의 전과, 성향, 상습성, 태도 등의 양형요소가 공판정에서 배심원에게 현출될 수 있는데, 배심원들이 이러한 자료들에 접한 이후 유・무죄의 판단에 있어 편견을 가지게 될 우려가 있고, 이로 인하여 피고인의 공정한 재판을 받을 권리를 침해할 우려가 있다.

배심제가 발달한 미국은 피고인의 평판 등 성격증거(Character evidence)가 배심원들에게 무제한적으로 노출되는 것을 방지하기 위하여 성격증거에 대하여 연방증거규칙에서 적절한 제한을 하고 있다. 즉 원칙적으로 성격증거가 배심원들에게 제출되는 것을 허용하지 않고, 예외적인 경우에 한하여 성격증거의 증거능력을 인정하고 있는 것이다. 따라서, 일단 성격증거가 무엇인지 규명할 필요가 있다. 일반적으로 증거법에서 성격이란 '성향'으로 묘사되는 개개인의 인품의 측면을 말하지만 성격과 성향이 동일한 의미는 아니다. 왜냐하면, 성향에는 성격뿐만 아니라 '습관'도 포함되기 때문이다. 위 규칙에서는 성격에 관한 규정과 별도로 '습관증거'에 대하여 규정하고 있는데,[223] 습관증거의 제출은 일반적으로 허용되는 반면에 성격증거의 제출은 원칙적으로 허용되지 않으므로 양자의 개념을 구별하는 것이 필요하다. 성격이란 사람의 일반적인 특질에 관한 성향을 묘사하는 것임에 반하여 습관은 반복적인 상황에 대하여 사람이 규칙적으로 반응하는 성향을 의미하므로 성격보다 더 제한적인 의미를 가지고

---

223) 연방증거법 제406조. 【습관 혹은 반복된 행동】 사람의 습관이나 조직의 종래 관행은 특별한 기회에 사람이나 조직이 습관 혹은 종래 관행대로 행위하였다는 점을 입증하는 증거로 사용할 수 있다. 습관이나 종래 관행에 대한 증거는 이를 확인해 주는 보조증거 혹은 증인이 있는지 여부와 상관없이 증거로 할 수 있다.

있다. 예컨대, 신중한 운전자인지, 부주의한 운전자인지와 같이 어떤 사람의 일반적인 기질은 성격으로 분류되지만 어떤 사람이 '특정한' 사거리에서는 항상 멈추어 선다는 증거는 특이한 습관으로 분류된다. 또한 어떤 사람이 사거리에서 반복적으로 멈추어 설수록 성격보다는 습관으로 인정받을 가능성이 높고, 그 행위를 한 기간이 길수록 습관으로 보기 용이해지며, 차 브레이크를 밟거나 집에서 나갈 때 문을 잠그는 것과 같이 자동적으로 행해지는 행동일수록 습관으로 판단될 가능성이 높다.[224)]

(2) 성격증거의 배심원 현출여부에 대한 판단

성격증거를 제출하는 이유는 특정한 사건의 범죄사실을 입증하기 위한 것이라고 할 수 있다. 즉 특정한 사안에서 피고인이 그의 성격과 일치하여 행동한 것이라는 점을 입증하기 위하여 그의 성격에 대한 증거를 제출하는 경우이다. 예를 들면, 형사사건에서 검사가 피고인이 기소된 범죄를 저질렀다는 것, 즉 범죄구성요건사실의 존재를 입증하기 위하여 그의 범죄적 성향 또는 이전의 범죄전력에 대한 증거를 제출하는 것이다. 연방증거규칙은 이와 같은 목적으로 성격증거를 제출하는 것을 원칙적으로 금지한다.[225)] 사람은 항상 자신의 성향과 일치되는 행동을 하지는 않으며, 문제가 되고 있는 특정한 쟁점을 입증하려고 성격증거를 제출하는 경우에 배심원은 사안의 쟁점에 집중하는 것이 아니라 그 사람의 성격을 나타내는 과거 사건의 존재로 관심사항이 바뀌게 되어 쟁점의 혼동을 가져오고, 성격증거가 제출된 자는 그 개인의 과거 인생전체를 방어하도록 강요당하게 되어 공정한 재판을 받을 기회를 박탈당하게 되기 때문이다. 뿐만 아니라 배심원은 제출된 성격증거를 과대평가하여 피고인이 실제 저지른 행위보다 더 나쁜 사람이라고 확신할 가능성이 있기 때문에 불공정한 편견을 초래할 수도 있다.[226)] 결국 성격증거는 위와 같은 문제점을 내포하고 있기 때문에

---

224) Paul C. Giannelli, Understanding Evidence, (2nd ed, 2006), at 180-181. 김일룡, "미국연방증거규칙상 성격증거의 취급", 원광법학 제25권 제2호 (2009년 6월), 195면에서 재인용.

225) 연방증거법 제404조(a) 성격증거의 배제: 사람의 성격이나 특징에 대한 증거는 어떤 기회에 그 사람이 그 성격과 특징에 따라 행위하였다는 사실을 입증하는 증거로 사용할 수 없다.

연방증거규칙은 이를 배제하도록 규정한 것이다.

그러나, 연방증거규칙은 형사사건에서 피고인이 제출하거나 이를 반박하는 검찰측 제출의 피고인에 대한 성격적 특질과 관련된 증거, 피고인에게 피해자의 성격적 특질에 대한 증거제출이 허용되는 경우에 검사가 제출하는 피고인의 성격적 특질에 대한 증거는 성격증거이지만 예외적으로 그 제출을 허용한다.[227] 예컨대 피고인이 폭력관련 범죄로 기소되었을 때 그의 평화로운 기질에 대한 증거를 제출할 수 있고, 절도죄로 기소되었을 때 정직한 성향에 대한 증거를 제출할 수 있다.

또한, 일정한 제한범위 내에서 피고인이 제출하거나, 이를 반박하는 검찰측 제출의 범죄 피해자의 성격적 특질과 관련된 증거 또는 살인사건에서 피해자가 먼저 공격하였다는 증거를 반박하기 위하여 검찰측이 제출하는 피해자의 평화로운 성격적 특질에 대한 증거는 허용된다.[228] 이 규정 하에서 피해자의 성격에 대하여 증거를 제시할 피고인의 권리는 피해자가 먼저 공격하였다는 정당방위를 주장하는 폭력 범죄로 거의 제한된다. 왜냐하면 과거에는 강간사건에서 피해자가 난잡한 성행위를 일삼는 성격이기 때문에 동의하에 성행위를 하였다는 주장을 할 수 있었으나 그 후 별도의 규정이 제정됨으로써,[229] 이러한 주장은 더 이상 불가능하게 되었기 때문이다. 이 규정 하에서는 원칙적으로 피고인이 자신에게 유리한 피해자의 성격에 대한증거를 제출할 때까지 검사는 피해자의 성격증거를 제출하지 못한다. 즉 피고인이피해자의 성격에 대한 증거인 폭력성을 먼저 제시하는 경우에만 검사는 피해자가 그러한 성격적 특질을 가지고 있지 않다는 증거로 응수하는 것이 허용된다. 그러나, 살인사건에서는 비록 피고인이 피해자의 성격에 대한 증거를 제시하지 않더라도 정당방위

---

226) Christopher B. Mueller & Laird C. Kirkpatrick, evidence, (3rd ed, 2003), at 182-185. 김일룡, 위 논문, 197면에서 재인용.

227) 연방증거법 제404조(a)(1). 피고인이 자신의 특징을 유리한 증거로 제출하는 경우 검사는 이를 반박하기 위하여 피고인에 대한 성격증거를 제출할 수 있다.

228) 연방증거법 제404(a)(2). 제412조에 반하지 않는 범위에서 피고인이 피해자로 지목된 자의 특징을 증거로 제출하여 이 증거가 받아들여질 경우, 검사는 (i) 이를 반박하기 위하여 (ii) 피고인의 같은 특징을 증거로 제출할 수 있다.

229) 연방증거법 제412조.

를 주장하면서 실제로는 그 사망자가 먼저 공격했다는 증거를 제시한다면 검사는 피해자가 평화로운 성격의 소유자였다는 반박증거를 제시할 수 있다.[230)]

성격증거의 일반적인 배제규정에 대한 세 번째 예외는 증언을 하는 증인의 성격과 관련되어 있다. 즉 위 규칙은 증인의 증언에 대해서 별도의 규정을 두고 있는데, 그 규정에 의한 증인의 증언을 탄핵하거나 보강할 목적으로 그 증인에 대한 성격증거를 사용할 수 있다는 것이다.[231)] 그 외에, 성격증거에 대한 일반적인 배제규정의 예외로서, 다른 범죄, 불법행위 또는 행동에 대한 증거로 특정한 사건과 일치되는 행동이라는 것을 보여주는 것이 아니라, '동기·기회·의도·준비·계획·인식·신원의 동일성 등' 다른 목적을 입증하기 위하여 제시되는 경우에는 허용된다.[232)]

예컨대 불법적인 약물을 제조한 것으로 기소된 피고인이 자신은 과학적 실험을 하고 있었을 뿐이고, 그 실험이 불법적인 약물을 만들어낸다는 것을 몰랐다고 주장하는 경우를 생각해 볼 수 있다. 이 경우 피고인이 다른 때에 불법적인 약물을 제조하였다는 증거는 그가 약물을 좋아한다거나 법에 복종하지 않는 성격적 특질을 가지고 있다는 것을 보여주는 것이 아니라 그가 하고 있는 일이 무엇인지를 인식하고 있었다는 사실을 보여주는 것이기 때문에 허용된다. 즉, 피고인이 과거에 약물을만들었다는 사실에서 피고인이 나쁜 사람이라는 추론을 이끌어내는 경우에는 금지되지만 과거의 약물 제조에 대한 정보가 피고인이 약물에 관하여 알고 있으며, 따라서 그가 스스로

---

230) 연방증거법 제404조 (a)(2)(C).

231) 연방증거법 제404조 (a)(3). 증인에 대한 예외: 증인에 대한 성격증거는 제607조 내지 제609조에 정한 바에 따라 증거능력이 있다.

232) 연방증거법 제404조(b).

(b) 범죄, 위법행위 등

(1) 사용 제한: 범죄, 위법행위 등의 전력은 어떤 기회에 그 사람이 같은 범죄 혹은 위법행위 등을 했다는 것을 증명하기 위한 목적으로 사용할 수 없다.

(2) 형사사건에서의 예외: 하지만 동기, 기회, 의도, 준비, 계획, 지식, 동일성, 실수나 우연이 아님를 증명하기 위한 용도로 사용할 수 있다. 형사사건에서 피고인의 요청이 있는 경우 검사는

(A) 검사가 제출하고자 하는 증거의 대체적인 특징에 대해서

(B) 재판 전에 고지하여야 하고, 재판 전에 고지하지 못한 경우에는 법원의 허락을 얻어 재판 중에라도 고지하여야 한다.

하는 행동의 의미가 무엇인지 인식하고 있었다는 추론을 이끌어내는 경우에는 허용된다는 것이다.[233] 그 외, 재판 중의 사건이 그 일부인 더 큰 계획, 설계 또는 공모의 존재를 입증하기 위한 것으로서, 예컨대 범인이 강도를 위해서 차를 훔쳤을 때, 자동차 절도에 대한 증거는 강도기소 재판에서 계획 등을 입증하기 위하여 제출될 수 있다.[234] 위와 같은 성격입증의 방법은 사람의 성격이나 특징에 대한 증거의 증거능력이 인정되는 경우, 증인이 나와서 평판(reputation)을 설명하거나 의견(opinion)을 제출하는 방법으로 성격이나 특징을 입증할 수 있다. 단, 이를 목적으로 나온 증인에 대한 반대신문에서 법원은 관련성 있는 개개 행동(specific acts)에 대해서 추궁하는 방법으로 성격에 대해 다툴 수 있다.[235]

평판은 어떤 사람의 성격이나 특질에 관한 특정한 공동체의 집합적 의견이다. 평판으로 성격을 묘사하는 성격증인은 그 사람에게 부여된 '관련된 특질'에 관하여 증언하여야 한다. 따라서 피고인의 진실성 또는 성실성에 대한 성격증거는 마약 판매를 모의하였다고 기소된 사건에서는 증거가치가 없다. 마찬가지로 자금 횡령과 관련된 사건에서 불법적인 마약을 사용하였나는 증인의 증거는 허용되지 않는다. 전형적으로 평화로운 특질에 대한 증거는 폭력 사건에서 적절하게 고려된다. 마찬가지로 정직한 성격은 위증사건에서 적절하다. 보통법은 평판증거만을 허용하였음에 반해, 이 규칙은 평판증거를 사용할 수 있는 모든 상황에서 의견증거도 사용할 수 있도록 규정한다. 평판증거과 의견증거를 구별하는 것이 때로는 어려울 수도 있지만, 성격증인이 사람의 성격에 대한 자신의 의견을 말할 때 그 증거가 의견증언이다.[236] 한편, 특정한 행동 사례는 평판이나 의견보다 더 구체적이고 사실적이기 때문에 성격적 특질을 보여주는데 있어 훨씬 더 신빙성 있는 증거이지만, 특정한 행동사례는 예외적으로 인정하고 있다. 그 이유는 특정한 행동사례를 제출하게 하면 편견을 일으키거나 쟁점에

233) 아더 베스트, 앞의 책, 37면

234) 김일룡, 위 논문, 205면.

235) 연방증거법 제405조(a).

236) A. J. Stephani, Glen Weissenberger, Federal Evidence, 2008 Courtroom Manual, (1st ed, 2007), at 95.

혼란을 가져오거나 불의의 공격을 받게 하거나 시간을 낭비할 가능성이 크다는 점에 있다. 예컨대 술집에서 폭력행위로 기소된 피고인이 그 피해자와 관련된 다른 싸움을 언급함으로써 피해자의 폭력적인 성격을 입증하도록 허용한다면, 배심원의 관심은 기소된 범죄로부터 거의 가치 없는 과거의 폭력에 대한 논쟁을 탐구하는 쪽으로 쏠리게 되어 사실심 재판 기일의 연장을 무의미하게 희생시키는 것이 되기 때문이다.[237]

특정한 행동사례를 제출하는 것이 허용되는 중대한 예외는 의견이나 평판을 증언한 증인에 대하여 반대신문으로 질문할 때이다.[238] 반대신문의 목적은 평판이나 의견증언에 관한 증언의 신빙성을 시험하는 것이지 성격을 증명하려는 것이 아니지만 이전의 특정한 행동사례로 반대신문하는 것은 사실심 재판에 불공정한 편견을 주입하는 거대한 잠재력을 가지고 있다. 판례는 이러한 위험성을 방지하기 위하여 몇 가지 안전장치를 확립하여 놓고 있다.

(3) 성범죄와 아동학대사건의 특칙

1) 성범죄

연방증거규칙은 성범죄 또는 성폭력범죄와 관련된 재판에서 피고인 또는 피해자의 성격증거에 대한 특칙을 규정하고 있다.[239] 이 규정의 제정으로 인하여 성격증거의 일반적 배척에 대한 예외로서 제출이 허용되었던, 사실심 재판에서 피해자가 피고인과의 성행위에 동의할 것 같은 문란한 유형의 사람이라는 것을 입증하는 증거 또는 피해자가 성범죄와 관련하여 부정직한 유형의 사람이라는 증거가 배척된다.[240]

그러나, 이에 대하여는 일정한 예외가 인정된다. 이를 개괄적으로 살펴보면, 형사절차에 적용되는 경우로는 ① 피해자의 과거 성행위 사실을 기초로 정액이나 실물증

---

237) Mueller/Kirkpatrick, supra note 11, at 217.

238) 연방증거법 제405조(a).

239) 연방증거법 제412-413조.

240) 연방증거법 제412조(a). 사용 제한: 성범죄 관련 민사 및 형사사건에서 (1) 피해자가 다른 성행위에 관계됐다는 사실을 입증하는 용도로 제출된 증거와 (2) 피해자의 성적 특징을 입증하는 용도로 제출된 증거는 증거능력이 없다.

거의 출처가 피고인이 아니라고 주장하거나 피고인 아닌 다른 자로부터 상해를 입었다고 주장하는 경우, ② 피고인과 피해자의 과거 성행위 사실을 검사가 성범죄 혐의를 입증하는 증거로 제출하거나 피고인이 피해자로부터 동의가 있었음을 입증할 목적으로 제출하는 경우, ③ 그 증거를 제외함으로써 피고인의 헌법상 권리를 침해하는 결과가 초래될 위험이 있는 경우이다.[241)]

나아가 피고인이 성폭력 범죄로 기소된 형사사건에서, 피고인의 다른 범죄나 성폭력 범죄에 대한 증거는 허용되며, 이와 관련성 있는 사실도 고려할 수 있다고 규정하고 있는데,[242)] 이는 성격증거에 대한 일반원칙을 전면적으로 수정한 것이다. 예컨대 A가 B를 강간한 것으로 기소되었는데, A가 수년 전에 C을 강간하였으나 고발하지 않아 A가 처벌받지 않았을 때에도 검사는 A가 C를 강간한 증거를 A의 B에 대한 강간의 성격증거로 제출할 수 있다는 것이다.[243)] 이 규정에서 성격증거에 대한 일반조항을 수정하여 증거를 허용하도록 한 이유는 유죄판결이 종종 피해자의 진술의 신빙성에만 의존하는 성폭력 범죄자로부터 일반인을 보호하기 위한 것이다.

2) 아동학대사건

피고인이 아동학대죄로 기소된 형사사건에서, 피고인의 다른 범죄 또는 아동학대 범죄에 대한 증거는 허용되며, 이와 관련성 있는 사실도 고려할 수 있다.[244)] 이 규정에서 성격증거의 일반적 배제원칙을 수정하여 증거를 허용하도록 한 이유는 법원이 기소된 범죄를 저지를 성향을 판단함에 있어 피고인의 과거 불법행위에 대한 증거를 고려하도록 허용함으로써 범죄자로부터 학대받는 아동을 보호하기 위한 것이다.

---

241) 연방증거법 제412조(b)(1).

242) 연방증거법 제413(a). 원칙 : 성범죄로 인한 형사사건에서 법원은 피고인이 다른 성범죄를 저질렀다는 사실을 증거로 채택할 수 있고, 그 사실은 관련성 있는 사실의 입증에 이용될 수 있다.

243) Steven L. Emanuel, Evidence, (1st ed, 2007), at 56.

244) 연방증거법 제414조(a). 증거 사용: 피고인이 아동학대죄로 기소된 경우, 법원은 피고인이 범한 다른 아동학대 사실을 증거로 채택할 수 있고, 그 사실은 관련성 있는 사실의 입증에 이용될 수 있다.

(4) 시사점

연방증거법상의 성격증거에 대한 규정을 우리나라에서도 고려할 여지가 있는가 하는 데에 의문이 있을 수 있다. 그러나 국민참여재판에는 미국과 마찬가지로 일반인인 배심원이 사실판단자로 기능하고 있어 어떤 사건에 대해 관련성이 있다고 하여 피고인의 성격에 관한 많은 증거들이 제시되는 경우 배심원이 부당한 편견이나 쟁점의 혼동 등을 가져오는 증거에 이끌려 올바른 사실판단을 하지 못할 우려는 있다. 이러한 측면에서 성격증거를 입증방법으로 사용하는 경우에 그 허용성에 대하여 증거가치와 불공정한 편견의 위험 등과의 균형성 심사를 성격증거에 구체적으로 적용하여 그 제한과 한계를 법정화한 미국 증거법 제도는 합리적인 기준을 제시하고 있다고 볼 수 있다. 우리 형사소송법은 성격증거에 대한 별도의 규정이 없으므로 어떤 성격증거라도 제출이 허용된다고 볼 수 있다. 그러나 성격증거만으로 구성요건사실을 인정하여 유죄판결에 이른 판례는 없는 듯하다. 그렇다고 하여 현재와 같은 성격증거의 취급이 타당하다고 볼 수는 없다. 왜냐하면 성격증거는 본질에 있어 불공정한 편견을 초래하거나 피고인의 방어권을 침해할 가능성이 높기 때문이다. 따라서, 우리나라의 국민참여재판에서 성격증거와 관련하여 재판장의 역할이 중요하다고 할 것이다. 즉, 배심원들에게 성격증거가 무제한적으로 현출되지 않도록 적절한 통제와 제한을 할 필요성이 있으며 그때 연방증거규칙의 법리가 많은 도움을 줄 것으로 본다.

2. 과학적 증거

(1) 문제점

오늘날 범죄수사에 있어서 범죄현장에 남아있거나 범죄와 관련성이 있는 혈액, 정액, 모발, 음성, 지문, DNA 등의 과학적 분석을 통하여 용의자와 범행과의 연관성을 찾아내는 기술이 날로 발전하고 있다. 이를 이른바, 과학수사라고 말하고 있다. 일반 시민들은 형사절차에서 이용되고 있는 과학적 증거가 실제 형사재판에서 중요한 영향을 미치는 것으로 생각하고 있다.[245] 이러한 영향은 배심원이 형사재판을 담당하는 경우 더욱 강하게 나타나는데 법과학적 증거가 아닌 증거들을 무시하거나 경시하고, 법과학적 증거를 결정적인 증거로 판단하는 경향이 나타나고 있다.[246] 이러한 경향은 전문가에 대한 설문조사에서도 과학적 증거에 대한 신뢰도가 상당히 높은 것으로 나타나고 있다. 그러나, 과학적 증거의 정확성, 신뢰성은 객관적으로 완전하다고 할 수 없다는데 문제가 있다. 드라마에 나오는 것처럼 용의자의 범죄를 직접적으로 백 퍼센트 입증하는 과학적 증거는 없으며, 용의자가 범죄를 저질렀다는 사실과의 연관성을 입증하는 확률 또는 개연성의 문제인 것이다.

한편, 우리나라는 형사소송법을 비롯한 법제에서 과학적 증거의 허용성(증거능력)과 신빙성(증명력)에 관한 규정을 두고 있지 않다. 이와 같이 과학적 증거를 규율하는 증거법 규정이 없다는 이유로 과학적 증거들이 아무런 제한없이 법정에 현출되어 증거조사과정을 거치게 된다면 과학적 증거에 대한 무오류성의 신비에 대한 전폭적인 신뢰로 인하여 사실 판단자는 오판을 하게 될 가능성이 높아지게 된다. 이러한 위험성은 법관이라도 전문적인 과학적 지식에 대하여는 일반인과 마찬가지로 그 메커니즘을 이해하고 있지 못하므로 별나른 차이섬이 없다. 이러한 우려는 특히, 국민참여재판에 있어서 사실판단자인 배심원의 경우에는 더욱 심각하다. 이러한 문제의식에 비추어 볼 때, 과학적 증거가 국민참여재판의 법정에 현출되어 증거조사가 이루어지기 전에 과학적 증거의 허용성, 즉 증거능력을 법관이 미리 판단하여 배심원들에게 제출되어도 사실인정을 함에 있어서 오판에 이르지 않을 증거를 미리 판별하는 것이 중요하다고 할 것이다. 이하에서는 먼저, 외국의 주요국가에서 과학적 증거의 증거능력과 증명력을 어떤 기준을 가지고 파악하고 있는지에 대하여 살펴보고, 그 후 우리나라에서의 과학적 증거에 대한 판례와 학설의 태도를 살펴본 후 그에 대한 평가를 내려보기로 한다.

---

245) 이러한 경향은 CSI(Criminal Scene Investigation)와 같은 드라마의 영향으로 법과학적 증거들이 실제 법정에서 결정적인 증거로 제시되는 것을 기대하는 배심원들이 무조건 법과학적 증거를 요구하는 일이 많다는 검사들의 경험들이 알려지면서 'CSI 효과'라는 신조어를 낳게 되었다.

246) 황만성, "DNA증거의 증거능력", 형사정책 제24권 제1호 (2012년 4월), 37-38면.

(2) 과학적 증거의 증거능력과 증명력

1) 과학적 증거에 관한 비교법적 논의

가. 미국

(가) 프라이 기준(Frye Standard)

과학증거의 허용성(Admissibility of scientific evidence)에 대한 기준을 제시한 것은 1923년의 컬럼비아 지역 상소법원의 판결인 Frye v. United States 사건이다.[247] 살인사건으로 기소된 피고인은 자신의 무죄를 입증하기 위해 제출한 거짓말탐지기검사결과에 대한 전문가 감정에 대하여 법원은 "과학적 원리나 발견이 언제 실험단계에서 명증적인 단계로 넘어서게 되는 것인지 규정하기 어렵고, 이 중간지대 어디선가에서 그 원리의 증명력(evidential force)이 인정되어야만 하며, 법원이 잘 알려진 과학적 원리 혹은 발견으로부터 연역된 전문가 감정을 인정하기에는 오래 시간이 걸리겠지만, 연역의 출발점이 되는 것은, 그것이 속하는 특수한 분야에서 일반적인 수용성(general acceptance)을 획득하였다는 것이 충분히 인정되어야만 한다."고 함으로써, 소위 프라이 기준의 '일반적 수용성'이라는 척도가 만들어지게 되었다. 이러한 전제하에서 볼 때 연방항소법원은 거짓말탐지기검사가 생리학과 심리학의 권위자들 사이에서 아직 과학적 승인을 얻지 못하였다고 판단하였다. 이 프라이 테스트는 증거제출자에게 매우 과중한 부담을 주는 것이다. 이 기준을 충족시키려면 새로운 과학기술은 '관련되는 과학 공동체 안에서 일반적으로 수용'되었음이 입증되어야 하는데 어떤 새로운 기술이 그러한 단계에 도달하였음을 입증한다는 것은 결코 쉽지 않다.

(나) 다우버트 판결(Daubert Decision)

1993년 Daubert v. Merrell Dow Pharmaceuticals, Inc 사건에서 연방대법원은

---

247) 54 App. D.C. 46, 293 F. 1013 (1923). 살인죄로 기소된 피고인 프라이는 거짓말탐지기의 전신인 심장수축혈압의 검사결과(systolic blood preasure test)를 자신의 무죄를 입증하기 위하여 법정에 제출하려고 하였다. 이에 대하여 콜럼비아 특별구 연방항소법원은 심장수축혈압의 검사결과는 병리학자 및 심리학자들 사이에 위에 말한 지속적이고 과학적인 승인이 결여되어 증거능력이 없다고 판시하였다.

Frye 기준이 아니라 Rule 제702조가 연방법원의 전문가 감정의 허용성을 규제한다고 밝혔다.[248] 연방대법원은 “사실심 법관은 관련성이 있을 뿐만 아니라 믿을만한 경우라면 모든 과학적 증언이 허용되도록 보장해주어야만 한다.”고 소위 관련성과 신뢰(신용)성 기준을 제시했다. Rule 제702조는 종래의 감정인의 증거허용성에 대한 장애를 완화시키고, 엄격한 일반적 수용성이 아니라, 보다 자유로운 기준을 설정한 것이라는 취지도 밝혔다. 나아가 전문가 감정의 주제는 과학적 지식이어야만 하고, 그래야 증명의 신뢰성은 과학적 타당성에 기초하게 될 것이라고도 했다. 관련성과 타당성에 기초한 신뢰성이 다우버트 기준의 핵심내용이다. 또한 사실심 법관은 단지 전문가의 원리와 방법(론)에 집중해야지, 그 방법과 원리들이 생산해 낸 결과에 중점을 두어서는 안 된다고 했다.

관련성과 타당성에 기초한 신뢰성이 다우버트 기준의 핵심내용이다. 또한 사실심 법관은 단지 전문가의 원리와 방법(론)에 집중해야지, 그 방법과 원리들이 생산해 낸 결과에 중점을 두어서는 안 된다고 했다. 다우버트 사건을 다룬 연방대법원은 사실심 법관이 고려해야 할 사항으로 ① 그 이론과 기법이(심사되었거나) 심사될 수 있는가 여부, ② 그 이론이나 기법은 동료심사의 대상이 되었거나 공간되었는지 여부, ③ 특정한 과학적 기법의 알려진 오류율 혹은 잠재적 오류율, ④ 기법의 사용(작동)에 대한 기준의 존재와 유지, 그리고 ⑤ 관련 과학적 공동체 내에서 과학적 기법의 수용성의 정도를 들었다.

나. 독일

독일연방대법원은 거짓말탐지기는 형사절차에서 증거방법으로 사용할 수 없다는 입장이다. 즉 사소한 정황증거로서의 증거가치만을 가질 뿐인 거짓말탐지기 조사결

---

248) 벤덱틴(Bendectin)이라는 약물의 출생기형에 대한 인과성의 문제를 다룬 민사사안에서 약품회사 측의 감정인은 벤덱틴과 인간의 출생기형에 관한 모든 문헌을 보았고, 벤덱틴이 인간의 기형을 야기한다는 것을 보여주는 증거가 없다는 증언을 했고, 원고 측의 감정인들은 벤덱틴이 출생기형을 야기한다는 근거로, 동물실험에서 기형을 야기한다는 것이 밝혀졌다는 것, 벤덱틴의 화학적 구조가 기형을 야기하는 다른 약물의 구조와 유사하다는 것, 기존의 출판된 역학적 연구를 다시 분석한 결과를 그 이유로 제시했다. 이에 대해 지방·항소법원들은 원고의 감정인의 증언은 프라이 기준의 일반적인 수용성기준에 미치지 못한다는 이유로 증거로 허용될 수 없다고 판단했다.

과는 통제질문검사와 관련된 근본적 문제점이 있다는 것이다. 거짓말탐지기의 활용은 피조사자의 인격권을 침해한다는 이유로 헌법질서에 위반되는 허용되지 않는 수사방법이라는 견해도 있는 반면, 피검사자가 동의한 경우에는 헌법위반으로 볼 수는 없지만 형사소송법 제244조 제3항 제2문 [249]에 해당하는 부적합한 증거방법으로 판단하고 있다.[250]

또한 동조 제4항[251]에 따르면 이미 법원이 문제되는 사안에 대한 지식을 가지고 있는 경우, 이전 감정에 의해 현재 주장되는 사실의 반대사실이 이미 입증이 된 경우에는 감정인의 신문에 대한 증거신청이 기각될 수 있다. 그러나 이전 감정인의 전문지식에 의심이 들거나 그의 감정이 부적당한 사실적 전제에서 출발한 것이거나, 감정에 모순이 있거나, 새로운 감정인이 이전 감정인의 연구방법보다 우월한 감정방법을 가지고 있다는 보이는 경우는 감정신청을 기각할 수 없다. 동조 제4항에서는 "선행 감정인의 전문성에 의문이 있는 경우"를 규정하고 있는데, 이러한 경우로는 감정인의 견해가 과학의 인식과 일치하지 않는 경우, 방법론적 심사가능성의 관점에서 문제가 있는 경우, 각 전문분야에서 승인된 인식으로부터 벗어난 경우 또는 감정인에게 요구되는 전문적 자질이 증명되지 않은 경우 등이 있다.[252]

한편 연방대법원은 DNA 분석결과는 의미있는 정황증거로 보고 있으나, 이러한

---

249) 독일 형소법 제244조(증거조사) 제3항.
: 증거조사가 허용되지 않는 경우 증거신청을 기각해야 한다. 이 밖에 공지의 사실이기 때문에 증거조사가 불필요한 경우, 증명되어야 할 사실이 판결에 중요하지 않은 것이거나 이미 증명된 경우, 증거방법이 매우 부적절하거나 입수하기 어려운 경우, 증거신청이 소송방해의 목적으로 이루어진 경우 또는 피고인의 책임감면을 위해 증명되어야 할 중요한 주장과 관련하여 주장된 사실을 진실로 간주할 수 있는 경우에만 증거신청을 기각할 수 있다.

250) BGHSt 44. 308. 간략한 소개로는 Karlsruher Kommentar zur StPO 6. Aufl(2008), §136a Rn 34). 김성룡, "현행법에서 과학적 증거의 증거능력과 증명력", 형사법연구 제24권 제4호 통권 제53호 (2012. 겨울), 206면에서 재인용.

251) 독일 형소법 제244조 제4항.
: 법원 스스로 필요한 전문지식을 갖고 있는 경우에도 별도의 규정이 없는 한, 감정인신문에 대한 증거신청을 기각할 수 있다. 주장된 사실이 선행감정에 의해 이미 반증된 경우 다른 감정인의 의견청취를 기각할 수 있다. 그러나 선행감정인의 전문성에 의문이 있는 경우, 그 감정이 부적절한 사실을 근거로 한 경우, 감정 자체가 모순점을 내포하고 있는 경우 또는 새로운 감정인이 선행감정인의 것보다 우수하다고 보이는 조사방법을 채택한 경우에는 그렇지 않다.

252) BGH NStZ 99, 632; BGH 49, 357.

DNA 증거가 증명력을 가진다고 하여 다른 증거방법에 대한 평가를 생략할 수 있는 것은 아니다.[253] 법원은 항상 이런 분석결과는 단지 하나의 통계학적 진술일 뿐이라고 보고 있기 때문이다. 일반적으로 피고인이 범인이 아니라는 것을 입증하기 위하여 DNA 분석을 하거나, DNA 분석에 필요한 흔적이 존재하는 경우에 DNA 분석을 하게 되는 반면, 유죄심증형성에 있어서는 DNA 분석에 사용된 방법이 과학의 현 상태에 따를 때 승인된 확실성 요구에 부합하고, 당사자의 인격을 비례성을 초과하여 침해하지 않았다는 것을 확신할 수 있어야 한다.[254] 또한 학계는 필적감정(Graphologie)은 법원이 사용가능한 과학이라고 보지 않는다. 필적감정은 그 다의성으로 인해 어떠한 신뢰성도 기대할 수 있고, 객관성도 결여되어 있으며, 감정의 추론결과의 타당성이 보장되지 않고, 타인에 의한 검증가능성도 결여되어 있다고 보고 있다.

다. 일본

일본의 형사절차에서 일반적으로 증거는 ① 자연적 관련성이 있고, ② 법률적 관련성이 있으며, ③ 증거금지에 해당하지 않는 경우에는 허용된다.[255] 여기서, '관련성'이란 증거가 요증사실의 존부를 판단함에 있어 도움을 줄 개연성 또는 요증사실의 존부를 추인할 수 있는 개연성이다. 관련성 없는 증거를 조사하는 것은 결국 요증사실의 입증과는 무관한 곳에 시간과 비용을 들이는 것이고, 심리를 혼란에 빠뜨리고, 법원의 예단을 증대시키며, 소송을 지연시키는 원인이 된다는 것이다.[256]

자연적 관련성이 없는 경우는 단순한 소문, 풍문, 상상, 인상 등을 내용으로 하는 진술 등을 들 수 있고, 법률적 관련성이 없는 경우는 자연적 관련성을 전제로 하여 당해 증거의 증명력의 평가를 그르칠 수 있는 사정이 있는 것을 말한다. 즉 요증사실을 입증할 필요최소한도의 증명력이 있으리라는 개연성이 있는 증거라도 법원이 증

---

253) BGH NStZ 94, 554.

254) BGH 37, 157 ; BT-Dr 12/667.

255) 田口守一, 刑事訴訟法(第5版), 弘文當(2009), 351면; 渡辺直行, 刑事訴訟法(補訂版), 成文堂(2011), 331면; 上口裕, 刑事訴訟法(第2版), 成文堂(2011), 345면.

256) 出口博章, 尋問の關聯性について, 判例タイムズ61巻10号(通号1318)(2010.5.1), 36면.

명력 평가를 잘못할 수 있는 위험을 함유하고 있는 증거는 법률적 관련성이 부정된다. 예컨대 진술증거에 임의성이 없거나, 반대신문을 거치지 않는 때에는 법률적 관련성이 없다. 일본에 있어서 과학적 증거는 ① 과학적 근거가 있고, 과학적 지식을 적절하게 응용한 기술이라는 '이론적인 타당성', ② 검사자가 필요한 자격을 가지고, 정확한 기기를 이용하여 적절한 검사절차에 의해서 행해졌다고 하는 '구체적인 검사방법의 적절성'이 확인되어야 증거로 허용될 수 있다.[257] 이에 대하여 판례는 이론적 타당성을 충분하게 검토하지 않고 구체적 검사방법이 적절하다는 이유만으로 증거의 관련성을 긍정하는 경향이 있다고 비판되기도 한다.[258] 나아가 과학적 증거의 관련성은 쉽게 인정하고, 증명력은 직업법관이 판단하면 족하다는 종래의 사고방식은 재판원제도의 도입과 더불어 재검토해야 한다는 지적도 있다.[259]

2) 우리나라 대법원 판결 및 국내의 논의

가. 대법원의 과학적 증거에 대한 판단기준

대법원이 과학적 증거를 명시적으로 언급하고 있는 몇몇 판례에서 제시되고 있는 증거능력과 증명력에 관한 판단 기준을 간략하게 줄이면 다음과 같다.

우선 감정인과 관련하여, ① 당해 감정인은 전문적인 지식·기술·경험을 가지고 있어야 한다. 감정방법, 즉 과학적 실험과 추론의 방법은 ② 일반적으로 확립된 표준적인 분석기법, 즉 공인된 표준 검사기법을 활용(적정한 절차를 통해)하여 분석을 실행한 것이어야 하고, ③ 추론의 방법이 과학적으로 정당하여 오류의 가능성이 전혀 없거나 무시할 정도로 극소한 것이어야 한다. 나아가 분석의 대상인 ④ 시료의 채취·보관·분석 등 모든 과정에서 시료의 동일성이 인정(그 전제로 하는 사실이 모두 진실임이 입증)되고, 인위적인 조작·훼손·첨가가 없었음이 담보되어야 하며, 각 단계에서 시

---

257) 上口裕, 앞의 책 347-348면; 渡辺直行, 앞의 책 332면.

258) 田宮裕, 刑事訴訟法(新版), 有斐閣(1996), 333면 光藤景皎, 口述刑事訴訟法(中), 成文堂(2005), 144면.

259) 上口裕, 앞의 책 348면.

료에 대한 정확한 인수·인계절차를 확인할 수 있는 기록이 유지되어야 한다. ⑤ 이러한 조건이 갖추어진 과학적 증거방법은 법관의 사실인정에 있어서 상당한 정도로 구속력을 갖는다.260)

나. 과학적 증거의 증거능력과 증명력에 대한 대법원 판례

형사소송법은 어떠한 증거가 증거능력이 있는지를 규정하는 방식을 취하는 것이 아니라, 증거능력이 부정되는 경우를 규정함으로써, 결국 이러한 증거능력배제규정에 해당하지 않는 경우는 원칙적으로 증거능력이 인정되는 것으로 이해되고 있다. 대법원의 판례들에서도 해당 과학적 증거가 위법한 압수수색에 기초하여 증거수집이 이루어진 경우 등이 아닌 이상) 위법수집증거배제법칙이나 전문법칙 등의 증거능력 배제원칙이 적용될 여지가 없으므로 증명력 판단에 중점을 둘 수밖에 없음이 표현되고 있다. 즉 증거획득 절차에 위법이 없고, 원본증거이면서 객관적 관련성이 인정되는 경우는 증거능력에 관해 특별한 문제가 제기되지 않는다고 할 것이다.

이하에서는 과학적 증거에 관한 우리 판례의 태도를 좀 더 구체적으로 살펴보기로 한다.

(가) DNA 검사결과 등

[판례 1] 원심은 피고인의 오른쪽 팔뚝에 상처가 있는 점, 2004. 8. 5. 및 8. 6.의 수익금이 많고 그 날 돈 지출을 많이 한 점, Y유전자 감식 결과 피해자의 손톱 2조각의 혈흔에서 검출된 성염색체의 유전자좌(Y-STR) 11개가 피고인의 성염색체의 유전자좌 11개와 일치하는 점 등 기록상 피고인이 이 사건 범행의 범인일 수 있다고 의심할 수 있는 정황들이 있기는 하나, 그와 같은 간접사실들이 가지고 있는 그 판시와 같은 증명력의 한계나 여러 의문점 등을 종합해 보면, 피고인이 이 사건 범행을 저질렀다고 인정하기에 부족하므로, 결국 검사가 제출한 유죄의

---

260) 사안에 따라 차이는 있으나 가장 세부적으로 그 기준을 제시하고 있는 DNA 관련 설시를 기준으로 한 것이다. 이에 대해서는 대법원 2011.5.26. 선고 2011도1902 판결 참조. 그러나 사안별로 대법원의 판단기준을 들여다보면, 동일된 기준을 설정하기에는 어려움이 있다.

간접사실 내지 정황만으로는 공소사실을 진정한 것이라고 합리적인 의심을 할 여지가 없이 인정할 정도에 이르렀다고는 볼 수 없다는 이유로 피고인에 대하여 무죄를 선고하였는바, 앞서 본 법리와 기록에 비추어 살펴보면, 원심의 사실인정 및 판단은 정당하다.[261)]

[판례 2] 유전자검사나 혈액형검사 등 과학적 증거방법은 그 전제로 하는 사실이 모두 진실임이 입증되고 그 추론의 방법이 과학적으로 정당하여 오류의 가능성이 전무하거나 무시할 정도로 극소한 것으로 인정되는 경우에는 법관이 사실인정을 함에 있어 상당한 정도로 구속력을 가지므로, 비록 사실의 인정이 사실심의 전권이라 하더라도 아무런 합리적 근거 없이 함부로 이를 배척하는 것은 자유심증주의의 한계를 벗어나는 것으로서 허용될 수 없다. (중략) DNA 분석을 통한 유전자검사 결과는, 충분한 전문적인 지식과 경험을 지닌 감정인이 적절하게 관리・보존된 감정자료에 대하여 일반적으로 확립된 표준적인 검사기법을 활용하여 감정을 실행하고 그 결과의 분석이 적정한 절차를 통하여 수행되었음이 인정되는 이상 높은 신뢰성을 지닌다 할 것이고, 특히 유전자형이 다르면 동일인이 아니라고 확신할 수 있다는 유전자감정 분야에서 일반적으로 승인된 전문지식에 비추어 볼 때, 피고인의 유전자형이 범인의 그것과 상이하다는 감정결과는 피고인의 무죄를 입증할 수 있는 유력한 증거에 해당한다.[262)]

[판례 3] 과학적 증거방법이 당해 범죄에 관한 적극적 사실과 이에 반하는 소극적 사실 모두에 존재하는 경우에는 각 증거방법에 의한 분석결과에 발생할 수 있는 오류가능성 및 그 정도, 그 증거방법에 의하여 증명되는 사실의 내용 등을 종합적으로 고려하여 범죄의 유무 등을 판단하여야 하고, 여러가지 변수로 인하여 반증의 여지가 있는 소극적 사실에 관한 증거로써 과학적 증거방법에 의하여 증명되

261) 대법원 2006.7.7. 선고 2005도6115 판결【강도살인】
262) 대법원 2007.5.10. 선고 2007도1950 판결【강도강간미수 등】

는 적극적 사실을 쉽사리 뒤집어서는 안 된다. (중략) 유전자검사 결과 주사기에서 마약성분과 함께 피고인의 혈흔이 확인됨으로써 피고인이 필로폰을 투약한 사정이 적극적으로 증명되는 경우, 반증의 여지가 있는 소변 및 모발검사에서 마약성분이 검출되지 않았다는 소극적 사정에 관한 증거만으로 이를 쉽사리 뒤집을 수 없다.[263]

[판례 4] 폐수 수질검사와 같은 과학적 증거방법이 사실인정에 있어서 상당한 정도로 구속력을 갖기 위해서는, 감정인이 전문적인 지식·기술·경험을 가지고 공인된 표준 검사기법으로 분석을 거쳐 법원에 제출하였다는 것만으로는 부족하고, 시료의 채취·보관·분석 등 모든 과정에서 시료의 동일성이 인정되고 인위적인 조작·훼손·첨가가 없었음이 담보되어야 하며 각 단계에서 시료에 대한 정확한 인수·인계 절차를 확인할 수 있는 기록이 유지되어야 한다. (중략) 이 사건 92번 시료에서 배출허용기준치보다 높은 10.8의 수소이온농도와 74.79㎎/ℓ의 시안이 검출된 사실을 인정하면서, 다음과 같은 사정들 즉, (i) 울산시청측은 폐수처리 전의 원폐수인 c 시료는 참고용으로 채취하였으나 성분검사를 의뢰하지 않고 폐기하였다고 주장하나, 위 시료를 누가, 언제, 어떤 절차를 거쳐 폐기하였는지를 전혀 밝히지 아니하고 있을 뿐만 아니라, 채수통을 봉인까지 하여 가져간 c 시료를 전혀 검사해보지 않은 채 폐기하였다는 것은 선뜻 믿기 어려운 점, (ii) 증인 공소외 1의 진술에 의하면, a 시료는 일반 하수가 섞이지 않도록 노력을 기울여 채취된 것이고, 설령 일반 하수와 섞였다 하더라도 그 양이 그다지 많은 것으로는 보이지 아니하고, 그 채취 지점도 최종방류구로부터 불과 20보밖에 떨어져 있지 않은데다가 하수도 구조상 최종방류구로부터 위 시료 채취 지점 사이에 다른 폐수가 섞인다거나 폐수처리과정을 거치는 것도 아니므로 b 시료와 성분이 유사하여야 함에도, 울산시청측이 a,b 시료라고 주장하는 91, 92번시료는 그 시안 함량

263) (대법원 2009.3.12. 선고 2008도8486 판결【마약류관리에관한법률위반(향정)】)

이 180배나 차이가 나고 기타 오염물질의 함량 차이도 작지 않으므로 이를 a, b 시료와 같은 것으로 보기 어려운 점, (iii) 시료채취기록부에 기재된 91,92번 시료의 채취시각이 공소외 2가 자신의 수첩에 기재한 b,c 시료의 채취시각과 일치하는 점, (iv) ○○시청측은 91번 시료가 b 시료와,92번 시료가 c 시료와 같은 것이라면 폐수처리과정을 거친 91번 시료가 ph 산도 등 몇몇 항목에서 폐수처리 전의 92번 시료보다 더 큰 오염도를 보인 것을 설명할 수 없다고 주장하나, 처리된 폐수는 생활하수 등의 폐수와 섞여 최종방류구로 방류될 뿐만 아니라, 이 사건 단속 당시 중화처리시설도 제대로 작동되지 아니하였으므로, 그로 인하여 b 시료가 처리 전 원폐수인 c 시료보다 부유물질량 등 일부 항목에 있어서 오염 정도가 더 커졌을 가능성이 충분히 있는 점 등을 종합하면, 이 사건 공소사실에 부합하는 듯한 '폐수 수질검사 결과 회신'중의 92번 시료는 최종방류수에서 채취한 b시료가 아니라 처리 전 원폐수로부터 채취한 c 시료로 봄이 상당하고, 그렇다고 하여 '폐수 수질검사 결과 회신'중의 91번 시료마저 효성금속 담장 밖 맨홀에서 채취한 a 시료가 아니라 b 시료인 것으로 단정하기는 어려워, 위 회신 중 91번 시료에 대한 성분검사 결과를 이 사건 공소사실 중 수소이온농도에 관한 배출허용기준 초과배출 부분에 대한 유죄의 증거로 삼기에도 부족하다고 판단하여 이 사건 공소사실에 대하여 무죄를 선고한 제1심을 그대로 유지하였는바, 기록에 비추어 보면 원심의 판단은 위 법리를 토대로 사실심 법관의 합리적인 자유심증에 따른 것으로 수긍이 되고, 거기에 상고이유로 주장하는 법리오해 등의 위법이 없다.264)

(나) 거짓말탐지기 검사결과

[판례 1] 허언탐지기의 시험결과 및 그 보고서는 피검자의 동의가 있고, 기계의 성능, 피검자의 정신상태, 질문방법, 검사자 및 판정자의 지식, 경험, 검사장소의 상황등 제반사정에 비추어 검사결과의 정확성이 보증되는 경우에 한하여 증거능력이 인정된다.265)

264) 대법원 2010.3.25. 선고 2009도14772 판결【수질환경보전법위반】

[판례 2] 거짓말탐지기의 검사결과에 대하여 증거능력을 인정할 수 있으려면 첫째로 거짓말을 하면 반드시 일정한 심리상태의 변동이 일어나고, 둘째로 그 심리상태의 변동은 반드시 일정한 생리적 반응을 일으키며, 셋째로 그 생리적 반응에 의하여 피검사자의 말이 거짓인지 여부가 정확히 판정될 수 있다는 전제요건이 충족되어야 하며 특히 생리적 반응에 대한 거짓여부의 판정은 거짓말탐지기가 위 생리적 반응을 정확히 측정할 수 있는 장치이어야 하고 검사자가 탐지기의 측정내용을 객관성있고 정확하게 판독할 능력을 갖춘 경우라야 그 정확성을 확보할 수 있어 증거능력을 부여할 것이다.[266)]

[판례 3] 거짓말탐지기의 검사는 그 기구의 성능, 조작기술에 있어 신뢰도가 극히 높다고 인정되고 그 검사자가 적격자이며, 검사를 받는 사람이 검사를 받음에 동의하였으며 검사자 자신이 실시한 검사의 방법, 경과 및 그 결과를 충실하게 기재하였다는 여러가지 점이 증거에 의하여 확인되었을 경우에 형사소송법 제313조 제2항에 의하여 이를 증거로 할 수 있다. (중략) 거짓말탐지기의 검사결과가 증거능력이 있는 경우에도 그 검사 즉 감정의 결과는 검사를 받는 사람의 진술의 신빙성을 가늠하는 정황증거로서의 기능을 다하는데 그치는 것이다.[267)]

[판례 4] 거짓말탐지기의 검사 결과에 대하여 사실적 관련성을 가진 증거로서 증거능력을 인정할 수 있으려면, 첫째로 거짓말을 하면 반드시 일정한 심리상태의 변동이 일어나고, 둘째로 그 심리상태의 변동은 반드시 일정한 생리적 반응을 일으키며, 셋째로 그 생리적 반응에 의하여 피검사자의 말이 거짓인지 아닌지가 정확히 판정될 수 있다는 세 가지 전제요건이 충족되어야 할 것이며, 특히 마지막 생리적 반응에 대한 거짓 여부 판정은 거짓말탐지기가 검사에 동의한 피검사자의

265) 대법원 1979.5.22. 선고 79도547 판결【폭력행위등처벌에관한법률위반, 살인】

266) 대법원 1983.9.13. 선고 83도712 판결【살인, 사체은닉, 절도】

267) 대법원 1984.2.14. 선고 83도3146 판결【강간치사, 업무상횡령】

생리적 반응을 정확히 측정할 수 있는 장치이어야 하고, 질문사항의 작성과 검사의 기술 및 방법이 합리적이어야 하며, 검사자가 탐지기의 측정내용을 객관성 있고 정확하게 판독할 능력을 갖춘 경우라야만 그 정확성을 확보할 수 있는 것이므로, 이상과 같은 여러 가지 요건이 충족되지 않는 한 거짓말탐지기 검사 결과에 대하여 형사소송법상 증거능력을 부여할 수는 없다.[268)]

(다) 필적감정

[판례 1] 필적감정이란 감정의 대상이 되는 2개 이상의 필적의 동일 또는 상이여부를 과학적 또는 특별한 지식경험을 기초로 하여 판단하는 것이고, 감정자료인 필적의 선정, 채취에 있어서는 객관성이 있는 타당한 방법에 의하여야 함이 상당하다 할 것인바 어떤 문제된 필적과 피고인의 필적과의 동일 여부를 감정함에 있어서 피고인으로 하여금 문제된 필적을 보면서 유사하게 시필하도록 하여 이와 같이 하여 채취한 필적과 문제된 필적과의 동일 여부를 감정하게 하는 경우 2필적이 동일하다고 판정될 것은 당연하다고 할 것이므로 이는 결국 감정자료 선정, 채취에 잘못이 있는 객관성을 결여한 감정자료에 의한 감정으로서 증거로 할 수 없다고 함이 상당하다.[269)]

[판례 2] 국립과학수사연구소 A가 작성한 감정서의 신빙성에 대하여, 원래 필적은 물리학적 입장에서 볼 때 점과 선이 합쳐서 성립되는 것이고, 개인차에 의하여 천태만상으로 표현되는 것으로서 이렇게 점과 선이 합친 대소의 형태에 개인의 특징이 현출되며, 필적 감정은 이러한 고유의 특징을 발견하여 필적의 이동을 식별하는 것이나, 현재 그 필적 감정의 정확성에는 한계가 있을 수박에 없어 결국 그 한계내에서 객관성과 공정성이 보장되는 여러가지 합당한 방법으로 감정이 이루어져야 하는 것인바, 이 사건감정인 A가 뽑은 원심판결 첨부 별지 필적대조표의

---

268) 대법원 2005.5.26. 선고 2005도130 판결【특정범죄가중처벌등에관한법률위반(도주차량)】

269) 대법원 1976.11.23. 선고 76도2938 판결【반공법위반】

희소성 있는 특징은 다른 사정이 없는 한 감정인의 감정경험 및 그 연구와 전문지식에 의하여 선정 제시된 것이고, 위 필적대조표에 나타난 필적을 보건대 비전문가가 보더라도 이 사건 유서와 피고인이 작성한 위 진술서의 필적은 일반인의 통상적인 필적과 달리 아주 독특하여 동일한 반면에, 이들과 B의 필적은 판이할뿐더러, 앞에서 설시한 바와 같이 이 사건 수첩 등이 조작되었고 피고인 스스로 이 사건 유서의 필적 등이 피고인의 필적과 같은 사실을 인정하고 있음이 이 사건 감정서의 신빙성을 보태주는 자료가 되는 점에서 이 사건 감정서는 신빙성이 있다. 이에 반하여 변호인들이 제출한 일본국인 오오니시 요시오의 감정서는 위 감정서와 다른 감정결과를 담고 있으나, 동인은 제1심 법정에서 진술한 바와 같이 '마', '바', '빠'와 같은 한글 자모를 알지 못하고 '가'와 '가', '비'와 '버', '자'와 '사' 같은 평이한 글자를 구분하지 못할 정도로 한글을 전혀 모르는 사람으로서, 신원을 알 수 없는 제일교포 4인의 도움을 받아 그들이 동일한 모음과 자음의 숫자를 세어 주고 동인들이 한글에 해서체와 행서체가 있다고 하므로 스스로는 잘 모르면서 이에 따랐다는 것일 뿐더러, 잘 알지도 못하는 '마', '바', '빠'의 필법을 중점으로 감정하고 있는 점에서, 한글 필적에 나타나는 일반적인 유사성과 희소성에 관한 지식과 경험이 없어 감정대상물에서 나타난 필적의 특징이 그 사람에만 고유한 희소성이 있는지 여부를 판단하는 것 자체가 원초적으로 불가능하다고 보이고, 원래 사본으로 필적을 감정하면 필기구의 종류나 복사기의 성능, 상태에 따라 필압의 형태나 필적의 미세한 특징이 잘 현출되지 아니하여 오류의 가능성이 있음을 자인하면서도, 이 사건 유서와 수첩 등을 사본으로 감정하고도 자신의 감정결과는 정확하다고 강조하고 있고, 또한 한글을 모르면서 일본 글자의 필적 감정시간과 거의 같은 시간에 감정을 하였다는 점, 그리고 동인은 한글에서 자모가 정서체와 속필체에 따라 어떻게 변화하는지를 전혀 고려하지 않았고 이 사건 유서 이외의 자료들(이 사건 수첩 이외에도 아래 변호인들이 제출한 숭의여전 메모, 방명록 노트 등)이 모두 B의 필적임을 움직일 수 없는 전제로 하여 감정한 점 등을 참작하면, 위 감정서는 감정인으로서의 기본능력과 감정의 기본조건을 결한 상태에서

작성한 것으로서 믿을 수 없음이 명백하다.[270)]

[판례 3] 원심은 제1범행 장소에서 수거된 노란색 메모지 1장에 이름을 기재한 사람이 반드시 범인이라고 인정할 증거가 없으니 메모지의 기재가 범인의 필적임을 전제로 한 감정결과는 유죄의 증거로 될 수 없고, 나아가 앞에서 본 원심설시와 같은 이유로 감정인 A 등의 감정결과 또한 믿을 수 없는 것이라 배척하고 있다.

메모지의 필적과 수표상의 필적이 피고인의 필적과 동일한 것이라는 감정은 고도의 개연성이 있는 것에 불과하여 이것만으로 가볍게 동일필적으로 단정할 수는 없을 것이나 감정서의 기재내용과 감정인의 진술내용으로 보아, 메모지의 필적과 수표에 남아 있는 필적 및 피고인의 필적이 동일한 것이라는 감정결과는 고도의 개연성을 담보하고 있다고 할 것인바, 한편, 동일인의 필적이라고 하더라도 필기상태의 차이에 따라 다소 다르게 나타날 수도 있는 것이어서, 이러한 경우, 감정결과에 의문이 생기면, 원래의 감정인에게 물어 보거나 다른 감정인으로 하여금 다시 감정하게 하여 보는 등 의문점을 더 밝혀 보았어야 할 것임에도 이러한 조치를 취하지 아니한 채, 필적의 일정한 특징점을 기준으로 하지 않고 육안으로 보아 일부 자획에 상이한 점이 보인다고 하여 전문가의 감정결과에 대하여 의심을 품고 이를 배척하거나 감정자료가 부족하다는 이유로 감정결과를 배척하는 것은 합리적이라 할 수 없고, 압수된 메모지의 필적이 범인의 것이 아닐 가능성, 범인 이외의 제3자가 수표를 환전하였을 가능성을 전혀 배제할 수는 없다고 할 것이나 메모지의 수거경위(이는 조윤정이 범행 전에 범행이 이루어진 큰방을 치웠는데 범행 후 그 곳에서 수거되었다는 것이다), 제2범행과 그 범행 현장에서 없어진 수표가 현금으로 교환될 때까지의 시간적 간격, 제2범행의 현장과 수표교환장소의 거리와 제1범행 현장에서 수거된 메모지와 그 범행의 피해자들과는 전혀 관련이 없는 제2범행의 피해품으로서 농협 북대구 지점에서 현금으로 교환되었던 수표의 이면에 다같이

270) 대법원 1992.7.24. 선고 92도1148 판결【자살방조, 국가보안법위반】

'B'라는 이름이 기재되어 있는 점 등을 종합하면, 제1범행의 범인과 제2범행의 범인이 동일하고, 메모지와 수표이면의 배서가 그 범인의 필적이며, 수표교환도 그 범인이 한 것이라고 인정하는 것이 논리와 경험칙에 맞는 것이라 아니할 수 없다.[271)]

(라) 지문감식

지문이란, 지두(指頭) 장측부(掌側部)에 존재하는 피부가 융기한 선 또는 점으로 이루어진 문형을 말한다. 모든 사람의 지문은 다르다(萬人不同). 일란성 쌍둥이의 경우 유전자지문(DNA)은 같으나, 손가락 지문은 다르다. 사람이 세상에 가지고 태어난 지문은 외상 등에 의하여 진피층까지의 피부조직 파괴가 없는 한 일생 동안 변하지 않는다(終生不變). 또한 한 사람의 지문이라 하더라도 각 손가락마다 모두 그 지문이 다르다. 위 혈흔지문에 대하여 2012년경 재감정한 결과 피고인의 주민등록발급신청서의 우수중지 및 좌수시지 지문과 일치하는 것으로 드러났다. 또한 피고인의 요청으로 2013.9.25. 채취한 피고인의 우수중지 지문과 혈흔지문은 지문융선 특징점 비교 결과 23개가 일치하여 동일지문으로 판정되었고, 같은 2013.9.25. 채취한 피고인의 좌수시지 지문과 혈흔지문은 지문융선 특징점 비교 결과 18개가 일치하여 동일지문으로 판정되었다. 2013.9.25. 채취한 피고인의 우수중지 지문과 피고인의 주민등록발급신청서의 우수중지 지문은 지문융선 특징점 비교 결과 57개가 일치하여 동일지문으로 판정되었고, 같은 2013.9.25. 채취한 피고인의 좌수시지 지문과 피고인의 주민등록발급신청서의 좌수시지 지문은 지문융선 특징점 비교 결과 73개가 일치하여 동일지문으로 판정되었다. 비록 위 혈흔지문들이 모두 온전한 지문은 아니나(속칭 '쪽지문'), 남아있는 지문융선의 특징점을 비교한 결과 지문 동일성 여부를 판단할 수 있는 기준이 되는 12개 이상의 일치점을 발견할 수 있었고, 서로 다른 부분은 없었다. 이 사건 범행이 발생한 2000년 당시의 지문검색 기술로는 위 혈흔지문과 동일한 지문을 검색하지 못하였으나, 그 후 지속적으로 지문검색시스템이 보완되고, 장비의 성

271) 대법원 1994.9.13. 선고 94도1335 판결【강도살인】

능 또한 향상되어 왔으며, 2010년부터 운영하는 개선된 시스템에 의한 재검색으로 위 혈흔지문과 동일유사한 것으로 피고인의 지문이 검색되어 혈흔지문들과 피고인의 지문을 대조감정하기에 이른 점, 통상 특징점이 최소 12개 이상일 경우 동일지문인 것으로 판단하는 점, 2000년경 채취된 지문을 2012년 재감정한다고 하더라도 그 지문의 영상을 보관하기 때문에 검사대상이 변형될 가능성이 거의 없는 점 등에 비추어 볼 때, 위 혈흔지문들은 피고인의 우수중지 및 좌수시지 지문과 각각 18개와 23개의 일치점이 있어 동일지문에 해당한다고 할 것이다. 따라서 이 혈흔지문들이 피고인의 우수중지 및 좌수시지의 지문과 동일한 것으로 즉, 피고인의 손가락 두 개의 혈흔지문이 현장에 있었던 것으로 인정되고, 그 지문 대조감정결과에 별다른 오류가 있는 것으로 보이지는 아니한다.

- 피고인 및 변호인의 주장에 대한 판단

피고인 및 변호인은, 사람은 각 손가락마다 모두 지문이 다른데, 국립과학수사연구소(이하 '국과수'라 한다)의 감정서에 "이 사건 범행현장 화장실 문에 남은 혈흔은 오른손으로 문을 잡았을 때 손가락 끝마디가 문에 접촉하는 부위와 유사한 점으로 보아 오른손을 사용하여 문을 잡았을 때 발생한 형태전이혈흔으로 추정되며, 이 경우 측면 흔적은 엄지손가락 끝마디가 접촉한 부분이며 손잡이 윗부분의 세로로 배열된 타원형 세 흔적은 위쪽에서부터 검지, 중지, 약지가 접촉한 흔적으로 볼 수 있음"이라고 기재된 것을 근거로, 국과수 감정서상의 엄지손가락 끝마디 지문으로 추정되는 지문과 피고인의 우중지가 일치할 수 없고, 오른손 검지, 중지, 약지가 접촉한 흔적으로 추정되는 지문과 피고인의 좌시지가 일치할 수 없으므로, 지문감정결과가 신빙성이 없다는 취지로 주장하나, 국과수의 감정서는 혈흔의 형태를 보아 오른손 엄지, 검지, 중지, 약지가 접촉한 흔적으로 '추정'된다는 것일 뿐 위 지문들이 모두 오른손의 각 손가락임을 확정하는 것으로 볼 수는 없는 점, 범인은 피해자를 은폐하기 위해 대변실로 밀어 넣고, 그 문을 닫는 과정에서 여러 차례 양손으로 문을 눌러 닫았을 것으로 보이므로 혈흔이 찍힌 형상과 모양과는 달리 다른 손가락이 닿았을 가능성이 높은 점, 특히 경찰청에서 미제사건 유류지문을 재검색하는 방법은 추출된 지문을 가지고 데이터베이스에서 일치하는 지문을 찾아내는 방식으로 이루어지고, 그 결과 위 혈흔 지문 중 두 개가 피고인의 우수중지 및 좌수시지와 일치하는 결과를 얻은 것인 점 등에 비추어보면, 피고인 및 변호인의 위 주장은 받아들이지 아니한다. 또한 피고인 및 변호인은, 위 혈흔지문의 지문융선 간 폭이 피고인의 지문(2013.9.25. 채취한 피고인의 지문)과 달라 서로 다른 지문이라 주장하나, 손가락이 눌리는 정도에 따라 지문융선 간 폭이 다르게 나타날 수 있는 점, 지문 간 특징점을 비교하는 경우 지문의 중심점으로부터 갈라지는 융선의 수로 비교하고, 위와 같이 지문이 찍히는 상황에 따라 같은 지문이라도 지문융선 간 폭이 달라질 수 있는 점을 고려하여 지문융선 간 폭을 기준으로 비교하지는 않는 점 등에 비추어 보면, 피고인 및 변호인의 위 주장 역시 받아들이지 아니한다.[272]

(마) 모발감정

향정신성의약품관리법위반 사건의 피고인 모발에서 메스암페타민 성분이 검출되었다는 국립과학수사연구소장의 사실조회회보가 있는 경우, 그 회보의 기초가 된 감정에 있어서 실험물인 모발이 바뀌었다거나 착오나 오류가 있었다는 등의 구체적인 사정이 없는 한, 피고인으로부터 채취한 모발에서 메스암페타민 성분이 검출되었다고 인정하여야 하고, 따라서 논리와 경험의 법칙상 피고인은 감정의 대상이 된 모발을 채취하기 이전 언젠가에 메스암페타민을 투약한 사실이 있다고 인정하여야 할 것이다.

다. 대법원 판례의 분석

대법원판결을 과학적 증거의 유형과 이를 평가하는 대법원의 기준을 중심으로 분석하고 있는 입장에 따르면,[273] ① 유전자검사, 혈액형검사, 오염물질분석 등 쉽게 증거능력이 인정되고 상당히 높은 증명력을 획득하는 증거(소위 '가장 강한 정도의

272) 부산지방법원 2014.2.21. 선고 2013고합790 판결【강도살인】

273) 조병구, 과학적 증거에 대한 증거채부결정, 형사법실무연구 제123집(2011,하), 612-616면.

과학적 증거), ② 메스암페타민 성분과 관련한 소변・모발검사결과처럼 유전자검사 등의 경우보다는 낮은 증명력을 인정받는 증거(소위 '반증의 여지가 있는 과학적 증거'), ③ 필적감정・문서감정・음성분석・교통사고분석과 같이 그 기법자체가 주관적인 기법으로 감정인의 전문성에 신빙성의 척도가 있는 증거(소위 '전문가의 주관적 분석이 결합하는 과학적 증거') ④ 거짓말탐지기, 즉 심리생리분석기처럼 일반적으로 승인되었다고 볼 수도 없고, 오류와 반증의 여지가 커서 엄격한 전제조건이 충족되어야 제한적으로 증거능력이 부여될 수 있는 경우로써, 정황증거로서의 증명력 정도만 인정되는 증거(소위'이론적 합리성요건의 충족을 전제로 하는 과학적 증거'), ⑤ 사회과학 등 연성과학의 전문가 의견과 같이 과학적 기반이나 엄격한 과학적 방법론에 기초를 두지 않은 증거로 나누어진다. 이러한 입장에 따르면 대법원은 현재 과학적 증거를 증거능력 판단에서는 물론, 증명력 평가에서 법관을 구속하는 효력의 정도에서도 차이를 가진다고 보고 있다는 것이다.

라. 학설의 태도

과학적 증거에 있어서도 증거능력과 증명력을 구분해야 한다는 것이 지배적인 입장이다.[274] 우리 학계는 대륙법의 증거능력과 영미법의 증거 허용성을 동일한 개념으로 보아왔다고 분석하는 실무가는,[275] 지금까지 국내 해석론은 연방증거규칙의 관련성 개념을 과학적 증거의 증거능력 판단기준으로 보아왔다고 한다. 허용성과 관련성을 중심으로 증거능력에 접근하는 관점은 일본의 지배적인 입장이라고 할 수 있다. 어쨌든, 증거능력과 관련성에 관한 국내의 견해는 결국 증거능력의 문제와 관련성의 문제를 별도로 판단할 것인지, 증거능력 판단에는 관련성 판단이 그 핵심으로 포함되어 있는지에 대한 의견차이로 나타난다.[276] 하지만 법 제299조의 불필요한 변론의 제한 규정에

274) 심희기, "과학적 증거방법에 대한 대법원 판결의 최근 동향", 「비교형사법연구」, 13권 2호, 한국비교형사법학회(2011), 296-297면; 조병구, 앞의 논문, 610면 이하; 송혜정, 과학적 증거에 대한 법원의 판단기준, 형사법실무연구, 제123집, 571면 이하

275) 조병구, 앞의 논문, 591쪽 이하, 특히 604면 이하 참조. 김성규, "이른바 과학적 증거의 의의와 그 허용성 판단", 「형사정책연구」 제15권 제3호(2004), 310면.

276) 조병구, 앞의 논문, 605면 이하 참조.

서는 소송과의 관련성이 없는 경우 및 증거(진술, 신문)가 중복된 사항인 경우에 변론을 제한할 수 있도록 하고 있다는 점에서, 그 비교법적 당부를 떠나서, 현재 우리 형사소송법의 구조는 증거능력이 인정되는 경우에도 관련성이 없는 경우에는 증거조사의 대상에서 이를 배제할 수 있도록 하고 있다고 보는 것이 실정법의 태도에 보다 부합하는 것이라고 해야 할 것이다. 하지만 비교법적 검토에서도 알 수 있듯이, 증거능력 여부를 판단할 때 이를 요증사실과의 관련성이라는 개념과 단절하여 판단할 수 없다고 보면, 제299조의 표현에도 불구하고 관련성 개념은 증거능력 판단의 기준이기도 한 것이다. 한편 무엇보다 미국의 다우버트기준에서 언급된 요건들을 증거능력 판단기준으로 볼 것인지, 증명력 판단기준으로 볼 것인지와 관련하여, 이를 증거능력 판단기준으로 보자는 입장에 반대하는 경우를 찾을 수 없다. 증거의 허용성과 증거능력을 같이 보면서, 과학적 증거는 과학적 증거의 수단과 방법의 타당성과 신뢰성이 있으면 증거능력이 있다는 입장,[277]) 협의와 광의의 증거능력을 구분하여 관련성이 없는 경우를 후자로 보고 과학적 증거는 후자의 관점에서 증거능력을 판단하자는 입장,[278] 일반적 기준마련의 필요성을 강조하면서, 단순한 관련성을 기준으로 증거능력의 유무를 판단해서는 안 되고, 과학적 이론의 유효성(타당성)과 적절성을 엄격히 심사할 필요가 있으므로 과학적 증거의 신뢰성이라는 요건이 추가되어야 한다는 입장이[279] 제시되어 있다.

(3) 국민참여재판에서 과학적 증거의 허용성

위에서 살펴본 바와 같이, 대법원이 각각의 과학적 증거를 다룬 사안에서 제시한 요건을 증거능력의 판단기준으로 본 것인지 증명력의 사유로 본 것인지 대법원 스스로 명확하게 구분하고 있지 않다. 그런데, 현행 형소법과 규칙은 감정인의 자격은 증거능력문제로 감정인의 감정의 방법과 내용의 신빙성, 구체적인 감정과정에서의 신

277) 류혁상・권창국, 증거의 신빙성 제고를 위한 효과적인 증거수집 및 현출방안, 한국형사정책연구원, (2005), 250-251면; 황만성, "과학적 증거의 증거능력과 증명력 - 유전자 감식결과를 중심으로 -", 「형사정책연구」 제18권 제3호(2007), 781면.

278) 조병구, 앞의 논문, 608면 이하 참조.

279) 심우용, 과학적 증거의 판단기준에 대한 판례의 입장, 자유와 책임 그리고 동행 (2012), 539면.

용성 등의 문제는 증명력의 문제로 규정하고 있다.[280)]

과학적 증거와 관련한 현재의 논의과제는 직업법관에 의한 재판과 배심에 의한 재판에서 모두 증거능력을 제한하는 기준으로 미국의 다우버트기준 등을 명문으로 도입할 것인지, 아니면 오염된 증거에 대해 판단능력이 취약한 배심재판에서만 이를 도입할 것인지의 문제일 것이다. 특히, 국민의 형사재판참여에 관한 법률의 개정에 의해 국민참여재판의 적용범위가 합의부 사건은 물론 기타 사건으로 확대되었고 배심의 평결과 법관의 판결의 일치도가 90%에 달하는 상황에서 직업재판의 공판과 같은 구조로 감정을 증명력평가의 대상으로 삼는 것이 적정한 것인가에 대한 의문이 제기될 수 있다. 배심은 일반적인 감정에 대해서는 오류의 가능성이 적지만, 감정의 내용이 전문화될수록 결국 감정의 결과에 구속되는 행태를 보인다는 미국의 사실연구도 경청할 필요가 있는 것이다.

과학적 증거에 대한 감정의 결과를 증거능력의 문제로 파악한다면, 관련성 있는증거의 원칙적 허용이라는 태도를 취하고 있는 현행법에서는 별도의 명문의 규정을 도입할 필요가 있을 것이고, 그 위치는 법 제169조의 법원의 감정 규정에 제2항을 추가하여 언급된 신빙성과 신용성에 관한 내용을 추가하고, 기존의 준용규정으로 그 적용범위를 넓히는 방식이 적정할 것이다. 이렇게 되면 국민의 형사재판참여에 관한 법률 제44조의 규정에 의해 배심은 과학적 증거의 증거능력 심리에 개입할 수 없게 된다.[281)]

---

280) 형소법 제169조는 "법원은 학식경험 있는 자에게 감정을 명할 수 있다"고 규정하고 있다. 이를 근거로 법원은 특정 증거에 대해서, 해당 감정인이 학식과 경험이 있는 자인지를 결정하기 위해 그 자격을 제한할 수 있다는 점에서, 앞에서 살펴본 과학적 증거의 요건 중 하나인 "당해 감정인은 전문적인 지식·기술·경험을 가지고 있어야 한다"는 요건은 현행법 하에서도 증거능력 인정을 위한 당연한 요구라고 할 수 있다. 또한, 형소법 제177조와 동 규칙 제90조는 증인신문에 관한 규정을 구인에 관한 규정을 제외하고 감정에 준용하고 있다. 특히 규칙 제77조의 증언의 증명력을 다투기 위하여 필요한 사항의 신문이라는 규정은 감정인의 감정의 증명력을 다투기 위하여 필요한 사항의 신문으로 활용될 수 있다. 즉 감정인의 증명력을 다투기 위하여 감정인의 경험, 기억 또는 표현의 정확성 등 감정인 감정의 신빙성에 관한 사항 및 감정인의 이해관계, 편견 또는 예단 등 감정인의 신용성에 관한 사항을 신문할 수 있는 것이다. 물론 감정인의 특성에 비추어 증인 신문의 내용을 적정하게 조정한다면, 결국 감정인의 감정방법과 내용의 신빙성과 감정인의 신용성에 관한 문제는 증명력에 관한 문제가 되는 것이다(김성룡, 앞의 논문, 218면).

281) 김성룡, 앞의 논문, 220-221면.

제4장 국민참여재판과 배심원의 사실인정

제1절 형법개념의 난해성과 배심원의 이해도

제1절 형법개념의 난해성과 배심원의 이해도

Ⅰ. 논의의 의의

국민참여재판제도의 특징은, 배심원인 일반시민이 사실의 인정, 법령의 적용, 형의 양정을 실시하는 점에 있다. 시민만으로 이루어지는 재판체가 사실인정, 즉 유죄·무죄만을 판단하는 것이다. 법령의 해석과 법령의 적용은 대단히 어렵다.

원래 현행 형법은 법관에 의한 법적용을 전제로 만들어진 것이고, 문장이 추상적·포괄적이고, 해석의 여지가 넓고, 법정형의 폭이 대단히 크다는 특징을 가지고 있다. 법률의 전문가인 법관이 형법의 해석·적용을 한다고 하는 전제 아래에서는 이러한 특징이 적용상의 곤란을 가져오지는 않고, 오히려 법관의 적절한 재량을 가능하게 하는 것으로서 적극적으로 평가되어야 할 것이었다. 그러나 배심원이 법령의 적용과 형의 양정을 한다고 하는 전제 아래에서는, 이것을 그대로 방치하는 것은 적절하지 않다.

배심원이 가지고 있는 시민적 상식이 형법의 해석에 있어서 어떻게 작동할 것인가? 여기에서 난해한 형법의 개념을 얼마나 알기 쉽게 배심원에게 전하고, 범죄의 성립범위를 시민적 상식에 적합하게 변용시켜 가는가, 라고 하는 것이 실체법이 과제라고 아니할 수 없다. 그러나, 단순히 난해한 법률용어를 배심원이 이해할 수 있게 설명하는 것만으로는 충분하지 않다. 죄형법정주의와의 관계에서도, 형법은 시민이 조문에 접한다면 그 의미를 이해하지 않으면 안 된다. 형법의 조문은, 현대 용어화에 의해 과거의 한자조의 조문을 평이하게 할 필요가 있다. 그렇다고 하더라도, 그 조문에 대해 전개되고 있는 해석론은 아직도 아마추어에게는 이해하기 어려운 논의가 많아, 조문을 일독하더라도 그 용어의 의미와 내용이 쉽게 이해될 수 있다고는 말할 수 없다. 특히, 공모공동정범이나 부진정부작위범 등 조문에 직접 나타나지 않는 개념을 이용해 범죄의 성립을 인정하고 있고 현상은 입법적으로 해결되는 것이 당연하다. 이하에서는 국민참여재판을 시행하면서 나타난 위와 같은 문제점에 대하여 살펴보기로 한다.

II. 배심원의 형법개념의 범위인정에 대한 실증적 연구

1. 서론

2008년부터 2010년까지 국민참여재판 선고 사건 수 기준 321건 중 불일치사건은 29건(사건번호 기준)으로 그 비율은 9.0%였다. 그리고 2011.1.1부터 2011.11.10까지 선고된 국민참여재판 186건 중 불일치사건은 21건으로 그 비율은 11.2%로 2008년부터 2010년까지의 불일치 비율보다 다소 증가하였다.[1] 홍기만 판사는 2008년부터 2010년 1월까지 발생한 불일치사건 16건의 사실관계와 배심평결, 판사판결의 차이를 분석함으로써 배심원의 평결 경향과 판단능력을 추론하고 있는데, 그 결과를 살펴보면 다음과 같다.[2]

배심원들은 ① 주관적 구성요건의 입증 및 포섭에 엄격한 기준을 적용하고 있다.

피고인이 고의나 불법영득의사 등 주관적 구성요건을 부인할 경우 간접증거에 의하여 인정되는 간접사실에 기하여 주요사실인 고의나 불법영득의사를 인정하여야 하는데, 간접증거에 의한 간접사실만으로는 고의나 불법영득의사가 있었다고 쉽게 인정하지 않는다. 간접증거에 의한 고의의 입증 부족 내지 간접사실의 고의로의 포섭 부족으로 평가하는 경향을 보이고 있다. ② 상해의 해당 여부에 대한 포섭에 엄격한 기준을 적용하고 있다. 외관상 상처가 뚜렷하지 아니하고 일상생활에서 생긴 것이라

1) 이용구, "국민참여재판의 배심원 평결과 판결 차이에 관한 분석 - 2008년~2011년 11월 불일치 판결을 대상으로 -" 형사소송 이론과 실무 제3권 제2호, 한국형사소송법학회(2011), 111면.

2) 홍기만, "국민참여재판의 배심원 판단능력에 관한 소고", 사법개혁과 세계의 사법제도[VII] (대법원 사법제도비교연구회, 2010), 48면.

면 병원에 가지 않을 정도이며 별도의 치료 없이 나을 수 있을 정도라면 상해로 인정하지 않으려는 경향을 보이고 있다. ③ 피고인의 행위가 있더라도 피해자의 과실이 개입되어 피해자의 과실이 없었다면 결과가 발생하지 않았을 가능성이 엿보이는 경우 피고인의 행위를 범죄 구성요건적 행위로 포섭하지 않거나 결과와의 상당 인과관계가 있다고 포섭하지 않는 경향이 있다. ④ 성범죄에서 피해자가 피고인에게 어느 정도 호감이나 친밀한 행위에 나아간 상태에서는 피해자 진술의 신빙성을 쉽게 인정하지 않는 경향을 보인다. ⑤ 성범죄가 아니더라도 피고인이 제시한 상황도 가능성이 있다고 인정하는 경우 피해자 진술의 신빙성을 배척하거나 증명력이 부족하다고 보기도 한다. ⑥ 배심원은 법정진술을 중시하고 수사 단계에서 작성된 조서에 대한 신빙성을 높게 평가하지 않는다. ⑦ 피해자나 목격자의 진술이 핵심적 부분에 관하여 빠져 있을 경우 피해자 진술의 증명력이 부족하다고 보고 피해자 진술 등 간접증거만으로는 전체 범행을 쉽게 인정하지 않는다. ⑧ 피해자가 사망하여 피해자 진술 없이 간접증거만으로 범행을 인정하여야 하는 경우에도 간접증거에 의한 입증 내지 간접사실에 의한 포섭에 엄격한 기준을 가지고 있다. ⑨ 복잡하고 쟁점이 많은 사건에서는 증거의 세밀한 비교·검토를 통한 판단보다는 증거의 큰 흐름에서의 직관적 판단을 하는 경향도 있어 보인다. ⑩ 사실인정 단계에서 처벌의 가치 및 정도에 관한 양형의 사유가 일정부분 반영되었다고 보이기도 한다. 이 가운데, 형법이론상의 개념과 관련이 있는 부분에 대하여 상론하기로 한다.

2. 살인죄에서의 미필적 고의

배심원은 살인의 미필적 고의를 인정하는 데에 매우 인색하다. 가령 피고인에게 '사람을 살해하려는 사람'에게서 통상 찾아볼 수 없는 가해행위의 동기나 행위의 우발적 성격, 범행 이후 피해자의 구호조치 등이 있는 경우 대부분 살인의 고의를 부정하고 있다.[3] 이는 특정 행위를 통해서 사람이 사망할 수 있다는 것을 인식하고, 그것

3) 이용구, 앞의 논문, 142면.

을 적어도 용인한다는 심정적 태도라는 미필적 고의의 개념에 익숙하지 않은 결과이고, 또한 배심원의 생활경험에서 나오는 사람에 대한 확신일 수도 있다. 예를 들어, 가령 헤어지자고 요구하는 피해자에게 과도를 들고 찾아가 같이 죽자고 하면서 가슴 옆 부분을 찌르고 목을 졸랐다는 공소사실로 살인미수로 기소된 사안에서 "피고인이 진짜 죽이려고 그랬을까"라고 의문을 품고, 피해자에게 겁을 주려고 했을 뿐이라고 주장하는 피고인을 수긍하는 것이 배심원의 생활경험에서 우러나온 것일 수 있다는 것이다.[4)]

그 외의 사례를 보면, 피고인이 피고인의 집에서 피해자와 동업투자금 반환 문제로 싸우다가 피해자가 피고인의 몸 위에 올라타 피고인을 주먹으로 때리는 등 피해자로부터 계속 당하게 되자, 피해자를 옆으로 밀쳐내고 화장대 서랍 안에 보관하여둔 회칼을 꺼내 피해자의 오른쪽 옆구리 부위를 1회 힘껏 찌르고 계속하여 오른쪽 어깨 부위를 1회 찌르고, 피고인을 피해 도망하여 현관문 쪽으로 가 문을 열려는 피해자의 오른쪽 어깨 부위를 재차 1회 찔러 피해자를 살해하려고 하였으나 복부 내 기관의 다발 손상 등의 상해를 가하는 데 그쳤을 뿐 그 뜻을 이루지 못하고 미수에 그쳐 살인미수로 기소된 사안에서, 피고인이 우발적으로 피해자를 칼로 찌르게 된 것에 불과할 뿐 살인의 고의는 없었다고 주장하고, 범행 후 피해자의 병원 후송을 위하여 직접 119신고를 한 점 등도 아울러 고려하여 무죄평결을 한 경우를 들 수 있다.[5)] 그 밖에, 피고인이 1.6kg의 돌을 들어 피해자의 머리를 1회 내리찍고 바닥에 주저앉은 피해자의 머리를 다시 4회 내리쳐 8주간의 상해를 가한 사안에서 살해의 고의가 없다고 본 사례,[6)] 우연히 길에서 시비를 하게 된 피해자로부터 욕설을 듣자 피고인이 맥가이버 칼로 피해자에게 다가가 피해자의 목을 위에서 아래로 그어 3주간의 상해를 가한 사

---

4) 부산지법, 2010고합677

5) 인천 2008고합799. 법원은 ① 범행 도구 회칼(칼날 길이 20cm), ② 공격 부위(옆구리 부위), ③ 사망의 결과발생 가능성 정도(칼날이 10cm가량 들어감, 대장 관통, 대장과 소장 사이의 장간막 혈관 파열, 수술지체시 사망가능성), ④ 공격 반복성(그 후 오른쪽어깨 부위를 두 차례 찌른 점) 등을 종합하여, 미필적이나마 살인의 고의가 있다고 판단하였다.

6) 대전지법, 2010고합19, 살인미수사건.

안,[7] 등이 있다.

3. 강도죄에서의 폭행・협박

강도범행에서 폭행, 협박의 정도를 매우 엄격하게 보고 있다. 이 역시 피해자의 반항을 억압할 정도의 폭행, 협박과 피해자를 외포하게 할 정도의 폭행, 협박을 구분한다고 가정하면, 배심원들은 강도범행에 가장 중한 정도의 폭행, 협박을 필요로 한다는 규범적 태도를 가진다고 볼 수 있다. 예컨대, 피고인이 새벽 1:15경 마트에서, 그곳 점원인 피해자(여, 44세)에게 "야, 씨팔 돈 내놔."라고 소리치고, 손으로 피해자의 빰을 1회 세게 때려 반항하지 못하게 하고, 금전등록기에서 332,000원을 꺼내어 가는 과정에서 피해자에게 약 2주간의 치료를 요하는 악관절 염좌 등을 가하였다는 공소사실로 강도상해죄로 기소된 사안에서, 배심원들은 '상해는 물론이고 빰을 때린 정도에 불과하고 피해자가 오해하여 지레 겁을 먹었을 것이라는 점에 착안하여 아예 반항을 억압하거나 항거를 곤란하게 할 정도의 폭행・협박은 없다'고 보아 무죄평결을 한 경우를 들 수 있다.[8] 그 외에, 피고인이 새벽 4시30분경 피해자가 운영하는 식육식당 화장실 창문을 통하여 안으로 침입한 다음, 위 식당 주방 열쇠고리에 보관중이던 차량열쇠 2개를 가지고 나와 이를 절취한 다음, 위 열쇠를 이용하여 위 식당 앞 노상에 주차된 피해자 소유인 갤로퍼 승용차의 문을 열고 차량 내부를 뒤지던 중, 피해자(49세)에게 발각되어 붙잡히게 되자 체포를 면탈할 목적으로 피해자의 얼굴을 주먹으로 수회 때려 폭행하였다는 공소사실로 준강도 등으로 기소된 사안에서, 나이도 어리고 덩치도 작은 피고인이 피해자의 얼굴을 주먹으로 3회 정도 때린 행위는 준강도죄에서 말하는 상대방의 반항을 억압할 정도의 폭행에 해당하지 않는다는 이

---

7) 대전지법, 2010고합259, 살인미수사건, 다수의 배심원들이 무죄평결을 하였다.

8) 인천지법 2008고합183. 법원은 범행시각, 여성 피해자 혼자 있었던 점, 손바닥으로 왼쪽 얼굴 부위를 강하게 가격한 점, 피고인이 24세・180㎝의 건장한 체격인 반면 피해자는 왜소한 체격인 점 등을 고려하여 강도죄의 협박, 폭행을 인정하였고, 나아가 피고인이 피해자의 왼쪽 빰 부위를 강하게 가격한 점, 육안상 부어오른 점, 피해자가 두통 및 왼쪽 귀가 잘 안 들려 진찰을 받고 3일분 약을 처방받은 점, 부기가 1주일간 지속된 점, 아래 턱 통증이 2주 지속된 점, 피해자 근무중단 등 고려하여 상해가 발생하였다고 인정하였다.

유로 무죄평결을 하였다.[9] 그 밖에, 피고인이 피해자의 가방을 낚아채는 과정에서 피해자가 바닥에 넘어졌고, 피해자가 양손으로 가방을 붙들고 있는 상황에서 피해자의 가방을 잡아당겨 피해자를 1~2m 끌고 간 경우 강도죄의 폭행인지 여부[10] 등을 들 수 있다.

4. 상해의 범위

상해에 대하여 규범적 판단보다는 생활경험상의 기준에 따라 판단하고 있는 경향이 있다. 즉, 상처가 뚜렷하지 않고, 일상생활에서 그 정도의 상처만으로는 병원에서 가서 입원을 하거나 치료를 받지 않고, 구태여 치료를 받지 않더라도 충분히 치유될 수 있다고 판단하는 정도의 상해는 상해로 인정하지 않고 있다. 이때 상해진단서나 상해부위 사진 등은 배심원의 판단에 큰 영향을 미치지 않는 것으로 보인다.[11] 예를 들면, 피고인이 화물차량을 운전하여 엔지니어링 공장에 들어가 그곳 앞마당에 있던 철재류 등을 위 화물 적재함에 싣던 중, 피해자 A(52세)에게 발각되어 피고인이 화물차량을 운전하여 도망가려는 것을 운전석 창문을 통해 손을 넣어 문과 핸들을 잡는 방법으로 제지하여 붙잡히자 체포를 면할 목적으로, 피해자가 차량에 매달려 있음에도 3~4회 전진과 후진을 반복하여 피해자가 벽과 차량에 몸을 부딪치게 하여 피해자에게 전치 3주의 우하지 및 족부다발성좌상 및 찰과상 등을 가하였다는 공소사실로 강도상해로 기소된 사안에 대하여 강도상해의 폭행이 없었고, 상처가 경미해 치료 필요성 없으며, 시간경과로 자연 치유될 정도에 불과하여 상해가 발생하였다고 볼 수 없다는 이유로 만장일치로 무죄평결한 경우를 들 수 있다.[12]

---

9) 대구 2010고합95. 법원은 피고인이 피해자가 운영하는 식당에서 피해자 소유의 승용차 열쇠를 절취한 다음 그 열쇠를 이용하여 위 승용차의 문을 열고 추가로 절취할 물건을 물색하던 도중 피해자 A에게 발각된 사실, 피해자 A가 피고인의 등 뒤를 잡아당기고 멱살을 잡자 피고인은 도망치려고 몸을 움직이면서 주먹으로 피해자 A의 얼굴을 수회 때린 사실, 이로 인하여 피해자 A는 입술 안이 터지고 눈 주위 및 우측 엄지손가락에 타박상을 입은 사실을 인정하고, 유죄를 선고하였다.

10) 의정부지법, 2010고합58, 강도사건. 배심원 전원이 무죄평결을 하였다.

11) 이용구, 위 논문, 142면.

12) 대전지법 2008고합378. 법원은 피해자의 진술이 일관되고, 피해자가 끼인 장소 흔적 및 피해자의

그 외에, 피고인이 밤 10시경 귀가하기 위하여 걸어가고 있던 피해자(여, 42세)를 발견하고 그녀를 강간하기로 마음먹고, 피해자가 승용차의 근처까지 다가오기를 기다렸다가 피해자가 가까이 오자 갑자기 차에서 내려 손으로 피해자가 들고 있던 휴대폰을 빼앗아 바닥에 집어던진 후 피해자의 어깨를 붙잡고 승용차 쪽으로 끌고 가려고 하였는데, 이에 겁을 먹은 피해자가 놀라 소리를 지르면서 바닥에 주저앉자 주먹과 발로 피해자의 얼굴과 머리 부위를 수차례 때리고, 양손으로 피해자의 양쪽 가슴을 잡고 주무르는 등 피해자의 반항을 억압한 후 강간하려고 하였으나 피해자가 거세게 반항하여 미수에 그쳤고, 이로 인하여 피해자에게 치료기일을 알 수 없는 목 부위 좌상 등을 입게 하였다는 공소사실로 강간치상으로 기소된 사건에서, 피고인은 상해진단서나 상해부위 사진이 없고, 피해자가 그 다음 날 출근하는 등의 사정을 보면, 피해자가 이 사건으로 입었다는 상처는 강간치상죄에서 말하는 상해에 해당하지 않는다는 취지로 주장하자, 배심원은 강간의 점에 대하여는 유죄를 인정하면서 상해의 점에 대하여는 '피해자가 다음날 곧바로 병원에 가지 않고 출근하였으므로 상해를 입었다고 보기 어렵다'는 이유로 무죄평결을 하였다.[13)]

비명소리를 듣고 현장에 달려온 서○○의 진술과 일치하며, 피해자와 서○○가 선처 탄원까지 하여 허위진술을 할 이해관계가 적은 점 등을 들어 피해자와 서○○의 진술의 신빙성을 인정한 다음, 위 진술을 토대로 피고인이 브레이크를 밟아 위 차량을 정지시키는 데는 아무런 장애가 없었음에도 우선 도망가겠다는 생각에 피해자를 차량에 매단 채 진행시킨 행위는 자동차를 이용한 폭행에 해당한다고 보았다. 한편, 병원 진단명(좌상, 찰과상, 염좌), 통증 자각 정도(밤잠을 제대로 자지 못할 정도), 범행 다음날부터 12일간 병원 입원치료내용(진통제 주사, 물리치료 등)에 비추어 상해를 인정하였다.

13) 청주지법 2009고합133. 법원은 상해진단서나 상해부위 사진이 증거로 제출되지 못하고 있는 사실은 명백하지만, 피해자는 사건 당시 수사기관으로부터 상해진단서를 제출하라는 확실한 요구를 받지 못하였고 자신은 교대근무를 해야 하는 업무의 특성상 병원에 가기 힘들었으며 범인이 잡힐 거라는 기대도 없어 곧바로 병원에 가지 않았다고 진술하며, 당시 피해 부위를 촬영한 사진은 경찰관의 관리 소홀 등의 사정으로 삭제되었던 사실이 인정된다. 피해자가 이 사건 범행 다음날 병원에 가지 않고 출근을 했으며 이 사건 범행이 있은 때로부터 4일 후에야 한의원에 가서 침을 맞았던 사실이 있으나, (증인들의 법정진술에 의하면) 피고인이 주먹 등으로 피해자의 얼굴과 머리 부위를 수차례 때리고 바닥에 넘어진 피해자를 끌고 가려 하면서 피해자의 머리 부위에 혹이 생길 정도로 피해자의 머리가 부었고 피해자의 팔꿈치와 다리에 찰과상이 생겼으며 피해자의 목과 귀 부위 등에 멍이 들었고 피해자가 코피를 쏟아 그 피가 피해자의 옷과 얼굴에 묻어 있었던 사실, 피해자는 범행 현장을 피하여 이웃집에 도착할 당시 문 앞에서 쓰러졌던 사실, 피해자는 온몸이 아파 힘들었고 몇 주가 지나도록 멍이 계속되었다고 진술하고 있는 사실 등을 인정할 수 있다는 이유로 강간치상의 점에 대하여 유죄를 선고하였다.

또한, 피고인이 새벽 1시 55분경 피해자 운전의 택시에서 피해자의 어깨를 강제로 누르고 피해자의 가슴 및 음부를 만진 후 피해자가 반항하며 차를 세우고 피고인을 밀치자 흉기인 칼을 꺼내 목에 들이대고 피해자를 강간하려 하였으나 피해자가 차량을 정차시키고 주변민가로 도망하여 미수에 그치고 이로 인하여 피해자로 하여금 약 2주간의 치료를 요하는 목 부위의 인대의 염좌 및 긴장 등 상해를 입게 하였다는 공소사실로 성폭력범죄의처벌등에관한특례법위반(강간등치상)으로 기소된 사안에서, 피고인이 어깨를 누르고 가슴을 만진 정도에 불과하여 상해가 발생하였다고 볼 수 없다고 주장하자 만장일치로 강간미수의 점만 유죄평결한 사례가 있다.[14)]

Ⅲ. 평가

1. 독일형법과 미국형법의 차이

우리나라의 국민참여재판에서 배심원들이 접하는 형법개념과 이론은 주로 독일형법을 계수한 일본형법의 영향을 받은 것이다. 물론 해방 이후 우리나라는 일본이 아닌 독일에 직접 유학을 한 학자들의 영향으로 일본형법과 일정 부분 상이한 형법이론을 독일로부터 직접 수입한 것도 있다. 그러나 아직까지 형법개념과 이론에 관하여 미국형법을 공부한 학자들은 없는 것 같다. 그만큼 우리 형법이론은 독일형법의 이론체계를 깊이 받아들인 것이다. 그런데 독일은 참심원이 직업법관과 함께 판결을 하는 참심제를 시행하고 있고, 일본도 참심제의 형태인 재판원 제도를 시행하고 있는 반면

14) 춘천지법 2009고합98. 법원은 피해자의 상해부위는 '목 부위 인대의 염좌 및 긴장, 유방의 타박상, 가슴의 타박상, 가슴 인대의 염좌 및 긴장, 하배부 및 골반의 타박상, 복벽의 타박상, 허리뼈 및 골반 인대의 염좌 및 긴장, 어깨 및 팔죽지의 타박상, 팔이음뼈 인대의 염좌 및 긴장, 상세불명의 아래팔 부분의 타박상, 팔꿈치 인대의 염좌 및긴장, 갈비뼈 손상의증'이고, 예상치료기간은 수상일로부터 2주이며, 향후 추가치료가 필요할 수도 있는 사실, 피고인이 피해자가 운전하는 택시의 조수석에 앉아 왼팔로 피해자의 목을 감아 쥔 채 어깨를 누르며 피해자의 가슴을 만지고 3회에 걸쳐 팔꿈치로 상체부위를 가격하는 등 반항을 억압하면서 강간을 시도하자, 피해자는 위와 같이 택시의 좁은 공간에서 피고인으로부터 빠져나오려고 실랑이를 하고 몸싸움을 하는 과정에서 적지 않은 물리적 충돌로 인하여 위와 같은 상해를 입게 된 사실을 인정할 수 있고, 피해자는 현재도 이 사건으로 인한 신체적 및 정신적 통증을 호소하고 있는 사실을 인정하여 강간치상의 점에 대하여 유죄를 선고하였다.

우리나라는 사실확인과 평결에 있어서 미국의 배심제와 거의 유사한 형태의 배심원에 의한 사실확인과 평결을 하는 방법을 채택하고 있다. 미국의 배심원들은 미국형법을 적용하여 평결을 하고 있으므로 우리 참여재판에서 배심원들이 형법개념과 해석을 함에 있어 우리나라의 형법이론과 다른 평결을 하는 이유를 밝히고 배심원들에게 어떤 방법으로 형법이론을 숙지하게 할 것인지를 고민하기 위해서는 먼저 독일형법과 미국형법의 차이점을 규명하지 않으면 안 된다.

미국 형법은 주로 그 선 판례를 영국법의 시초까지 거슬러 올라갈 수 있는 보통법과 1962년 출간 이후 미국 형법의 근본개정과 법제화를 야기한 모범형법전(Model Penal Code)을 살펴보아야 한다. 모범형법전 초안자들은 독일 형법에 특별한 관심이 없었다. 그렇지만 그들은 독일 형법전과 일정한 구조적 공통점이 있는 형법전을 초안했다. 모범형법전의 특징을 살펴보면, 독일 형법전에서는 학문적인 논의에 위임한 것을 모범형법전에서는 법률로 상세히 정의하고 있다. 예를 들어, 모든 고의의 형태(의도, 인식, 무모함, 과실)를 자세히 정의하고, 나아가 법원에게 다의적인 고의규정의 해석에 내한 상세한 지시를 한 모범형법전의 핵심인 고의조문을 들 수 있다.[15] 이에 반하

15) 제2조 제2항

1. 고의로 다음 경우에 해당하는 자는 죄의 중요 요소에 관하여 고의로 행위를 하는 자이다.
   ① 당해 요소가 그의 행위의 본질 또는 행위 결과를 포함할 때에는 그 본질적 행위를 하였거나 그러한 결과의 초래를 의식적으로 의도한 경우
   ② 당해 요소가 부수상황을 포함할 때에는 그가 그 상황의 존재를 인식하고 있거나 희망하는 경우
2. 정을 알면서 다음 경우에 해당하는 자는 죄의 중대요소에 관하여 정을 알면서 행위를 하는 자이다.
   ① 당해 요소가 행위의 본질 또는 부수상황을 포함할 때에는 그의 행위가 그 본질에 속한다는 것 또는 그 부수상황이 존재한다는 것을 행위자가 의식 하는 경우
   ② 당해 요소가 그의 행위의 결과를 포함할 때에는 그의 행위가 그 결과를 초래할 것이 확실함을 행위자가 인식하고 있을 경우
3. 무모하게 죄의 중대요소가 존재한다거나 그의 행위로부터 초래되리라는 실질적이고 부당한 위험을 의식적으로 무시하는 경우에는 당해 중대요소에 관하여 무모하게 행위를 하는 자이다. 이 경우의 위험은 행위자의 행위의 본질 및 목적과 그에게 인식된 상황을 고려할 때 그 위험을 무시한다면 필연적으로 행위자의 입장에 처한 일반준법자의 행위기준을 현저히 일탈하게 된다는 그러한 정도와 본질을 갖추고 있어야 한다.
4. 과실로 죄의 실질적인 요소가 존재한다거나 그의 행위로부터 초래되리라는 실질적이고 위법한 위험을 인식하고 있었어야 할 경우에는 당해 중대요소에 관하여 과실로 행위를 하는 자이다. 이 경우의 위험은 행위자의 행위의 본질 및 목적과 그에게 인지된 상황을 고려할 때 행위자가 그 위험을 감지하지 못한다면 필연적으로 행위자의 입장에 처한 합리적 인간의 주의기준을 현저히

여 독일형법과 우리 형법에서는 고의와 과실을 간략하게 정의하고 있다. 전통적으로 영미법계는 사법과 특히 헌법에 중점을 두고 있다. 미국법이 학문으로 간주된 것은 — 형법론은 말할 것도 없고— 아주 오래된 일이다. 당시 법학자들에게 법학도서관은 그들의 실험실이었으며, 도서관의 판례집은 그들의 실험 자료였다.[16] 미국 법조인에게 학문적 당연성은 1920년대와 1930년대 법현실주의자들에 의해 밀려났으며, 지금 미국 법이론에서 학문적으로 간주되는 것은 사회과학, 특히 경제학과 그 다음으로는 사회학과 심리학의 학문적 지위의 적당한 차용이다. 다만 학문으로서의 형법은 형법을 다른 사회과학도 포함하는 "전형법학"의 광범위한 학문적 프로그램에 통합하려는 시도와는 구별된다.

일반적으로는 미국에서는 법학이, 개별적으로는 형법학이 없다.[17] 총체적인 미국 형법은 늦어도 약 50년 전 미국법 협회(American Law Institute)에서 만든 모범형법전(Model Penal Code)의 출간 후 대부분의 미국 연방주 형법의 근본개혁 이래 없다는 것 하나만 보아도 미국 형법 도그마틱의 존재 역시 의문스럽다. 현대의 이른바 미국 형법은 뉴욕 주 형법, 캘리포니아 주 형법, 연방 형법 등이지 미국 형법이 아니다.[18] 미국 형법이 없기 때문에 미국 형법학도 없다. 한편, 형법독트린(criminal law doctrine)의 일반개념을 독일에서 학문적으로 확립된 형법원칙과 규칙의 체계를 의미

일탈하게 된다는 그러한 정도와 본질을 갖추고 있어야 한다.

16) *Hoeflich* Law & Geometry: Legal Science from Leibniz to Langdell, Am. J. Legal Hist. 30(1986) 121; *Speziale* Langdell's Concept of Law as Science: The Beginning ofAnti-Formalism in American Legal Theory Vt. L. Rev. 5 (1980) 1; *Schweber* The Science of Legal Science: The Model of the Natural Sciences in Nineteenth-Century American Legal Education, L. & Hist. Rev. 17 (1999) 421면(마쿠스 두버, 손미숙, "미국 형법교수가 본 독일 형법과 미국 형법의 특징", 「동아법학」 제55권, 동아대학교 법학연구소(2012), 405면에서 재인용).

17) 법의 학문성에 대한 사고는 20세기 초 법현실주의(Legal Realism)이래 미국에서는 단지 역사적인 의미만 있다. *Hoeflich*, Law & Geometry: Legal Science from Leibniz to Langdell, Am. J. Legal Hist. 30 (1986), 121면; *Schweber*, The Science of Legal Science: The Model of Natural Sciences in Nineteenth-Century American Legal Education, L. & Hist. Rev. 17 (1999), 421면; *Herget/Wallace*, The German Free Law Movement as the Source of American Legal Realism, Virginia L. Rev. 73 (1987), 399면 참조.

18) Dubber, New York Criminal Law: Cases and Materials, 2008. 참조

하는 형법 도그마틱 개념과 혼동해서는 안 된다. 형법독트린은 형법 도그마틱이 아니라, 단지 실체형법의 규범과 규칙의 총체이며, 이는 체계성이나 학문성에 대한 요구가 없다. 판사나 입법자들이 형법독트린을 만들 뿐이다. 미국 형법교수들에게 비판적인 안목을 갖게 해주는 것은 학문성, 체계성, 객관성이나 전공의 전문성에 대한 특별한 요구가 아니라, 만약 계기가 있다면 (i) 보통법의 규범들, 즉 선 판례, (ii) 헌법, 연방헌법 뿐 아니라 개별 주 헌법과 (iii) 표준형법전이면서 또 가장 영향력 있는 미국 형법 교과서인 모범형법전이다.

먼저, 보통법(common law)의 규범들에 대하여 살펴보면, 보통법에는 형사책임을 위한 객관적 요소(행위, actus reus)나 주관적 요소(고의, mens rea)를 인정하고 있지만, 위 요건은 이른바 보통법상 범죄들(common law crimes)에만 적용되었고, 예컨대 보통법상의 강간(common law rape)과는 달리 모든 주관적 구성요건요소인 고의를 포기하고 오로지 피해자의 실제 미성년 연령에만 초점을 맞춘 법률상 강간(미성년자 강간, statutory rape)와 같이 입법부에 의해 규정된 꾸준히 증가하는 수의 범죄들인 법률상 범죄들(statutory crimes)에는 적용되지 않았다는 것이다. 이와 같은 이유로 인하여 범죄에 대한 전쟁에 전력하고, 행위도 필요하지 않고 또 많은 경우에는 고의도 필요로 하지 않는 특히 점유권 범죄들의 광범위한 적용은 많은 사람들을 수색하고, 구속하고, 선고하고, 수감하고, 또 다시는 범죄를 저지르지 못하도록 영원히 격리시켜 미국이 세계에서 수감자 비율이 가장 많도록 하는데 이바지하였다.[19)]

일반적으로 미국 형법교수들은 실체형법을 위한 헌법적인 원칙을 만들어 내는 것에 거의 관심이 없다. 대신에 미국 형법교수들은 고의개념이나 책임조각과 위법성조각의 차이나 형법상 책임을 위한 범죄자 성행의 의미 등과 같은 오래 전부터 중요시되어온 문제들을 연구할 때 헌법과 관련 없이 일하는 것을 더 선호한다. 현재 미국 형법문헌들이 다루는 주제는 특히 그 추상성에서 사법적, 입법적 혹은 행정적 형사사

19) Dubber, Policing Possession: The War on Crime and the End of Criminal Law, Journal of Criminal Law and Criminology 91 (2001), 829면과 Victims in the War on Crime: The Use and Abuse of Victims' Rights, 2002.

법에 아무런 중요성이 없는 것들이다. 이는 총체적인 미국 형법학이 모범형법전에 따른 개혁 이후 더 이상 존재하지 않기 때문이다. 따라서 미국 형법문헌은 시대착오적이고, 심하게는 가공으로 지어낸 형법체계를 설명하고 있다. 아무도 실제 존재하는 형법인 뉴욕 주 형법, 캘리포니아 주 형법에 관심을 두지 않는다. 개별 주의 모든 중요한 형법은 가끔씩 동료들에게 지역학회지에서 새로운 판례나 주 형사 입법자의 활동에 관한 정보를 제공하는 현역 변호사들에 의해서만 논평된다.[20] 마지막으로, 모범 형법전을 기초로 많은 미국 연방주들이 그들의 개별형법전을 개정했으며, 미국 형법연구나 형법이론에서뿐 아니라, 또 주와 연방차원의 판결에도 지속적으로 영향을 주었다. 그러나, 미국 형법에 대한 모범형법전의 기여는 수십 년간 비체계적이고, 원칙 없는 법률개정 때문에 계속 희석되었다. 또한 모범형법전은 당시 미국 형법연구를 지배했던 실증적-심리학적인 이념적 법체제로서의 형법을 경찰상 위험방지체제를 실현하는데 희생했기 때문에 형사사법의 규범적인 힘이 도출될 수 없다는 것이다.[21]

미국 형법에서 도그마틱(법개념 또는 법이론)은 단지 배심원들에게 하는 지시사항 같은 정도의 가치만 있다. 미국 법원의 판결 자체는 잘 알려진 것처럼 아주 모호하다. 어떤 정당화나 설명이 없기 때문에 배심원의 유죄나 무죄판결은 도그마틱의 기본원칙과 관련이 없다. 사실 오래 전부터 배심원들의 판단재량 때문에 도그마틱의 가시적 해결강요를 무시하고 명백한 증거에도 불구하고 무죄를 선고하는 것이 배심원의 역할이었다(이른바 jury nullification).[22] 반대로 미국 형법은 전통적으로 실체법보다 소송법에 더 큰 관심을 두었다. 범죄론을 침해(공격, offenses)와 방어(defenses)로 구분하는 실체법의 기본구조보다 미국 형법에서 소송사고의 우선을 더 잘 보여주는 것은 없다. 미국 형법은 실용적인 관점을 가지고 있다. 왜냐하면 미국 형법은 교수들이 아니라, 판사들과 증가하는 많은 입법과 행정관여자들이 지배하고 또 항상 배심원의 판결형성을 위한 지침서로서 누구든 이해할 수 있어야 하기 때문이다.

20) 마쿠스 두버, 손미숙, 위 논문, 419면.

21) Dubber, Policing Possession, 966-994면.

22) 마쿠스 두버, 손미숙, 위 논문, 410면.

이에 반하여 독일 형법은 놀랄 만큼 복잡할 뿐 아니라, 분류와 체계화 같은 물음들에 형식적이고 개별적으로 몰두하는 경향이 있다. 학문으로서 독일 형법은 학자들의 과제이다. 형법학자로서 독일 교수들은 형법 도그마틱에 전통적으로 지대한 영향을 주었다. 역사적으로 보면 독일판례는 독일 교수들보다 훨씬 적은 영향을 주었다. 독일 형법전은 아주 간결하다. 법조문의 불명확성과 흠결은 끊임없는 학문적 연구와 분석을 통해 인식(즉 형법)을 완성하고, 그 발견을 판사들에게는 구체적인 사례해결에서, 입법자들에게는 형법개정을 위한 올바른 방향을 제시하는 학자인 교수들에 의해 보충된다. 독일 형법은 대단히 광범위하고 복잡한 형상을 가지고 있고, 보통법처럼 판례의 세심한 분석을 통해서가 아니라, 학문적인 발전과정에서 이루어진 것이다. 이는 보통법과 달리 오래된 판결 혹은 오판결의 역사는 연구하지 않아도 되는 독일 형법 도그마틱의 상대적인 무역사성을 말해준다. 독일 형법 도그마틱은 자기 목적적이다. 도그마틱을 생산해 내고 소비하는 적은 수의 전문가 중 특히 교수나 직업판사들 외에는 아무도 이것을 이해할 필요가 없다. 독일 도그마틱은 많은 이유 중에서도 특히 참심원이 이해하도록 지시사항을 번역할 필요도 없고, 피고인과 참심원들이 판결을 수긍할 수 있도록 쉬울 필요가 없기 때문에 그렇게 복잡하고 심오할 수 있다. 그래서 독일 형법 도그마틱의 난해성은 중요한 제도적 기능을 한다. 독일 형법 도그마틱은 전문가인 판사들에게 지금도 독일 형사소송에 남아있는 적은 참심원들을 통제하는 것을 허락한다. 많은 법원에서 참심원들이 판사에 비해 수로 보면 2대 1로 많아서 이론적으로는 판결에 큰 영향을 줄 수 있을 것 같지만 현실적 영향은 전혀 없다.[23] 그 이유는 대부분 법문에서는 찾을 수 없고 전문가들이 전문가들을 위해 쓴 어려운 전공문헌의 형법 도그마틱에 있다.

직업판사들이 주도하는 형사소송에서 증거법은 충분한 증거가 되는지에 대한 종국적인 판단은 배심원이 하는 소송[24]보다는 중요하지 않다. 영향을 받거나 쉽게 혼동하는 참심원이 없다면 증거조사와 증거판단에 대한 세심한 통제를 위한 동기가 더

23) 위 논문, 409면.

24) 위 논문, 410면.

적다. 독일 형사소송에서 판사는 필요하고 상당하다고 여겨지는 증거를 수집하고, 마지막으로 그의 판단에 따라 평가함으로써 진실발견의 의무가 있다. 따라서 입증책임(주장과 신빙성) 개념이나 특정한 질문에 대한 입증책임의 적정한 형태나 당사자들에 대한 입증책임분담 등과 같은 미국 형법을 지배하는 증거법상의 물음들은 독일 형사소송법에서나 실체법에서 중요한 역할을 하지 않는다. 독일 형법에서 증거법적 문제의 낮은 중요도는 소송법의 낮은 위상에서 연유한다. 실체형법은 규범과 개념을 다루고, 이는 또 바로 형사소송에서 적용된다. 이런 원칙들이 어떻게, 누가 적용하는지는 그 원칙이 무엇이며 어떠해야 하는지에 관한 물음에 아무 의미가 없다. 따라서 증거법상의 고려를 처음부터 실체형법에서 논한다는 것은 적격이 아니다.[25]

2. 배심원 의견의 존중

위에서 살펴본 바와 같이 미국의 형법규정은 실제로는 결과책임을 인정하고 있고 복잡한 형법 도그마틱이 존재하지 않아 배심원들이 위 형법규정들을 범죄행위에 적용하는데 별다른 어려움을 느끼지 않을 것으로 보인다. 반면 우리 형법은 독일의 형법이론을 계수한 이유로 배심원들이 형법개념의 적용범위를 둘러싸고 대법원 판례와 다른 태도를 취하는 것은 어쩌면 예상된 것일 수 있다. 그러면 위와 같은 배심원들의 평결에 대하여 어떤 입장을 취해야 하는 것일까? 배심원들의 '살인죄에서의 미필적 고의', '강도죄에서의 폭행・협박', '상해의 범위'에 대한 엄격한 기준은 오히려 사회통념상 평균인들의 의견과 생각을 반영하고 있다고 보는 것이 타당할 것이다. 사실 대법원 판례는 직업법관들이 주로 독일과 일본의 형법개념을 수용하여 판단해온 것이어서 우리 국민들의 상식과 맞지 않을 수 있다. 이러한 점에서 법원은 일반 시민들로 구성된 배심원들의 평결에 오히려 귀를 기울이고 이를 향후 판례를 발전시켜 나감에 있어서 반영해야 할 것으로 생각한다.

25) 위 논문 410~411면.

제5장 바람직한 국민참여재판 제도의 모델

제1절 국민참여재판의 과제

Ⅰ. 평결에 대한 기속력부여 문제

1. 문제점

배심원 평결에 대한 기속력의 문제는 국민참여재판에서 진행한 사건에 대한 배심원의 평결에 법적인 구속력을 인정하느냐의 문제이다. 즉, 영미식의 배심재판과 같이 배심원의 사실인정에 대한 평결에 법적인 구속력을 인정하면 피고인에 대하여 무죄평결이 내려지면 재판부는 위 평결에 구속되어 무죄판결을 해야 하고, 검사는 그 판결에 항소를 하지 못한다고 해석된다. 또. 유죄평결에 대하여도 피고인은 사실오인이 아닌 법률상의 주장으로만 항소를 하여야 하는 제약이 따른다.

따라서, 배심원 평결의 효력문제는, 향후 국민참여재판의 성패를 좌우하는 열쇠로 인식되고 있다. 배심원 평결에 기속력을 인정하게 되면 현재 권고적 효력 또는 사실상의 기속력이 있다고 인정되는 국민참여재판이 보다 훨씬 진일보한 적극적인 재판제도로 나아가게 되지만, 만일 권고적 효력에 그친다면 시간 및 경제적 비용문제에 따라 국민참여재판은 형식적인 제도로 남게 될 가능성이 높다. 국민참여재판의 배심원 평결이 항소심에 가서 쉽게 번복될 가능성마저 열리게 되면 국민참여재판은 그야말로 배심원의 시간적·경제적 손실과 함께, 전체 소송경제에 있어서도 막대한 손실을 입게 될 수 있기 때문이다. 그런데 이에 대한 논의의 전제로 우리 법체제상 해결해야 할 몇 가지 주제가 있다. 즉 헌법상 법관에 의한 재판을 받을 권리를 침해하는 것이 아닌가[1])라는 위헌시비와 형사소송법상 상소의 제한에 관한 문제이다.

2. 법관에 의하여 재판받을 권리를 침해하는가?

(1) 위헌이라는 견해

헌법에 규정된 '법관'은 헌법 제105조 제3항에서 규정하고 있는 10년이라는 임기규정과 헌법 제106조 제1항에서의 법관의 신분보장 규정을 근거로 '직업법관' 내지 '전문법관'만을 의미한다고 해석하는 견해이다. 따라서 임기가 없고 신분을 보장받지 못하는 국민참여재판의 배심원은 직업법관이 아니므로, 배심원에 의한 국민참여재판은 헌법 제27조 제1항에 의한 '법관에 의한 재판받을 권리'를 침해하므로 위헌이라는 주장이다.[2]) 이 견해에 따르면, 국민참여재판에서 배심원의 평결에 대하여 재판부를 구속하지 못하는 권고적 효력을 부여하는 것이 타당하고, 또한 직업법관에 의하여 진행하는 항소심에 항소를 허용하지 않는 것은 타당하지 않게 된다.

(2) 합헌이라는 견해

헌법 제27조 제1항에서의 '법관'은 직업법관을 의미하지만, '법관에 의한 재판'을 '당해 재판부에 법관이 참여하여 이를 주도적으로 이끄는 경우'까지 포함하는 것으로 해석하여, 법관이 배심원을 법률적으로 지도할 수 있는 기능적 장치가 마련되어 있다면 국민참여재판을 합헌으로 볼 수 있다는 견해가 있다.[3]) 그리고 현재 국민참여재판은 법관이 주재하에 증거능력이나 증거가치를 판단하여 배심원이 사실인정을 하는 재판절차로 이해될 수 있으므로 현행 국민참여재판에서 배심원 평결의 기속력을

---

1) 헌법 제27조 제1항은 "모든 국민은 헌법과 법률이 정한 법관에 의하여 법률에 의한 재판을 받을 권리를 가진다"라고 규정하고 있다.

2) 장석조, 국민의 사법참여제도의 헌법적합성, 「국민의 사법참여」 공청회자료, 사법개혁위원회/한국공법학회, 2004, 108-109면

3) 김승대, 국민의 사법참여공청회 지정토론문, 「국민의 사법참여」 공청회, 사법개혁위원회/한국공법학회, 2004, 99면.

부여한다 하더라도 헌법에 반하지 않는다는 것이다. 또 다른 견해로는 헌법의 최상위적 가치인 '국민주권주의'에서 국민참여재판의 정당성을 인정하는 견해이다.[4] 즉, 주권의 일부인 재판권도 당연히 국민에 의한 것이고, '법관에 의한 재판을 받을 권리'에서의 법관이 직업법관을 의미한다고 하더라도 이것이 헌법상의 기본권인 이상 일정한 경우에는 제한이 가능한데, 헌법 및 통치구조에 있어서 최상의 기본이념인 '국민주권주의'의 실현 내지 국민주권주의에서 도출될 수 있는 '일반국민의 사법참여권 보장' 등과 같은 공익을 위해 직업법관에 의한 재판을 받을 권리가 제한될 수 있다는 것이다. 따라서, 직업법관에 의해 재판받을 권리의 본질적 내용을 침해하거나 과도하게 제한하는 경우가 아닌 한 국민주권주의 실현을 위해 국민참여재판제도는 헌법 합치적이라는 것이다.[5]

(3) 소결

헌법 제27조 제1항에서의 '법관'은 직업법관을 의미한다고 보아야 한다. 그렇지만, 법관에 의한 재판에서 "…의한"은 광범위한 입법재량권이 인정될 수 있는 영역으로 볼 수 있다. 국민참여재판에서 배심원에게 사실인정권한을 주고 양형판단에 관여할 수 있도록 하고 있지만, 법관에게 소송지휘권을 부여하고 있고 재판 및 평의과정에서 법관은 사실인정 및 법률판단에서 주도적 역할을 담당하고 있다. 또한, 국민주권의 원리에 비추어 보더라도 국민들의 대표들이 갖는 민주적 정당성은 임명직 기관의 민주적 정당성보다 하위일 수 없으므로, 참여시민의 평결을 효력을 직업법관의 의사보다 하위에 두는 것은 바람직하지 않다고 생각한다.

더 나아가, 헌법조항의 문리적 해석상 국민은 법관에 의한 재판을 받을 권리를 행사할지 여부를 결정할 수 있는 권리를 가지는 것이지, 반드시 직업법관에 의한 재판을 받아야 할 의무까지 부담하고 있지는 않다고 할 수 있다.[6] 그렇다면, 피고인이

---

4) 이완규, "국민참여재판제도 정착방안", 「저스티스」 통권 제106호, 2008, 542-558면(553); 황성기, "한국에서의 참심제와 배심제의 헌법적합성", 「법과 사회」, 제26호(2004), 135-136면.

5) 황성기, 앞의 논문, 135-136면 참조.

국민참여재판을 신청하는 경우에만 국민참여재판에 의하여 진행하는 현 규정상 국민참여재판의 평결에 기속력을 인정한다고 하더라도 위헌이라고 할 수는 없을 것이다.

Ⅲ. 무죄평결에 대한 항소의 제한

1. 개요

현재 형사법학자들은 앞에서 언급한 국민참여재판의 실효성 확보를 위해 ① 국민참여재판에서는 항소심을 법률심인 사후심으로 운영하여야 한다는 주장,[7] ② 배심원의 무죄평결에 대하여 검사의 항소대상을 법령위반으로만 규정하고, 사실오인(형소법 제361조의5 제14호)을 이유로 한 검사의 항소를 금지함으로써 배심원 평결에 대해서는 검사의 항소를 제한하자는 입장[8]과 ② 배심원의 무죄평결에 대해서 검사의 항소를 제한하자는 주장[9]을 하고 있다.

2. 정당화 근거

위와 같은 견해들을 정당화하는 근거로는, ① 첫째, 우리나라의 검사는 비교법적으로 유례를 찾기 힘들 정도로 막강한 수준의 권한을 행사할 수 있는 것으로 알려져 있음에도, 공소제기 이후에도 제한 없는 상소권을 행사하여 피고인으로 하여금 피고

6) 황병돈, "국민참여재판에 있어서 배심원평결의 효력", 「홍익법학」 13권 2호 (2012), 287면.

7) 정한중, "한국과 일본의 국민참여형 형사재판에 관한 연구", 「외법논집」 제30집, 한국외국어대학교 법학연구소, 349면 ; 이동희, 앞의 논문, 118-119면 ; 이은모, "현행 국민참여재판제도의 내용과 문제점 : 일본의 재판원제도와의 비교를 중심으로", 「법학논총」 제26권 제1호, 한양대학교 법학연구소, 2009, 420면.

8) 탁희성・최수형, "형사정책과 사법제도에 관한 연구(V) - 국민참여재판제도의 평가와 정책화 방안 -",한국형사정책연구원, 2011, 500면; 차정인, "항소심의 제1심 국민참여재판 판결파기: 대상 판결: 서울고등법원 2008.7.3. 2008노946 판결", 「법학연구」 제51권 제1호, 2010, 127면; 김태규, "국민참여재판의 개선방안에 관한 연구", 「형사정책연구」 제19권 제4호, 한국형사정책연구원, 2008, 24면 ; 김병수, "국민참여재판의 중간평가", 「형사정책연구」 제21권 제3호, 한국형사정책연구원, 2010,, 59면.

9) 이호중, "국민참여재판의 성과와 과제", 「법과 기업연구」 제1권 제3호(2011.12), 231면 이하.

인의 지위에 오래도록 머무르게 할 수 있는 것은 피고인과의 관계에서 불공평하고, 1심에서 유죄의 입증에 실패하더라도 거듭하여 유죄를 입증할 기회를 다시 확보할 수 있기 때문에 지나친 권한행사라는 것이고, ② 검사는 범죄의 혐의가 충분하다고 판단하여 기소한 사건에 대하여 피고인의 유죄를 합리적 의심의 여지없이 입증할 의무가 있는데, 개인으로서의 지위인 피고인과는 달리 거대한 물적・인적 자원을 바탕으로 한 검사의 유죄입증 활동이 실패로 돌아갔음에도 불구하고 동일한 사건에 대한 판단을 재차 요청하는 것은, 자신의 임무를 비슷한 법률적 지식을 가지고 있는 상소심 법관에게 미루는 것과 다름없다는 것이다.[10] 또한 ③ 참여재판의 경우에는 직접심리주의와 공판중심주의가 더욱 강화된 재판이고, 국민의 법감정을 대변하는 시민이 재판에 참여한다는 점에서 만장일치에 의한 무죄평결은 공소사실에 대한 합리적 의심이 강하게 남아있다는 것으로서 무죄판결에 대한 항소의 정당성은 매우 약화되며, 무죄판결 유지의 당위성이 현저하게 높아진다는 것이다.[11]

3. 소결

우리 헌법 제13조 제1항은 "모든 국민은 동일한 범죄에 대하여 거듭 처벌받지 아니한다"라고 규정하여 일사부재리의 원칙을 천명하고 있다. 대륙법에서 유래한 일사부재리의 원칙은 유・무죄의 재판과 면소판결이 확정된 때에 동일 사건에 대하여 다시 재판하는 것이 허용되지 않는다는 효력을 말하는데, 형사소송에 수반하는 피고인의 부담을 최소화하고 피고인의 불안정한 상태를 제거하고자 하는 인권옹호의 사상인 영미법상의 이중위험금지의 원칙(The principle of double jeopardy)에서 유래하고 있고, 이중위험금지를 내용으로 하는 것으로 파악하고 있다.[12]

이와 같이, 통설은 이중위험금지는 판결의 확정에 의해 발생하므로 한 번 발생한

---

10) 임보미, "이른바 "계속적 위험론"에 관한 비판적 고찰 - 미국판례분석을 중심으로", 「비교형사법연구」 제16권 제1호 통권 제30호 (2014. 7), 258면.

11) 임보미, "국민참여재판과 항소", 「형사정책」 제24권 제3호 (2012년 12월), 50면.

12) 이재상, 신형사소송법(제2판), 673면.

위험이 상소심 판결까지 계속해서 존재한다고 보고 있고, 이중금지원칙은 확정판결에 대해서만 적용되므로, 검사의 기소에 의해 발생한 위험은 판결이 확정되지 않는 한 계속하여 유지되는 것일 뿐 새로운 위험을 창출하는 것이 아니므로 검사의 항소장애로 작용하지 않는다. 그런데, 앞에서 기술한 바와 같이 미국에서 무죄판결에 대한 검사의 항소는 매우 제한적인 범위 내에서만 인정되고 있고, 특히 배심재판에서의 무죄평결은 그 자체로 재판을 종료시킨다.[13)]

미연방 수정헌법 제5조는 "누구라도 동일한 범행으로 생명이나 신체에 대한 위험을 거듭받지 아니한다"고 규정하여, 이중위험금지의 원칙을 선언하고 있다. 미국의 이중위험금지의 원칙은 우리나라의 통설에서 이해하고 있는 내용과는 다르다. 즉, 1957년의 Green v. United States(355 U.S. 184) 판결에서 "국가가 자기의 모든 자원과 권한을 이용하여 기소된 범죄를 이유로 유죄판결을 받게 하려는 거듭된 시도를 하여, 무고한 피고인으로 하여금 유죄판결을 받게 할 가능성을 증강시키는 것뿐만 아니라, 당황(embarrassment), 비용지출(expense) 및 시련(ordeal)을 겪게 함으로써 지속적인 두려움과 불안상태(continuing state of anxiety and insecurity)에 놓이게 하는 일은 허용되지 않는다. 이것은 적어도 앵글로 아메리카의 사법체계 내에 깊숙이 뿌리박혀 있는 기본 개념 중에 하나이다."[14)]라고 판시하였는데, 여기에서 '위험'이란 확정판결이 아니라 일반적으로 피고인에 대한 1심의 무죄판결을 의미한다. 이러한 위험은, ① 배심재판(jury trial)일 경우에는 배심원이 선정되어 선서를 한 때, ② 법관재판(bench trial)인 경우에는 공판정에 증거가 현출되었을 때 개시된다. 즉, 위험이 개시된 이후 피고인이 동일한 범죄로 인하여 다시 위험에 노출되면 수정헌법 제5조에 규정된 이중위험금지원칙에 반하는 것이 된다. 따라서, 피고인의 무죄판결에 대한 검사의 항소는 피고인을 이중의 위험에 노출시키는 것이 되므로 허용되지 않는다.[15)] 다만, 피고인에 대한 유죄판결이나 기소의 지연 등으로 공정한 재판을 하기 어렵다는

---

13) 임보미, "이른바 '계속적 위험론'에 관한 비판적 고찰", 259면.

14) Green v. United States, 355 U.S. 184, 187~188 (1957)

15) 임보미, "이른바 "계속적 위험론"에 관한 비판적 고찰", 262-263면.

이유로 법원이 공소를 기각한 경우(dismissal)에 대하여 항소를 제기한 경우 등에는 이중위험금지의 원칙에 위배되지 않는다.

이러한 점에 비추어 볼 때, 우리나라의 국민참여재판에서 배심원이 피고인에 대하여 무죄평결을 하여 법관에 의하여 무죄판결이 선고되었을 때, 검사의 항소를 제한하기 위한 이론적 기초는 미국판례에 의하여 형성되어온 이중위험금지의 원칙을 수용할 때 가능해진다고 할 수 있다. 그 외, 실제적 이유로는 배심원 평결에서 유·무죄평결에 대하여 주문에 이유를 작성하지 않기 때문에 사실오인이나 법리오해에 대한 근거가 없으므로 검사나 피고인이 자기에게 불리한 판결에 대하여 항소를 제기하기 어렵다는 것도 제시할 수 있을 것이다.

제2절 참여율 제고문제

2008년 1월 1일부터 2013년 12월 31일까지의 시행 6년간, 피고인이 국민참여재판을 신청하여 법원에 접수된 사건 수는 피고인 수를 기준으로 총 2,979건이었고, 그 중 미제건수인 98건을 제외한 총 2,881건이 처리되었다. 위 기간 중의 전체 국민참여재판 대상사건 수인 61,622건에 대비하면 신청율은 4.8%(=2,979건/61,622건) 수준이다. 한편, 피고인이 신청하여 접수된 사건 중 피고인이 스스로 철회한 것이 1,174건, 법원의 배제결정이 내려진 것이 514건이고, 실제 국민참여재판이 실시되어 판결이 선고된 사건이 1,193건이었다. 이를 전체 국민참여재판 대상사건 수에 대비하면 1.9%의 사건에 대하여 실제로 국민참여재판이 이루어졌고, 피고인이 스스로 철회한 사건비율은 1.9%, 법원의 배제결정이 내려진 사건비율은 0.8%이다. 자세한 내용을 [표 8]로 나타내면 다음과 같다.

[표 8] 국민참여재판의 접수·처리 현황 (2008.1.1.~2013.12.31) [16)]

접 수		처 리				미 제
		소계	국민참여재판	배제결정	철회	
2008년	233 (100%)	215 (92.3)	64 (27.5)	61 (26.2)	90 (38.6)	18 (8.1)
2009년	336 (100%)	308 (91.7)	95 (28.3)	75 (22.3)	138 (41.1)	46 (10.5)
2010년	437 (100%)	413 (94.5)	162 (37.1)	75 (17.2)	176 (40.3)	70 (16.0)
2011년	489 (100%)	494 (101.0)	253 (51.7)	63 (12.9)	178 (36.4)	65 (13.3)
2012년	752 (100%)	672 (89.4)	274 (36.4)	124 (16.5)	274 (36.4)	145 (19.3)
2013년	732 (100%)	779 (106.4)	345 (47.1)	116 (15.8)	318 (43.4)	98 (13.4)
합계	2,979 (100.0%)	2,881 (96.7)	1,193 (40.0)	514 (17.3)	1,174 (39.4)	98 (3.3)

위 [표 8]을 살펴보면, 2008년 이후 국민참여재판 접수사건이 꾸준히 늘고 있고, 시행율도 증가하고 있는 것을 알 수 있다. 그 원인으로는 국민참여재판을 신청한 피고인의 철회율은 일정한 수준을 유지하고 있지만 법원의 사건배제결정이 줄어들고 있는 것이 중요한 요인으로 보인다. 2008년 이후 배제결정 된 총 합계 514건 중 제1호(배심원의 안전위협, 직무수행을 공정하게 못할 염려)를 적용한 사례는 1건이 있었고, 동조 제2호(공범인 공동피고인 중 일부만이 희망한 경우)를 적용한 것이 50건으로 전체 배제결정의 9.7%, 제3호(성폭력범죄피해자 등이 원하지 않음)를 적용한 것이 63건으로 12.3%이었고, 제4호(그 밖에 국민참여재판으로 진행하는 것이 적절하지 아니하다고 인정되는 경우)를 적용한 것이 400건으로 전체 배제결정의 77.8%를 점하고 있다고 한다.

한편, 2008년 이후 6년간 피고인이 국민참여재판 신청 후 철회한 총 사건수는 1,174건으로 전체 접수사건 중 거의 40%에 이른다. 피고인이 신청한 후 스스로 철회

16) 이동희, "국민참여재판의 성과와 과제 - 최종형태안에 대한 평가와 제언을 포함하여-" 「저스티스」 146권 3호(2015. 2), 74면.

한 이유에 대하여는 개개의 사건별로 구체적인 사유가 파악되어 있지는 않으나, 개괄적으로는 ① 피고인이 국민참여재판이 무엇인지 잘 알지 못하거나 착오로 신청하였다가 철회한 경우, ② 피고인이 신청하였다가 별다른 실익이 없을 것 같아 철회한 경우, ③ 법정에서 구두변론으로 배심원을 설득해야 하는 국민참여재판의 특성상 사전 준비가 많이 필요한 것도 신청이 감소하는 이유다. 일반국민인 배심원을 설득하기 위해서는 프레젠테이션은 물론 구두변론도 많이 준비해야 하기 때문에 일부 변호사들은 피고인들에게 국민참여재판을 권유하는 것을 기피하기 때문이다. 그 밖에, ④ 추가 기소사건이 있거나 증인이 여러 명 있는데 소환 여부가 불투명하는 등 절차 진행이 원활하지 않은 점을 고려하여 철회한 경우 등을 예상할 수 있을 것이다.

위에서 살펴본 바와 같이, 국민참여재판의 대상사건은 총 61,622건이었으나 이 중 국민참여재판을 신청한 건수는 2,979건으로 국민참여재판의 신청율은 전체 대상사건의 4.8%에 불과했다. 게다가 신청한 2,979건 중 처리된 사건인 2,881건의 39.4%에 달하는 1,174건은 피고인이 국민참여재판을 신청했다가 스스로 철회하였다. 실제로 국민참여재판이 진행된 것은 법원이 배제결정한 514건을 뺀 1,193건이었다. 이는 전체 대상사건에 대비하면 1.9%에 그치는 비율이다. 나아가 전체 정식공판사건에서 차지하는 비율로는 0.04%에 지나지 않는다. 시행 첫해에 비해 매년 신청율과 실시율이 다소 높아지기는 했지만, 전체적으로 보면 여전히 낮은 수준의 신청율, 실시율이라 평가할 수 있다.[17)]

그런데, 2013년을 기점으로 국민참여재판 신청건수와 진행건수는 큰 폭으로 줄어들고 있다. 대법원에 따르면, 2012년 752건, 2013년 732건이던 국민참여재판 신청건수는 2014년 608건으로 줄어든 데 이어 2015년에는 505건으로 크게 감소했다. 그리고 국민참여재판 진행건수도 2013년 345건에서 2014년 271건, 2015년 203건으로 함께 감소추세를 보이고 있다.[18)] 이러한 원인은 국민참여재판의 평균 무죄율은

---

17) 이동희, 앞의 논문, 85면.

18) "국민참여재판, 피고인들 부정적 인식에 신청 급감 : 2013년 기점으로 하강곡선… 원인과 대책", 법률신문, 2016.7.18.자. https://www.lawtimes.co.kr/Legal-News/Legal-News-View? seri-

8%로 전국 법원 형사합의사건 1심 무죄율인 4.1%보다 2배 가까이 높음에도 불구하고 피고인들의 국민참여재판 신청건수가 급감했기 때문이기도 하고, 2013년 15.8%까지 낮아졌던 법원에 의한 배제율이 2014년 17.5%로 2.7%p 높아졌고 2015년에는 20.2%까지 치솟았기 때문이기도 하다. 이는 2012년부터 배제사유에 성폭력 피해자나 법정대리인이 국민참여재판을 원하지 않은 경우가 추가되면서 배제율이 높아진 것으로 추정되고 있다. 이러한 현상에는, 법원이 국민참여재판 제도 활성화에 대한 의지가 부족하다는 비판도 나온다. 국회 법제사법위원회가 대법원의 2015 회계연도 결산내역을 심사한 결과 당초 국민참여재판법정 설치를 위해 편성된 3억원이 이와 무관한 일반법정이나 소년법정 리모델링 및 증설비용으로 집행되기도 했다.[19)]

더구나, 2013년 각계 전문가들이 참여하는 '국민사법참여위원회'를 꾸려 이른바, 국민참여재판 최종개선안을 마련하였다. 그 주요내용으로는 ① 피고인의 신청이 없어도 법원의 직권 또는 검사의 신청으로도 참여재판을 실시할 수 있도록 하고, ② 판사는 원칙적으로 배심원 평결을 따르도록 한다 등의 내용이 담겨 있었다. 하지만 법무부는 위원회 안을 그대로 받아들이지 않고 참여재판을 오히려 위축시킬 수 있는 규정을 넣어 2014년 입법을 발의하였다. 법무부 개정안은 참여재판으로 진행하면 불공평한 판단을 초래할 우려가 있는 경우, 검사가 신청하는 경우 등에 참여재판을 배제할 수 있도록 배제규정을 넓힌 조항을 추가했다. 그리고, 2년이 지나도록 국회에서 위 개정안에 대하여 제대로 논의조차 되지 않은 채 임기만료로 폐기되었고, 법원, 검찰 등도 이후 아무런 후속조치를 하지 않고 있다.

여기에서, 우리 형사사법제도에서 국민참여재판의 위치를 어떻게 규정지을 것인지에 대한 결단이 필요하다고 생각한다. 이것은, 국민참여재판을 지금과 같이 시민의 사법참여를 확인하는 상징적인 제도로 위치짓는 것으로 만족할 것인지? 아니면, 국민참여재판이 우리나라 형사재판의 기본적인 재판형태로서 평가받을 수 있는 수준으로 확대시킬 것인가의 문제이다.

---

al= 101893. 2017. 3. 10. 방문.

19) 법률신문 2016.7.18.자.

제3절 비교법적 검토

Ⅰ. 미국

앞에서 살펴본 바와 같이, 미국의 배심제는 역사적으로 지배자의 압제와 독재로부터 시민의 자유를 지키는 방어벽의 역할을 수행하여 왔다. 17세기와 18세기 초기의 영국 식민지 시대에 배심원들은 여러 중요한 사건들에서 영국국왕의 종교적·정치적 반대자에 대하여 유죄판결을 거부함으로써 국왕의 권위에 저항해왔던 것이다. 이러한 의미에서 Alexis de Tocqueville은 1835년 "미국에서의 민주주의(Democracy in America)"라는 연구에서 "배심은 미국의 민주주의에서 정치적인 기관으로 이해되어야 한다"라고 주장하였다.[20] 그는 "배심을 단지 재판의 한 기관으로 보는 것은 배심에 대한 우리의 관심을 매우 제한하는 것이다. 배심의 영향력이 법정에서의 판결에 있어서 얼마나 큰지는 몰라도, 배심이 전체적으로 초래하는 공동체의 운명에 대한 강력한 영향력에 종속되는 것이다. 무엇보다, 배심은 정치적 기관이고, 배심이 적절히 인정받기 위하여 이러한 관점에서 이해되어야 한다."[21] 라고 피력하였다.

미국에서 실제 배심재판이 이루어지는 사건의 비중은 전체 배심대상 형사사건에서 대략 1.3% 정도의 소수에 불과하다.[22] 그러나 소송의 제기로부터 시작하여 재판의 모든 처리과정이 항상 배심재판을 받을 수 있는 가능성을 내포하고 있기 때문에, 이러한 극소수의 배심재판이 전체 사건에 미치는 영향은 여전히 지대하다고 할 것이다.[23]

---

20) Alexis de Tocqueville, Democracy In America (Henry Reeve trans., Lawbook Exchange ed. 2003), 263면 (1838).

21) Alexis de Tocqueville, 위 책, 263면.

22) 배심재판으로 진행되는 형사사건이 대폭 감소하고 있는 것은, 대체적 조정형태인 유죄협상(Plea bargaining)으로 대부분의 형사사건이 해결이 되고 있고, 직업법관에 의한 재판(bench trial)도 많이 이용되고 있기 때문이다.

23) Valerie P. Hans, Business on Trial : The Civil Jury & Corporate Responsibility (Yale University Press, 2000), 11면(김상준, 미국 배심재판제도의 연구, 이화여자대학교출판부(2003.7), 14면에서 재인용). 이 부분에서 Valerie P. Hans 교수는 다음과 같이 서술하고 있다고 한다.

II. 프랑스, 독일

유럽에서의 배심제는 18세기 주로 독일, 프랑스에서 전개된 계몽주의(Enlightment)사상의 영향에서 비롯되었다고 할 수 있다. 특히, 군주제와 정치적 접전을 벌리던 프랑스의 계몽 사상가들인 몽테스키외(Charles-Louis de Secondat, Baron de La Brède et de Montesquieu), 볼테르(Voltaire), 루소(Jean-Jacques Rousseau), 디드로(Denis Diderot), 엘베시우스(Claude Adrien Helvétius) 등의 영향이 컸다. 계몽주의 초기에는 왕정을 인정하면서 시민계급에 의해 계몽된 절대주의를 기본으로 하였으므로 재판권 자체를 시민이 행사한다는 주장은 제기되지 않았다. 그러나, 계몽주의에 있어서 최대의 정치적 사건인 1789년의 프랑스 혁명 이후 주권이 국왕에서 제3계급인 부르주아(bourgeois) 시민계급으로 이동하면서 프랑스에서는 1791.9.16~29의 법(Decret condernant la police de surete criminelle et l'instruction des Jures v. 16-29. 9. 1791)에서 기소배심 및 공판배심이 도입되었다. 그 후 프랑스에서 배심제의 역사적 변천과정은 앞에서 기술한 바와 같다.

한편, 독일은 1848년의 혁명 이후 프랑크푸르트에 소집된 국민의회에서 배심제 도입을 결의하고, 그 후 위 혁명의 여파로 위로부터의 개혁이 이루어져 프로이센이 독일을 통일한 후 1877년의 독일제국 형사소송법(1789)에 배심제도가 규정되게 되었다. 그 후 독일은 프랑스와 같이 배심제에서 참심제로 시민의 재판참여형태가 변화하게 된다.

"배심재판이 존재한다는 사실 그 자체가, 소송당사자, 잠재적 소송당사자, 변호사 등이 자신들의 사건이 배심재판에서 처리될 경우 승패의 가능성을 가늠해 보는 기준으로 작용하고 있다. 그것은 그들이 소송을 제기하고, 사건을 수임하며, 화해를 시도하는 데 있어서의 의사결정에 영향을 미치게 된다. 물론, 그러한 배심재판이 암시하는 시그널들은 다소 애매모호할 수도 있을 것이다. 조지아주의 플로리다 주에서의 벤레이트 사건(뒤퐁사에서 제조한 벤레이트라는 제초제로 인한 일련의 손해배상사건이다)에서는 배심원들이 평의를 진행하고 있던 바로 그 시점에서 당사자들 사이에 화해가 성립되었는데 이는 배심원들의 평결결과에 대한 불확실성으로 인한 불안감이 당사자들을 화해로 유도하게 된 계기가 되었다고 한다. 배심원들이 벤레이트 사건을 직접 처리하였든 아니든 간에, 그런 사건에서 상당한 정도의 소송활동은 배심원이 그 사건을 처리할 수도 있다는 가능성 때문에 재구성되어 있고 향후에도 그럴 것이다. 소송절차, 증거법, 전문가 증언을 들을 것인지 여부를 결정하는 일 등 이 모두는 잠재적으로 사실인정의 주재자인 배심재판 제도를 염두에 두고 영향을 받아 왔다."이 서술은 비록 민사배심에 대한 것이지만, 형사배심의 경우에도 여전히 적용될 수 있는 사례일 것으로 생각한다.

결국, 독일과 프랑스에서는 혁명 등에 의하여 정치형태가 군주제에서 민주제로 변동되면서 주권의 주체가 군주에서 시민으로 변화함에 따라 사법권이 시민계급에 놓여짐에 따라 시민의 형사재판 참여형태인 배심제가 도입되게 되었다고 할 수 있다.

Ⅲ. 소결

1. 시민이 참여하는 재판형태의 세계화

우리나라에서 시민이 형사재판에 참여하는 국민참여재판은 미국이나 독일, 프랑스와 같은 오랜 역사와 전통을 가지고 있지 않다. 그러나, 2008년 현재 192개의 UN 회원국 중 55개의 나라에서 다양한 형태의 시민참여형 형사재판제도를 시행하고 있다.[24] 이와 같이 시민참여형 형사재판을 채택하고 있는 국가들의 특징을 살펴보면, 비교적 경제적 발전을 이루고 있고, 정치적으로는 민주주의 제도를 가지고 있고, 서구문화의 영향력 가운데 위치하고 있다는 것이다.

이 국가들에서 시민참여형 형사재판제도를 도입한 이유는 대략 세 가지로 나눌 수 있다.[25] 첫 번째 그룹은 대영제국의 식민지로 편입되면서 영국에서 자신들의 사법제도인 배심제도를 식민지에 도입하여 현재까지 그 제도가 지속되고 있는 나라들이 있다.[26] 두 번째 그룹은 프랑스 혁명의 결과 도입한 배심제의 영향을 받을 국가들이다. 프랑스의 나폴레옹 형사소송법에 간직되어 있는 시민재판이라는 관념에 이끌

24) 닐 비드마르, 앞의 책, 3면. 이 중 인구 100만 명 이하의 초소형국 10여개국을 제외한 45개국은 다음과 같다 : 오스트레일리아, 오스트리아, 벨기에, 벨리즈, 브라질, 불가리아, 캐나다, 크로아티아, 체코 공화국, 덴마크, 에스토니아, 핀란드, 프랑스, 독일, 가나, 가이아나, 그리스, 헝가리, 아이스랜드, 아일랜드, 이탈리아, 자메이카, 카자흐스탄, 라트비아, 마케도니아, 말라위, 모리셔스, 뉴질랜드, 니카라구아, 노르웨이, 파나마, 폴란드, 포르투칼, 러시아, 세르비아, 슬로바키아, 슬로베니아, 스페인, 스리랑카, 스웨덴, 영국, 우크라이나, 미국, 스위스, 트리니다드토바고.

25) 이하는 Park, Ryan. "The globalizing jury trial: Lessons and insights from Korea." American journal of comparative law 58.3 (2010): 527면 이하를 참고한 것이다.

26) 그러나, 인도와 파키스탄은 1960년대 초에 일반국민들이 독립적이고 객관적으로 법적결정을 내릴 수 있는가에 대한 의심으로 인하여 배심제도를 폐지하였다. 반면에, 오스트레일리아, 뉴질랜드, 캐나다는 영국의 식민지로 있었으나, 영국과 협력관계를 유지하면서 평화롭게 독립을 하면서 현재까지 배심제도를 유지하고 있다.

린 국가들은 19세기와 20세기 초반에 걸쳐 이 제도를 받아들였다. 이러한 국가들로는 독일, 포르투갈, 스페인, 그리스, 스웨덴, 노르웨이, 벨기에, 일본[27] 등이 있다. 세 번째 그룹은 20세기 후반 서양의 정치적·경제적 규범이 전 세계에 퍼지면서 자본주의와 민주적 정치체제를 받아들인 국가들이다. 예를 들면, 러시아, 스페인 등을 들 수 있다.

이에 반하여 아시아 국가들은 역사적·문화적인 이유로 서양에서 발달한 시민의 형사재판 참여에 대하여 비현실적이라고 생각하여 별다른 호응을 보이지 않았다. 그런데, 21세기에 들어서면서 획기적인 변화가 일어났다. 즉, 2005년 중국에서 시민참여형 배심제를 도입하였고, 2008년에는 우리나라에서 국민참여재판을 시행하였고, 2009년 일본에서는 재판원 제도를 시행하게 된 것이다. 이렇게 배심제가 전 세계로 퍼져나간 역사를 범주화해보면, 전통적으로 동양 문화권을 형성하고 있던 중국, 일본, 우리나라에서 시민의 형사재판에 참여는 생소한 것이라고도 할 수 있으나, 아시아에서 대표적으로 안정된 민주적 정치체제를 갖추고 있는 일본과 우리나라가 시민참여형 형사재판제도를 마련하게 된 것은 대단히 의미 깊은 일이라고 할 수 있다.

2. 국민참여재판제도가 도입된 원인

국민의 형사재판참여에 관한 법률 제1조에서는 "이 법은 사법의 민주적 정당성과 신뢰를 높이기 위하여"라고 하여, 국민참여재판을 실시하는 목적 중 하나로 사법의 신뢰를 지목하고 있다. 그렇다면, 사법제도에 대한 부패와 불신이 국민참여재판을 도입하게 된 원인에 해당하는지 검토해 볼 필요가 있다. 특히, '전관예우'라는 우리나라에 특수한 현상과 시중에 회자되는 '유전무죄, 무전유죄'라는 자조적인 표현은 우리나라 사법제도에 대한 불신에서 비롯된 것이기 때문이다.

한국행정학회의 조사에 따르면, 법원에 대한 국민의 신뢰도는 1996년 70%에서 2003년 58%, 2007년에는 48%로 떨어졌고[28], 2017년 한국형사정책연구원의 설문

27) 일본은 배심제로 도입하였으나, 정치적·문화적 이유로 배심제의 운영을 하지 않게 되었다.

조사에 의하면 24.2%만이 법원을 '신뢰한다'고 답변하였고, 두 배에 가까운 42.4%의 응답자는 '신뢰하지 않는다'고 하였고, 나머지 43.4%는 '보통'이라고 답변하였다고 알려졌다.[29] 이와 같은 통계에 따르면, 국민참여재판이 시행되기 전에는 오히려 법원에 대한 국민의 사법신뢰도가 높았는데 그 후 지속적으로 하락한 것이어서 국민참여재판이 국민의 사법에 대한 불신을 해소한다는 애초의 목적이 잘못된 것이 아닌가 의구심이 들 정도이다.

그러나, 한국형사정책연구원의 조사보고서에 따르면 형사사법기관에 대한 신뢰도는 정치적 성향과 큰 관련성이 있다고 한다. 보수성향의 응답자들은 형사사법기관에 대한 신뢰도가 상대적으로 높은 반면, 진보성향의 응답자들은 형사사법기관에 대한 신뢰도가 낮은 것으로 나타났다는 것이다. 예컨대 보수성향의 응답자 가운데에서는 47.5%가량만 검찰을 불신한다고 한 반면, 진보성향의 응답자는 73.6%가 검찰을 신뢰하지 않는다고 답한 것으로 분석되었고, 이 같은 경향은 나머지 형사사법기관에 대한 신뢰도 조사에서도 나타났다는 것이다. 그렇다면, 과거에 비하여 민주화가 꾸준히 이루어져 사회가 투명해지면서 법관 개인의 부패나 법원 조직의 관료적 문화에 대한 비판적 시각이 높아졌고 이러한 경향이 법원에 대한 신뢰도가 낮아지는데 깊이 작용하였다고 평가할 수도 있을 것이다.

사견으로는, 사법제도에 대한 국민의 불신이 국민참여재판을 도입하게 된 한 요소임에도 틀림없지만, 주요 원인은 아니라고 생각한다. 과거 거리에서 시위를 하는 국민들을 보아도 '사법개혁' 또는 '사법부패'를 이유로 피켓을 들고 있는 사람을 찾아보기 어려웠고, 이를 직접적 원인으로 하여 국민참여재판을 도입한 것도 아니다. 그리고 그동안 꾸준히 전관예우를 근절하는 방안을 도입하여 시행하고 있고, 로스쿨의 도입으로 법조인의 수가 급격히 늘어나고 있어 법조인이 특권층이라는 인식도 많

28) "법과 양심 잃어버린 사법부", 시사인. 2009년 3월 16일자. http://www.sisain.co.kr/news/article View.html?idxno=4008.(2017.3.14. 방문)

29) "검찰 신뢰도, 형사사법기관 중 최하위" 법률신문, 2017년 2월 27일자. https://www.lawtimes.co.kr/Legal-News/Legal-News-View?serial=108303 (2017.3.14. 방문).

이 사라졌다. 또한, 국민참여형 형사재판의 시행이 사법의 부패를 해소하고, 국민들의 사법에의 신뢰를 신장시킨다는 근거를 뒷받침할 만한 자료도 없다. 배심제가 발달한 미국에서도 법조인의 부패는 발생하고 있고, 재판결과에 대한 인종간의 불만으로 불법시위까지 벌어지고 있는 것이 현실이기 때문이다.

보다 깊이 성찰해보면, 국민참여재판의 도입과 시행은 우리나라의 정치·사회적 환경과 깊은 연관이 있다고 할 수 있다. 과거 권위주의적인 군사정권은 사법제도에 강력한 영향력을 유지하고 있었다. 이를 위해 인구 5천만 명의 국가에서 매년 300명 미만의 사법시험 합격자를 배출하였고, 그 중 판사로 임용되는 수는 더욱 제한되었다. 더 나아가 군사정권의 실력자는 대법원장을 통해 판사의 임용과 인사를 통제함으로써 사법권의 행사를 철저히 권력에 종속시키려고 하였고, 이에 반하는 판결을 하는 판사는 재임용에서 탈락시키는 방법으로 축출하였다. 군사정권이 사법권을 통제하려고 한 이유는 그들의 정통성이 없는 비민주적인 권력을 유지하기 위해서 사법제도를 장악하는 것이 필수적이었기 때문이었다.

그러나, 1987년 6월 학생·시민들에 의한 민주항쟁으로 헌법이 개정되고, 대통령 직선제가 이루어지면서 민주화에 대한 국민들의 열망이 뜨거워졌고, 진보적인 학자들을 중심으로 시민참여형 형사재판을 시행하자는 요구가 있었다. 이러한 요구는 노태우·김영삼 정권에서는 빛을 발하지 못하였으나, 1988년 김대중 정권이 들어서면서 사법개혁추진위원회가 설치되어 사법제도를 보다 자유화하기 위한 조사를 실시하였고, 2000년에 장래를 위해 중기적으로 시민이 참여하는 재판을 도입하자는 보고서가 제출되었다. 이러한 움직임에 '참여정부'를 표방하는 노무현 정권은 불을 붙였다. 노무현 정권이 사법개혁을 우선적으로 추진하면서 국민참여재판의 도입이 급속히 진행되었다. 노무현 정권은 우선 법조인의 수를 증가시키기 위해 미국식 로스쿨제도를 2009년 3월에 시행하였고, 형사사건의 피의자·피고인의 인권보장과 공판중심주의를 실현하기 위하여 형사소송법의 대대적인 개정이 이루어졌다. 결국, 이와 같은 사법개혁의 일환으로 2008년 2월 12일 대구지방법원에서 최초의 국민참여재판이 실시되기에 이른 것이다.

3. 우리 형사사법제도에서 국민참여재판의 위치

위에서 살펴본 바와 같이 우리 형사사법제도에서 국민참여재판은 정치·사회의 변화에 따라 기획되고 도입되었다. 일부 학자들은 국민참여재판의 참여율 확대를 위하여 신청주의 방식을 폐기하고 대상사건에 대한 국민참여재판의 필요적 실시방안으로 전환해야 한다고 주장하기도 한다. 그 근거로는 ① 국민참여재판제도가 피고인의 절차선택권을 보장하기 위하여 도입된 것이 아니라 사법의 공정성과 투명성을 위하여 '국민이 재판에 참여할 권리'를 보장하기 위한 제도라는 점, ② 필요적 실시로 전환하면 사법비용의 증가가 문제될 수 있지만 사법의 민주적 정당성 및 신뢰도 제고라는 국민참여재판의 근본 취지를 고려하면 사법비용의 부담은 감수할 수밖에 없다는 점, ③ 피고인의 절차선택권을 중시하는 방안에 의하면 형사재판절차는 직업법관에 의한 재판과 국민참여재판의 이원트랙으로 구성될 수밖에 없는데 피고인의 의사에 따라 재판절차를 이원화하는 것은 비교법적으로 예를 찾아볼 수 없는 것일 뿐만 아니라, 형사절차의 불안정성과 형평성에 문제를 야기할 가능성이 있다는 점 등이 거론되고 있다.

사견으로는, 국민참여재판이 활성화되어 국민참여형 형사재판이 정착되어야 한다는 점에 동의한다. 그렇지만, 어떤 법제도가 그 나라에 자리잡고 뿌리를 내리기 위해서는 사회구성원의 동의와 제도적 기틀을 마련하기 위한 시간도 필요하고, 국민참여재판이 우리나라의 정치적 스펙트럼과 밀접한 관련을 가지고 탄생되었다는 점에서 향후 우리나라 정치문화 수준의 향상에 비례하여 발전할 것으로 생각한다. 이런 의미에서 국민참여재판을 우리 형사소송의 중심축으로 인정하고, 그에 대하여 기꺼이 경제적 비용을 부담하려는 우리 사회구성원들의 합의가 이루어졌는지, 직업법관이 아닌 배심원에 의한 재판에 승복한다는 법문화가 형성되어가고 있는지, 배심원에 의한 재판과 우리 형사증거법이 과연 서로 상응하는 정합성을 지니고 있는지 등 조금 더 거시적인 안목에서 호흡을 가다듬고, 정치문화의 발전속도에 맞게 정착시켜 나가는 것이 바람직하다고 본다.

제4절 증거법의 변화가능성

Ⅰ. 국민참여재판에 적용될 증거법의 개정

국민참여재판에 적용되는 증거법을 형사소송법의 증거규정과 별도로 마련할 필요성이 있을까? 현행 국민참여재판법 제4조는 "국민참여재판에 관하여 이 법에 특별한 규정이 없는 때에는 「법원조직법」·「형사소송법」 등 다른 법령을 적용한다"고 한 후 별도의 국민참여재판법에 별도의 증거규정을 마련해두지 않아 결국 형소법의 증거규정이 국민참여재판에 적용되도록 하고 있다. 그런데 위에서 검토한 바와 같이 현행 형소법의 증거규정은 직업법관이 사실심리를 하는데 적합하도록 되어 있어, 일반시민이 사실 확정자인 국민참여재판에서 위 증거규정을 그대로 적용하는데는 다소 무리가 있어 보인다. 그렇다고 하여, 수사기관이 수사하는 과정에서 작성하는 '조서' 자체를 증거로 사용하지 못하도록 하는 것은 현재로서는 우리 사법체계 전반을 뒤흔드는 일이라고 볼 수 있다. 따라서 현재로서는 조서규정은 유지하면서 최대한 당사자소송화되어 있는 국민참여재판에 부합하는 증거법을 마련할 필요가 있다.

첫째, 피고인신문제도를 국민참여재판에서는 폐지하여야 한다. 우리 형소법 제287조는 "검사와 변호인은 순차로 피고인에게 대하여 공소사실과 정상에 관한 필요사항을 직접 신문할 수 있다. 재판장은 전 항의 신문이 끝난 뒤에 신문할 수 있다."고 규정하고 있으며, 동 제289조는 피고인의 진술거부권을 규정하고 있다. 비록 진술거부권을 인정한다고 하지만 피고인은 자기 사건에 대한 증거의 대상이 되는 것이다. 이러한 피고인 신문절차의 필수화가 대립적 당사자주의 구조에 반한다는 자명하다. 이러한 피고인신문절차는 독일식의 직권주의에 의해 영향을 받은 것이다. 독일의 경우에는 피고인신문절차를 두고 있긴 하지만, 피고인신문의 주체가 검사가 아니라 재판장이며, 검사가 신문을 거의 독무대로 주도하는 우리의 경우와 다르다.[30] 독일보

30) 신동운, 형사소송법(제3판), 법문사, 2005, 603-604면.

다 피고인의 지위가 현저히 낮은 우리나라에서는 이러한 신문방식은 피고인에게 더욱 불리하게 작용한다. 수사단계에서 이미 검사로부터 수사의 객체로 취급받은 피의자는 공판단계에 이르러서도 검사의 주도적인 신문에 응하지 않을 수 없게 되며, 피고인에게는 공판절차가 검찰수사의 연장선상에 있는 것으로 비춰지게 된다.[31] 반면 검사와 피고인을 대등한 당사자로 보고 피고인을 방어권 행사의 주체로 보는 미국식 당사자주의 하에서는 허용될 수 없는 것이다. 일본에서는 전전에는 피고인신문절차가 제도화되어 있었으나, 전후에 영미식 요소를 강화하면서 피고인신문절차를 폐지하였다. 영미식 배심제 하에서, 피고인은 자신의 자발적 의사에 따라서 자기 사건의 증인이 되는 것을 신청할 수 있다. 만일 피고인이 증언대에 선다면, 그 때는 자기부죄금지의 특권(privilege against self-incrimination)을 포기하고 진실만을 말해야 하며, 진실을 말하지 않을 때는 위증의 벌을 받게 될 각오를 해야 한다. 통상은 공판절차가 피고인이 원치 않는 방향으로 돌아가고, 피고인이 자신의 증언으로 이제까지의 흐름을 뒤집고 자기에게 유리하게 반전시킬 수 있을 것이라 확신할 때 증언대에 서게 된다. 미국의 배심에 대한 조사연구에서도, 피고인이 증인으로 나서게 될 때, 그 결과는 증인석에 서지 않는 경우보다 대체로 불리한 결과를 초래한다고 지적된다. 거의 대부분의 사건에서 변호인은 피고인을 증인석에 세우지 않을 것을 권유하며, 실제로 피고인이 자기 사건의 증인으로 서는 경우도 거의 없다고 한다.[32]

둘째, 증거조사의 순서를 규정할 필요가 있다. 먼저 참고인 진술조서와 증거물에 대한 증거조사를 하고 난 후 마지막으로 피고인신문조서에 대한 증거조사를 하는 방법이다. 이와 같이 증거조사의 순서를 정할 필요성은 위 피의자신문절차의 폐지와 함께 피고인이 된 피의자로부터 주로 자백을 받아내려는 수사기관의 관행을 막으려는 데 있다.

셋째, 구두주의의 원칙을 명확히 하는 것이다. 이는 조서 등 서면 자체에 증거능

31) 三井誠・酒巻匡/신동운 역, 입문 일본 형사수속법, 법문사, 2003, 186-187면.

32) 한인섭, "국민참여재판 하에서 경찰 역할의 변화", 「형사정책」 18권 2호, 한국형사정책학회 (2006), 537면.

력을 인정하는 우리 형소법의 증거규정을 개정하여야 하는 것이기도 하지만, 국민참여재판에서는 위와 같은 개정이 없이도 자연스럽게 구두주의에 의하여 배심원들에게 서면의 내용을 법정에서 알려야 하기 때문에 형소법의 개정이 없어도 가능하다. 다만, 증인의 경우에 진술조서에 증거능력이 인정된다고 하여 조서를 낭독하는 것은 지양하고, 증인신문과정에서 구체적으로 조서의 내용이 현출되도록 신문을 하여야 할 것이다.

II. 수사의 변화가능성

우리 형소법에서 '조서'를 증거로 사용할 수 있도록 하는 한 수사의 근본적인 변화는 발생하지 않을 것으로 보인다. 그러나 위에서 살펴본 바와 같은 증거법의 일부 변화만으로도 그동안 피의자에게 집중하여 자백을 받으려던 수사기관의 관행에 일부 변화는 있을 것으로 보인다. 또한 미국과 같이 체포된 피의자의 경우 변호인의 참여를 요구하면 변호인이 참여할 때까지 피의자에 대하여 수사를 할 수 없도록 하여 처음부터 피의자가 아닌 목격자, 물증에서 증거를 얻으려는 수사의 변화를 이끌어낼 필요성도 있을 것이다. 이를 위해서는 변호인참여권의 강화, 진술거부권의 실질화가 더욱 요구된다.

III. 새로운 제도의 도입

우리 형소법의 증거규정도 최종적으로는 '조서'에 증거능력을 부여하는 현 시스템에서 탈피할 것인지에 대한 진지한 고민이 필요하다. 그러나 조서를 증거로 사용할 수 없다면 수사기관에서 굳이 조서에 집중된 수사를 할 필요는 없기 때문이다. 그렇지만 조서나 조서에 담긴 진술을 증거로 사용하지 못하게 함으로써 발생하는 부작용도 만만치 않을 것으로 예상되므로 이에는 신중을 기울여야 한다. 한편 미국의 유죄협상제도(plea bargaining)의 도입은 적극적으로 고려해 보아야 할 것이다. 실제 수사과정에서 수사기관과 피의자 사이에 협상과 딜(deal)이 제시되고 줄다리기를 하는 것이 현실이기 때문이다. 오히려 이와 같은 현상을 내버려두면 어두운 밀실에서 속고 속이는 과정이 벌어지는 부작용이 발생하는 경우가 많으므로 이를 제도화하여 투명한 절차에서 진행하는 것이 더 현명한 것일 수 있고, 수사 및 공판과정에서 소모되는 비용과 시간을 절약할 수 있다. 독일에서도 협상제도를 법제화한 것도 고려할 필요가 있다. 다만, 독일에서는 수사단계에서의 협상이 잘 이루어지지 않고 있다. 그 이유는 수사단계에서의 협상이 법원을 구속할 수 없을 뿐만 아니라, 법원에서 받아들여질지 여부가 불확실하기 때문이라고 한다.[33] 즉, 독일에서는 대부분 유죄협상이 공판절차의 일부를 구성하는 반면, 미국에서는 유죄협상이 대부분 공판 전 단계(pre-trial)에서 이루어진다. 이러한 차이는 수사기관의 수사상 편의(시간·비용 절약)나 유죄입증 부담경감을 주된 목적으로 하는 미국과 달리 독일에서는 법원이 업무 경감을 위해 관행적으로 시행되었다는 점과 형사소송구조의 차이에서 기인한다.[34] 또한 변호인이나 피고인은 수사기관에서의 협상이 법원에서 인정될지 여부가 불확실하기 때문에 수사 단계에서는 협상에 적극적으로 응하는 것이 불리하다고 생각한다. 독일의 협상은 '유죄답변(guilty plea)'에 관한 것이 아니라, '자백(confession)'에 대한 것이다. 따라서 자백으로 인하여 공소사실을 쉽게 증명할 수 있기 때문에 일반적으로 재판절차가 짧아지기는 하지만, 재판절차가 대체되는 것은 아니다. 예를 들면 전부자백 또는 일부자백을 하거나, 증거조사신청을 하지 않겠다거나 이미 제기된 증거조사신청을 철회하겠다는 피고인의 약속이 피고인측이 제시하는 협상의 내용에 속한다면, 그 반대급부로서 법원측으로부터 피고인에게 예상되는 형벌보다 감경된 형의 선고, 형사소송법 제153조a 제2항에 따른 형사절자의 정지 등이 약속되어질 수 있다. 이러한 점에서 독일의 유죄협상제도보다는 미국의 유죄협상제도가 우리의 형사절차에 더 적합하다고 판단할 수 있다.

---

33) 이인석, "독일의 유죄협상제도에 관한 연구", 「법조」 57권 8호 (2008), 231면.

34) 독일은 법관의 실체적 진실 발견의무와 기소법정주의에 근거한 소송구조를 가지고 있다. 또한

제5절 최종모델을 정립하기 위한 시도와 평가

Ⅰ. 국민사법참여위원회안과 법무부안

2013.3.6. 국민참여재판제도의 최종적인 형태를 결정하기 위하여 대법원에 설치한 국민사법참여위원회 제8차 회의에서 공청회 결과를 일부 반영하여 최종안을 확정하였었다. 2004년 사법개혁위원회는 우리나라 실태와 문화에 맞는 국민의 사법참여제도를 도입하기로 합의하고 그 전 단계로 1단계 국민사법참여제도를 고안해 5년 동안 시범 시행할 것을 대통령에게 건의하여, 국민참여재판제도가 2008년 도입돼 4년여 동안 시범실시를 하였었다. 이에 대법원은 국민참여재판의 최종 모델을 결정하기 위해 대법원에 국민사법참여위원회를 설치하기로 하는 내용의 대법원 규칙안을 마련, 지난달 23일 입법예고를 하고 검찰과 재야법조계, 학계의 의견을 수렴하였다. 당시 대법원이 설치하는 위원회는 그 동안의 국민참여재판 시행성과를 분석하고 국민참여재판의 최종 형태를 결정하면서 (i) 참여재판의 기본 형태를 배심제와 참심제 가운데 어떤 것으로 할지 (ii) 배심원 평결에 기속력을 부여할 것인지 (iii) 국민참여재판에 신청주의를 채택한 현행 입법을 유지할 지 등을 구체적으로 논의하도록 하였다.[35)]

그런데, 정작 국민사법참여위원회가 최종적으로 내놓은 안은 기존의 국민참여재판법과 비교하여 보았을 때 큰 변화가 없고, 다만 참여재판 회부결정 신설(국민사법참여위원회안 제5조3항), 변론종결 후 검사 주장의 요지설명 신설(안 6조1항), 배심원 평결방식에 3/4 가중 다수결제 도입(안 제46조3항), 배심원 평결의 사실상 기속력 인정(안 제46조5항) 등의 차이가 있을 뿐이었다. 즉 기존의 국민참여재판제도를 그대로 유지하자는 것이다. 또한 이를 바탕으로 법무부에서도 국민사법참여위원회가 의결한 최종안과 다른 내용을 추가하여 '국민의 형사재판 참여에 관한 법률 일부 개정안'을 입

---

35) 국민참여재판법 제55조 : ① 국민참여재판의 시행경과에 대한 분석 등을 통하여 국민참여재판 제도의 최종적인 형태를 결정하기 위하여 대법원에 국민사법참여위원회를 둔다. ② 국민사법참여위원회의 조직과 활동, 그 밖에 필요한 사항은 대법원규칙으로 정한다.

법하였는데, 공직선거법위반사건과 치료감호사건이 참여재판 대상에서 제외되었고(법무부안 제5조1항1호), 법원의 국민참여재판 직권회부 권한을 삭제하고 검사의 참여재판 회부신청권을 신설하고(안 제5조3항), 검사의 국민참여재판 배제신청권의 신설(안 제9조1항), 국민참여재판배제사유의 추가(안 제9조1항4호) 등을 제시하고 있는데, 법무부안도 국민사법참여위원회안과 마찬가지로 배심원 평결의 사실상 기속력을 인정하는데 그치고 있었다. 결국 위 법률안은 2014.11.12. 상정되었으나 제19대 국회 임기만료로 본회의에 회부되지 못하고 폐기되었다.

II. 평가

1. 사실상 기속력의 문제점

배심제나 참심제를 운용하는 대부분의 국가들이 모두 평결의 기속력을 전제로 하는데 반해 우리의 참여재판은 권고적 효력 또는 사실상 구속력이라는 유래를 찾아볼 수 없는 독특한 형태를 취하고 있다. 그런데 배심원들이 원칙적으로 법관의 관여 없이 유무죄를 평결한다는 점에서 영미식의 배심제와 같은 외관을 가지고 있지만, 배심의 유・무죄결정권을 인정하지 않고 평결의 권고적 효력과 별다른 차이가 없는 사실상 기속력만 부여하는 것은 배심제의 핵심적이고 본질적인 요소가 결여되어 있다고 할 수 있다. 세계의 많은 민주국가들이 배심제이든 참심제이든 그 형태를 불문하고 사법에 국민의 참여를 필요로 하는 본질적인 이유는 기존의 직업 법관만에 의한 재판의 한계성을 극복하고 일반 국민들이 배심원 또는 참심원으로 참여하여 국민의 사법에 대한 통제를 실현하자는 것이고 그 실현을 위해서는 배심원과 참심원의 평결에 기속력을 부여하는 것이 핵심이기 때문이다. 따라서 이것은 최종 결정권은 여전히 직업법관이 가지고 있으면서 많은 시간과 비용을 들인 참여재판을 일종의 쇼(show)로 만들어 버리고 출석한 배심원을 광대에 불과하게 만드는 것으로 볼 수 있다. 더구나 단심제가 아니고, 배심원들의 평결에 대한 항소를 인정하고 있는 점도 고려하여야 한다.

2. 평결배제사유

국민사법참여위원회안 제46조 제5항 단서조항에 의해 배심원의 평결을 인정하지 않는 예외사항을 열거하고 있다.[36] 그런데 1호의 "평의·평결의 절차 또는 내용이 헌법·법률·명령·규칙 또는 대법원 판례에 위반되는 경우"의 경우에는 배심원 평결을 판사가 존중하지 않아도 된다는 것이다. 그런데 국민사법참여위원회안이 열거하고 있는 사유들 중에서 '대법원 판례'의 경우는 납득하기 어렵다. 상당한 이유가 있을 때는 기존의 대법원 판례의 경우도 변경이 될 수 있는 것이고 우리나라는 판례에 법적 효력을 인정하는 판례법국가도 아니다. 그리고 안 제46조 제5항 3호의 "그 밖에 평의·평결의 절차 또는 내용이 부당하다고 인정할 만한 사유가 있는 경우"도 또 하나의 불명확한 조항으로서 현행 국민참여법률 제9조 제1항 제4호의 '참여재판 진행이 적절하지 않음'과 같이 구체적인 내용이 없는 포괄적이고 불명확한 조항이다. 이런 불명확한 사유로 배심원 평결을 무시할 수 있도록 하는 것은 법원의 자의적이고 지나친 개입이라 하지 않을 수 없다. 안 제46조 제5항의 2호의 '논리법칙'과 '경험법칙'도 지극히 불명확한 사유들임에 틀림이 없다.

평결배제사유를 두고 있는 외국의 입법례를 살펴보면, 먼저 영국의 경우 판사는 원칙적으로 배심원의 평결을 거부할 수 없으나 예외적으로 배심원의 평결을 거부할 수 있다. 예외적인 평결거부사유는 다음과 같다. 첫째, 평결이 기소장에 대한 평결로서 위법한 경우이다. 예컨대, 배심원이 기소사실로부터 유죄로 할 수 없는 가벼운 범죄에 대하여 유죄로 하는 경우이다. 둘째, 조건을 붙여 유죄평결이 이루어지는 것과 같이 평결이 애매한 경우이다. 셋째, 개개의 기소사실이나 공동피고인에 대한 평결에 상호모순이 있는 것처럼 평결에 모순이 있는 경우이다. 그리고 미국의 경우 법관이

---

36) 국민사법참여위원회안 제46조 제⑤항 : 판사는 피고인의 유·무죄를 판단함에 있어서 제2항 및 제3항의 평결을 존중하여야 한다. 다만, 다음 각 호 가운데 어느 하나에 해당하는 경우에는 그러하지 아니한다.
1. 평의·평결의 절차 또는 내용이 헌법·법률·명령·규칙 또는 대법원 판례에 위반되는 경우
2. 평결의 내용이 논리법칙과 경험법칙에 위반되는 경우
3. 그 밖에 평의·평결의 절차 또는 내용이 부당하다고 인정할 만한 사유가 있는 경우

배심의 유죄평결을 무시할 수 있는 연방형사소송규칙 제29조 (b), (c) 항의 '평결배제결정'이 있다. 즉 미국의 배심원의 무죄평결이 사실인정과 관련하여 최종적인 의미를 가지며 유죄평결의 경우에도 일단은 배심원단의 의견이 존중되는 것이 미국의 관례이지만, 만약 법관이 배심의 유죄평결이 증거부족 등의 사유로 부당하다고 판단되는 경우에는 당해 유죄평결을 무시할 수 있는 제도적 장치가 있다. 물론 이러한 배심원의 평결을 배제할 수 있는 경우는 유죄판결의 경우만이다.

Ⅲ. 국회의원들이 발의한 국민참여재판법률안

국민사법참여위원회가 마련한 최종안이 위와 같이 폐지된 이외에도 국회의원들에 의하여 국민참여재판 법률안들이 많이 발의되었다. 그 중 중요한 내용을 살펴보기로 한다.

(i) 의안번호 1908204, 정희수 의원 등 11인에 의하여 2013.11.29 발의된 개정안. 정치적으로 민감한 사건에 대하여 국민참여재판에서 배심원단의 무죄평결이 내려진 바 있는데 이에 대해 감성재판, 여론에 휩쓸린 재판이라는 비판이 제기되고 있다. 국민의 사법절차에 대한 참여를 확대한다는 점에서 국민참여재판의 의의가 있지만 감성에 치우친 재판이 될 수 있으며 배심원단의 전문성이 부족하다는 문제점은 보완할 필요가 있다. 이에 여론에 휩쓸릴 우려가 있으며 법적 전문성이 필요한 공직선거법에 규정된 죄에 해당하는 사건인 경우에는 국민참여재판에서 배제함으로써 국민참여재판의 문제점을 보완하여야 한다.[37]

(ii) 의안번호 1908344, 서영교 의원 등 12인에 의하여 2013.12.5 발의된 개정안. 이 법에서 누구든지 배심원・예비배심원 또는 배심원후보자인 사실을 이유로 해고하거나 그 밖의 불이익한 처우를 하여서는 아니 된다고 규정하고 있음에도 불구하고 이를 위반한 행위에 관한 벌칙규정이 존재하지 아니하여 해고 등

37) 제19대 국회 임기만료로 폐기되었다.

불이익취급을 우려한 근로자들이 국민참여재판에 배심원 등으로 출석하기를 꺼려할 염려가 있다. 이에 배심원·예비배심원 또는 배심원후보자인 사실을 이유로 해고하거나 그 밖의 불이익한 처우를 한 자에 대한 벌칙규정을 신설하여 배심원 등의 출석률을 높일 필요가 있다.[38)]

(iii) 의안번호 1909349, 김한표 의원 등 10인에 의하여 2014.2.11. 발의된 개정안. 재판의 민주적 정당성과 신뢰를 높이기 위하여 국민참여재판을 도입하였으나 재판에 참여하는 배심원의 수가 적어 국민의 재판 참여라는 취지를 제대로 살리지 못하고 있다. 또한, 지방법원 지원의 국민참여재판 담당을 배제하여 법원의 업무 과중화가 우려되고, 국민참여재판의 접근성을 떨어뜨리고 있다. 이에 재판의 민주성 제고를 위하여 재판에 참여하는 배심원의 수를 늘리고, 지방법원 지원에서도 국민참여재판을 담당할 수 있도록 하여야 한다.[39)]

(iv) 의안번호 1914894, 박민수 의원 등 10인에 의하여 2015.4.29. 발의된 개정안. 행위능력에 관하여 금치산 및 한정치산 제도를 폐지하고 성년후견, 한정후견등의 내용으로 민법이 개정(법률 제10429호. 2011.3.7. 공포, 2013.7.1. 시행)됨에 따라 국민들이 용어에 대한 혼동이 발생할 우려가 있기에, "금치산자", "한정치산자"를 "피성년후견인", "피한정후견인"으로 개정하여야 한다.[40)]

(v) 의안번호 2006522, 이재정 의원 등 13인에 의하여 2017.3.1 발의된 개정안. 현행법은 사법의 민주적 정당성을 강화하고, 사법에 대한 국민의 신뢰를 제고하며, 재판에 있어 다양한 가치관과 상식의 반영 등을 목적으로 2008년 1월 1일부터 국민이 형사재판에 참여하는 제도를 도입하여 시행해 오고 있다. 그러나 이러한 국민참여재판의 도입 목적에도 불구하고 배심원의 수를 5인까지도 가능하도록 규정한 것은 합리적인 토론과 설득에 의한 평결과정의 중요성에 비추어 볼 때 타당성이 없다. 이에 배심원의 수를 원칙적으로 9인으로

---

38) 제19대 국회 임기만료로 폐기되었다.

39) 제19대 국회 임기만료로 폐기되었다.

40) 수정가결되었다.

하고 사건의 내용에 비추어 특별한 사정이 있다고 인정되는 경우에 7인으로 정할 수 있도록 하여야 한다.[41]

(vi) 의안번호 2007356, 정성호 의원 등 10인에 의하여 2017.6.12 발의된 개정안.[42]

사법의 민주적 정당성 강화와 사법에 대한 국민의 신뢰 제고를 위하여 2008년 국민참여재판 제도를 도입한 이후 그간의 시행성과와 운영 과정에서 나타난 문제점을 토대로 제도의 개선방향에 대한 국민사법참여위원회 등 사회 각계각층의 다양한 의견이 제시되어 왔으나, 현행법이 이를 충분히 반영하지 못함에 따라 제도 개선에 대한 필요성이 제기되고 있다. 이에 법원이 직권 또는 검사의 신청에 따른 국민참여재판의 회부결정을 할 수 있도록 하고, 추상적이고 모호한 배제결정 사유를 보완하며, 5인 배심제를 폐지하고 7인 또는 9인의 배심원이 참여하는 국민참여재판 제도만을 유지하고, 배심원 및 배심원후보예정자의 연령을 민법상 성년에 따라 만 19세 이상으로 조정하는 한편, 판사는 피고인의 유·무죄를 판단할 때에 배심원의 평결을 존중하도록 하고, 배심원의 평결에 보다 신중을 기하기 위하여 평결은 배심원 4분의 3 이상의 찬성에 의하도록 하며, 배심원 전원이 일치된 의견으로 무죄를 평결하고 법원이 무죄를 선고한 사건 중 배심원의 사실인정에 대한 검사의 항소를 제한하는 등 현행 제도의 운영상 나타난 미비점을 개선·보완하려는 것이다.

주요내용으로는, 피고인의 신청이 없는 경우에도 사법의 민주적 정당성과 투명성을 증진하기 위하여 필요하다고 인정되는 경우에는 법원이 직권 또는 검사의 신청에 따른 결정으로 국민참여재판에 회부할 수 있도록 하고(안 제5조), 법원이 국민참여재판 배제결정의 사유 중 '그 밖에 국민참여재판으로 진행하는 것이 적절하지 아니하다고 인정되는 경우'를 '그 밖에 국민참여재

41) 해당 심사위에 계류중이다.

42) 해당 심사위에 계류중이다.

판으로 진행하는 것이 피고인이나 피해자에게 불리하거나 공정한 재판이 저해된다고 인정될 명백한 사유가 있는 경우'로 명확히 하고(안 제9조 제1항 제4호), 배심원의 평결에 보다 신중을 기하기 위하여 자백사건의 경우 5인의 배심원이 참여하는 국민참여재판제도를 폐지하고, 7인 또는 9인의 배심원이 참여하는 국민참여재판 제도만을 유지하도록 하고(안 제13조 제1항 및 제30조 제1항), 민법에 따른 성년이 만 19세임을 고려하여 배심원 및 배심원후보예정자의 연령도 만 19세 이상으로 조정하며(안 제16조 및 제22조 제1항), 배심원 평결 요건 및 효력 등을 보완하여(안 제46조 및 제49조 제1항), 배심원 전원의 의견이 일치하지 아니한 경우 다수결로 하던 피고인의 유·무죄에 관한 평결을 배심원 4분의 3 이상의 찬성에 의하도록 하고, 판사는 피고인의 유·무죄를 판단할 때에는 평결이 헌법·법률·명령·규칙 또는 대법원 판례에 위반되는 경우 등을 제외하고는 배심원의 평결을 존중하도록 하며, 판사는 평결이 성립되지 아니한 경우에도 배심원의 의견을 참고할 수 있고, 판결서에는 재판에 참여한 배심원의 의견을 반드시 기재하도록 하며, 배심원 전원이 일치된 의견으로 무죄를 평결하고 법원이 무죄를 선고한 사건에 대하여 검사는 '사실의 오인이 있어 판결에 영향을 미칠 때'를 이유로 항소할 수 없도록 제한하는 것이다(안 제46조의2 신설).

IV. 절충점

1. 배심원 평결의 기속력

비교법적으로 볼 때에 배심제를 실시하는 미국, 영국 등의 국가나 참심제를 실시하는 독일 등의 국가 그리고 참심제를 기본으로 하면서 배심제적 요소를 가미한 재판원제도를 실시하는 일본에 있어서도 참여시민의 평결이 법관을 구속하는 기속력을 가진다는 점을 감안할 때, 우리의 참여재판도 배심원의 평결에 권고적 효력 또는 사실적 구속력이 아닌 실질적 구속력을 부여하는 것이 타당하다. 그래야만 사법의 민주적 정당성을 강화하고 투명성을 제고하고자 하는 국민의 사법참여제도의 취지를 제대로 살릴 수 있고 바람직한 제도로서 정착되어 나갈 수 있다.

2. 국민참여재판 회부신청과 일부강제주의

법원의 직권과 검사의 직권에 따른 결정으로 참여재판절차 회부결정을 할 수 있다는 국민사법참여위원회안 제5조 3항은 타당하다. 국민참여재판의 목적이 사법에 대한 민주적 정당성과 신뢰의 회복이라는 것을 고려하면 운용에 있어서 보다 국민의 관심과 열망이 어디에 있는지를 살펴 선택과 집중이 필요하다고 본다. 따라서 국민의 관심과 열망이 '전관예우'와 '유전무죄·무전유죄'로 표현되는 법조비리와 상류층·권력층의 범죄 즉 화이트칼라 범죄의 처리과정에서 오는 사법불신을 해소하는 것이라는 관점에서 화이트칼라 범죄를 필요적으로 국민참여 재판화하는 것도 생각해 볼 수 있다.

3. 대형부인사건의 포함

'고도의 법률적 판단'과 같이 복잡·곤란한 사건은 참여재판에서 배제되는 경우가 많다. 이러한 현상의 원인에는 배심원 등이 참여재판을 가급적 빨리 끝내기를 원한다는 부담감 때문에 법원으로서는 쟁점이 많고 증거가 많은 복잡한 사건은 배제결정 등으로 참여재판으로 진행하지 않으려고 하는 경향이 있는 것으로 보인다. 그러나 배심제나 참심제를 시행하는 국가들 중에서 사건이 복잡하다고 법원이 배제시키는 경우는 거의 없다. 복잡·곤란하다고 참여재판에서 일률적으로 배제할 것이 아니라 좀 더 국민들을 쉽게 이해시킬 수 있는 방안을 마련하여야 한다.

4. 소결

이와 같은 점을 감안해보면, 현재 의안번호 2007356, 정성호 의원 등 10인에 의하여 발의되어 해당 심사위에 계류 중인 발의안이 국민참여재판을 활성화시키는데 가장 부합하는 법률안이라고 생각한다. 먼저 위 법률안은 피고인의 신청이 없는 경우에도 사법의 민주적 정당성과 투명성을 증진하기 위하여 필요하다고 인정되는 경우에는 법원이 직권 또는 검사의 신청에 따른 결정으로 국민참여재판에 회부할 수 있도록 하고 있다(안 제5조). 따라서 상류층·권력층의 범죄 즉 화이트칼라 범죄도 피고인의 신청이 없어도 국민참여재판으로 판단할 수 있도록 하고 있다. 또한 배심원 전원이 일치된 의견으로 무죄를 평결하고 법원이 무죄를 선고한 사건에 대하여 검사는 '사실의 오인이 있어 판결에 영향을 미칠 때'를 이유로 항소할 수 없도록 제한하고 있어(안 제46조의2 신설), 사실상 미국의 배심제와 유사하게 사실판단에 대하여 항소를 제한하여 항소이유를 판결에 영향을 미친 헌법·법률·명령·규칙의 위반이 있는 경우 등 법령위반만으로 하고 있다. 이는 대단히 진전된 안으로 보인다.

국민참여재판에서의 증거법과 사실인정

지은이 이흔재
펴낸이 이남호
펴낸곳 전북대학교출판문화원

초판 1쇄 인쇄 2018. 3. 14
초판 1쇄 발행 2018. 3. 20

전북대학교출판문화원 전라북도 전주시 완산구 어진길 32 (풍남동2가)
전화 (063) 219-5322
FAX (063) 219-5323
출판등록 2012년 8월 20일 제465-2012-000021호

값 18,000원

ISBN 979-11-87892-79-3 03360

이 도서의 국립중앙도서관 출판예정도서목록(CIP)은 서지정보유통지원시스템 홈페이지(http://seoji.nl.go.kr)와 국가자료공동목록시스템(http://www.nl.go.kr/kolisnet)에서 이용하실 수 있습니다. (CIP제어번호 : CIP2018005608)